賃貸・分譲住宅の価格分析法の考え方と実際

ヘドニック・アプローチと市場ビンテージ分析

刈屋　武昭　*Takeaki Kariya*
小林　裕樹　*Yuuki Kobayashi*
清水　千弘　*Chihiro Shimizu*

はしがき

　本書は，住宅賃料価格や分譲住宅価格の市場価格形成の構造を実証的に理解するヘドニック分析法，すなわち「分析対象地域の個別物件の多様な属性情報を利用して，価格を属性の価値に分解して理解する分析法」の考え方と，それを実践的な意思決定につなげる計量経済・統計的モデルとして定式化するプロセスを丁寧に解説する参考書である。その解説では，実際の価格と属性のデータ分析をして，具体的な分析事例を多く示し，モデル選択の具体的なプロセスを理解できるように努めている。

　本書の読者としては，賃貸・分譲住宅ビジネスや研究・調査・分析に関わる人，ビジネススクールで住宅不動産分析を学習しようとする人，学部４年生や大学院生でヘドニック分析法を学習する人を想定している。

　周知のように，ヘドニック分析法は，価格を駅までの徒歩時間・街区などの外部属性や，建物の築年数・階数などの内部構造的属性，インターホンの有無などの内部設備属性，その他ペット可などの契約属性などに帰属させ，それぞれの属性の価値を評価することで，分析地域の市場価格形成構造を理解する伝統的な統計的方法である。統計的な方法としてみれば，それは回帰分析の応用領域であるが，不動産賃貸・分譲住宅商品がもつ，

　１）需給構造の特殊性　２）不動産の不動性　３）市場商品のビンテージ性に起因する属性への深い洞察が必要であり，これらを適切に理解してはじめて有効なモデル分析が可能となり，住宅投資や賃貸ビジネス，あるいは政策立案等についての有効な意思決定が可能となる。この視点から，本書は上記３つの概念のもとに不動産賃貸・分譲住宅商品の属性の理解の仕方について詳述し，

モデリングのプロセスを説明する。

　需給構造の特殊性とは，不動産商品市場の需要と供給の関係が，経済学が前提とする完全市場的な需給均衡価格理論の前提と大きくかい離している点をいう。この点を第2章で議論し，本書では多くのヘドニック不動産価格分析で利用されているローゼンの均衡分析理論を否定する。実際，不動産商品に対する需要者のニーズ・選好が本質的に非同質的であるがゆえに，不動産関係の商品は「本質的に」非同質的であること，そのため市場が需要者の選好ごとに分断化される傾向にあること，また取引は一般に少なく，同質的な需要者と供給者が数多くいることなどの前提は満たされないこと，意思決定プロセスに時間がかかり，供給は需要の変化に対して遅行的であること，その結果成約価格であっても均衡価格でないこと，などが指摘されよう。さらに，住宅商品はいったん供給されると，30年以上という長い期間，市場に存在し続けるので，築年数に対応した属性の多様なビンテージ構造をもつ商品が同時に存在し，それらが市場で競争する。中古住宅商品であっても，不動産の不動性による立地に起因した競争力を持つものも多いが，景気対策・住宅政策などの影響を受けて，供給過剰の中でも新規供給は絶えない。

　このような本質的に非同質な賃貸・分譲不動産の価格に対して，意思決定に資する実証分析モデルを構築するためには，分析対象地域を十分理解しておく必要があり，本書ではマクロ・ミクロ的視点からその考え方を解説する。そして分析目的に対して的確な分析視点を設定し，価格データと属性データの関係を有効に把握する統計プロセスを説明する。

　さらにモデル選択の計量分析法については，第4章，第5章でt値やF比の考え方，ダミー変数や非線形モデリングの考え方と具体例，重共線性に関わる分散拡大係数，空間相関分析に関わるモデリングの視点などを，応用統計的なプロセスを詳述する。ここでは正確性を期すために数学を利用するが，その持つ意味を理解することが重要である。

実際の分析事例としては，東京23区の分譲価格の分析（第6章），横浜市鶴見区鶴見駅周辺エリアと東京都国立市国立駅周辺エリアの賃貸住宅価格の分析（第7章，第8章）を取り上げる。第9章では，アメニティ属性を議論する。中でも環境性能属性の議論を，分譲住宅の購入者の所得データを利用して，所得が高いほどその属性への選好が強いことを見る。

　2016年12月1日

刈屋武昭・小林裕樹・清水千弘

目　次

序　章　本書の狙いと住宅商品の特徴 ……………………………… 1

1　住宅価格分析への視点──需要者と供給者の非同質性　*1*

2　本書の構成と内容　*5*

3　一般的なヘドニック分析　*8*

第1章　賃料価格分析の考え方 …………………………………… 11

1　はじめに　*11*

2　ヘドニック価格分析への基礎的視点と Rosen の
　　価格理論　*15*

3　有効な実証分析のプロセス　*20*

4　市場・地域分析　*26*

5　賃貸住宅サービス商品の特徴　*37*

6　賃貸住宅サービス商品の供給プロセスと
　　リスクマネジメント　*44*

第2章　経済学的なヘドニック市場需給均衡分析と
　　　　　問題点 ……………………………………………………… 53

1　はじめに　*53*

ii

   2   不動産市場における経済学的な市場需給均衡価格
       分析の枠組みと問題点　*55*

   3   Rosen のヘドニック価格理論（RHPT）と賃貸
       住宅市場への適用可能性　*62*

第3章　ヘドニック分析での属性識別と
　　　　ビンテージ評価 ························· *77*

   1   はじめに　*77*

   2   外部属性，属性識別，属性変数についての考え方　*81*

   3   地域の理解と属性へのコンセプト・アプローチ　*87*

   4   属性の認識・識別の類別化　*97*

   5   ビンテージ問題──築年数と品質　*99*

   6   ビンテージと内部属性　*103*

   7   ヘドニック実証分析で採用された属性の例　*107*

第4章　ヘドニック価格分析法の考え方と
　　　　実際的分析法 ························· *115*

   1   はじめに　*115*

   2   モデル・スペシフィケーション　*119*

   3   最小 2 乗法と最小 2 乗推定量の性質　*124*

   4   事例：賃料価格のヘドニック分析例
       ──第 3 章 6 節の続き　*130*

   5   確率的な回帰式──事前的モデル　*134*

   6   パラメータ推定値の有意性：t 値　*141*

   7   F 検定法と F 比，t 値，補正決定係数の関係　*151*

8 重共線性と t 値と分散拡大ファクタ VIF 154

第5章　モデル選択と非線形属性変数の定式化 161

1 はじめに 161

2 予備検定の結果と最小 2 乗推定量の関係，F 比

164

3 モデル選択：t 値 $\sqrt{2}$ の基準，F 比 2 の基準，AIC

168

4 ダミー変数，非線形属性モデルとモデル選択プロセスの事例 179

5 属性変数への多項式近似と横浜市鶴見区の分析事例 185

6 不等分散性の検定と一般化最小 2 乗法によるモデルの推定 191

7 空間相関モデルと一般化最小 2 乗法 194

第6章　東京 23 区の住宅価格関数のモデル選択プロセスと非線形属性変数 201

1 はじめに 201

2 東京 23 区と地域特性 205

3 住宅価格関数の基本関数 211

4 シフトダミーと傾きダミーによる属性変数の非線形化──最終モデル 225

iv

第7章　横浜市鶴見区鶴見駅周辺エリアにおける賃料価格分析 ……… 233

　1　はじめに　*233*

　2　分析地域の特定と市場・地域分析　*238*

　3　横浜市鶴見区鶴見駅周辺エリアの賃料価格分析　*252*

第8章　東京都国立市国立駅周辺エリアにおける賃料価格分析 ……… 275

　1　はじめに　*275*

　2　分析地域の特定と市場・地域分析　*278*

　3　東京都国立市国立駅周辺エリアの賃料価格分析　*290*

第9章　住宅価格・賃料分析への展望：需要者属性とアメニティ属性 ……… 309

　1　はじめに　*309*

　2　需要者属性を利用したヘドニック関数　*313*

　3　アメニティ概念とヘドニック分析　*319*

《付録》── （4.26）の証明 ……… *327*

索　引　*331*

序 章

本書の狙いと住宅商品の特徴

1 住宅価格分析への視点——需要者と供給者の非同質性

本書の狙いは，有効な住宅賃料価格・分譲住宅価格の分析をすること，すなわち，

> 「住宅の賃料価格・分譲価格データをヘドニック・アプローチにより実証分析して，地域ごとの市場価格の決まり方やその特徴を把握し，その結果として得られる回帰モデルから，住宅投資や賃貸ビジネス，あるいは政策立案等についての有効な意思決定をすること」

について，その考え方と分析法を解説することである。

このような分析で重要な点は，分析の有効性である。その意味は，分析目的と分析視点を明確にし，その視点に対応したデータを収集し，価格現象を理解し，視点に対応した方法・モデルでデータの持つ情報を最大限抽出し，分析目的とその視点からの合理的な知識・解釈を得ることである。そして，それを実際の意思決定につなげることである。

上記のヘドニック・アプローチによる商品価格分析とは，一般的には商品の価格の違いを商品の持つ多様な属性に帰属させて説明する分析で，統計的には回帰分析の応用領域である。ヘドニック分析の利用範囲は広く，自動車，各種電気製品（PC やビデオカメラなど）などの価格分析に応用されている。本章 3 節で簡単に文献等を紹介する。その理論の経済学的な基礎は，ローゼン（Rosen

2　序　章　本書の狙いと住宅商品の特徴

(1974)) の静学的均衡理論にある。この理論を不動産市場に応用した文献もきわめて多い。

　しかし本書では，この理論は不動産商品の場合には適用可能ではないと主張する。その理由は，賃貸住宅市場の価格形成に対しては，「その理論が仮定する前提は近似的にも満たされていない」と考えるからである。それゆえ，本書では，価格を商品の属性に帰属させるという意味では，ヘドニック・アプローチをとるが，しかしこの理論を利用するのではなく，上の意味での有効なモデル分析と分析法を解説することを狙う。

　住宅市場におけるヘドニック価格分析の狙いは，賃貸住宅商品や分譲住宅商品の価格を個別住宅商品の属性の違いに帰属させて理解することにある。そこでは，住宅商品の価格に対して，属性の集合として，最寄り駅までの距離などの外部属性や，床面積，エアコンの有無などの内部属性など，「重要と考える属性」を設定して，それらの属性の量的・質的違いに基づいて価格を説明しようとする。

　実際，賃貸住宅サービス商品，住宅商品は，構造，立地，近隣，公共サービスなどに関する，きわめて多くの属性に依存する多次元財である。不動産商品の場合のヘドニック分析では，他の領域の場合と異なって，立地など「不動産の不動性」に起因した「外部属性が直接的に商品の価値の構成要素」となるので，多様な外部属性も考察の対象となる。

住宅の需要者と供給者の非同質性と商品の同質性

　本書の考え方は，賃貸住宅サービス商品の需要者と供給者の非同質性，並びに，その結果としての商品の非同質性は，市場で価格が決まるためには本質的であり，それを排除した経済学的な枠組みは本質を無視した思考仮説であるとみる。本書の立場は以下のように見ている点にある。

A 住宅の商品の財の非同質性は，その商品の需要者（賃借人，消費者）の資産，所得や家族構成，年齢，職業，勤務地，文化的背景などの需要者属性の非同質性に起因する，非同質的な多様な選好（経済学でのプレファレンス）に基づいて，非同質的な財を需要することに本質的に関係している，と考えられる。

需要者の選好の非同質性は，経済学でいう効用関数に関係するが，この考えに立つと，住宅不動産商品に関する効用関数は本質的に非同質的である。さらにいえば，人々の選好が効用関数で表されるためには，選好が一定の条件（対称性，非反射性，推移性，完備性，連続性）を満たすことが必要十分であるが，賃貸住宅不動産商品を含む不動産商品の選択においては，第1章で述べる辞書式選好の部分が多く，需要者の中には，経済学が利用する効用関数をもたない人もいる。

B賃貸住宅を含む不動産市場では，経済学の静学的な意味で需給均衡は成立せず，成約賃料であってもそれは市場の需給をクリアする均衡価格ではない。それは，供給者（賃貸人）も，需要者の非同質性に対応すべく非同質的な財を供給しようとするからである。供給側を見ると，高級物件，特別物件，一般物件などの多様な商品の供給に関して，資本能力，技術能力が異なる非同質的な供給者（大・中・小のディベロッパー，個人資産家，投資家）がいて，他と異なる住宅を提供しようとする。そこでは，各々の供給者が狙う需要セグメントは必ずしも一致しないこと，商品の企画設計販売を通しての不動産供給プロセスに時間がかかること，その手続にコストがかかることなどから，市場での供給は需要の後追いになる傾向が強い。この供給の需要に対する遅行性は，市場の総需要と総供給は均衡していないことを意味する。成約物件に関して言えば，その各々の特定な物件ごとにその供給者と特定な需要者が価格に合意しているが，それは特定の一つの物件に関して（オークションのように）多くの需要者がそこで価格を付けたわけでなく，そこで成立する価格は市場の需要と供給をクリアする均衡価格ではない。

これらの具体的内容は以下の章で示すが，賃貸住宅市場を含む不動産市場での需要と供給の関係は，特定な時点（1年などの期間でもよいが）で需要量と供給量が等しくなるように価格が決定されるという関係ではない。その意味では，実際の現象が，経済学の完全市場的な需給均衡価格理論の前提と大きくかい離している。この理由は，不動産市場は次の特徴をもっていることによる。

4　　序　章　本書の狙いと住宅商品の特徴

> ➤需要者のニーズ・選好が本質的に非同質的であるがゆえに，不動産関係の商品は「本質的に」非同質的であること
> ➤そのため，市場が需要者の選好ごとに分断化される傾向にあること
> ➤取引は一般に少なく，同質的な需要者と供給者が数多くいることなどの前提は満たされないこと
> ➤意思決定プロセスに時間がかかり，供給は需要の変化に対して遅行的であること
> ➤その結果，成約価格であっても均衡価格でないこと

　賃貸住宅商品はいったん供給されると，30年以上という長い期間，市場に存在し続けるので，築年数に対応した属性のビンテージ構造をもつ商品が同時に存在する。そこでは，陳腐化リスクに対してリノベーションなどにより一定の対応はするものの，新規供給物件との競争力は落ちてゆき，価格低下を求められていくが，それを求める低価格志向の需要者もいるのである。

　現存している賃貸住宅商品は，過去においてその時点から見た将来の当該地区における商品が生成するキャッシュフローのあり方を予測した投資によるものである。その投資はいったんなされると非可逆的となり，その地区の需要の不確実性（リスク）にさらされて，キャッシュフローは変動していく。それゆえ，商品の供給者（リスクテイカー）は，そのようなリスクを理解したうえで投資することになる。そのような不確実性の中の本源的下方リスクは，次のようなものがあげられよう。

　（1）　当該地域の賃貸住宅商品への需要の構造的変化
　（2）　経済・社会構造の変化・進化による当該商品へのニーズの減少
　（3）　技術革新による当該商品の構造的劣化
　（4）　当該地域の需要者の高齢化もしくは世代交代とライフスタイルの変化
　（5）　当該地域への競争環境の変化

　もちろん，これらのリスクは互いに関係しあって，複合的に需要減少という結果を生む。これらのリスクに適切に対応・経営していくことが，リスクテイ

カーとしての供給者に求められている。実際に，そのようなリスクテイカーと
なる主体は多様でもある。

2　本書の構成と内容

本書の内容を要約しておく。章立ては次のとおりである。

第1章　賃料価格分析の考え方
第2章　経済学的なヘドニック市場需給均衡分析と問題点
第3章　ヘドニック分析での属性識別とビンテージ評価
第4章　ヘドニック価格分析法の考え方と実際的分析法
第5章　モデル選択と非線形属性変数の定式化
第6章　東京23区の住宅価格関数のモデル選択プロセスと非線形属性変数
第7章　横浜市鶴見区鶴見駅周辺エリアにおける賃料価格分析
第8章　東京都国立市国立駅周辺エリアにおける賃料価格分析
第9章　住宅価格・賃料分析への展望：需要者属性とアメニティ属性
付　録　(4.26)の証明

　第1章では，賃貸住宅価格を中心に，価格を商品属性に帰属させるヘドニッ
ク価格分析への基礎的視点を与える。そして，1節で述べた需要者，供給者の
非同質性により，第2章で詳細に説明するローゼン（Rosen）のヘドニック価
格理論の応用可能性が困難であることを述べる。しかし，データ解析により，
実際的視点から市場の価格形成のあり方を属性との関係で理解することは可能
であるので，そのための有効な実証分析のプロセスについて解説する。その有
効性の中には，市場・地域を理解することが含まれ，そのための地域・市場分
析の考え方を説明する。そして，多様な属性の視点から住宅商品の特徴を議論
する。その特徴の一つとして，賃貸住宅商品では，いったん市場に供給される
と，それが30年以上にわたって商品として市場にとどまるので，市場の商品
ビンテージ構造にも依存するが，その競争は次第に価格競争になっていく点が

あげられる。さらに、賃貸住宅サービス商品の供給プロセスは、需要者の非同質性を先取りしようとした非同質的商品の供給を狙うものであり、そのためのリスクマネジメントのむつかしさを議論する。

　第2章では、ローゼンのヘドニック価格理論（RHPT）と賃貸住宅市場への適用可能性を中心に議論する。そこでは、不動産商品の需要者が非同質的であることから、本質的に非同質的な商品を求めることにより、需要者・供給者の同質性を前提にした、その理論は適用可能でないと主張する。また、不動産商品に対しては、辞書的選好を持つ需要者も多く、効用関数の存在が否定される場合もあることを指摘する。さらに不動産市場の場合、経済学的な静学的な需給均衡分析の適用可能性を否定する。市場は共通な均衡価格で需給が均衡する構造になく、成約価格は均衡価格でなく、不動産市場は常に不均衡な市場であるとみる。また住宅商品の供給は、その投資の意思決定が景気に対して後を追う傾向にあり、古典的な蜘蛛の巣理論的な需給の動きがあることを述べる。

　第3章では、実際にヘドニック分析を行う上で必要な属性識別問題を議論する。重要な点は、需要者がどのような属性を認識して価格をつけているかという点で、需要者の選好と属性の関係が重要な点になる。実際の分析では、属性識別・選択の問題に直面するが、そのための地域の理解の仕方と属性へのコンセプト・アプローチを説明する。また住宅市場では、一般に需要者属性により、たとえば所得水準の違いにより、市場が分断化されていると考えられる。特に、単身者、夫婦、家族などで求める住宅属性は異なっている。属性の中には、地域アメニティ属性、福祉など行政的属性などがある。さらに、市場には供給された商品に関してビンテージが異なる構造があり、商品供給者にとって、どのような商品を供給していくか、またその競争力や価値を維持していくかという問題がある。これに対してここでの議論は一つの洞察を与えるものとなろう。さらに、ヘドニック実証分析で採用された属性の例を与える。

　第4章、第5章では、ヘドニック価格分析法の考え方と実際的分析法を解説する。これは、回帰分析をヘドニック分析に適用する場合の考え方とモデル選

択に関する有効かつ実際的な分析法で，特に有効なモデル選択プロセスに焦点を当てる。一般的な最小2乗法と最小2乗推定量の性質，パラメータ推定値の有意性としての F 比，t 値，補正決定係数の関係を説明する。特に t 値による有意性の判断として，類書にはあまりない，t 値の分解を行い，重共線性と t 値と分散拡大ファクタ VIF の関係を丁寧に説明する。この点に関しては，本書の《付録》にその数学的説明を付している。

　モデル選択に関しては，t 値1と t 値 $\sqrt{2}$ の基準や，F 比2の基準と AIC の説明を行う。これらの基準は，第7章，第8章で応用する。さらに，一般に属性と価格の関係は必ずしも線形でなく，ダミー変数，非線形属性モデルの利用法とモデル選択について議論する。また，同じ属性の下でも価格が大きくなると，誤差項の分散が大きくなるという不等分散構造も観察され，その場合の対応法，あるいは空間相関構造のモデル化の考え方とそのモデルを推定する方法としての一般化最小2乗法について説明する。これらの章は，数学的な説明も多いが，そこから出てくる結果を理解すれば実際に利用可能である。事例として賃料価格，住宅価格のヘドニック分析例を解説している。

　第6章では，実際の分析事例として，清水・唐渡（2006）に基づいて東京23区の住宅価格関数のモデル選択プロセスを，本書の立場から解説する。彼らはダミー変数を利用して，属性の価格への影響が非線形であると検証し，そのもとで区ごとの住宅価格関数を東京23区全体でのデータで推定している。また，同じ属性で各区ごとの住宅価格関数を推定している。その2つの分析結果はかなり異なっている。この分析では，需要者の同質化は行っていない。また本書では，彼らが行っていない地域市場分析を行い，いくつかの属性変数の適切性について議論している。ここでの住宅価格は成約価格でなく，売り手の提示（オッファー）価格である。

　第7章，第8章では，第1章で述べた分析プロセスを実際に丁寧に行う事例として，横浜市鶴見区鶴見駅周辺エリアと東京都国立市国立駅周辺エリアにおける成約賃料価格分析を行っている。まず分析地域の市場・地域分析を通して賃貸住宅需要構造を理解し，需要者の同質化として間取りを基礎に単身タイプ，

8 序　章　本書の狙いと住宅商品の特徴

夫婦タイプ，家族タイプを定義し，そのもとでそれぞれの同質的な価格モデル
の推定を行っている。それぞれのモデルにおいて少数の説明変数で高い説明力
を確保している。そこでは，賃貸住宅の場合，需要者は移動の可能性をオプシ
ョンとして保持しているという視点から，変数選択としては内部属性を重視し
ているとして，アットホームのデータを利用してたとえば自転車置き場の有無
やペット可の有無など，内部属性としては通常はデータの制約から利用されて
いない属性を採用している。

　最後の第9章では，所得水準や家族構成などの需要者属性と住宅属性と価格
の関係を分析した事例を紹介する。そこでは，所得水準別に東京都の住宅環境
性能認証指標制度を属性変数とした分析結果の違いを議論紹介する。さらに，
住宅価格を説明するアメニティ属性の表現する指標のあり方を議論する。

3　一般的なヘドニック分析

　ヘドニック価格分析は，多くの分野で商品の価格分析や商品の品質の違いを
調整した物価指数の構築などで利用されている。そこで利用される統計的な方
法は，本書で利用する方法と基本的には同じである。すでに述べたように，経
済学的なヘドニック価格理論の基礎は Rosen（1974）にあるが，それ以前から
価格と属性の関係を分析したり，その関係を議論したりしている例はある
（Lancaster, K. J.（1966），Waugh（1928），Court（1939））。この分野での日本の分
析のパイオニア的な本は品質と価格の関係を追求した太田（1980）であろう。
その後多くの分野での応用例があるが，なかでも不動産領域での応用はきわめ
て多い。ここでは，不動産領域以外の応用の文献を簡単に触れる。

　価格の違いのあるところに品質あるいは商品属性が関係し，品質・属性と価
格の関係は今後も追及されていくであろう。たとえばブランド評価など。応用
例としては，下記の論文を見ていただきたい。論文タイトルからその応用テー
マがわかる。

　・財の品質を調整した品質調整済み物価指数を作成する。
　・PC など製品価格を製品特性で説明する。

・労働者の労働所得を労働者の属性で説明する。

・住宅の価格を住宅の属性で説明する。

・自動車の価格を自動車の属性で説明する。

伊藤宗彦（2008）「製品差別化競争の考察：インクジェット・プリンタ産業における製品開発戦略の分析」『日本経営学会誌』22, 15-26

太田誠（1980）『品質と価格――新しい消費者の理論と計測』創文社

楠木健（2006）「次元の見えない差別化：脱コモディティ化の戦略を考える」『一橋ビジネスレビュー』 53（4）, 6-24

村尾博（2013）「プロ野球選手の年俸のヘドニック分析」青森公立大学 HP

白塚重典・黒田祥子（1995）「ビデオカメラのヘドニック分析」『金融研究』14巻第 2 号

白塚重典（1995）「乗用車価格の変動と品質変化―― ヘドニックアプローチによる品質変化の計測と CPI への影響」『金融研究』第 14 巻第 3 号

白塚重典（1995）「消費者物価指数と計測誤差―― その問題点と改善に向けての方策」『金融研究』第 14 巻第 2 号

白塚重典（1994）「物価指数に与える品質変化の影響―― ヘドニック・アプローチの適用による品質調整済みパソコン物価指数の推計」『金融研究』第 13 巻第 4 号

白塚重典（2000）「物価指数の計測誤差と品質調整手法：わが国 CPI からの教訓」『金融研究』第 19 巻第 1 号

藤原正弘（2005）「ヘドニック価格分析による携帯電話の機能評価」『KDDI 総研』

桑原鉄也・木下信・依田高典（2012）「電力価格のヘドニック法による分析」『社会経済研究』60, 20-38

中村良平（1992）「ヘドニック・アプローチによる実証分析の諸問題」『土木学会論文集』449, 57-66

澤内大輔・小澤壮介・山本康貴（2007）「ヘドニックアプローチによる米の価格形成要因の分析―産地名，品種名，食味の影響評価」『北海道農業経済研究』Vol. 14, No. 1, 49-54

Rosen, S.（1974）Hedonic Prices and Implicit Markets, Product Differentiation in Pure Competition, *Journal of Political Economy*, Vol. 82, 34-55

Lancaster, K. J. (1966) A New Approach to Consumer Theory, *Journal of Political Economy*, Vol. 74, 132-157

Court, A. T. (1939) Hedonic price indexes with automotive example, *The Dynamics of Automobile Demand*, Detroit, MI: TheGeneral Motors Corporation, 99-118

Epple, D. (1987) Hedonic Prices and Implicit Markets: Estimating Demand and Supply Functions for Differentiated Products, *Journal of Political Economy*, Vol. 95 (1), 59-80

Nazari, M., & Kalejahi, S.V.T. (2011) Comparing mobile phone price estimators in the Iran market: Hedonic regression and artificial neural network, *Business Management and Strategy*, Vol. 3 (1), 46-60

〈その他の参考文献〉

フィッシャー, J.D. マーティン, R.D.（2006）『収益不動産評価の理論と実務』
　刈屋武昭監訳・（財）日本不動産研究所国際評価グループ訳, 東洋経済新報社

刈屋武昭・山村能郎（2016）『商業用不動産施設の戦略的経営―価値創造エン
　タープライズ・リスクマネジメントによるリスク・リターンの最適化戦略』
　プログレス

清水千弘・唐渡広志（2007）『不動産市場の計量経済分析』朝倉書店

第1章

賃料価格分析の考え方

1　はじめに

　序章で述べたように，ヘドニック・アプローチを通して賃貸住宅商品や分譲住宅商品の価格形成について理解する方法は，それらの価格を個別商品の属性の違いに帰属させて理解することにある。そこでは，住宅商品の価格と属性の集合に対して，最寄り駅までの距離や床面積，エアコンの有無などの「重要と考える属性」を設定して，それらの属性の量的・質的違いに価格を帰属・説明しようとする。しかし，「不動産の不動性」（商品の特殊性）に起因する立地等の外部属性の違いと，住宅商品についての需要者の選好の違いと供給者の投資スタンス等（将来の収益性の見通しや遺産相続への対応等）の違いという非同質性の問題に直面する。すなわち，不動産商品のヘドニック価格分析の場合，たとえばデザインなどを考えるとわかりやすいが，「商品が個別的で需要者も供給者も非同質性を求める」という，住宅商品に内包する本質的な非同質的問題を扱うため，価格を属性に有効に帰属させることが求められる。それゆえ，分析目的と属性の理解・選択と分析プロセスが整合的であるかとか，得られたモデルが実際的な立場からわかりやすい結果となっているかとか，分析結果を意思決定に利用する上で十分に有効であるか，という実際的な問題に応える分析基盤が求められる。このような視点から，本書ではヘドニック価格分析法を議論する。

　したがって，本書の狙いは，次の点であることを再確認する。

12 第1章 賃料価格分析の考え方

> (1) 分析対象地域の賃貸住宅用不動産の賃料価格と属性の帰属価値との
> 関係を評価し，それを通して当該地域の価格形成構造を理解すること
> に関わる，有効な思考法と定量分析法を解説すること。
> (2) （分譲）住宅価格と多様な外部属性の帰属価値との関係を分析する有
> 効な思考法と定量的分析方法を考察すること。

　ここで重要な点は，「有効な」という言葉の意味である。その意味は，分析
目的と分析視点を明確にし，その視点に対応したデータを収集し，視点に対応
した方法・モデルでデータの持つ情報を最大限抽出し，分析目的とその視点か
らの合理的な知識・理解を得ることを可能にすることである。そして，それを
多様な意思決定につなげることである。

　特に，(1)の狙いでは，具体的な実証分析事例を通して，特定地域の個別物
件の属性と価格の関係の構造を有効に理解できるようになること，また実際に
利用可能なデータを通してその思考法，分析法を利用してもらうことを含んで
いる。

　この(1)の狙いと(2)の狙いの大きな違いは，賃貸住宅の需要者の選好とその
価格形成の関係は，所有権を伴う住宅の需要者（一般家計，投資家）の選好と
価格形成の関係とは異なる。それは，重要視する属性の範囲とその価値認識の
視点が異なり，属性の範囲とその優先順位・選好順位が異なるため，ヘドニッ
ク・プライシングにおいて属性の価値評価が異なるからである。

　賃貸住宅の需要者の場合，自らの移動・移転性に関するオプションを保持す
る度合いが大きく，その住宅を利用するうえでの一定期間の快適性や利便性な
どの生活目的が中心になろう。

　なお，所有を伴う住宅商品の場合，通常供給側の視点から「分譲住宅」とい
う言葉を使用するが，本書ではしばしば需要側の立場からみて「所有住宅」と
いう言葉を定義する。

　所有住宅商品の需要者がその属性を考慮する場合，長期的にみた「住宅の資
産性」に関わる属性を考慮しよう。この住宅の資産性は，将来に財務的なオプ
ション（例：住宅を担保に資金調達（借金）することのオプション）を与えるが，

資産価格の変動のリスクを持つので価値を保存できる立地的な外部属性を一定の範囲で重要視しよう。そこには，日本では不動産売買取引コストは高く，また上物（建造物）の価値は急速に減少するので，多くの個人にとっていったん購入すると，容易に意思決定を変更しがたい問題もあろう。この理由により，需要者が見る賃貸住宅の価格形成にとって関係が強い属性は，必ずしも所有住宅の価格形成にとって関係が強い属性とは同じでない。このことは，分析目的，分析対象によりヘドニック・プライシングによる分析の考え方や視点が異なっていくことを意味する。

　ヘドニック分析において，あたかも各属性に対して共通な価値を「社会」が与えているというような見方の分析は正しくない。言いかえると，後に議論するように，特定地域には特定な経済社会的構造があり，その特定地域に居住する理由が各々異なっているので，市場は局所的でもあり，情報は偏在的で，多様にまた重複的・複合的に非同質的な構造を持っている。その意味では，ヘドニック分析では分析目的を明確にしないと，多様な非同質性のもとで属性の価値を単に全体で平均的に評価してしまうことになろう。もう一つ，需要者（消費者，賃借人）が，実際の意思決定において対象となる属性をどこまで認識しているかという「認識の客観性・共有性の問題」がある。その前提があって初めて属性の価値と価格が連結されることになるであろう。

広義のヘドニック・アプローチの概略

　本章でしばしばヘドニック・アプローチについて触れるので，ここでクロスセクション分析のヘドニック・アプローチについて概略を述べておく。

　第 n 住宅商品（物件）の特定時点（期間）の価格 p_n は，K 個の属性 $\{z_{1n}, z_{2n}, \cdots, z_{Kn}\}$ の共通な関数 $p(\cdot)$ を通して，

$$p_n = p(z_{1n}, z_{2n}, \cdots, z_{Kn}) \qquad (n = 1, 2, \cdots, N)$$

と関係する，と仮定する。

　各属性変数 z_{kn} は，住宅の品質，機能，利便性などに関する属性として，駅からの徒歩時間とか住宅の面積のように実数値をとる変数以外に，住居の部屋数のように自然数しかとらない変数，オート・ロックの有無などを表す0か1（0

14　第1章　賃料価格分析の考え方

の場合無，1の場合有。このような変数をダミー変数という）をとる変数などが含まれる。

すなわち，第 n 住宅サービス商品は，その商品がもつ内部的属性（広さ，間取りなど），外部的属性（立地，福祉行政など）に依存して市場で価格が成立する，とみる。

これを単純な1次式で近似する回帰モデル

$$p_n = \beta_0 + \beta_1 z_{1n} + \beta_2 z_{2n} + \cdots + \beta_K z_{Kn} + \varepsilon_n \qquad (n = 1, 2, \cdots, N)$$

が多く利用されている。もちろん，非線形の定式化をしてもよい。

定式化されたモデルのもとで，実際のクロスセクション価格分析では，期間を固定し，一定の期間中で成立した N 個の成約価格データ，もしくはオファー価格（供給者からの提示価格）データをもとに，データから未知のパラメータ係数 β_k を推定する。

その結果，新しい賃貸住宅商品が特定な属性の組 $z_1^*, z_2^*, \cdots, z_K^*$ をもつ場合，その商品のモデル価値（理論価値ともいう）は，

$$\hat{p} = \hat{\beta}_0 + \hat{\beta}_1 z_1^* + \hat{\beta}_2 z_2^* + \cdots + \hat{\beta}_K z_k^*$$

と評価される。

このようなヘドニック分析の要点は，特定な需要セグメント（たとえば単身者タイプなど）に対して，価格のモデル化にあたって当該地区の商品について適切な属性を選択しているかということになる。この表現では，左辺の住宅商品価格が各属性一単位当たりの価格 $\hat{\beta}_k$ とその属性量 z_k^* の積 $\hat{\beta}_k z_k^*$ の合計に分解されていることを示す。

価格と属性の関係を分析する場合，ヘドニック分析以外に，ロジット・プロビット分析なども利用されるが，本書では割愛する。本書は，統計的分析法としては基本的に回帰分析を通して，実践的かつ有効な分析結果を導く思考法とモデリングの方法を考察する。そのため，上で議論した属性と価格の関係を経済学的・実際的視点から統計的にモデルを選択・定式化するプロセスを解説する。中でもモデル選択プロセスにおける t 統計量の統計的構造と役割を詳述する。

本章の節構成は以下のとおりである。

2 ヘドニック価格分析への基礎的視点と Rosen の価格理論　　**15**

2　ヘドニック価格分析への基礎的視点と Rosen の価格理論
3　有効な実証分析のプロセス
4　市場・地域分析
5　賃貸住宅サービス商品の特徴
6　賃貸住宅サービス商品の供給プロセスとリスクマネジメント

2　ヘドニック価格分析への基礎的視点と Rosen の価格理論

　本節では，ヘドニック・アプローチにより属性価格分析をするうえで必要な考え方やその全体的枠組みを議論する。特に，本章と次章でいろいろな領域で利用されている「経済学的なヘドニック価格均衡理論の不動産価格分析への適用可能性」を批判的に議論し，賃貸住宅サービス商品や住宅商品の「需要者と供給者の非同質性」を考慮した分析の必要性を述べる。3 節では，本書の視点からの実証分析の枠組みを設定する。

不動産商品の本源的非同質性とヘドニック価格理論

　一般に，住宅商品は，構造，立地，近隣，公共サービスなどに関する，きわめて多くの属性に依存する「多次元財」である。この商品には，「不動産の不動性」のゆえに当該物件の外部に関わる属性が商品価値に大きな影響を与える。このような物件のさまざまな外部・内部の属性データと市場の価格データをもとに，価格に対して属性に帰属する価値を評価する分析を「広義の」ヘドニック分析という。

　第 3 章，第 4 章，第 5 章でその考え方と統計的方法を説明する。また，第 6 章以降では実際的な分析事例を見る。その事例を通して，属性選択とモデリングのプロセスに関して統計的なモデル選択法を学習する。第 6 章では，清水・唐渡（2007）の東京 23 区の中古マンション分譲（所有）住宅価格の分析事例に沿って，第 7 章，第 8 章では，それぞれ横浜市鶴見区鶴見駅周辺エリアと東京都国立市国立駅周辺エリアの賃貸住宅価格のモデル選択プロセスを議論する。

　本書では，このような広義のヘドニック分析，あるいはヘドニック・アプローチによる実際的な分析を，ローゼン（Rosen）（1974）が経済学の静学的均衡

16　　第 1 章　賃料価格分析の考え方

分析の枠組の中で定式化したヘドニック価格理論と区別する。そして，Rosen
のヘドニック価格理論を，

$$RHPT = Rosen's\ Hedonic\ Pricing\ Theory$$

と略す。第 2 章 3 節では RHPT を丁寧に説明するが，本書の立場では，
RHPT の枠組みによる分析を狙うものではない。その理由は，RHPT が仮定
する前提が，住宅市場の価格形成に対しては，近似的にも満たされていないと
考えるからである。

　RHPT が仮定する前提が住宅価格データに対して満たされない理由は，序
章でも述べたが，本章の議論で次の事実を示すからである。

Ａ　住宅の商品の財の非同質性は，その商品の需要者（賃借人，消費者）の
　資産，所得や家族構成，年齢，職業，勤務地，文化的背景などの非同質性
　に起因する，非同質的な多様な選好（経済学でのプレファレンス）に基づい
　て，非同質的な財を需要することに本質的に関係している，と考えられる。
　需要者の選好の非同質性は，経済学でいう効用関数の非同質性に対応する
　が，この考えに立つと，住宅不動産商品に関する効用関数は本質的に非同
　質的である。さらにいえば，人々の選好が効用関数で表されるためには，
　選好が一定の条件（対称性，非反射性，推移性，完備性，連続性）を満たす
　ことが必要十分であるが，賃貸住宅不動産商品を含む不動産商品の選択に
　おいては，後に述べる辞書式選好の部分が多く，需要者の中には，経済学
　が利用する効用関数をもたない人もいる。

Ｂ　賃貸住宅を含む不動産市場では，経済学の静学的な意味で需給均衡は成
　立せず，成約賃料であってもそれは市場の需給をクリアする均衡価格では
　ない。それは，供給者（賃貸人）も，需要者の非同質性に対応すべく非同
　質的な財を供給しようとするからである。供給側を見ると，高級物件，特
　別物件，一般物件などの多様な商品の供給に関して，資本能力，技術能力
　が異なる非同質的な供給者（大・中・小のディベロッパー，個人資産家，投
　資家）がいて，他と異なる住宅を提供しようとする。そこでは，序章で述

べたように，各々の供給者が狙う需要セグメントは必ずしも一致しないこと，商品の企画設計販売を通しての不動産供給プロセスに時間がかかること，その手続にコストがかかることなどから，市場での供給は需要の後追いになる傾向が強い。この供給の需要に対する遅行性は，市場の総需要と総供給は均衡していないことを意味する。成約物件に関していえば，その各々の特定な物件ごとにその供給者と特定な需要者が価格に合意しているが，それは特定の一つの物件に関して（オークションのように）多くの需要者がそこで価格を付けたわけではなく，そこで成立する価格は市場の需要と供給をクリアする均衡価格ではない。

　賃貸住宅商品はいったん供給されると，30年以上という長い期間，市場に存在し続けるので，築年数のビンテージ属性構造に関わる非同質的な商品が同時に存在する。そこでは，陳腐化リスクに対してリノベーションなどにより一定の対応はするものの，新規供給物件との競争力は落ちてゆき，価格低下を求められていくが，それを求める需要者もいるのである。

　これらの具体的内容は以下の節で示すが，賃貸住宅市場を含む住宅不動産市場での需要と供給の関係は，特定な時点（1年などの期間でもよいが）で需要量と供給量が等しくなるように価格が決定されるという関係ではない。その意味では，実際の現象は，経済学の完全市場的な需給均衡価格理論が前提にする状況とは大きくかい離している。この理由は，序章でも述べたが，不動産市場は次の特徴的をもっていることによる。

➢需要者のニーズ・選好が本質的に非同質的であるがゆえに，不動産関係の商品は「本質的に」非同質的であること
➢そのため，市場が需要者の選好ごとに分断化される傾向にあること
➢取引は一般に少なく，同質的な需要者と供給者が数多くいることなどの前提は満たされないこと
➢意思決定プロセスに時間がかかり，供給は需要の変化に対して遅行的であること
➢その結果，成約価格であっても均衡価格でないこと

18　第 1 章　賃料価格分析の考え方

時系列分析・クロスセクション分析

　このような特徴を持つ不動産市場であるが，実証分析を通してその市場の実際の現状や動向を知ることは極めて重要である。賃貸住宅不動産商品市場の実証分析の立場としては，マクロ的な視点からの分析とミクロ的な視点からの分析がある。マクロ的な市場動向を知る分析としては時系列分析が利用される一方，ミクロ的な視点からはクロスセクション・アプローチをとることが多い。もちろん，空間分析として，時系列分析とクロスセクション分析を併せた分析をとることも多い。

　　◇時系列分析的な視点では，価格データとしては地域ごとの賃料指数など総合化した情報を使いながら，地域ごとのマクロ経済学的な趨勢・傾向分析をする。また，変動比較分析を狙う場合には，比較的大きな地域の「平均的」価格変動を見る時系列・クロスセクション分析をする。そこでは，マクロ環境の変化に対応した地域ごとの不動産市場の変化・動向を把握しようとする。場合によっては，この分析に，完全市場を前提とした市場均衡分析的視点を組み込むことも多い。

　　◇マクロ的な経済環境を所与として，ヘドニック・アプローチにより特定な地域のクロスセクションの価格形成の構造把握を狙う分析では，地域のミクロ的な経済的・社会的構造に関わる属性（たとえば教育や福祉などの属性）と立地などの外部属性，建物の構造的な属性や個別物件の内部構造に関わる広さや間取りなど個別的な属性などの情報を利用して，価格と属性の関係を理解しようとする。そこでは，少なくとも分析視点とデータの情報と分析方法の整合性を踏まえた価格分析をする。

2 つの注意点

　（1）　時系列分析では，経済構造変化や外的なショックによりデータは絶えずその影響を受けている点である。時系列データを利用する場合，経済構造が進化していき，人々の行動や ICT（Information and Communication Technology 情報通信技術）などの技術も変わるので，たとえば，グローバル化の中での企業の移動や，少子化の流れや貧富の格差（中産階級の減少），地域格差の拡大な

どの影響など，それらを一定の範囲で考慮した分析が必要となっていくであろう。この点に関しては，市場・地域分析で分析対象となる地域について，できれば調査しておく必要がある項目について後の節で述べる。

時系列分析の視点から見ると，経済社会の大きな進化・変化は，不動産と金融に関係した変化が引き金になっているケースが多い。80年末から90年代にかけての株と銀行融資と不動産市場が引き起こしたバブルとその崩壊による恐慌的経済状況（平成金融不動産恐慌），その結果としての90年代末の金融危機（銀行倒産など），2000年以降の米国の不動産と証券化・金融市場を中心としたサブプライムバブルと2008年以降のバブルの崩壊（リーマンショック）による世界サブプライム恐慌が，その例である。わずか20年の間に2回の大恐慌が起きている。加えて，2011年の東日本大震災後の経済への外生的ショックなども加わって，日本経済は大きな変動の波の中に漂流してきた。そして，この漂流過程の中で，不動産市場の構造や，人々の生活上の価値観・嗜好（選好，効用）も進化している。これらは，日本経済の歴史の中で「失われた四半世紀」ともいわれている。この影響を，いまでも直接・間接に不動産市場に与えている。

時系列分析では，その分析目的にもよるが，分析にあたって不動産市場に大きな影響を与える要因を考慮した分析視点が重要となるので，国内だけでなくグローバルな経済環境を踏まえた分析となる。

(2)　もうひとつは，データの時間的同質性に関わる問題である。時系列分析をする場合でもクロスセクション分析をする場合でも，分析地域を特定しても，特定時点での取引量が多くないので，金融市場のように特定日の終値などのようなデータを利用できない。したがって，特定時点での分析はできない。そこで，一定期間（たとえば暦年1年）ごとの個別物件のデータに対しては，経年変化の影響はあまりないと想定して，その期間の取引価格データを「期間的に同時期なもの」とする。しかし，リーマンショックの2008年9月を含む1年間の取引を同時期のものとみるのには問題があるかもしれない。統計学的にはその場合，ダミー変数などでそのショックの前後の価格への影響を統計的な検証もできる。もちろん，データが大量にあれば，その期間を短く区分することもできる。この立場に立っても，住宅賃料価格の形成において，人々の行

20　第1章　賃料価格分析の考え方

動仮説から価格を説明していくことが難しい。その問題は，後に議論するように，市場の分断化・重複化の問題にも関係している。

　それゆえ，そのような不動産市場をめぐるデータ環境の中で，RHPT を適用することは難しい。さらに，RHPT では情報が完全であるとか，あるいは共有されているとか，人々の効用関数が共通であるとか，というような仮定をおいて，形式的な効用最大化行動を「理論」化しようとしているが，少なくとも本書の個別価格の分析目的からいえば，賃貸住宅市場ではそもそも理論の前提となる仮定が満たされていないであろう。

　本書では，賃貸住宅の賃料価格形成のあり方の理解を深めるために必要に応じて，時系列分析の問題に触れる。各年のクロスセクション・ミクロ分析を継続することで，ミクロ的な変動を時系列的に把握できることになる。特に，ヘドニック・アプローチにより同じ地域のもとで，属性の価値の時系列的な変化を分析できよう。

3　有効な実証分析のプロセス

　本節では，有効な実証分析のプロセスのあり方を考える。

　経済・社会のデータを扱う実証分析では，対象とする現象に対して，刈屋・勝浦（2008）『統計学（第2版）』（東洋経済新報社）で述べているように，次の分析プロセスをとるのがよい（**図表 1.1**）。

　このプロセスの中で特に重要な点は，分析目的と分析視点とデータの関係である。分析視点は，分析目的に対応するものであるが，社会・経済現象の分析の場合，その関係は一意的な関係になっていない。後に議論するが，特に分析視点として，特定な経済学的な視点を設定してその検証に分析の中心をおく場合には注意が必要である。「経済学の場合の理論は一般には思考仮説」であり，その理論が前提とする仮定の集合が満たされる場合，理論による演繹的な結果が成立することを検証するものである。現実の現象が明らかに仮定を満たしていない場合，形式的に理論をデータに適用して何らかの結果が得られても，妥当な実証分析とは言えない。

3 有効な実証分析のプロセス　21

《有効な実証分析のプロセス》
(1) 分析目的を設定する。
(2) 一定の専門的知識に基づいて現象を理解し，分析視点・枠組みを設定する。
(3) 分析視点に対応したデータを収集し，選択する。
(4) 分析視点に対応するモデリングと統計的方法を選択し，分析する。
(5) 分析結果に基づいて，集団や構造について理解し，意思決定や予測をする。

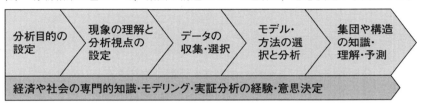

図表1.1　実証分析のプロセス

(1) 分析目的の設定

これまで述べたように，われわれの狙いは，
「特定地域の賃貸住宅の賃料価格形成と所有（分譲）住宅の価格形成について，合理的な理解を可能にし，意思決定に利用可能なモデルに導く実証分析の考え方とその方法を解説すること。そして，住宅個別商品の価格と属性の集合のデータを利用して有効なヘドニック・アプローチによる実証分析をするために，属性についての理解を深め，属性の価値と価格との関係を具体的な事象分析例で示すこと」
である。

ここで特定地域とは，住宅の価格分析をする対象地域であり，データを収集する地域である。この地域の選択の考え方については次節で述べるが，基本的には分析対象地域と隣接地域を考察の対象とする。そして，実際のデータによる住宅賃料の価格分析では，分析対象地域の賃貸住宅商品の賃料を評価することを狙う。もちろん，その評価には，その背後にある構造や属性を含む。そこでの重要な点は，賃料価格と需給量に影響を与える要因を理解することである。

まずは「典型的な」借り手の賃借動機と選好を理解するためには，当該地域の市場に関するマクロ的・ミクロ的データと，賃貸住宅の市場に関連する情報

22　第 1 章　賃料価格分析の考え方

を収集・選択する。それにより，当該地域の分析対象物件の価格に影響する重要な要因・項目・属性を理解することを試みる。このような分析対象の地域の市場に関する環境分析を「市場・地域分析」ということにする。価格分析に先立って市場・地域分析を行うことにより，全体観のある賃貸住宅市場の構造や立地・社会構造を把握でき，優れた価格分析ができるのである。また，市場・地域分析により，評価対象物件がある市場に影響を及ぼす人口的要因や経済的要因の視点を据えることができる。さらに，市場・地域分析のもとで価格分析をすることにより，当該地域のどのような物件が相対的に需要されるかを判断したり，分析地域における現時点で存在する競合物件を認識したりして，今後の供給を予想することもできよう。こうした需給分析の結果に基づいて，その地域の物件の賃料の幅や賃借人のタイプを理解できることになる。

(2)　現象の理解と分析視点の設定

　この現象の理解と分析視点の設定のステップは極めて重要で，分析枠組みをつくることになり，導出される実証結果に大きな影響を与える。特に，最初から特定な経済学的な命題（理論＝思考仮説）の検証を分析目的とする場合，当然のことながら，その視点からの内的無矛盾性を確保しながら，分析枠組みを設定することになる。しかし，その命題の検証に対応するデータの入手可能性は大きな問題になる。命題の仮定する仮説的環境とデータの無矛盾性は，得られる実証結果がデータの情報を最大限利用しているかどうかに関わり，優れた実証分析をするための基本となる。この点は後に本章で議論する。

　論文を書く立場からの研究領域では，「論理実証主義」という立場からの分析プロセスが一般に要求されたりするが，実際の現象・価格形成は，そこで利用される「理論」（実際は「思考仮説」）の仮定と整合的でない場合も多く，したがって最初の段階で現象・データと，分析視点としての「理論」は矛盾する場合もしばしばある。その場合，そのような分析は思考実験的な意味を与えても，そもそも経済現象や人々の行動が自らの理論を検証する上で設定する仮定に対応していないので，内的な矛盾を分析の中に内包したものになり，実体的な分析の意味を持たないことになる。

　一般に経済社会現象の諸要因の関係は複合的であり，データがあれば現象を

理解できるわけではない。社会科学の重要性はこの点にあり，分析視点とデータをみる複数の視点を提供する。それゆえ，賃料価格実証分析での現象の理解は，その後の分析を大きく方向づけるもので，価格形成・データの生成のあり方を何らかのモデルを通して分析する場合でも，そこでの具体的なモデルを選択する上でも現象の理解は重要である。そのためには，市場・地域分析を分析対象地域とその隣接地域の両方に対して行うことで，後の実証分析結果として観察される価格構造の違いなどの理由がわかり，賃貸住宅市場の構造が理解できよう。

　3節でその市場・地域分析法の概略を説明する。そこでは，分析地域の特定化，不動産市場の成長・衰退サイクルの分析，地域の人口，産業構造などの地域特性の分析など，当該分析地域特性についての歴史的変遷，現在の状況，そして将来の動向などについて理解し，需要と供給の構造や当該地区の今後の発展・衰退の趨勢を理解することで，実証分析の視点を据える情報を入手できる。今後の趨勢と不確実性（リスク）の要因を理解すると，今後の賃貸住宅商品の供給プロセスが見えてくる。実際，「現存する賃貸住宅商品は投資の結果」であって，新規投資の場合，30年にも及ぶ将来の見通しを据えた上で投資回収の可能性を理解して意思決定をすることが望ましいであろう。

行政的区画と分析地域

　多くの分析事例では地域の選択にあたって，行政的区画をよりどころにすることが多い。しかし，賃料価格形成について合理的な理解をする，という視点からいえば，現象の理解と分析視点を明確にしないと，明確な結論が得にくいこともある。東京近辺の地域の選択であれば，賃貸住宅を需要する賃借人の賃借目的が通勤であることも多く，その場合，当該地域に通勤のための異なる路線の駅が2つ以上あったりすると，行政区をそのまま分析対象とすると，異なる賃借需要の集団を一緒に扱うことになったりする。この点は，事前にその需要構造の情報を知ることができないため，違いを無視して異なる需要セグメントを一緒に扱い，そこで成立した価格を分析することになる。それは成約価格を構成した需要者の情報が得られないのが一般であるので，分析者がどのように理解して分析を進めるかを明確にした方がよいであろう。

24　第 1 章　賃料価格分析の考え方

　本書では，事例の一つとして東京都国立市の賃貸価格を分析するが，そこで
の需要者は，価格志向の集団や，教育志向の集団，東京駅に向かうホワイトカ
ラー集団，南武線近辺のメーカー・工場に向かう集団，立川・八王子に向かう
集団等が入り混じっている，ようだ。

　時系列分析でも，クロスセクション分析でも，地域概念として行政区を用い
ることが多い。東京 23 区を見れば行政区の地域概念の限界がわかるし，人々
の地域の選好の背後に経済社会的理由や有名私学など教育環境的理由等，行政
以外の選好があることは明らかであろう。しかし，たとえば，「東京で働くサ
ラリーマンで丸の内オフィスに通勤する人が，なぜ他に多くの選択肢がある中
で，時間コストや経済コストをかけても JR 中央線国立駅経由の住宅を賃貸す
るのか」，という問題を十分に説明することができない。そこでの選択の理由は，
多くの人にとっては，情報が十分でない，十分な情報を必ずしも求めずに，そ
の地域に社会的なブランドイメージがある，過去に住んだことがある，などの
理由により，部分的な知識・情報でその選択をしていることが多いと考えられ
る。しかし，このような情報は分析では入手可能でないため，その選好の結果
としての価格と属性の関係を分析することになる。住む場所の選択では，賃貸
住宅と所有住宅の場合ではその選好が異なる可能性が高い。それは後者の場合，
移動のオプションを大きく犠牲にするからだ。

(3)　分析視点に沿ったデータ収集・選択

　分析視点がいかに優れたものであっても，賃貸料価格分析ではデータの利用
可能性が重要な問題であり，データの提供する情報を超えられない。逆に，デ
ータこそが実は分析枠組みと分析視点を制約することが多く，データの構造を
理解すると分析視点を変更する必要が出てくることもある。そこでは，利用可
能データの生成プロセスを理解し，そこから分析視点を据えることが，実際の
意思決定に対して有効な実証結果を得る上で重要になる。たとえば賃料データ
が，賃貸住宅の供給者側のオッファー価格（提示価格）である場合，それは「成
約賃料価格」でないという理由で，分析の限界を内包するものであるが，それ
をどのように理解しているか，得られた結果をどのように解釈するか，分析者
が明確にする必要があろう。このようなデータから問題を理解していく帰納的

アプローチでは，分析視点からみたデータの背後にある現象の潜在的な構造を浮き彫りにできる。一方，データの制約に分析視点を調整する中で現象をより理解できることになろう。

なお，需要者が提示する希望価格をビッド価格というが，賃貸住宅の場合，不動産仲介業者を媒介にしての交渉になることが一般であるので，オッファー価格に需要者が従う（フォロー）することが多いであろう。その意味では，賃貸住宅の提示価格は成約価格である場合も多いと推測される。

もうひとつ注意すべき点は，不動産商品の場合，「成約賃料価格」であっても，一般にそれは市場均衡価格にならない点である。成約価格とは，個別物件について貸し手と借り手が合意した価格であるが，後に議論するように，それは「当該市場」の総供給量と総需要量をクリアするという，経済学的な意味での均衡価格とはならないのである。すなわち，第2章で詳しく議論するが，一般に不動産の商品の供給量は価格に対して適合的で，そこで個別に決まる価格は，経済学の静学的分析で仮定される考察期間（たとえば1年）の中での「市場をクリアする」需給均衡価格とはならないためである。

《不動産の商品の特徴の要約》

1) 不動産の取引量は特定な時点で見るときわめて少なく，ある特定な時点での分析とはならず，データとしては一定期間（たとえば1年間）の取引を同期間の取引とみなし，そこでの価格を期間同質的価格として分析対象にする。したがって，異なる環境のもとでの取引であることもある。

2) 時間経過（動学的）の視点からみて，総供給量の変動が総需要量の変動に対して瞬時に調整できないばかりか，供給は需要に対して遅れる傾向がある。この関係をモデル化した古典的な蜘蛛の巣モデルを第2章で紹介する。

3) 供給側は，総需要に対して先行きの予想をするが，それがかなり楽観的であったりすることも多く，景気後退が始まるころに供給のピークと

26　第1章　賃料価格分析の考え方

　　なることも多い。

4)　不動産商品は，需要の非同質性のゆえに非同質的で，「不動産の不動性」
　　（特定な場所を占有）がゆえに外部属性に大きく依存し，賃貸住宅商品の
　　場合，多様な設備などの属性がこれら外部属性と合成されて商品差別化
　　をする。そこには価格自体の水準も商品性に大きく関係していく。
5)　この合成された属性の価値は，ヘドニック分析では分解する対象とな
　　るが，それが合理的にできるかどうかが分析の価値となる。いずれにし
　　ても価格現象への近似的な分析であろう。

（4）　モデリングと分析法と分析

　実証分析においては，データの情報を超えた分析をできない一方，与えられ
たデータの持つ構造や情報をできるだけ適切に抽出することが重要であり，そ
のための有効なモデリングをすることや有効な統計的手法を選択することがそ
の基礎となる。しかし，定式化されたモデルは，近未来的な議論をするうえで
は役に立つが，長期的な視点の分析としては必ずしも有効でないであろう。そ
のため，次節で議論する市場地域分析のような，マクロ的な分析視点と定性的
な分析視点を積極的に組み込んで，将来の起こりうる経済環境の変化やリスク
やチャンスへ導くイベント生起の可能性を理解しておく必要がある。そして，
価格と属性の関係の将来変化を理解しておくことも重要であろう。

4　市場・地域分析

　本節の内容は，フィッシャー＝マーティン（2006）『収益不動産評価の理論
と実務』（刈屋武昭監訳，（財）日本不動産研究所国際評価グループ訳，東洋経済新報
社）の市場・地域分析の内容を基礎にし，賃貸住宅分析を中心にして，3節の分
析視点の議論を組み込み，本書の目的・視点に沿って書き換えたものである。
　市場・地域分析の手順は以下の通り。

(1)　分析地域の特定と隣接地域の市場・地域分析
(2)　地域の不動産市場の成長衰退循環サイクル

（3）　資料・データ収集

（4）　市場・地域分析の調査項目

（1）　分析地域の特定と隣接地域の市場・地域分析

　賃料価格分析を行うにあたっての第一歩は，直接的な分析対象とする地域を特定することである。加えて，その隣接地域を特定化する。しかし，直接的な分析対象地域といっても，明確に特定した地域が決まるわけでなく，分析目的と分析視点に基づいて，隣接地域も含めた賃貸住宅サービス商品の需給関係を理解しておくことが，最初の実証結果を得た後にその結果を理解し，場合によってはさらにその分析を修正する上で重要となる。したがって，関心のある地域とその隣接地域の市場の状況および趨勢をまず把握することにより，実証プロセスの道筋が見えてくるし，余分な分析をする量が少なくなる。

分析対象の範囲

　分析対象としての地域の範囲は，分析目的に応じて広範な地域になる場合もあれば，特定な市の中の一部にすぎないこともある。その地域の範囲を決定する上で重要な視点は，

　1）　賃貸住宅のサービス商品としての需要セグメントの同質性

　2）　需要者の潜在的な存在範囲と住居地域としての将来の代替可能性

などである。

　たとえば，都会から離れた市町村の特定地域の賃貸集合住宅群は，企業の工場労働者などを中心とした当該地域のほんの少数の地域住民がテナントとなる可能性が高い。

　分析地域の境界は，地理的に認識される場合（街路，地形，官有施設）もあれば，行政的な区分あるいは特定な居住地区に一致することもある。また，分析対象の隣接地域には，様々な賃貸住宅や商業地区が補完的に存在していることが普通である。隣接地域の価格や人口，所得などの趨勢が，分析地域の平均的水準を上回っている場合，隣接地域が発展過程にあったりすることや，特別な地域特性がその状況をつくっているなどと理解されよう。

　隣接地域は，分析対象地域に対して代替的機能を持つ競合地域であったり，

28　第1章　賃料価格分析の考え方

補完的機能を持つ地域であったりする。隣接地域内のさらなる隣接地区の境界は、当該地域に対して価格や需給に影響を与えない地理的範囲と理解してよいだろう。それゆえ、隣接地域の範囲は地形であったり、行政的領域であったりしよう。住宅の賃貸価格に影響を与える要因としては、雇用、人口、所得水準、新築工事、交通体系、土地利用規制等が含まれる。また、隣接地域内の不動産所有者・占有者には分析対象地位と似通った選好性が見られることが多いが、地勢的に自然な境界があったり、隣接地域内に工場があったりする場合などは別である。

　市場・地域分析の調査項目としては、たとえば、次のような項目である。

　　産業構造と雇用（職種、年齢）、人口（可能なら職種別なども含む）、所得水準、住宅環境（賃貸住宅と住宅所有の代替性）、小売業売上高、新築賃貸住宅工事供給環境（賃貸住宅に利用可能な土地の状況）、不動産占有動向など。

　第7章の横浜市鶴見区鶴見駅周辺エリアの賃料分析ではこのような項目を公開情報により調査し、分析に役立てている。

(2)　地域の不動産市場の成長衰退循環サイクル

　各地域の成長衰退循環サイクルの状況を知ることは、クロスセクション分析であっても重要である。特に賃貸住宅を供給する賃貸人（投資家）にとって、今後の市場の動向を知り、これから投資してペイするかどうかを一定の範囲で知ることができよう。

　このサイクルは、発展段階、安定段階、衰退段階、再開発段階の4段階に分けるのが通常である。

　1)　発展段階：当該地域に企業が移転してきたり、工場が設置されたり、大学が開校されたりして、人口が大きく増加するような場合、その人口増加を期待して商業地区も発展して、その従業員が住み着いたりしていくような発展過程にある地域では、賃貸住宅の需要だけでなく、他の不動産事業も展開されていく。この段階において特徴的な点は、不動産の新築工事が顕著に見られ、不動産価格・賃貸住宅価格が上昇する点である。成長の趨勢は平均的にみれば右肩上がりであるが、地域市場の需要と供給は均衡しているのではなく、供給が

需要を追う形で成長する。

2）　安定段階：賃貸住宅市場やその他不動産市場では，当該地区に加えて隣接地域内の対応市場が開拓し尽くされると，安定段階を迎えるのが普通である。この段階の特色としては，不動産価格が上昇し，空室率が低く，そして新築工事が少なくなる傾向にあるなどである。しかし，安定段階でも，賃貸住宅に関しては，相続税制などの変化では，個人資産家が自己保有の土地に対して新規賃貸住宅の供給をしたりする。また，既存の陳腐化しつつある住宅に対して，新しいニーズに対応した需要を見込んで新規参入してくる場合もある。安定段階の継続期間は隣接地域ごとに大きな差が見られる。その長さを決めるのは，分析地域内の開発動向とその隣接地域の立地条件である。たとえば，高級住宅地と優れた商業施設がある隣接地域の場合，その隣接地域は安定性が高いので，安定段階は長く続くと考えられる。

一方，工場や倉庫地帯の付近にある質の劣る住宅地域が隣接地域である場合，収益性を狙った投資によりその地域が賃貸住宅に変更されていくか，あるいはその地域の影響を受ける分析地域が衰退していくなどして，安定段階は短い期間になるとみられる。

3）　衰退段階：隣接地域が衰退段階に入るのは，その地域の状況が大きく劣化するためである。劣化の原因としては，当該地域のマクロ的経済・社会的構造変化によるためや，あるいは，たとえば当該地域から基幹企業が移転するなどにより，その地域への需要が大きく減少したりすることなどがある。あるいは，不動産を取り巻く環境の変化の他に，土地利用形態に対する需要が変化することにより，住宅地の繁華街化もしくは過疎化や中小工場の増加など，土地利用形態が次第に変わって行くことが挙げられる。この段階では，不動産価格の下落と空室率の上昇が顕著になる。また，この段階では，一つの都市の中で，スプロール現象により，中心部が衰退していくことも多い。

4）　再活性段階：衰退している地域に対して，行政は街の再活性化を目指すことが多い。この段階にある隣接地域では，再開発，設備更新，そして再活性化が進むことも多い。たとえば，コンパクトシティを目指すなど，街の中心地の集中度を高め，中心地に向かう交通を整理して，効率性を高めたりしてうまくいく場合もあるが，衰退の原因を克服できない場合もあり，その場合，過疎

30　第 1 章　賃料価格分析の考え方

化が進む。実際，マクロ的な経済構造の変化，少子高齢化などの社会的趨勢などの要因により，再開発の効果を高めることが難しい環境になっていることも多い。その場合，その地域は，高齢化が進み，ゆっくりとさらなる下方の安定水準に向かっていくと考えられる。

事例：八王子市への大学の移転

　東京近辺の八王子市はもともと歴史もあり，自然に恵まれていて，東京都下の大都市のひとつで中核市と認定され，人口は現在 60 万人程度である。かつて，都心から 1 時間を超える八王子市ではあるが，80 年代のバブルの中で不動産価格も大きく上昇し，人口も大きく増加した。また，特急電車の数も増加していった。ここまでは，バブルが八王子市という地域の不動産関連商品の価値を大きく上昇させたことになる。その過程の中で，中央大学に代表されるように，都心にあった複数の大学あるいはその一部が，八王子市に移転した。中央大学の場合，1978 年に文系 4 学部（法・経済・商・文）が移転して以来，1993 年の総合政策学部創設の頃までに多摩キャンパスが整備された。その結果，八王子市の人口もさらに増加し，学生対象の賃貸住宅が増加した。しかし，それから20 年後には，少子化のもとでの大学の学生獲得競争は激化して，受験者数・入学者数の減少により，大学は都心回帰に向かっている。大学の都心回帰の理由の背後に，もともと八王子市は有名大学の学生が期待する「東京の居住環境」でなかった中で，街づくり，移動性などの交通のあり方に対して十分な資金を投資できなかった点があろう。たとえば多摩都市モノレール線に中央大学・明星大学駅ができて非常に便利になったのは 2000 年であった。そもそもこれらの大学は，キャンパスが広くても，有名大学であるということから多摩（八王子市）キャンパスに通うであろうという前提に立っていたと考えられる。しかし，母集団として大きい東京 23 区内の自宅通学生にとっては，時間的にもコスト的にもきわめて不便であった。そのため，名門中央大学の受験者数は減少した。学生の需要者減少の傾向は今後も続くと予想される。学生の需要を当てにして建設された賃貸用ワンルームマンションも今後その需要が厳しくなっていくであろう。百貨店や大きな商店なども閉鎖している。もちろんこれは，学生による賃貸住宅の需要セグメントを見たものにすぎないが，このセグメント

に関してはこれに付随した商業用施設の撤退等も含めて人口はゆっくりと減少していくであろう。また，少子化の流れの影響も無視できない。

第3章では，都心までの距離（時間）の属性の価値を議論するときに，八王子市のような中核都市の場合について，昼夜間人口の移動と関係させて議論する。そこでは，八王子市は昼夜間人口がほとんど変わらない都市であることを見る。

(3) 資料・データ収集

分析対象地域および隣接地域の賃貸住宅市場の価格についての実証分析を適切に行う前に，住宅賃料に影響する様々な要因に係る資料・データを収集する。これは3節で述べた分析視点と関係するが，市場・地域調査の視点からは，マクロ経済，地域の経済・社会，人口動態，行政，気候などの不動産価格にとって外延的な資料・データが必要となる。公表データに加えて，実地収集データは地勢状況，道路状況，生活関係の小売店の状況など，対象地域を実際に見ることが実証分析の質を高めよう。また時間が許せば，インターネットのブログ等を見てから実施調査をすると，長所・短所を見失う可能性を小さくしよう。

人口動態および社会・経済的要因の情報については，必ずしも分析対象地域の情報を入手することができないこともあるが，最近はインターネットにより行政や研究者等専門家が公開しているケースもある。中でもその地域の最新の人口動態データは，将来の供給の状況を知る上できわめて重要な情報である。

一方，需要構造を理解する調査として，上の事例でみたように，大学の移転や，工場の移転などのような重要な事前情報は，市場参加者の将来の行動を左右するので調査が必要となる。また，新規不動産開発プロジェクトの売れ行きや既存不動産の今後の稼働率なども調査対象である。

住みよさランキング

需要者がなぜある都市に住んでいるのか，その町に何があるのか，というような結果的に選択された需要構造を理解することも分析に一つの視点を与えよう。また，そこから特別な外的な属性を見つけることができよう。

東洋経済新報社では，「住みよさランキング」という指標をつくり，公的統

32 第1章 賃料価格分析の考え方

計をもとに，現状の各市が持つ“都市力”を，5つのコンセプト

　1) 安心度，2) 利便度，3) 快適度，4) 富裕度，5) 住居水準充実度

に基づき，それぞれの概念に対応するとみなされた採用15指標について，偏差値を利用して定量的に指標化している。そこでは平均値を50とする偏差値を算出し，その単純平均を総合評価として，全国791都市（全国790市と東京区部全体）（2015年6月22日現在）を対象にランキングしている。ただし，都市間の通勤圏を考慮して補正をしている。興味あるのは，それぞれのコンセプトに対するデータとしての指標の関係である。賃貸住宅サービス商品を需要する消費者は住む場所の選択肢として参考になろうし，市場・地域分析に組み込むことができよう。ただし，分析対象の地域でこのようなデータが得られないものも多いであろうが，行政区の情報としては重要となる。

　問題は，ここで利用している5つのコンセプトとそれに対応する指標の選択の適切性である。このランキングでは，行政区を基礎にした都市の住みやすさという視点からの指標の選択である。**図表1.2**にそれをまとめている。

安心度	①病院・一般診療所病床数／人口 ②介護老人福祉施設・介護老人保健施設定員数／65歳以上人口 ③出生数（15～49歳女性／人口）
利便度	④小売業年間商品販売額／人口 ⑤大型小売店店舗面積／人口
快適度	⑥汚水処理人口普及率 ⑦都市公園面積／人口 ⑧転入・転出人口比率 ⑨新設住宅着工戸数／世帯
富裕度	⑩財政力指数 ⑪地方税収入額／人口 ⑫課税対象所得額／納税者1人
住居水準 充実度	⑬住宅延べ床面積／1住宅 ⑭持ち家世帯比率 ⑮住宅延べ床面積／世帯

図表1.2　住みよさランキング

（指標のデータの出所を含めて詳細は http://toyokeizai.net/articles/-/74144 を参照。生活圏の広域化の影響が大きいと考えられる①②④⑤の指標で補正。補正の方法は，A市に住む就業者の20%以上がB市に勤務している場合（A市はB市の20%通勤圏），それぞれA市とB市の数値を比較し，高いほうの数値をA市の水準として採用する（B市の数値のほうが高ければ，B市の数値をA市の数値として扱う）。）

4　市場・地域分析　　33

　この「住みよさランキング」の背後にある5つのコンセプトは賃貸住宅商品の価格を分析する上でも有効なものであろう。しかし，それぞれのコンセプトに対応する指標データの選択は，上の15の指標とは大きく異なるものであろう。たとえば，上で述べている安心度は，健康についての安心と高齢化のもとでの安心に限定されている。また，出生数／人口が高いことは子育てがしやすいとも取れるが，東京の家族は経済的に余裕のある家庭をつくりたい，子供には良い教育を与えたいなど，別な選好基準を持っているかもしれない。

　いずれにしても，地域・市場を理解する上で，分析目的に対応するコンセプトを据えて，それに対応する属性を探すという分析手法は重要である。この点は，第3章で再び議論する。

賃料価格と季節性とデータ収集期間

　賃料価格は，ある程度季節性を持つ。その結果，属性価値も1年間の中で変動する可能性がある。そのため，データの収集においてもこれを考慮すべきであろう。

　第1に，自然条件として，天候や気温などにより，入居希望者の現地確認件数および確認した物件の印象は変わる。また，梅雨時の雨天では徒歩による現地確認件数は減少するため，駅から距離のある物件の相対的な需要は減少する。建物の印象では，日照条件の良くない1階住戸等は昼間でも照明が必要になるためマイナスの印象を与えるであろう。反対に，現地確認の日が真夏の猛暑日であれば，立地による影響は同様であるが，建物の印象では，日照条件の良くない1階住戸は涼しくて快適な印象を与える場合もある。また，設備面ではエアコンの有無が成約に大きな影響を与える可能性が高くなる。

　さらに，暦による行事も需給構造に影響する。年末年始，お盆は帰省の影響もあり，1年間のなかでも現地確認および賃貸借契約の件数が少ない時期である。この時期に起因する属性価値および成約賃料の変動はあまり見られない。なお，2月は稼働日数が少ないため製造業等の企業活動における生産数は減少するが，賃貸住宅の成約件数は例年3月を除く他の月と比較すると，2月は多い傾向にある。これは，進学や人事異動に伴う転居需要が増加するためである。

　制度・習慣の影響としては，賃貸借契約における季節要因のなかで特に影響

34　第1章　賃料価格分析の考え方

を与える制度・習慣に進学と人事異動がある。該当月は1月, 2月, 3月と9月, 10月であるが, この時期に成約に至らなかった物件は, それ以降成約賃料が下落する傾向が見られる。これは, 進学および人事異動による転居需要が減少するためであり, 需要減少後の空室の長期化を回避するための施策として, プロパティ・マネジメント会社が賃貸事業主に賃料減額を提案することが主な原因と考えられる。

(4)　市場・地域分析の調査項目

　市場・地域分析の範囲を決め, 必要なデータを収集した後に, 市場・地域の分析をすることになる。分析の目的は, 当該地域の経済の現況を見極めることと, 予測できる範囲で将来の見通しを推測することである。特に, 住宅市場の傾向を探ることは, 分析地域の経済状況を確かめる上で有効である。戸建て住宅, 賃貸集合住宅ビル, 区分所有建物をはじめとする住宅の種類ごとに調査すると, 賃料価格についての理解が深まる。既存の賃貸住宅商品の量的拡大の他に, 次の調査項目が参考になる。
　　・占有率, 価格帯, 住宅総数の中に占める集合住宅の割合, 賃料水準
　　・新築工事着工状況, 成約賃料, 賃貸住宅市場の現在の需給状態
　　・稼働率の動向, 空室状況と市場の動き, 新規賃貸住宅建設の動き
　　・将来の需給構造に大きな影響を与えるイベント事象（工場移転, 百貨店の開店・閉店など）の情報
　こうした要因やデータを総合的に勘案して初めて, 分析地域の賃貸住宅商品市場や経済の現況を理解し, 得られる実証分析の結果を理解し, 優れた結論を導き出すことが可能となる。また, 住宅を中心とする隣接地域において明らかに好ましい動向として指摘できるのは, 価格の上昇, 空室率の低下, そして住宅地と他の街区に釣り合いが取れていることであろう。

市場・地域分析の調査事項
　市場・地域分析での基本的な調査事項は, 次の概念区分で行うとよい。
　1)　可視的（外部環境）要因
　2)　経済的要因

3) 行政的要因

4) 社会的要因

1) 可視的（外部環境）要因

　実地調査を行うと，地図や一部の写真では見えない，地域の可視的特性が数多く存在することがわかる。それにより，開示されている広さや間取りの内部構造情報では見えない賃料価格差を理解できたりする。代表的な可視的要因として挙げられるのは，水はけのよさ，坂や崖などの自然の構成要素が形作る地勢，近くの田畑や川の状況，インフラ環境，繁華街の状況（パチンコ店の有無など），生活上の商店街の利便性，地域の業種的特徴，映画館などの商業施設，図書館などの公共施設，そして公共交通インフラなどである。

　実際のところ，地域社会の特徴を形成する主たる背景は，可視的要因だといえるかも知れない。第3章では，眺望の価値など，これらの一部を外部属性として理解する。また，居住環境として，土地の高低差や風の吹き方に極端な差がある地域，あるいは地形が嶮しい地域では，気象要因も住宅地として適した地域か否かに影響を及ぼす。それから，悪臭が頻繁に立ちこめるような隣接地域では，風の吹き方が環境面で影響を与えることになる（嫌悪属性）。これらは，賃料価格差に直接・間接的に影響を与えている要因である。賃貸住宅仲介業界では，1分＝80 mとして最寄り駅までの時間を標準化しているが，それは道が急坂であったりしてもm単位で測っているので，公式の住宅情報だけではわからない。成約価格による実証分析の重要性として，このような可視的属性を観察した上での合意である点にある。

　可視的要因の調査により，広義のヘドニック分析でより優れた実証分析が可能となろう。

2) 経済的要因

　マクロ的経済的要因の進化や変動は，景気循環が繰り返し起こっていく中で，実は主流となる技術や人々の嗜好を変化させていくし，結果として社会構造は進化していく。グローバル経済下で企業は海外へ工場を移転させたり，国内事業の再編を進めたりする。対応して不動産の需要構造も全体としては徐々に変わっていく。その中でも，産業構造や国内の地域立地，行政の政策などで，各

36　第1章　賃料価格分析の考え方

地域への経済の変化の影響の仕方は異なる。その意味で，分析対象の地域経済の主な指標として，人口，雇用統計，世帯統計，住宅統計，所得水準，小売業売上高，地域間の人口動態を理解すること，すなわち当該地域の活力の度合いと将来像を理解することが重要である。

　なかでも，当該分析地域ならびに隣接地域の賃貸住宅の市場・地域分析の上で，人口の動向とその変化の理由，世帯数と世帯構成人数，年齢別人口，職種などのデータが重要である。賃借人の数と持ち家の数などの情報は一般的に入手するのが難しいが，たとえば高齢者用の賃貸集合住宅のキャパシティとか，他の代替的賃貸住宅数などと，地域の年齢構成を分析すると，この層の需要状況が見えてこよう。さらに，年齢構成を知ると，その将来の見通しが可能となろう。小売業売上高には，人口の伸びが反映されることは明らかである。横浜市鶴見区の分析で，この視点から議論を展開する。経済の停滞は人口移動をもたらし，若年層が少なくなっていく。高齢化した都市は，その先そのまま進めば限界集落化していこう。

　地域の所得水準と有効需要の決定要因は，人口の水準と人々の購買力（所得）である。したがって，不動産市場の分析にあたっては，所得水準の変動を示すデータを検討することが必要になる。多くの地域で経験しつつあるように，所得水準が下落すると，商店街等がゆっくりと衰退していき，住宅価格は減少し，地域の活力が落ちていく。その結果，既存の賃貸住宅の価格が低下していく。

3)　行政的要因

　行政政策の行方は，地元地域の経済動向を大きく左右し得る。これは，当該政策が，たとえば，土地利用規制であろうと，税制であろうと，あるいは公共施設の立地方針であろうと同じことである。分析地域が複数の行政区分にまたがる場合，住宅に関する条例の違いを理解する。そのことを，たとえば地区・街区の違いを表すダミー変数を入れて分析できる。また，次の社会的要因とも関係するが，その行政区の教育や，育児，福祉などに関する政策など，住民としての人口を増加できる事業をしているか，住みやすい居住環境をつくろうとしているかどうかを知ることである。

4)　社会的要因

　社会的要因は，不動産市場を大きく左右し得る。なお，社会的要因を反映し

た事象を市場で収集することが可能な場合もある。たとえば，稼働率，テナントの入れ替わり，価格水準，賃料水準，失業率などである。そして，可視的調査による街の外観には社会的要因が織り込まれていることが望ましい。住民の職種別データや年齢構造なども情報となろう。

米国の場合，高所得者層の人たちは，不動産価格をバリアーにして，安全で，他の地区と比べて教育水準が高く，ある種の似た考え方・志向を持つ人たちが町を事後的に形成してきている。

5 賃貸住宅サービス商品の特徴

本節では，賃貸住宅サービス商品の特徴とその需給構造を議論し，第3章の議論につなげる。多くの特徴は，他の多くの不動産商品に共通である。なお，不動産サービス商品は，金融商品と同様に法律財である。税制や条例の変更で価値が変わる。以下の議論は，主として，フィッシャー＝マーティン（2006）を参考にしている。なお，清水・唐渡（2007）では，不動産市場の持つ4つの特性として，①同質の財が存在しない，②「空間」という概念が入る，③「品質の変化測度」が速い，④取引コスト・転用コストが高く「資源配分の調整」に時間がかかる，をあげる。本書では，これらの点も含めて議論する。

一般的にいうと，不動産市場およびその商品は，

(1) 組織化されていない不動産市場と価格情報の偏在
(2) 賃貸住宅市場の重複性と商品の非同質性と需給構造
(3) 商品の非同質性と選好：賃貸住宅サービス商品の属性と価値
(4) 価格の変化に対する供給の需要に対する遅行性

の特徴を持つ。以下，これらの点について議論する。

(1) 組織化されていない不動産市場と価格情報の偏在

金融市場などとは異なり，不動産市場には集中した取引市場が存在しない。そのため，情報は偏在し，特定のタイプの不動産の一定時点における価格，特に成約賃料価格とその属性の情報を得ることはむずかしい。また，取引頻度は相対的に少ない。特に，新規不動産の供給を伴う不動産投資の取引は，絶えず

あるわけではなく，市場で価格の緩慢な変化についての情報を得ることを困難にしている。このため，不動産鑑定評価では，かなり以前の不動産取引から得られる情報を用いることもある，という。したがって，市場価値における変動を取引の中から観察できるのは，後の時点になってからである。その理由として，一般には，取引の部分である取引価格，賃貸借の条件等同意事項に関する情報は，秘密の場合も多い点があげられる。また，取引の意思決定や計画・開発・手続きなどに時間を要する。

　しかし，賃貸不動産市場の場合，季節的な変動はあるものの，取引頻度は他の不動産市場と比べて相対的に多い。また，そこでは，いわゆる貸し手からのオファー（提示）価格に関しては，日本中どこの市場でもほぼインターネットで検索できる時代になっている。借り手は，その提示価格を受け入れることも多い。しかし，その提示価格では，数か月も空室となることも多く，提示価格は均衡価格ではない。賃貸不動産市場の場合の成約賃料価格と住所・物件の情報は，最近はインターネットをベースとしたデータ販売業者，たとえばアットホームなどから提供されているので，供給側はすべてでないにしてもかなりの範囲で情報を得ることができる環境になり始めている。しかし，需要側との情報の非対称性は大きい。

(2)　賃貸住宅市場の重複性と商品の非同質性と需給構造

　まず周知のように，「不動産の不動性」により，不動産の画地の非同質性は唯一無二で住所が異なる。加えて，賃貸住宅の市場で取引される個別賃貸住宅サービス商品は，立地などの外的属性，間取りや付属設備や品質などの内的属性ともに，きわめて個別的な構造物から得られるサービス商品であって，したがって，まったく同じ賃貸住宅商品は存在しないので，賃貸住宅の商品として，異なる属性・品質を持つことになる。この相異が，価格・価値に重大な影響を持つかどうかは，地域ごとに考慮する必要があろう。この点は，以下でさらに詳細に議論する。

　この特徴とも関係するが，不動産市場は，「分割・分断化された市場」である。まずは価格帯による分断化がある。それは，需要者のニーズに対応して発展してきた街区の形態でもあるが，賃貸住宅の供給者から見れば，必ずしも同じよ

うに作用しない多くのセグメントあるいはサブ・マーケットに分割されるということである。分割・分断は，賃貸住宅のタイプ（単身者用，家族用など），市場地域（スーパーマーケットなど生活の利便性が高い地域，繁華街の地域，…）によるだけではなく，以下に述べるように，それぞれの属性などのセグメント自体の中においても起こる。それゆえ，特定の地域において，あるタイプの賃貸住宅が成功を得たとしても，そのことが，自動的にその隣接地域における同じタイプの賃貸住宅が成功することを保証するものではない。一方，分析対象地域と行政区は一致しないが，福祉政策などの違いにより，特定な行政区を選好する賃貸住宅の需要者にとっては，同じ対象地域であっても行政区画の中にあるかどうかが選好の基準となる。また，一つの地区に対して隣接地区が部分的な代替的な重複市場となる場合も多い。

東京を中心とした重複市場

賃貸住宅の重複市場に関しては，建物の質と開発販売者のグレードによる差別化商品の供給者（賃貸人）と，対応する所得階級，職種などが異なる需要者（賃借人）が交わる市場などとして重複した形で存在する。

まず，供給者（投資家）のタイプを理解しよう。日本の場合，

- 大手のディベロッパーが開発し，関連子会社が賃貸業務を行う高級賃貸マンション
- 中堅のディベロッパーが開発し，資産家に販売するサブリース型の賃貸マンション
- 地域の不動産会社が中古物件を仕入れ，賃貸するケース
- 法人契約のもとに社員寮・アパートを建設・賃貸するケース
- 資産家が自ら保有する土地に賃貸マンション・アパートを建設し，管理をアウトソーシングするケース

などがあろう。それぞれ異なるレベルのキャッシュフローを狙う供給者であり，市場の多様なニーズを埋める役割をはたしている。

一方，需要者は，たとえば東京都港区六本木地域では，近くの賃貸高級オフィスに通うベンチャーの社長とか金融ディーラーなどの高所得者層がいる一方，サラリーマン・従業員（家族，単身）の中間所得者層，学生その他の低所

40   第1章　賃料価格分析の考え方

得者層などがいる。これらの供給者と需要者とは，完全に分離した市場をつくるのではなく，市場で重複的に入り混じっている。したがって，六本木ヒルズに住む人もいれば，その足元の多くの一般的な賃貸マンションに住む人もいる。このことは，六本木地区にある賃貸マンションがすべて高価格賃料であるわけではないことを意味し，それぞれの町の発展過程にも依存するが，それぞれの地区に多様な層を受け入れる市場構造であることが多い。それは，昔建設したビンテージ（構造物の経過年数）の大きなビルがそこにあり，価格を低くしてその地区で働く人にサービスを供与しているからである。このことは，その地区にある物件の属性の価値は必ずしも同じでないことを示すものであろう。もちろん，経済成長のもとにある都市の発展過程の中で，大規模開発などを通して権利の集約なども行われて町は変化して属性の価値も変わっていくが，時間がかかるプロセスであるので，一方でビルは陳腐していく。

　特に東京都心の賃貸住宅市場では，代替的にあるいは補完的に重複した市場を形成していることが多く，当該地区に複数の駅があり，複数の鉄道路線と勤務可能な範囲が互いに重なり合ったりして，そこでの市場は行政の地区・地域概念だけで見ることができない。他方，一つの駅を共有して通勤する人たち（借地人）の中でも，通勤地の範囲が広いため，異なる選好をもつ多様な職業の人たちが賃貸住宅の需要者とみることもできる。その需要構造には，一定のセグメントごとの違いがあろう。しかし，たとえば成約価格データからその需要セグメントをデータでとらえることができない。

　他方，都心近郊の多くの地域では，都心に通勤する多数の潜在的テナントがいて，当該地域に存在する特定タイプの賃貸住宅で魅力的なテナントと賃料水準を得られたとしよう。しかしながら，その地域に隣接した地域においては同じタイプの賃貸住宅に対しては，同じ水準の収益を得ることはできない場合もある。それは同じ行政地区でもしばしば起こる。そこには，街区の形成構造や地勢構造，商圏あるいは教育環境の違いなどが市場のセグメントと重複性に影響を与え，市場の認識を変化させることもあり得る。その場合，賃貸住宅に対する異なる需要選好（プレファランス）を持つ賃借人が共存していることになる。

　その一方，ICTの発展により在宅勤務が可能になる時代で，都心から離れて週2回程度出勤をするにしても，郊外に住むことも可能にしている。それゆ

え，快適な自然環境や文化的な街区を持っている町に対して適切な住宅を供給していくことは，市場の分散化を可能にしていくのかもしれない。いいかえれば，現在の市場のセグメントに影響を与える，新たなセグメントが出現していくであろう。

(3)　商品の非同質性と選好：賃貸住宅サービス商品の属性と価値

　以上の議論をさらにすすめ，特定地域での賃貸用住宅の需要と供給の関係を理解するために，個別の賃貸住宅サービス商品の特徴・属性を説明しよう。個別の住宅用賃貸不動産は，価格形成に影響を与える多様な構成部分から成る複雑な経済サービス財であるが，ヘドニック・アプローチの視点から言えば，その属性の集合が価格を決めるとみる。そのような属性の集合は，次のように分類できる。

　　A　不動産の外的属性：
　　　①　立地（生活立地（交通の便，鉄道駅・主要道路へのアクセス，生活利便性），教育，福祉環境など），地勢的構造，充実した商業施設
　　　②　規制環境（構造物の規制，交通・道路規制，環境規制（風致地区など），居住区規制（居住地区，商業地区）など）
　　B　不動産の構造的属性：
　　　①　種別（マンション（鉄筋・鉄骨），アパート，一戸建て）
　　　②　構造物の質（耐震構造，防音構造，防犯装置，規模，耐用年数）
　　　③　住宅の内部構造（バス・トイレ別）
　　　④　バイク・自動車の駐車場
　　C　経営的属性：女性専用
　　D　経済的属性：更新料，敷金，礼金，管理費など
　　E　社会的属性：職業的特徴，盛り場，年齢構成など
　　F　行政的属性：行政区としての属性（福祉，子育て，教育，公共施設など）

辞書式選好（プレファランス）の問題

　辞書式選好とは，このような属性の中で賃借人の選好として，辞書のようにまず属性Aを持つものを最優先にし，次に属性Bを持つものを優先する，など

42　第1章　賃料価格分析の考え方

事前の順序に基づいて，選択属性がA，B，C，……という順に選択される選好をいう。たとえば，ピアニストを目指す，音楽大学に入学した女子学生は，ピアノ可（防音装置付き）の物件を最優先し，次に大学周辺の物件（属性の一つ）を優先し，女性専用，……などという選好を優先するような場合である。これらの属性は他の属性によって代替できないから，経済学が仮定する効用関数の関係は成立しない。

　後に事例の一つとして，東京都国立市の住宅賃料価格の分析をするが，そこには長く国立音楽大学があった。現在でも付属の高校・中学・小学校などがある。大学は1970年代末に立川市に移転したが，それ以前に，防音装置のついたピアノ利用可の賃貸住宅が多く供給された。その流れで現在でも国立市から立川市の大学に通学する学生もあり，防音装置付きピアノ可の住宅は賃貸されている。国立市での賃貸住宅を探す賃借人の女子学生でも，内的な属性としてピアノ可が絶対的優先順位となろう。次の選好は，大学がある玉川上水駅（西武拝島線，多摩都市モノレール線）か，国立市か，さらにプロを目指そうとして女性専用の建物，などというような選好に対応する。

　なお，この例では音楽大学があることで，供給側が，防音装置・ピアノ可の属性を持つ賃貸住宅の需要が拡大することを予想して供給したのである。大学移転前にはその属性の価値がそのニーズによって評価され，価格がその供給量との対応で付いたわけであるが，大学の移転による需要の減少により，その属性の価値が大きく変わることになる。すなわち，特殊な属性は特殊な環境の中で価値を持ち，環境が変わると価値も変わる。大学の移転は，意思決定の段階で供給者には予測できなかった部分もあろう。賃貸住宅商品は30年以上もそのサービスを提供する商品である。

　また，ある特定の行政区に優先順序を置く場合，賃借人は候補となる複数の候補行政区に対して優先順序を決めて，辞書式選好により選択していくことになろう。すなわち，優先順序を決めて，最初に候補となる行政区を選択の対象とし，価格と利用可能な物件を探すが，求める条件のものがない場合には，次の候補の行政区を選択の対象として考える。次章でも再度議論するが，このような辞書式選好をする財の属性が重要とみなされる場合，その属性の選択を含む形の賃借人の選好（消費者行動）を経済学でいう効用関数で表現できないこ

とが知られている。それは選好の推移率が成立しないからである。たとえば上掲した属性A①の視点でいえば，高齢者が賃貸住宅を選好する場合，福祉を重視した行政で有名な地区（たとえば東京都武蔵野市など）の中から優先順位をつけて選択する場合に対応する。

(4) 価格の変化に対する供給の需要に対する遅行性

　賃料価格の形成のあり方を考えるために，賃貸住宅不動産市場の供給問題を考えよう。「価格の変化に対する供給の需要に対する遅行性」とは，賃料価格が成約賃料であっても，それは市場の総需要と総供給を等しくさせる均衡価格でないことを意味する。以下，この点を中心に議論する。

　すでに述べたように，賃貸住宅商品の市場は，賃借人のタイプおよび立地，賃料格差によって分割されるだけではなく，投資家（賃貸人）のタイプによっても分割される。たとえば，富裕層をターゲットとした一級の「投資グレード」賃貸住宅不動産は，最初から他の市場を分断化する。その背後には，住宅供給者としての投資集団がいたり，不動産大企業がいたりする。一方，市場には，立地，規模，耐用年数，建築の質において類似した，多数のタイプの不動産が存在する。供給者はどの需要セグメントを対象に投資するかという問題に直面している。

　新しい賃貸用住宅の供給は，当然のことながら投資活動であり，その意思決定には当該地区のセグメントごとの賃貸住宅の需給関係に関わる価格からみた，投資効率の問題が背後にある。しかし，その投資効率は，賃貸住宅不動産市場に関わるもので，当該地区の需要動向だけでなく，金利などの経済環境，相続税や固定資産税などの税制，農地の住宅転用などの土地利用規制などに関係している。

　実際，2015年の相続税の改正に関係して，賃貸住宅投資は多くの地域で資産家の資産運用の大きな対象の一つになっている。また，そこでは，一般企業以外の資産家個人・オーナーの資産運用などの投資家も参入するので，その賃貸住宅供給関数も複合的である。自ら所有する土地（たとえば庭）にマンションを新築する場合はコストが相対的に安いので，市場の空室率が高い場合であっても，新築物件であるという理由で相対的にはそれなりの投資効率を予想で

44　第1章　賃料価格分析の考え方

きる場合もある。一方，すでに市場に供給されている空室の住宅は，ゆっくり需要に適応的に価格調整をしていって，場合によっては一定期間無料にしても貸し出そうとする。したがって，賃貸住宅不動産市場では徐々にではあるが供給側の行動も変化している。しかし，そのことは，全体として言えば，この賃貸住宅不動産市場の総需要量と総供給量を均衡させるものではないことも意味している。

意思決定のタイムラグ

　市場の動学的プロセスの中で各期間において総需要と総供給を等しくするような「共通の価格」で，供給側が賃貸住宅商品を市場に提供しているわけではないことである。その一つの理由が，不動産であるが故に供給プロセスの開発計画・調査・意思決定・手続きに時間がかかることがあろう。また，その意思決定は，資産家の資産保有構造と関係して相続税などを最小にして子孫等への資産価値の継続性・持続性など，税法の改正に反応していく供給など，必ずしも投資効率や市場の需要だけからの供給ではない。この点，タイミングをはずしたり，時間をかけてしまうことなどの点もある。

　このような意思決定と計画・開発等に時間がかかるし，さらに新しい不動産の開発あるいは用途転換によってさえ，不動産の供給を変化させるには時間がかかる。それゆえ，供給はゆっくり市場の需要動向に適応する。

　言い換えれば，賃貸住宅不動産の供給プロセスは，需要に対して適応的・遅行的プロセスであるので，新しい経済環境での供給は，その適応プロセスの（極限としての）潜在的需給均衡値へ向かおうとして動くものの，経済環境の変化・進化が進行し，需要構造が変わると，潜在的均衡値が動いていく。したがって，成約賃料の価格でも，静学的経済分析の想定する均衡価格ではない。実際，不動産市場では，一般的には経済学でいう総需要と総供給を均衡させるという意味での市場均衡価格は存在しない。

6　賃貸住宅サービス商品の供給プロセスとリスクマネジメント

　本節では，賃貸住宅商品の供給にかかるリスク要因と，そのマネジメントに

ついて考察する。

　上で述べたように，市場均衡が存在しない不動産市場について，賃貸住宅サービス商品の市場での需要と供給の関係から見た供給者（リスクテイカー）のリスクについて議論する。特に賃貸住宅サービス商品の供給プロセスは，投資のプロセスであり，商品を提供する供給者は，その商品が30年程度の期間に対して，市場の競争環境の中でキャッシュフローを生成することを想定して投資する必要がある。その間，その商品を取り巻く経済・金融環境や社会構造，規制環境などは絶間なく変化していくので，リスクテイカーとしての供給者は，そのような多くのリスクを経営していかなければならない。すでに市場が供給過剰になっている中でも，資産家などは相続税対策などの動機で，新しい機能を持った新商品を市場に提供するし，それを促進しようとするディベロッパー業者も数多い。その意味で，市場には，新規投入商品に加えて，過去に提供された異なるビンテージ（築年数）構造の多様な賃貸住宅商品が多数存在する。その中で，新規投資による商品は既存の商品と比べて競争力があり，リターンも高いと想定して，新しく市場に参入してくる投資家もいる。

　しかし，現存している賃貸住宅商品は，過去においてその時点から見た将来の当該地区における商品が生成するキャッシュフローのあり方を予測した投資によるものである。その投資は当該商品にいったんなされると非可逆的となり，その地区の需要の不確実性（リスク）にさらされて，キャッシュフローは変動していく。それゆえ，商品の供給者（リスクテイカー）は，そのようなリスクを理解した上で投資することになる。

　序章でも述べたが，そのような不確実性の中の本源的下方リスクは，次のようなものがあげられよう。

　（1）　当該地域の賃貸住宅商品への需要の構造的変化
　（2）　経済・社会構造の変化・進化による当該商品へのニーズの減少
　（3）　技術革新による当該商品の構造的劣化
　（4）　当該地域の需要者の高齢化もしくは世代交代とライフスタイルの変化
　（5）　当該地域への競争環境の変化

　もちろん，これらのリスクは互いに関係しあって，複合的に需要減少という結果を生む。これらのリスクに適切に対応・経営していくことが，リスクテイ

46　第1章　賃料価格分析の考え方

カーとしての供給者に求められている。実際に，そのようなリスクテイカーとなる主体は多様でもある。大手ディベロッパーで自らの資本で高級賃貸マンションなどを建設し，子会社を通して管理する会社などもある。また，中堅ディベロッパー以下の会社が同様な事業をしたり，あるいは販売目的で開発し，個人を含めた投資家がリスクテイカーになったりする。以下では，賃貸物件のインカム・キャッシュフローを得るための投資家・供給者をリスクテイカーとして議論していく。

(1)　当該地域の賃貸住宅商品への需要の構造的変化

　このリスク（＝不確実性）には，賃貸住宅商品供給者にとって，上方リスク（リターン，収益増加）と下方リスク（収益減少）がある。ここでは，下方リスクについて述べる。後の章でも議論されるが，構造的に大きな需要の変化をもたらすリスクは，当該地域が企業城下町であったり，大学町であったりして，何らかの理由で，それらの組織が他の地域や海外に移転したり，また廃業したりして，当初予定した賃貸住宅の特定な層の需要者が大きく減少してしまうリスクである。

　このリスクの背後に，「日本の産業構造の変化」の中で特定な産業や企業が競争力を失っていったり，「グローバル化の流れの中で競争力」を求めて工場を海外に移転させていったり，あるいは不動産価格の上昇により財務的な理由で移転するなど，多様な理由がある。

　たとえば，世界的な製造業の企業を生み出した浜松市のヤマハは，1980年代末に浜松市の中心にあった工場を袋井市や掛川市に移したし，ホンダは2007年に浜松工場を熊本県に移転させている。一方，半導体関係の事業では，再編・再生等を繰り返したエルピーダやルネサスなどは多くの工場を閉鎖した。工場による経済の活性化を目指していた地方の経済は疲弊していった。一方，大学では，東京都心にあった大学が，バブルの最中に価格が上昇した都心のキャンパスを売り，八王子市や相模原市，埼玉県などに移転したが，八王子市の事例で述べたように，少子化の流れの中でこのような大学は競争力を失なって都心回帰を始めている。学生向けにつくられた多くの賃貸住宅商品は賃借人減少のリスクに直面している。

6 賃貸住宅サービス商品の供給プロセスとリスクマネジメント **47**

このリスクへの事後的（リアクティブ）な対応法は，不動産投資の非可逆性により，経営のオプションは少ない。基本的には，さらに投資して付加価値をつけたり，他のタイプの需要層を組み入れるために改築したり，あるいは価格競争の中に入っていったりするなど，いずれにしてもキャッシュフローは減少していく。あるいは，その傾向・趨勢を早期に認識し，当該不動産の価格が大きく下がる前に保有する賃貸住宅を売却するなどのオプションもある。プロアクティブな対応法は早い時期に行うとコストを小さくできる。これらの対応は，リスクを保有する供給者のタイプによって異なるであろう。自ら多くの不動産を保有する供給者は，「証券化のオプション」もある。

(2) 経済・社会構造の変化・進化による当該商品へのニーズの減少

少子高齢化に代表されるように，時間経過の中で社会的デモグラフィーは徐々にしか変化しないが，確実に変化している。少子化が賃貸住宅の需要に与える影響の一つは，東京でいえば，大学や家計を都心回帰させたりして，地域経済環境を変えている。学生数や社会人の数（例：生産年齢人口）の減少がさらに顕著になっていく中で，人は職が多い都市へ移り，小都市や町あるいは郊外の賃貸住宅は相対的に過剰化していく。その中で，空き家問題がさらに顕著になっていく。その意味では，当該地域の他の地域に対しての競争力や雇用力，そこの住民の所得水準などは，立地に大きく依存して違いがはっきりしていくし，結果として不動産商品の価値の持続性が問われる。

一方，高齢化への対応は，社会的なコストが必要になるために，税収が上がらない中で，住宅政策やインフラ整備政策に影響を与えていく。これと関係して，貧困の問題に関するリスクの影響もある。中産階級の没落とも言われたりするが，不動産バブルの崩壊とアジア通貨危機に伴って起きた平成の金融不動産大恐慌（1997 ～ 1999 年）以来の経済成長のない長い不況と，1990 年以降大きく進展した ICT や労働節約的な技術革新は，労働者の賃金・給与水準を抑制してきただけでなく，企業は内部留保率を上げても分配を抑制してきて，貧富の格差を大きくしてきている。

貧富の格差を見る主要指標として，ジニ係数と相対貧困率があるが，重要な指標は後者である。ジニ係数は，高所得者の分布状況が指標に大きな影響を与

48 第1章 賃料価格分析の考え方

えるが，相対貧困率は非常に大きな所得をもらっている人がかなりいても，下方の貧困率を測定するもので，以下のように定義される。

相対貧困率＝世帯所得（もしくは資産）が所得分布のメディアンの1/2
以下になる世帯数の全世帯に対する割合

　ここでメディアンは，世帯所得を小さい方から大きい方へ順に並べた場合，ちょうど真ん中にいる世帯の所得をいう。日本の場合，世帯所得のメディアンは400万円程度であるので，相対貧困率は，その半分である200万円以下の世帯の全世帯に対する割合である。日本の相対貧困率は2010年で約16％と，OECD諸国でメキシコ，米国などと並んで，上位5以内にいる。また，一人当たりGDPも最近では世界の中で25位あたりにいつもいる。この意味は，単身者や老人の中に賃貸住宅を賃借したくてもそれができない人口が増加している。それを埋めるような形で，シェアハウスやネットカフェなどが増加しつつある。一方，人口減少社会の中で，貧困の増加は，年金積立額の減少や晩婚化・非婚化に大きな影響を与えていて，賃貸住宅への投資は上に述べたように30年程度の投資期間を持つ中で，もともと想定した需要層が減少していくこととなるので，築年数が大きい物件の価格は予想以上に減少する。貧困の再生産も含めてこのような経済社会構造の変化は，住宅投資パフォーマンスに影響を与え，さらに将来，一定以上の品質を持つ賃貸住宅の需要を抑えていく流れにあろう。

(3)　技術革新による当該商品の構造的劣化——ビンテージ問題

　不動産の場合，仮に規格や設備が同じであったとしても，建築年数が違うと，劣化の程度が異なり，質的に異なっていく。日本の不動産市場では，技術進歩が比較的速く，時間の経過とともに品質が変化し，海外と比べると相対的に耐用年数が短いために既存住宅の流通量が少なく，依然として新築による住宅供給が日本の住宅市場では中心になっている。
　技術革新に関わる変化としては，マンションでは，
　　◇プライバシーに配慮して壁厚やスラブ厚が厚くなる
　　◇フローリングの形式がより遮音性の高いものになる

◇床暖房，システムキッチン，セキュリティシステム，共有設備などがより
　充実する
といった品質の変化を指摘する。

　この事実の意味するところは，設備的にはほぼ同じであっても，機能的，デザイン的に異なり，市場で制約する価格に反映されていくであろうが，機能やデザインの変化は滑らかで連続的であることが多く，需要者から見てその価格変化の有意性あるいは識別可能性がわかりにくいかもしれない。このような質的な変化をヘドニック分析で把握しようとしても，多くの物件データをとると非同質性の問題によって，平均的に見た評価になってしまう可能性が高い。

　マンションタイプの賃貸住宅では，お湯が出るのは今や当たり前になっているが，古いワンルームマンションでは室内に瞬間湯沸かし器がつけてあるような例も依然としてあるが，このような場合，その質的違いは価格に反映されよう。設備に関する属性については，物件の構造的属性と異なって，後から一定の範囲では対応可能であろうが，構造物属性（間取りや水回り）との調和が必ずしも整合的でないことも多い。

　これに対して，耐震技術やセキュリティなどの非連続的な技術的変化に対応しようとするとコストが大きくなる。ビンテージ（築年数）が大きい構造的な物件では，さらに投資してもコストに見合わないかもしれない。

(4)　当該地域の需要者の高齢化もしくは世代交代とライフスタイルの変化

　分析対象とする地域の人口が高齢化すると，所得水準が低下する傾向が現れ，大都市を除くと，低価格の賃貸住宅商品への選好が強まると考えられる。その低価格住宅への選好は，相対的に高価格である新規物件への需要が減少する傾向が現れ，したがって低品質で低価格の新規物件が供給されることになろう。このことは，もちろん都市の性格・特徴に関係するものであるが，若い世代を同時に引き寄せる要因がない限り，そしてそれなりの所得を得る可能性がない限り，この傾向は特に強くなるであろう。地方では新規物件の供給はなくなり，そのような地域は衰退過程に入っていくことになり，古い物件も供給過剰となっていく。

(5) 当該地域の競争環境の変化

　すでに述べたように，多様なディベロッパー以外に，資産家や投資家が供給者として賃貸市場にいろいろな形で参加している。特に市場としては供給過剰であっても，相続税制の変化などで，すでに所有している土地を利用して賃貸市場に参加している，あるいはしてくるプレイヤーもいる。その意味では，投資コストも多様であり，これについては特別な地域で特別なブランド価値を持って，高級賃貸マンションのポジショニングをとる大手を除いては，多様な競争環境におかれている。新規に提供する賃貸住宅マンションは，3年から5年程度は競争力があっても，その後出てくる新規マンションにその地位を奪われていくので，どうしても価格低下により競争をせざるを得なくなっていく。その中で，一つはその地域・町がそこに住みたくなるような魅力を持っているのか，東京であれば都心までの時間など地域全体に関わる属性と，地域の中での立地的外部属性，そして内部属性が当該物件の競争力になるが，当該物件の経済的属性（価格，礼金，敷金，更新料，管理費）が他の代替的物件の価格とバランスが取れているのか，などによりその競争力は異なっていく。立地が大きく変わらなければ，プライシングがやはり重要な戦略であることは言うまでもない。

　実は，住宅商品の競争関係は，都心までの時間などによる地域間関係の競争より，地域内競争の方が重要となる。それは，「なぜ人は当該地域に住むのか」という問題に関して，たとえば第6章では東京都世田谷区の地域・市場分析をするが，都心までの時間という属性が，他の生活上の利便性や快適性などの属性を大きく選好されるものではないことを見る。

〈参考文献〉

フィッシャー，J.D. マーティン，R.D.（2006）『収益不動産評価の理論と実務』（刈屋武昭監訳，
　（財）日本不動産研究所国際評価グループ訳）東洋経済新報社
刈屋武昭（2003）『不動産金融工学とは何か─リアルオプションと経営と日本再生』東洋経

済新報社

刈屋武昭・山村能郎（2016）『商業用不動産施設の戦略的経営―価値創造エンタープライズ・リスクマネジメントによるリスク・リターンの最適化戦略』プログレス

清水千弘・唐渡広志（2007）『不動産市場の計量経済分析』朝倉書店

刈屋武昭・勝浦正樹（2008）『統計学（第2版）』東洋経済新報社

Rosen, S.（1974）Hedonic Prices and Implicit Markets, Product Differentiation in Pure Competition, *Journal of Political Economy*, Vol.82, 34-55

第2章

経済学的なヘドニック市場需給均衡分析と問題点

1 はじめに

本章では，Rosen（1974）の次の論文

Rosen, S. (1974) Hedonic Prices and Implicit Markets, Product Differentiation in Pure Competition, *Journal of Political Economy*, Vol.82, 34-55

に基づいて，商品の価格をその商品の属性に帰属させる経済学のヘドニック価格理論を解説する。しかし，本書の立場としては，他の領域は別として，その理論は不動産の領域の商品価格分析に対しては実際的な実証分析に適用できないとみている。その理由は，前章で述べた「不動産の不動性」のゆえに不動産価格分析に本質的に内包する需要者・供給者の非同質性の問題と均衡への時間調整の問題を，静学的な市場均衡価格理論によって克服するのが難しいとみている。

前章では，住宅賃料サービス商品の有効な価格実証分析を行うために，

◇その実証分析のプロセスの考え方

◇市場・地域分析のプロセスのあり方

◇需要者（消費者，賃借人）の非同質性と需要のプロセス

◇供給者（投資家，賃貸人）の非同質性と供給のプロセス

◇供給プロセスの需要に対する遅行性

について議論した。なかでも，不動産商品の非同質性は不動産市場にとって本

54 第2章 経済学的なヘドニック市場需給均衡分析と問題点

質的であり，その基本的な原因が多様な価値観，多様な資産構造，多様な生活スタイルなどを持つ需要者の非同質性であり，それを潜在的に探ることで収益性を狙う供給者も非同質的であることの結果である。したがって，個別物件ごとに決まる成約価格は，その非同質的な構造の中でマッチした個別物件に対して合意した価格であるにすぎず，経済学がいう市場の需要と供給をクリアする市場均衡価格ではない。これが本書の立場である。

本章の狙い：経済学の均衡理論とヘドニック均衡理論の理解

経済学の議論で利用される主体の同質化，商品の同質化，情報の完全性などの前提は，不動産の価格分析ではなじまない，と考えている。それは，不動産という財の特殊性に起因するもので，その特殊な財の市場でも財の価格は需要と供給の関係で決まっていくという視点は重要であるが，いわゆる経済学が志向する価格メカニズムによる均衡分析を可能にする前提が近似的にも満たされていないからである。

本書の狙いとしての有効かつ実際的な実証分析を狙う立場からは，分析目的に照らして住宅不動産商品に関係する非同質性をできるかぎり同質化して，価格と属性の関係を実証的に把握するヘドニック・アプローチを展開する。

そこで，前章の実証的視点からの議論と対比するために，本章では経済学の市場価格理論の枠組みを議論し，不動産価格分析でしばしば「理論」として採用される Rosen (1974) のヘドニック価格理論，すなわち RHPT (Rosen's Hedonic Pricing Theory) について解説する。清水・唐渡 (2007)，肥田野 (1997) などは，この理論を重視している。しかし，「思考仮説としての経済理論」は，その依拠する仮定から離れて結論だけがしばしば一人歩きもするので，本章では，本書の狙いを明確にするために理論が前提にする仮定を含めて解説する。特に，前章でもふれた辞書式選好など，経済学でいう選好と効用関数の関係と均衡価格についても議論する。

ヘドニック価格の経済学的な議論に興味がない人は本章を読み飛ばしてよい。

本章の内容は，以下の通り。

2　不動産市場における経済学的な市場需給均衡価格分析の枠組みと問題点

2　不動産市場における経済学的な市場需給均衡価格分析の枠組みと問題点　　**55**

3　ローゼンのヘドニック価格理論（RHPT）と賃貸住宅市場への適用可能性

2　不動産市場における経済学的な市場需給均衡価格分析の枠組みと問題点

　本節では，RHPT を理解するために，経済学の均衡価格理論の枠組みについて議論し，不動産市場を理解する枠組みとしては，静学的均衡価格理論は限界が大きいことを見る。特に不動産市場では，供給の時間的遅れの要因により，動学的にも不均衡な状況にあることを議論する。これと関係して有名な蜘蛛の巣理論に触れる。

経済学の理論は思考仮説である

　一般に，自然科学では，データによる実証可能性・再現性が要求され，実証的に確認されると，共通の科学的知識となり，それをあえて理論とは呼ばない。場合によっては法則ということもあるが，事実としての共通の知識として受け入れていく。

　一方，経済学の理論と呼ばれるものは基本的に思考仮説である。社会としては，仮説を検証しながら，知識の蓄積をしていくプロセスの流れの中にもあるが，経済構造や社会構造は進化し，思考仮説としての理論の暫定性を受け入れていくことが必要であろう。

　しかし，このような思考仮説としての理論では，それに対応する実際のデータが分析対象としての現象から得られないことも多い。たとえば，為替レート決定メカニズムの「理論」（実際は思考軸）として，日米為替レートは日米の金利差で決まるという為替レート金利平価説は有名であるが，その議論では経常収支の変化，物価・景気の変化などによる為替レートの変化を捨象しているので，その理論に対応するデータはない。そればかりか，金利変動は国内の内需やマネタリーベース，また外需である貿易収支などに応じて変化するものでもあるので，為替レート金利平価説はそれだけで意思決定に有効な実証結果を生成する分析視点として採用するのは難しいであろう。為替レート金利平価説の実証研究は数多くあるが，そこでは第 4 章で述べる統計的な有意性検定法など

56 第2章 経済学的なヘドニック市場需給均衡分析と問題点

により，為替レートの変動の中で金利差が有意な説明力をもつかどうかを検証しているのであって，それも景気変動や大きな経済変動の中では，結果が異なっていく。

　他方，実験経済学などに代表されるように，主として人間のミクロ的な行動仮説に関する理論的仮定に沿うように実験をして，必要なデータを観察するというプロセスをとり，純粋に理論の想定する変数の関係を検証する領域も進んでいるが，マクロ経済的な領域では難しいであろう。

　要約すると，経済理論は一般に経済現象の思考法や分析視点を提供しても，実際の現象はそのような理論構造から必ずしも発生しているものではなく，実証分析では，特にその理論の前提（仮定）とデータの整合性が重要となる。一般的にいえば，「理論なき実証」と，「観察なき理論」との間のバランスをとることが必要であるが，理論は現象を乗り越えるものではない。新古典派的経済学は，思考に規範性を与え，場合によってはイデオロギー化する傾向がある。しかし，その枠組みをとったからといって，現象・データが枠組みの前提となる仮定を近似的に満たしていない限り，有効な実証分析とはいえないし，有効ではない。

静学的分析と動学的分析

　もう一つ，経済学では，均衡分析の枠組みとして，次の点を区別する。

1)　静学的均衡分析（Static Equilibrium Analysis）
2)　比較静学的均衡分析（Comparative Static Equilibrium Analysis）
3)　動学分析（Dynamic Analysis）

　1)の静学的均衡分析では，金融市場のように，時点（もしくは一定期間）を固定して，その固定した時点（期間）において，市場全体の需要関数と供給関数が均衡するように均衡価格が決定されるとみる。そこでは同質的な財の存在を仮定している。

　2)の比較静学的均衡分析では，2時点（もしくは上の意味での2期間）を固定して，2つの時点（各期間）の市場の全体需要関数と供給関数とその均衡値の違いを比較しようとする分析枠組みである。そこでは，それぞれの時点（期間）で均衡が成立しているという前提に立っている。

3)の動学分析では，時間に依存した需要量と供給量と価格の関係を分析する領域で，各時点で価格は必ずしも市場全体の需要量と供給量を等しくさせる均衡価格でなく，部分的に価格が決まるとしても，需要量と供給量は等しくなく不均衡の関係を通して，需要量と供給量が変動していくことになる。そこでは，その変動が動学的な意味での均衡に向かう変動なのかそうでないのか（均衡動学か，不均衡動学か），という問題が大きなテーマになる。

以下，次のテーマについて解説する。
(1)　静学的な需要・供給市場均衡価格理論
(2)　動学的な需給均衡・不均衡理論の例：蜘蛛の巣理論

(1)　静学的な需要・供給市場均衡価格理論

静学的な需要・供給市場均衡価格理論では，消費者は与えられた価格と予算制約のもとで効用を最大化するように需要量を決定する，また企業は与えられた価格のもとで利益を最大化するように供給量を決定する，という行動仮説をとる。そして，消費者の効用最大行動仮説から需要関数を導き，企業の利益最大行動仮説から供給関数を導き，その結果，市場で需要・供給均衡量と市場をクリアする均衡価格が同時に決まるとみる。この演繹体系を静学的な市場均衡価格理論と呼ぶが，そのために，次の完全市場の仮定を置く。

【完全市場の仮定】
1)　市場は競争的である（消費者と企業は多数で，特定な消費者や企業は市場に影響を与えない）。
2)　情報は完全である（消費者と企業はすべての商品の性質と価格を知っている）。
3)　需給を考察する当該商品は同質的である（完全代替的である）。
4)　需要量や供給量は，価格に対して弾力的である（価格に瞬時に反応する）。
5)　市場への参入は自由である。

この完全市場の仮定は，これまでの第1章の議論から，賃貸住宅市場がこの仮定を満たしていないということがわかる。それは，第1章1節で述べたよう

に，不動産商品の非同質性は，需要者のその商品への選好の非同質性と本質的に関係していることに起因している。実際，所得や資産が多い人の選好は，賃貸サービス商品の属性に関して，概して辞書的選好となる傾向があるという点も重要である。その場合，すでに述べたように効用関数すら存在しなくなる。たとえば，六本木で働く高給金融ディーラーの賃貸住宅は，六本木になければならない，タワーマンションでなければならない，24時間フロントサービスでなければならない，100㎡以上でなければならない，ジムがなければならない，などというように優先順位が決まっているかもしれない。このことは，選好の仕方が概して辞書的であると同時に，賃貸住宅商品の非同質性を高めるものである。また，そこでは特定な属性に関して非代替的となることも多い。

【主体の同質化＝代表的主体の設定】
　一方，不動産実証分析では，第1章で述べた不動産市場固有の特徴があるにもかかわらず，経済学の伝統的な静学的市場均衡価格分析であるヘドニック分析を利用することが多い。このような分析では，一般的な経済学的な視点からは，住宅賃料の価格は一般に個人・家族がその空間の使用のために賃借してもよいという需要側と，その価格であれば賃貸してもよいという供給側の需要と供給の関係から決定されるとみる。そのため，完全市場の仮定に近づけるために，

1) 効用関数を共通にするために，需要側にも供給側にも代表的主体（エージェント）を設定する（行動（＝効用最大化，利益最大化）の同質化）。
2) 価格は常に需給均衡値とみる（需要と供給の調整速度は速く，瞬時に需給均衡値と均衡価格が決まる）。
3) 情報は完全である。

という仮定を置く。
　そして，効用関数の最大化を基礎にした需要関数と，利益最大化行動を基本にした供給関数を同時に満たす均衡価格と均衡量が市場で決定されるとみる。そこでは，静学的分析（あるいは比較静学的分析）により，価格は常に需給均衡とみる分析が基本となる。

供給の遅行性と不動産景気循環

　しかし，住宅賃料価格分析では，仮に利用可能な価格データが成約賃料価格であっても，このような見方にはかなり問題がある。それは，賃貸住宅市場を含む不動産市場一般にかかわる基本問題として，動学的視点から見ると，常に需給は均衡への調整過程であり，決して均衡値にとどまる価格形成をしているとはいえない。実際，経済環境が変化するので，潜在的均衡値も，そしてそれに向かおうとする調整過程も変化してしまう。すなわち，需給関係は，超過需要と超過供給の繰り返しをしながら循環的変動をする傾向があり，景気に対して遅行的な投資が始まり，スペキュレーション投資も加えて，山が過ぎたころに供給が減少していく。これらの変動は，商品の地域・立地が十分代替可能ではないので，地域性もある。

　実際，フィッシャー＝マーティン（2006）が述べているように，賃貸住宅不動産だけでなく一般に不動産の供給は，いったん需要が供給を上回ると，典型的には，楽観的な開発業者が市場に参入し，当座の需要を超える新しい施設を供給する。企画から新しい開発事業に着工するまでに必要な時間，新しい計画の規模，十分な市場の情報の欠如，金融の選択肢などすべてが不動産市場の周期的な特性の原因となっている。雇用，所得水準，企業活動の水準および金融市場の健全性の状態などの経済的要因のすべてが不動産の価値に影響を与え，それらは不動産市場の変動の背後にある変動要因であるが，「市場の情報が不完全」であるために，不動産の周期的な特性の影響を読み，評価することは恐らく困難である。供給側にとっては，市場の情報をできる限り収集し，合理的な評価のもとにタイミングよく不動産商品を供給することが必要である。そのためには，第1章3節の有効な市場・地域分析が必要となる。さらに言えば，序章で述べたように，供給側も現在の市場の均衡価格に対応する商品と供給量を提供しようとしているわけでなく，たとえ市場全体としては供給が過剰であっても，将来の収益性の見通しやコスト構造の違いから30年以上という長期の投資に耐える特徴を持った商品を供給しようとしているのである。したがって，将来への予想・期待も供給の意思決定の背後にある。

60 第2章 経済学的なヘドニック市場需給均衡分析と問題点

適応的供給調整プロセス

　この問題は，不動産供給プロセスの特徴である，徐々に需要に調整していくプロセスの問題である。特に賃貸住宅市場の供給の問題としては，その供給者として多くの一般資産家が参加しているので，相続税などの制度・規制の変化に対応して行動し，2015年以来高まっている節税対策投資による賃貸住宅の供給増加も増えている。供給プロセスに関して次の点があげられる。

1)　経済環境が進化の中にあり，景気変動だけでなく，グローバル経済の競争環境の中で，たとえば分析対象地域の近くの工場移転などは需給構造を変えつつある。あるいは相続税など税法の改正，土地利用の規制の変化など，政府の政策の変更に関わる変化も，大きな影響を与える。

2)　賃貸用住宅の供給はその中でゆっくりと反応しながら行われていくので，意思決定の時間的ラグがあるが，特定な時点で供給量と価格の関係としての供給関数を想定することは難しい。実際，供給は，需要の変化に従属的で，ゆっくりと需要に適合する。なお，供給が過剰であっても，さらに供給が若干なりとも続くのは，新しい技術を具現化した物件，新設備，デザインなどの価値が，陳腐化しつつある既存の物件に住むテナントを取り込むことができる，とみることも多い。

3)　また供給は，賃貸住宅などの場合，慣習的な更新料・礼金などの負担を要求する慣行（経済的属性）によるインセンティブの違いや，供給者ごとに異なる土地などのコスト構造の違いも大きく関係している。

(2)　動学的な需給均衡・不均衡理論の例：蜘蛛の巣理論

　この適合プロセスをモデル化したのが，次の簡単な古典的適合的モデルである。

事例：適合的価格プロセスのモデル

　供給が需要に後追いして調整されていくモデルは，供給量の意思決定が一期前の価格に依存するという簡単な動学的モデルとして表現される。これは，不動産市場に共通なモデルとして，均衡価格の変動のあり方を見るものである。いまある特定地域の特定なタイプの賃貸住宅サービス商品に対する全体として

2 不動産市場における経済学的な市場需給均衡価格分析の枠組みと問題点　**61**

の総需要量と全体としての総供給量の均衡へのプロセスを，簡単なモデルで記述しよう。以下の議論は，農業生産物などの需給の動的プロセスを表現する，いわゆる蜘蛛の巣理論と呼ばれる古典的な需給価格プロセスに対応するものである。

S_t と D_t, p_t は，それぞれ当該地区の特定タイプの賃貸サービスの t 時点（年）での総供給量，総需要量，市場全体の成約価格を表すものとして，供給関数と需要関数を，

$$S_t = a + bp_{t-1} + \varepsilon_t$$
(2.1)
$$D_t = c + dp_t + \eta_t$$
$$S_t = D_t$$

と仮定する。

この式の ε_t, η_t は，供給量，需要量に対する各時点での攪乱項で，時系列的には独立な，平均0，分散一定の確率的に変動する変数（確率変数）である。

このモデルの特徴は，特定タイプの賃貸住宅の総供給量は一期前の価格 p_{t-1} に依存するという点にあり，それにより供給量が一期前に適合して調整されるという適合的モデルとなる。このモデルは，不動産の供給プロセスを表現するモデルとして適したモデルといえよう。供給関数の傾き b は正，需要関数の傾き d は負と仮定する。t 時点の価格は，その地区全体の特定タイプの当該賃料サービスの平均価格とする。古典的な「蜘蛛の巣理論」モデルでは，ε_t, η_t は常に0である。その場合，平均価格のプロセスは，（2.1）から，

(2.2)　　　　　　　$p_t = a + \beta p_{t-1}, \quad a = (a-c)/d, \quad \beta = b/d$

となり，これを繰り返し代入して解くと任意の T に対して，

$$p_t = a [1 + \beta + \cdots + \beta^{t+T-1}] + \beta^{t+T} p_{-T}$$

となる。

これは，過去の $-T$ 時点の価格 p_{-T} と現在の価格 p_t とがこの関係にあることを示し，$|\beta|<1$ のとき T が∞にいくと，t 時点の価格は需給均衡価格は，

$$\lim_{T \to \infty} p_t = a [1 + \beta + \cdots + \beta^t + \cdots] = a/(1-\beta) \equiv p^*$$

に収束する。

しかし，もしこのモデルのように係数が一定で，収束条件 $|\beta|<1$ が満たされている場合，t 時点の価格 p_t は均衡価格 p^* にかなり近くなっている可能性が

62　第2章　経済学的なヘドニック市場需給均衡分析と問題点

ある。収束条件が満たされない場合，均衡価格は発散したり振動したりする。その場合は，この市場モデルの需給関係は不均衡を示すモデルとなる。詳細は溝口・刈屋（1983）を見よ。

　しかし，モデルの係数自体がゆっくりと変わる現実的な状況では，常に価格は変動し，総供給量は常に総需要量に後追いの形で変動することになる。

　以上の議論は，撹乱項を0とした場合であるが，一般にはそれは各時点で0でなく，均衡価格は存在しなくなり，総供給は価格の変動に対して，常に需要に後追いの形で変動していくことになる。加えて，パラメータの変化が適当な条件を満たせば，循環的な変動が出てくる可能性もある（スルツキー条件）。

3　Rosen のヘドニック価格理論（RHPT）と賃貸住宅市場への適用可能性

　本節では，ローゼン（Rosen（1974））のヘドニック価格理論＝RHPT を2節の議論を踏まえて解説する。RHPT は，学術的な文献では，不動産市場の実証分析をする場合の大きな理論的基礎となっている。たとえば，序章で紹介した優れた住宅価格分析を行っている清水・唐渡（2007）や社会資本の視点から土地価格を分析する肥田野（1997）もその例である。

効用関数

　2変数の効用関数を復習しておこう。2つの特定な財の連続量（非負）の消費ベクトルを $x = (x_1, x_2)$（たとえば日本酒と牛乳，単位 cc）で示す。その消費ベクトルの満足度を評価する実数値関数 $u(x) = u(x_1, x_2)$ が次の条件を満たすとき効用関数と呼ぶ。その2つの特定な財の3つの消費ベクトル $x = (x_1, x_2)$，$y = (y_1, y_2)$，$z = (z_1, z_2)$ に対して，

1）　完備性：$u(x) > u(y)$，$u(x) = u(y)$，$u(x) < u(y)$ のいずれかが成立する。

2）　推移性：$u(x) > u(y)$，$u(z) > u(x) \Rightarrow u(z) > u(y)$

3）　単調性：$for \quad v = (v_1, v_2) \neq 0$，$u(x+v) > u(x)$

　これらを言葉でいえば，1）は，任意の2つの消費ベクトル x と y に対して，効用は x の方が大きいか，y の効用の方が大きいか，同じであるかのいずれか

3 Rosen のヘドニック価格理論（RHPT）と賃貸住宅市場への適用可能性　　**63**

一つが成立する．2）は，x の効用は y の効用より大きく，z の効用は x の効用より大きいとき，z の効用は y の効用より大きい，3）は，任意の非負の消費ベクトル v で，それが 0 でないとき，$x+v$ の効用は x の効用より大きい，となる．

　当たり前に見えるかもしれないが，この前提では，2つの財が連続量であるので，財の量の組合せに対しての選好を示す．たとえば，x が日本酒の量と牛乳の量の組み合せ（100cc，200cc）として，y が（120cc，70cc）である場合，もし $u(x) = u(y)$ ならば効用は同じであるので，選好は無差別という．

　与えられた効用関数 $u(x_1, x_2)$ の値が一定 u_0 となる財の組み合せは，すべて無差別となるので，$u(x) = u(x_1, x_2) = u_0$ となる x 全体の軌跡，

$$\{x : u(x) = u_0\}$$

を無差別曲線という．

　効用関数 $u(x_1, x_2)$ を単調増加関数で変換しても効用関数になることに注意する．その意味で，効用関数は一意的に決まらない．

　この場合，無差別曲線は日本酒の量と牛乳の量の代替関係を示すことになる．この効用を一定にしておいて限界的な代替関係をみるのが限界代替率である．$x = (x_1, x_2)$ において，(x_1, x_2) のそれぞれが微少変化 $(x_1 + dx_1, x_2 + dx_2)$ をしたときに同じ無差別曲線上に乗っているとすると，効用の変化は 0 となるので，

$$0 = du = u(x_1 + dx_1, x_2 + dx_2) - u(x_1, x_2) \approx u_1(x_1, x_2)\, dx_1 + u_2(x_1, x_2)\, dx_2$$

が成立する．

　ここで，$u_k(x_1, x_2)$ は効用関数を x_k $(k = 1, 2)$ で偏微分したものである．その結果，

$$\frac{dx_1}{dx_2} = -\frac{u_2(x_1, x_2)}{u_1(x_1, x_2)}$$

をえる．

　これは，$x_2 \to x_2 + dx_2$ と変化させたとき，同じ無差別曲線の上にいるために，x_1 をどれだけ減少させる必要があるかを示す量で，限界代替率という．賃貸住宅の場合の属性に関していえば，たとえば $x = (x_1, x_2)$ が最寄り駅までの時間（分）の逆数，床面積のような連続量についてこの議論ができる．

　一方，同じ連量の特定な2財の上のプレファランス（選好関係）とは，$x = (x_1, x_2)$ より $y = (y_1, y_2)$ の方を選好するとき，$y \succ x$，選好が同程度（無差

64 第2章 経済学的なヘドニック市場需給均衡分析と問題点

別）であるとき $x \sim y$ とかく（この選好関係は厳密に数学的に定義されるが，ここでは省略する）。選好関係の定義では以下すべてのことを必ずしも仮定しないが，たとえば1)を満たすとき選好関係は完備であるという。

1) 完備性：$x \succ y, x \sim y, y \succ x$ のいずれかが成立する。
2) 推移性：$x \succ y, z \succ x, \Rightarrow z \succ y$
3) 反射性：$x \sim y \Rightarrow y \sim x$
4) 連続性：$x \succ y, x \downarrow y \Rightarrow x \sim y$

　もし選好関係が1)，2)，3)，4) を満たすとき，実数値で表現される効用関数が存在し，選好関係は効用関数で表現できる。

　第1章で指摘した，辞書式選好を持つ人の場合を考察しよう。上の例でいうと，牛乳量に関係なく日本酒の量が多い方を選好すると仮定する。すなわち，最初の財を優先すると仮定すると，任意の牛乳量 x_2 に対して，もし $x_1' > x_1$ ならば，

$$(x_1', x_2) \succ (x_1, x_2) \quad \textit{for any } x_2$$

が成立する。これは，牛乳の量がどんなに多くても日本酒が多い方を選好することを示す。

　一方，日本酒が同じ量ならば，次に牛乳は多い方を選好すると仮定すると，

$$(x_1, x_2') \succ (x_1, x_2) \quad \textit{for any } x_2' > x_2$$

が成立する。

　ここで，推移律が成立するとすれば，上の2つの結果から，$x_1' > x_1, \ x_2' > x_2$ に対して，

$$(x_1', x_2) \succ (x_1, x_2') \succ (x_1, x_2)$$

が成立する。

　ここで，$x_1' \downarrow x_1$ とすれば，

$$(x_1, x_2) \sim (x_1, x_2') \succ (x_1, x_2), \ \text{すなわち} \ (x_1, x_2) \succ (x_1, x_2)$$

となる。これは $x = (x_1, x_2)$ より $x = (x_1, x_2)$ を選好することとなり，矛盾となる。

　したがって推移律は成立しないので，辞書式選好の場合，その選好を効用関

数で表現できない。それゆえ、限界代替率などの議論が適用できない。

　上の議論は連続量の場合であるが、非連続量の属性の選択に関しては、さらに効用関数から遠くなる。実際、複数の属性に対して、他の属性が何であっても、x_1 がピアノ可の防音設備の有無（1 または 0 で表現）が満たされるものを全面的に優先することになるので、推移律は成立しない。

RHPT

以下、次の 2 つの行動に分けて説明する。

3.1　需要者＝消費者の行動とビッド価格関数

3.2　供給者の行動とオファー価格関数

3.1　需要者＝消費者の行動とビッド価格関数

（1）　ヘドニック関数

　理論が前提とする仮定を明確にするために、若干複雑になるが、変数に対して添え字を最初はきちんとつけていく。

　まず、ヘドニック・アプローチをとるため、第 n 賃貸住宅商品の t 時点価格 p_{tn} を K 個の属性 $z_{1tn}, z_{2tn}, \cdots, z_{Ktn}$ の関数として、

$$p_{tn} = p_t(z_{1tn}, z_{2tn}, \cdots, z_{Ktn})\ (n = 1, 2, \cdots, N)$$

と仮定する。

　第 1 章でも述べたように、ヘドニック・アプローチでは、このように第 n 商品の第 t 時点の価格は、その商品の K 個の属性（$z_{1tn}, z_{2tn}, \cdots, z_{Ktn}$）の共通なヘドニック価格関数 $p_t(\cdot)$ として表現されることを仮定する。

　属性の中には、築年数のように時間とともに変わる属性もあり、その場合、各時点のデータでモデル推定をすると、その属性価値は時間とともに変わる。一方、最寄り駅までの時間などの属性のように変化しない属性もある。この段階では、関数 $p_t(\cdot)$ の形状は時間 t に依存して変わってもよい。

　しかし、RHPT は静学的アプローチをとるために時間 t を固定し、それを省略して、

$$(2.3)\qquad p_n = p(z_{1n}, z_{2n}, \cdots, z_{Kn})\ (n = 1, 2, \cdots, N)$$

とかく。この視点が、クロスセクション分析のヘドニック・アプローチの原点

66　第2章　経済学的なヘドニック市場需給均衡分析と問題点

である。

　一方，各属性変数 z_{kn} は，一般には，住居の部屋数のように自然数の値しか
とらない変数，駅から徒歩時間とか住宅の面積のように実数値（連続量）をと
る変数，あるいは駐車設備の有無を表す1または0の変数など，どのような変
数も扱える。属性変数は非負の値で表現する。ここでは，属性を経済学の消費
理論の財とみなすことによる。

(2)　RHPT の属性についての仮定

　しかし，RHPT では，賃貸住宅商品の属性に関して次の仮定を置く。

　A1　K 個の各属性変数はすべて非負の連続量と仮定し，その値が大きいほ
ど効用が大きくなるように定義する。選択に関して K 個の属性以外にないと
仮定する。これは，その属性の微少変化に対するヘドニック価格の変化を効用
の変化と関係づけるためである。また，たとえば，賃貸住宅商品で駅までの距
離もしくは時間の属性は，大きくなると負の効用が大きくなるので，その場合，
たとえば逆数で表現するなど，単調減少関数を利用して変換する。

　A2　さらに，RHPT は，現実に存在する K 個の属性 $(z_{1n}, z_{2n}, \cdots, z_{Kn})$ $(n = 1,$
$2, \cdots, N)$ を持つ N 個の商品だけを前提とせず，K 個の属性の任意の組み合せ
の商品が存在すると仮定する。その結果，K 個の属性は $(z_1, z_2, \cdots, z_K)$ で表
現され，賃貸住宅商品は，実際に存在しうるかどうかにかかわらず，これらの
属性の任意の組み合せに対する商品を対象とする。価格は，その属性が与えら
れると決まる。

　A3　K 個の属性 $(z_1, z_2, \cdots, z_k)$ は，すべての需要者（消費者）に共通に認
識され，共通に量的に認識した属性であり，消費者はこの属性範囲の中で商品
は選択されるものと仮定する。

　A4　住宅商品の違いとしての属性の情報は，これら K 個の属性のみである
として，すべての消費者に共通に量的な認識のもとに与えられていると仮定す
る。

　A5　K 個の属性が消費者に共通に認識された後，非負の連続的な属性変数
は消費者の効用にとって適切な変数形が存在し，適切な単位（変換後の値）と
して共通に表現ができるものと仮定する。

3 Rosen のヘドニック価格理論（RHPT）と賃貸住宅市場への適用可能性 **67**

(3) 需要者（消費者）の効用関数

次に，クロスセクション分析のもとでの需要者（消費者）の効用関数を導入する。

第 j 消費者の効用関数を，

(2.4) $u_j \equiv u_j\,(x, z_1, z_2, \cdots, z_K)\;(j = 1, 2, \cdots, J)$

とする。ここの効用関数は，微分可能で微分した関数は連続とする。またそれは，非負の属性変数 $z = (z_1, z_2, \cdots, z_K)$ の各変数の単調増加関数として表現されている。一方，変数 x は J 人の消費者全体に共通に認識された合成変数で，その財を合成財と呼ぶ。それを説明するために，まず次の仮定を置く。

A6　合成財：効用関数の「x は価格 1 円の合成財」の量を表す非負の変数で，その値が大きいと効用は増加する，と仮定する。ここで，この合成財の構成には，やはり属性の違いが効用の違いになるものも数多くあるが，当該賃貸住宅の属性の違いによる効用のみを考察するために，それを無視して他のすべての商品全体をまとめた上で，価格を 1 円と基準化する。したがって，合成財の量を x だけ需要すると x 円が必要となる。

すなわち，合成財は，当該賃貸住宅商品以外の他のすべての商品を合成したもので，食品・衣服や電気製品のサービス，教育サービスなど他のすべての財を合成できると考えて，それを合成財と呼ぶのである。

しかし，このような合成財の存在を認めるためには，合成財は合成される商品の各消費者の効用に依存していることに注意する。たとえば美食家であれば，生活の中で衣服より食品の効用のウェイトが大きくなるので，合成財を構成するウェイトが異なっていくであろう。これを各消費者に共通であると仮定する，そして，単位を基準化して，その価格を 1 円とする。このような思考法は経済学に典型的であるが，効用関数が非同質的であると，合成財の存在を認めるわけにはいかない。

A7　消費者がすべての財の効用について同質的であると仮定する。その結果，合成財の中のウェイト等が同一になり，合成財の存在と効用の同質性が前提できる。

したがって，この仮定の下では，合成財と属性 $z = (z_1, z_2, \cdots, z_K)$ をもつ賃貸住宅商品にだけ注目する。さらに，この仮定のもとでは，効用関数がすべて

68　第2章　経済学的なヘドニック市場需給均衡分析と問題点

の消費者に共通になるので，それを添え字 j をとって，

(2.5)
$$u \equiv u(x, z_1, z_2, \cdots, z_K) = u(x, z)$$

と表記できる。これが消費者全体に共通な効用関数となる。以下では，この同質的な消費者の仮定を採用する。

（4）　予算制約のもとでの効用最大化行動

　消費者の行動は，価格が与えられたときに予算制約のもとでこの効用を最大化するように，合成財の量 x と属性の組 $z = (z_1, z_2, \cdots, z_K)$ を需要するとみる。属性の組を需要するとは，対応する属性を持つ賃貸住宅商品1単位（物件）を需要するということになる。

　共通に認識された属性の組 $z = (z_1, z_2, \cdots, z_K)$ を持つ賃貸住宅商品1単位の価格を，ヘドニック・アプローチによって，

(2.6)
$$p(z) = p(z_1, z_2, \cdots, z_K)$$

と表現する。この価格関数は，微分可能で，微分した関数は連続とする。

　一般には，効用関数が同じでも所得は異なるが，次の仮定を置く。

　A8　同質的な効用を持つ需要者の所得は同一であると仮定する。

　このようにして，上記 A1 ～ A8 を満たす消費者の同質化を通して得られる消費者を経済学では「代表的消費者」と呼ぶ。

　その結果，合成財 x を需要し，属性 z を持つ賃貸住宅商品1単位を需要する消費者の予算制約は，

(2.7)
$$y = x + p(z)$$

となる。

　これは価格1円の合成財 x 単位と価格 $p(z)$ の当該賃貸住宅商品1単位を購入したときの金額の合計が与えられた所得 y に一致するという制約条件である。

　そこで，この制約のもとで効用関数 (2.5) を最大にするために，ラグランジュ乗数法を利用する。

　まず，

$$L = u(x, z) - \lambda[y - x - p(z)]$$

とおき，これを変数 x と各属性変数 z_k, λ について微分して0とおくと，

$$u_x(x, z) + \lambda = 0$$

$$(2.8) \qquad u_k(x, z) + \lambda p_k(z) = 0$$

$$y - x - p(z) = 0$$

を得る。

効用関数や価格関数の添え字は対応する変数で微分して関数である。これを同時に満たす (x^*, z^*) が主体的均衡値（与えられた価格のもとで同質的な消費者の効用を最大にする需要量）である。その条件は，

$$(2.9) \qquad p_k(z^*) = \frac{u_k(y - p(z^*), z^*)}{u_x(y - p(z^*), z^*)}, \quad (k = 1, \cdots, K)$$

$$x^* = y - p(z^*)$$

と表現される。そのときの効用の最大値を，

$$(2.10) \qquad u^* = u(x^*, z^*) = u(y - p(z^*), z^*)$$

と表現し，効用の最大値 u^* を達成する属性 z^* は，効用関数を通した主体的均衡値（消費者主体が満足する水準）の属性の組であるので，$z^* \equiv z^*(y, u^*)$ とかく。そのもとでの価格を，

$$(2.11) \qquad p^* = p(z^*) \equiv p(z^*(y, u^*))$$

とかく。

(2.9) の最初の式は，第 k 属性が微少単位変化したときの賃貸住宅商品 1 単位の価格の上昇は，第 k 属性が上昇したときの効用の上昇分（右辺の分子）と価格 1 円の合成財が 1 単位上昇したときの効用の上昇分（右辺の分母）の比であり，限界代替率という（効用関数の説明参照）。属性の限界価格＝限界代替率を示す。

(5) 消費者のビッド関数

Rosen が展開した議論として，効用の最大値 u^* に対して恒等的に，

$$(2.12) \qquad u^* = u(y - q(z : y, u^*), z)$$

を満たす関数 $q(z : y, u^*)$ を，消費者のビッド価格関数（希望価格関数）と定義している。このような関数の存在は，少なくとも局所的には（陰関数の定理によって）保証されている。

そこで，このビッド関数の性質を調べるために，(2.12) の両辺を z_k で微分すると，

70 第2章　経済学的なヘドニック市場需給均衡分析と問題点

$$0 = -u_x\,(y - q\,(z:y,\,u^*),\,z)\,q_k\,(z:y,\,u^*) + u_k\,(y - q\,(z:y,\,u^*),\,z)$$

(2.13)
$$\Rightarrow q_k\,(z:y,\,u^*) = \frac{u_k\,(y - q\,(z:y,\,u^*)\,,\,z)}{u_x\,(y - q\,(z:y,\,u^*)\,,\,z)} \qquad (k = 1,\,\cdots,\,K)$$

となり，(2.9) の第1式と同じように $q_k\,(z:y,\,u^*)$ は限界代替率になり，$q\,(z:y,\,u^*)$ は属性 z を持つ商品の価値を表す。もちろん，均衡値 $z = z^*$ では，

(2.14)
$$q^* = q\,(z^*:y,\,u^*) = p\,(z^*\,(y,\,u^*)) = p^*$$
$$q_k\,(z^*:y,\,u^*) = p_k\,(z^*\,(y,\,u^*))$$

である。

　第2式は，均衡値の下では，ビッド価格関数の第 k 変数の微係数（傾き）とヘドニック価格関数の第 k 変数の微係数（傾き）が等しいことを示す。

　以上のことをグラフに示すのが**図表2.1**である。なお，この図ならびに**図表2.2, 2.3** の曲線は，Allen C. Goodman（2000）のプレゼン資料の曲線を利用して変更した。しかし，上の議論・説明の仕方は RHPT に沿うもので，本書の視点からのものである。

　この図の縦軸の A から出発する実線で右上りで，下に凸の曲線 AB について説明する。実証分析では，これが推定の対象となるヘドニック価格関数である。

　効用の最大値 u^* を達成する属性 z^* は，効用関数を通した主体的均衡値であるので，(2.11) でそのもとでの価格を，

(2.15)
$$p^* = p\,(z^*) \equiv p\,(z^*\,(y,\,u^*))$$

とかいた。

　これは，単に与えられたヘドニック価格関数に z^* を代入したものにすぎないので，その価格関数で主体的均衡属性ベクトル $z^* = (z_1{}^*,\,z_2{}^*,\,\cdots,\,z_K{}^*)$ のうち第1属性 z_1 だけを動かして，（z^* の近傍で）z_1 の関数としてみて，$z\,(1)^* = (z_1,\,z_2{}^*,\,\cdots,\,z_K{}^*)$ をその価格関数に代入した

(2.16)
$$\tilde{p}\,(z_1) \equiv p\,(z\,(1)^*) \equiv p\,(z_1,\,z_2{}^*,\,\cdots,\,z_K{}^*)$$

が，図の右上がりで下に凸の価格曲線 AB である。

　一方，ビッド関数 $q\,(z:y,\,u^*)$ は，図の中の右上がりの上に凸の太い曲線 CD で，それは $z^* = (z_1{}^*,\,z_2{}^*,\,\cdots,\,z_K{}^*)$ の近傍で定義されているので，$q\,(z:y,\,u^*)$ 関数の z に $z\,(1)^* = (z_1,\,z_2{}^*,\,\cdots,\,z_K{}^*)$ を代入した曲線 $q\,(z\,(1)^*:y,\,u^*)$ であ

3 Rosenのヘドニック価格理論(RHPT)と賃貸住宅市場への適用可能性　71

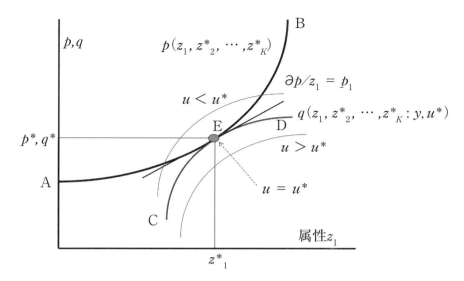

図表2.1　ヘドニック価格関数(AB)とビッド関数(CD)

る。

この図は、(2.14)により傾きがz^*で等しいから、ヘドニック価格曲線とビッド関数が接することを示している。

図の中で、$u > u^*$と$u^* > u$の場合の曲線も上に凸の細い線で描いてある。これは、少なくとも主体的均衡値の近傍で関係，

(2.17)　$u = u(y - q(z : y, u), z)$,　　$u^* = u(y - q(z : y, u^*), z)$

が成立する。それゆえ、$u > u^*$ならば、$u(x, z)$はxの単調増加関数であるので，

(2.18)　　　　　　　　$q(z : y, u^*) \leq q(z : y, u^*)$

が成立する。すなわち、ビッド価格関数$q(z : y, u)$のもとでの効用uの水準（この場合、効用は大きいが、予算制約を満たしていない水準となることに注意）が、予算制約のもとで最大となる効用u^*の水準より大きい場合、ビッド価格をあげて，

(2.19)　　　　　　　　$q(z : y, u^*) \leq q(z^* : y, u^*)$

の右辺の値まで大きくすることができる。特に，

(2.20)　　　　　　　　$q(z(1)^* : y, u^*) \leq q(z^* : y, u^*)$

72　第2章　経済学的なヘドニック市場需給均衡分析と問題点

が成立する。

　この場合を描いたのが，曲線 CD の下の下に凸の曲線である。$u < u^*$ の場合も同様な議論をする。

3.2　供給者の行動とオッファー価格関数

　一方，供給者は，与えられたヘドニック価格関数のもとで利潤を最大化するように，賃貸住宅商品最適供給量と最適属性量の組み合せを決定する。すなわち，属性 z をもつ価格 $p(z)$ の賃貸住宅商品の供給量 M をどのように定義するかは後で議論するとして，$c(z, M)$ をそのコスト関数として利益を，

(2.21)　　　　　　　　　　$\pi = p(z) M - c(z, M)$

と定義する。これを最大にするために，次の仮定をおく。

1)　属性 z をもつ賃貸住宅商品の供給量 M は属性 z から独立であると仮定する。さらに，コスト関数は微分可能で，微分した関数は連続であり，すべての供給者に共通であるとする（供給者の同質性）。

　この仮定の下で，各 z_k と M に関して微分して 0 とおいた次の方程式を同時に満たす (z^s, M^s) が供給者側の主体的均衡値（供給者の利益が最大になる値）となる。

(2.22)
$$p(z^s) = c_M(z^s, M^s)$$
$$p_k(z^s) = c_k(z^s, M^s) / M^s \quad (k = 1, 2, \cdots, K)$$

ただし，c_M はコスト関数を供給量 M で偏微分した関数，c_k は属性 z_k で偏微分した関数である。このときの最大化された利益は，

(2.23)　　　　　　　　　$\pi^* = p(z^s) M^s - c(z^s, M^s)$

となる。

　ここで，オッファー（提示）価格関数を主体的均衡値 (z^s, M^s) の近傍で，

(2.24)　　　　　　　　　$r(z, M) = \dfrac{1}{M} [\pi^* + c(z, M)]$

と定義する。

　この式はもちろん最大利益を達成する (z, M) の関係

(2.25)　　　　　　　　　$\pi^* = r(z, M) M - c(z, M)$

である。

それゆえ，オッファー関数 $r(z, M)$ は均衡値 (z^s, M^s) では，

$$(2.26) \qquad r(z^s, M^s) = p(z^s)$$

を満たす。

さらに，（2.24）の $r(z, M)$ の両辺を z_k で微分すると，

$$(2.27) \qquad r_k(z, M) = c_k(z, M) / M$$

となり，均衡値 (z^s, M^s) では，（2.22）と一致する。すなわち，オッファー関数とヘドニック価格関数とは均衡値 (z^s, M^s) で同じ微係数（接線）をもつ。

なお，（2.25）は，

$$\pi^* = r(z, M) M - c(z, M) \equiv q(z, M)$$

より (z, M) の陰関数となっているので，陰関数の定理から少なくとも主体的均衡値 (z^s, M^s) の近傍で，$M = \tilde{M}(z, \pi^*)$ と表現されるので，$r(z, M)$ は，

$$(2.28) \quad r(z, M) = r(z, \tilde{M}(z, \pi^*)) = \tilde{r}(z, \pi^*) = \tilde{r}(z_1, z_2, \cdots, z_K, \pi^*)$$

として $z = (z_1, z_2, \cdots, z_K)$ だけの関数としてかける。

図表 2.2 で，EF がオッファー関数 $\tilde{r}(z_1, z_2^s, \cdots, z_K^s, \pi^*)$ の曲線である。一方，AB がヘドニック価格関数 $p(z_1, z_2^s, \cdots, z_K^s)$ の曲線である。2 つの曲線は，主体的均衡値 (z^s, M^s) で接線を共有している（図の中の直線）。

上と同じ議論によって，与えられた π に対して，(z^s, M^s) の近傍で，

$$r^\pi(z, M) = \frac{1}{M}[\pi + c(z, M)]$$

とおき，$z(1)^* = (z_1, z_2^*, \cdots, z_K^*)$ と $M = \tilde{M}(z, \pi^*)$ で評価すると，もし $\pi > \pi^*$ ならば，

$$r^\pi(z(1)^*, \tilde{M}(z(1)^*, \pi^*)) = \tilde{r}^\pi(z(1)^*, \pi^*) > \tilde{r}(z(1)^*, \pi^*)$$

の関係が成立する。これが図の中の曲線 EF の上の細線の図である。この場合は，オッファー関数を利益が最大になるまで下落させることができる。$\pi < \pi^*$ の場合も同様に議論できる。

このオッファー価格は，市場での住宅売出価格や賃料の提示価格データとして，インターネットなどからも比較的容易に入手可能なので，オッファー価格がヘドニック関数上の点にあるとして，ヘドニック関数を推定する実証分析も多い。しかしその場合，次の識別性の問題に直面する。

74　第2章　経済学的なヘドニック市場需給均衡分析と問題点

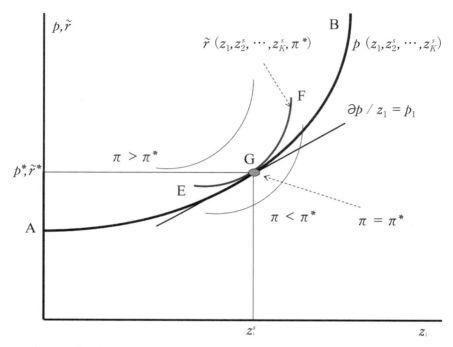

図表2.2　供給者側の主体的均衡とオッファー関数 EF（AB がヘドニック価格関数）

均衡価格と同時方程式識別性問題

　これまでの仮定の下で，ビッド関数とオッファー関数はヘドニック価格関数 AB に対する共通の接線上の点で等しくなる。この点が均衡価格水準であり，需給を均衡させる最適属性の組み合せと，価格が同時に決定される。しかし，実証分析で求めたいのは，ヘドニック関数全体の推定値である。この図のように，これまでの議論だけでは，理論は均衡値が一つ決まることを示しても，市場全体の利用可能なデータは均衡値に対応する一組のデータだけで，その一つだけでは，ヘドニック価格関数を推定できない。

　この問題は，計量経済学で 1950 年代から議論されてきた需給モデル（同時方程式）の識別性の問題である。すなわち，このままの形では，ヘドニック価格関数 p はデータから識別できないモデルである。識別可能になるためには，**図表 2.3** のように，ヘドニック価格関数 AB 上に複数の均衡値（図では○印と☆

3 Rosenのヘドニック価格理論（RHPT）と賃貸住宅市場への適用可能性

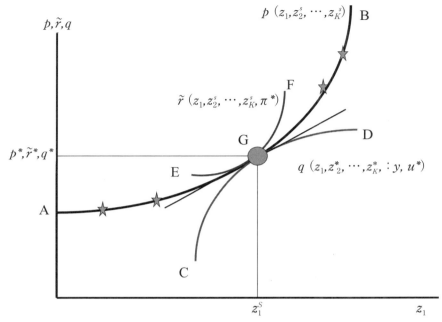

図表2.3　供給者のオッファー価格関数と均衡値

印）を観測していないと，○印だけでは曲線 AB は見えないから推定できない．加えてその必要な均衡値の数は，属性の数 K 以上であることが必要となる．

本書の不動産分析をする立場では，この RHPT を有効な理論としては評価していないので，この問題を克服する方法を議論しない．興味ある読者は，計量経済分析法を展開する清水・唐渡（2007）が参考になろう．

属性と価格の関係と補償原理の議論

Di Pasquale, W.C.Wheaton（1996）は，不動産市場のミクロ経済学的分析視点から属性と価値の関係を理解する上で，消費者に立地上の優位性を補償するという概念を導入し，次のように述べている．

「すべての家計が同質であるような競争的市場均衡においては，家計はより望ましい立地を占有するためにより多く支払うのと同じように，あまり有利でない場所により少なく支払うことによって，同じ厚生水準になるべきだ

ろう。立地に関するこの補償原理は，住宅を，多くの異なる属性を持つ異質な財と考えるときにも保持されるのである。」

　もちろん，下線の条件は満たされるわけはなく，第2章で述べたように，このような経済学者の議論は思考仮説である。彼らが，「家計は市場で個々の住宅を検討し，価格を考慮に入れながら家計にとってもっとも好ましい住宅を選択する。家計は同じ選好と所得を持つと仮定した場合，各住宅の価格は，それらの異なる属性について厳密に補償しなければならない」と述べているが，その意味は，徒歩変数は，駅から物件までの距離が遠くなるほど，通勤における費用が増加するため，賃料は通勤で増加する費用を相殺しなければならない，といい，駅の近くの賃料は高くなる理由を与えている。駅から遠くなるほど，賃料は減少する。なお，所要時間は費用に換算することが可能であるため時間的概念も含まれているだろうが，そもそも最初の前提は成立しないのである。議論としては，みんなが同じ駅に向かって動くことになりかねない。また，建物の経過年数とともに設備・仕様の老朽化および陳腐化が進むため賃料は同じく減少する。

〈参考文献〉

溝口敏行・刈屋武昭（1983）『経済時系列分析入門』日本経済新聞社
清水千弘・唐渡広志（2007）『不動産市場の計量経済分析』朝倉書店
山崎昭（2006）『ミクロ経済学』和泉書店
Rosen, S. (1974) Hedonic Prices and Implicit Markets, Product Differentiation in Pure Competition, *Journal of Political Economy*, Vol.82, 34-55
Di Pasquale, D. and W.C.Wheaton (1996) *Urban Economics and Real Estate Markets*, Prentice Hall

第３章
ヘドニック分析での属性識別と
ビンテージ評価

1　はじめに

　本章では，住宅サービス商品の価格分析にヘドニック・アプローチをとる場合，直面する次の問題

　1)　ヘドニック価格関数に利用する属性を識別する問題

　2)　市場の住宅のビンテージ構造に関係した品質属性とその非線形構造問題

について議論して，次章の統計的分析の考え方の基礎を作る。

　第1章3節では，有効な実証分析のプロセスを説明し，中でも現象の理解と分析視点の設定の重要性を強調した。ヘドニック価格分析に関していえば，本章で議論する属性の識別とその選択の問題は分析にとって本質的であり，分析目的に対応した視点から属性を理解することが重要である。ここでの「実証分析の目的は，選択した属性と価格との関係について実証的基盤を持つ知識を得ること」であって，有効な意思決定に役立てることである。この点を本章では多様な視点から議論する。

　第1章4節では，市場・地域分析の考え方を説明し，賃料価格についてヘドニック・アプローチによる実証分析をするための基礎分析の視点を示した。これは，分析地域のマクロ的市場・環境の分析についての考え方であるが，一方，個別住宅価格分析の視点から，さらに分析地域の居住環境の特徴を見ることも，地域の外部属性として価格への影響を思考する上で重要である。

　「賃貸住宅の価格と属性の関係」と「所有（分譲）住宅の価格と属性の関係」

とは異なることを第1章の最初に述べたが，この違いをもたらすのは，需要者（賃貸人もしくは住宅購入者）の中の選好が生活の利便性や快適性と資産性などのコンセプトに対するウェイトが異なり，属性の評価価値が異なっている点であろう。特に単身者の場合の賃借人の属性への選好は多様であろう。

その意味では，賃貸住宅の供給者がみずからの供給物件の価格に深く関わる外部属性も理解しておくことも重要となろう。さらに，「他の代替的な選択肢がある中で，なぜある特定な地域に住むのか」という問いに対する理解は，各地域に関する多くの要因としての外部属性に関係する問題と情報の限界に関する問題であると考えられ，今後も属性を議論するときに取り上げていく。なお，外部的属性の中には，行政的属性としての福祉政策や子育て支援に関わる属性も含まれる。

このような問題を深く追求することは，需要者の非同質性と属性の多様性とデータの制約から実証分析は容易でないかもしれないが，分析地域の賃貸住宅に対する需要構造を理解するためには，ある程度の理解を深めておく必要がある。

東京近郊の都市をはじめ多くの自治体では，都市間の競争もあり，各地域の行政はそれぞれ多様な方法で住民を確保しようとしている。特に，各地方自治体は，充実した社会資本などの公共財をその地域に提供することで，住民の便益を高め，地域を活性化し，地域の資産価値を高める政策などを実行して競争力を高めていこうとしている。その政策効果などでも，ヘドニック・アプローチにより土地価格と立地など外部属性の関係を政策実施前と実施後の比較をして，その政策効果などを計測・評価したりする。後に土地の価値と社会資本との関係について肥田野（1997）の内容を，また賃貸住宅の実証分析については河合（2010）に基づいて，それぞれの分析目的と選択した属性の例を見る。

属性の認識・識別は分析目的に依存

ヘドニック分析において本質的な問題は，分析対象とする属性についての理解とその選択であるが，属性の選択は分析目的に依存する。そして，その属性の取り方が実証分析の価値に大きく影響する。そこでは，幅広い専門的知識が必要になる。そのため，第1章で議論した分析プロセスをヘドニック価格分析

の視点から復習する。

（1）　ヘドニック分析の目的を設定する。マクロ的視点に基づく目的なのか，ミクロ的視点に基づくものかで，その後のアプローチが異なる。たとえば，分析目的に関しては，次のようなものがあろう。

　　◇上記のように，社会資本の充実のための政策等の評価，環境汚染などと政
　　　策効果に関して不動産の価値との関係に関しての環境評価
　　◇住宅についての消費者（需要者）の基本的選好を調査し，住宅政策へ利用
　　　すること
　　◇ディベロッパーなどが住宅建設の提案，セールス・プロモーションのため
　　　の市場のミクロ的ニーズの調査
　　◇学術的論文での需要者の行動仮説の検証や，属性価格についての仮説の検
　　　証

（2）　分析目的に沿って現象を理解し，ヘドニック分析のための属性を選択する。この選択で重要なのは，マクロ的な分析視点に立つ場合とミクロ的な市場調査的視点に立つ場合を区別することである。

　たとえば，マクロ的視点では，住宅政策のために，都道府県別の住宅地地価関数をヘドニック・アプローチで推計しようとする場合，土地価格に対する属性の選択が問題となる。多くの場合，公示価格などを利用して，それらの市町村ごとの「平均」住宅地価格とその価格に影響を与えると考えられる基本属性を選択し，「事後的に」見て，価格とその属性の関係を実証的に把握する。市町村を広域的単位とするこのような価格と属性の分析では，外部属性として下水道，都市ガス，人口密度などのほか，その他行政的属性などが利用されている。しかし，平均概念での理解の枠組みは議論があるところである。

　一方，個別物件に関して特定地域の価格形成と属性の関係を分析しようとするミクロ的な分析視点に立つ場合では，消費者（需要者）の選好による周辺的（近隣）外部属性と，物件の内部属性に対する価値と物件の価格の関係を理解しようとする側面が強い。

　その場合，まず価格を形成する消費者が，ヘドニック分析で「選択する属性を認識・識別しているか」，という「情報の共有性の問題」に注意する必要がある。当該物件の内部属性ならびに周辺的外部属性（駅までの道のり，交通量な

80 第3章 ヘドニック分析での属性識別とビンテージ評価

ど）の情報は，成約価格を利用する限り，最終的な意思決定の段階で現場を見ているのが一般的であるので，共有されていると考えてよいであろう。また，人口とか，行政的属性などもネットを通して多くの情報が共有されると考えられる。しかし，空気・水の質などの属性は汚染が騒がれているような場合でないと，明示的に識別した属性で価格を決める対象とはなっていないかもしれない。このような潜在的な属性では，特に自分や子供が花粉症などアレルギー症を持つ場合など，健康志向性が強い需要者にとっては，それを嫌悪属性として調査の対象とするだろう。しかし，それが価格に反映されるかどうかの検証は分析者の外部情報の利用の仕方によるであろう。7節では，窒素化合物を属性とした事例を見る。

（3）次に，分析視点に対応したデータを収集し，変数の形などを選択する。たとえば，ウォーターフロントのタワーマンションの眺望の価値を測定しようとしたとき，居間の主要な窓の中心から海が見える視界の範囲を角度で測るとか，その測り方によって結果に影響することが多い。これについては，後に香港のタワーマンションの実証分析に基づいて，属性の選択と測定変数の取り方を紹介する。

（4）分析視点に対応するモデリングの考え方とモデル選択のプロセスについては，第4章，第5章で統計的プロセスとして解説する。特にダミー変数についての考え方やその利用法，モデル選択プロセスでの t 値の構造とその利用法を詳しく議論する。

（5）分析結果に基づいて，分析目的の視点から集団や構造について理解し，意思決定や予測をする。集団や構造の理解では，マクロ的環境や考察の対象とする属性について，この章で議論する属性の性質を理解しておくことが重要となる。

本章の構成は次の通り。

2 外部属性，属性識別，属性変数についての考え方

3 地域の理解と属性へのコンセプト・アプローチ

4 属性の認識・識別の類別化

5 ビンテージ問題——築年数と品質

6 ビンテージと内部属性

7 ヘドニック実証分析で採用された属性の例

2 外部属性，属性識別，属性変数についての考え方

本節では，属性識別と属性変数の定式化の考え方を説明する。

第1章で述べたように，ヘドニック・アプローチの基本は，特定な時点における第 n 商品の価格 p_n は，その商品が保有する属性（$z_{1n}, z_{2n}, \cdots, z_{K-1n}$）（品質，ブランド，機能などに関わる属性）に依存するものとして，

$$p_n = p\,(z_{1n}, z_{2n}, \cdots, z_{K-1n})$$

とみることから始まる。多くの場合，それを次のような線形モデルとして表現する。

(3.1) $$p_n = \beta_0 + \beta_1 z_{1n} + \beta_2 z_{2n} + \cdots + \beta_{K-1} z_{K-1n}$$

この見方では，住宅不動産商品の非同質性により，その商品に関わる外的属性と内的属性に関わる属性のバンドル（属性の束・集合）の結合・組み合せが，不動産商品の価格に大きく関係している，とみる。特に不動産商品の場合，他の商品と異なって，「不動産の不動性」により，外的属性の影響が大きく，その価値と関係している点が不動産商品に特徴的である。その中でも，実は当該地域自体が経済的立地，社会的立地，政治的立地，自然的立地などの理由により，他の地域と比較して相対的に価値がある立地構造が，外的属性の外枠としてある。これが，不動産の価値に深く関係している。

上記モデルでは，特定分析地域に限定して，そこでの物件に関わる外的属性を考慮して価格をその属性に帰属させようとするが，実は，たとえば東京であれば，田園調布とか，吉祥寺とか，成城とか，のような住宅地は，それ自体がブランド価値的な価格を高める属性効果を持っているので，内的属性では他の場所のものとほぼ同じで，周辺的な外的属性で似ている物件でも，価格水準が異なっている。それゆえ，これらの地域も含めて，それぞれの地域の間で属性の価値は異なっているだけでなく，そこにはそのブランド価値的なものが付加されている，と考えられる。その「ブランド的価値」は，いいかえると，経済的立地，社会的立地，政治的立地，自然的立地などの理由により，その地域が

将来にわたって需要されるという評価でもある。

　それゆえ，特定な地域を選定して行う分析結果による属性価値は，他の地域の分析結果のそれらと絶対的な水準では比較できないであろう。この点も，不動産であるがゆえに問題となる部分で，序章で述べた不動産商品以外の商品のヘドニック分析とは大きく異なる部分である。

　これは，複数の地域を同時に分析することで見えてくる興味ある問題である。本書ではそれを，第6章で清水・唐渡（2007）の東京23区の中古マンション市場の住宅価格分析の事例を利用して議論する。このような広域的分析では，立地に関わる地域差が大きな属性要因になるが，その地域差の理由を詳細に分析するためには地域・市場分析に戻ることになろう。しかし多くの場合，行政区を利用することも多い。

　また地域に限定した分析としては，東京都国立市の中央線国立駅周辺エリアと横浜市鶴見区の京浜東北線鶴見駅周辺エリアの物件について賃貸価格のヘドニック分析をする。そして，それぞれの属性の価値の比較にふれてみるが，地域における属性の価値の違いを理解するためにはさらなる分析が必要である。

　分析目的から，価格に関係はしている属性であるが，分析上取り扱われない属性もある。一つの行政区に対応する地域を分析対象とする場合，行政的サービスの属性は共通であるので，その属性の価格への影響は直接的に扱わなくてもよいであろうが，分析対象地域に2つの行政地区が関与している場合，たとえばもしその2つの行政区の間で福祉サービスの属性が大きく違うとすれば，その属性を分析上考慮した方がよい分析もある。もちろん，実証分析の結果として，その違いは有意になるかどうかは別であるが。このような見方に立つと，属性の認識は，選択する分析地域にも依存することになる。その意味では，住宅不動産商品のヘドニック分析による属性のプライシングは，「相対的な分析」であることを免れない。

　個別物件の価格の違いを属性の違いで説明しようとするミクロ的な視点からの分析では，しばしば価格と属性を，

$$p_n = p\,(S_n,\ L_n,\ N_n)$$

とコンパクトに表現することが多い。ここで，$S_n,\ L_n,\ N_n$ はそれぞれ *Structure, Location, Neighborhood* の略で，物件・設備の構造関係の属性の集合，立地の

2 外部属性，属性識別，属性変数についての考え方　83

属性の集合，周辺的地域属性を表す。ロケーションは，相対的な概念で特定地域の中での議論の場合，東京都の中の議論，日本全体の中での議論など，分析目的に沿って，その考え方が変わる。

　以下，後の議論のために，

(1)　ビンテージ問題

(2)　属性識別へのコンセプト・アプローチ

(3)　属性変数のタイプと単調変換

についての考え方を議論する。

(1)　ビンテージ問題

　ヘドニック分析で価格と属性の関係を理解しようとするとき，構造物とその外部・内部属性を含めた物件は時間経過の中での「質」の劣化・陳腐化を免れないという，ビンテージ問題がある。不動産商品は，30年以上という長期にわたって市場に滞在し，商品として競争力を持たせる必要から，その使用価値を維持する形で構築されるのであるが，時間経過の中で，その構造物・内部設備の資本に関わるビンテージ問題がある。これは，不動産（資本）商品の長い寿命により不可避的に進化リスクにさらされる問題である。

　属性変数としては築年数などとして表されるものだが，ここで述べようとするのは，時間経過に関して，資本設備としての構造物の技術的劣化，文化的劣化，内的設備の陳腐化，などに関わる問題である。しかし，それが建築時最新のものであっても，社会の建築技術の革新，デザインコンセプトの進化，内部設備の新商品の開発などで，比較的短い時間の中で劣化・陳腐化し，競争力が落ちていく。

　これを本書では「ビンテージ構造属性」ということにするが，一般的にいう言葉としては，いわゆる築年数の属性がそれを表象するものである。この属性は他の属性と直接・間接に関係しているので扱い方に注意する必要がある。大きなビルであればあるほど，ビンテージ構造属性の劣化に対してその改善・対応には大きなコストがかかり，周辺の外部環境の改善等，将来のキャッシュフローの改善が見えないと，そのリスクへの対応に対して，所有者は投資意欲が

84 第3章 ヘドニック分析での属性識別とビンテージ評価

わかず，その競争力が落ちていくと価格低下で対応しようとする。その結果，さらに周辺的環境は悪くなっていく場合もある。ただ，内部設備の陳腐化・劣化に対しては，空室リスクを避けるため，内部属性としてのエアコンや，ふろ場，フロアリングなどを新しいものに置き換える投資はしていくだろう。「リフォーム済み」も属性の一つであるが，そこでもリフォーム時点からの経過年数が重要となる。

　周辺的な外部環境の属性は，都市自体の発展プロセスの変化により，需要が大きく減少したり，周辺地域や道路環境，あるいは大きなビルの建築など，周辺の外部環境も変化したりしていくが，特に周辺環境の劣化・陳腐化に対して，その対応が難しいので，自分からリノベーションをする投資をしないことになる。行政の後押しによる都心の大規模再開発のようなことは，住宅地では収益性から見てなかなか起こらない。

(2)　属性識別へのコンセプト・アプローチ

　住宅は人間の衣食住の生活の基本要素の一つとして，「住む」場である。加えて，その場は，必要な生活の糧を得る労働（職）としての「働く」ことを，食と睡眠を通して可能にする。また，人が生きる上でその基礎となる知識・技術・情報の取得としての「学ぶ」場，そして家族団欒など生きる「楽しみ・生きがいを得る」場であり，その過程の中で次の世代につなげる「育てる」場として，人生・家族のヒストリーを創っていく。それぞれの人生は，それぞれの価値観に基づいてそれぞれの生き方を求め，きわめて多様であるので，その場を求める内容もきわめて多様である。その中で，「住む」場への需要も異なり，それぞれの人生のいろいろな過程のなかでも異なっていく。その多様な需要に，住宅サービス商品の供給も多様になることは第1章で議論した。

　分析においては，「需要の同質化」のために需要者のタイプとして，

　　単身者（一人世帯）

　　夫婦用（DINKS（Double Income No Kids；共働き子供なし）など）

　　ファミリー（夫婦と子供の家族）

　　シングル・ファーザーまたはシングル・マザー（父親または母親＋子供）

　　高齢者世帯

2 外部属性，属性識別，属性変数についての考え方　85

などを区別することも多い。

　実際，それぞれの生活・ニーズのあり方，経済的制約に関係して，需要の内容が異なっている（非同質性）。また，供給される商品も時代を反映しながら，建物や構造物のデザインや設備も絶えず進化してきている。それゆえ，価格と属性を考える場合も，このような需給の違いによって属性の価値が異なっているので，分析目的からデータをグループ化して一定の範囲で需要を同質化し，プライシング・モデルをつくることが一般的である。このことは，市場が分断化されていることを意味する。さらにそれは，このような世帯のタイプ，世代の違いによって，それぞれの属性の価値は異なることになることも意味する。

　それゆえ，たとえば単身世帯用の賃貸住宅商品と夫婦世帯用の賃貸住宅商品のデータを一緒に分析して，2つのタイプの違いをダミー変数で結び，その他の属性の価値を共通なものとする分析法は，「仮に同じものとして分析する」ような研究的な結果を求める場合を除けば，現実的な意思決定につながる有効な分析とはならないであろう。

　需要者タイプの違いによる非同質性は，属性の価値を見る上でかなり本質的で，実践的な分析結果を得る上では注意深く扱う必要があろう。それは，上のような需要者タイプを想定した供給側の構造物の企画設計・建築において具体的な住宅の構造に反映され，結果としてそれを実現するように需要者が反応するからである。それゆえ，住宅不動産では市場の分断化と一部重複化が一般的である。ただ実際の分析においては，需要者の特性データ（たとえば資産や所得など）の利用は可能でないので，供給された物件のタイプで需要者を分類しているにすぎない。

　そこで需要者のタイプに対して，そのニーズに対応した属性を識別する方法としてコンセプトを立て，そのコンセプトに対応した属性を列挙し，その中から実証的に有効な属性を見つけていく分析プロセスをとる。

　たとえば，ファミリータイプにとっては，安全・安心・快適・利便・健康・知育・子育てなどのコンセプトに関わる属性が重要であろう。第1章で述べた，東洋経済の「住みよさランキング」という指標では，公的統計をもとに，現状の各市が持つ“都市力”を構築するために，次の5つのコンセプト——安心度，利便度，快適度，富裕度，住居水準充実度——に基づき，採用する15指標を

86　第3章　ヘドニック分析での属性識別とビンテージ評価

選択している。本書の狙いである，住宅商品のヘドニック・プライシングの立場から見ると，彼らの選択した15指標は，属性としてはなじまないが，上の5つのコンセプトはヘドニック・プライシングの対象となる外部属性を理解する上で参考になる。コンセプトを設定し，そこから住宅の価格に影響を与える外部属性を特定化し，実証分析の対象にする，コンセプト・アプローチは，なぜその属性を選択するか，という問題に対して，経済学的な視点と合理的解釈を与える。

(3)　属性変数のタイプと単調変換

ヘドニック分析で属性変数を実際に説明変数として利用する場合，その変数形を選択する必要がある。

そこでまず変数のタイプとして，

1)　定量的連続型変数：外部属性としての最寄り駅までの距離，大都市近郊であれば都心までの距離，内部属性としての建築後の年数（築年数），専有面積など

2)　定量的離散型変数：寝室の部屋数，トイレの数，ビルの階数など

3)　定性的離散型変数：駐車場の有無，オートロックの有無など

などに区別される。

特定の属性の有無を0と1で表す2項変数で表したダミー変数，外部属性に関わる定性的変数もある。その他，特別な状況を0，1で表すダミー変数も，このグループに属する。また，木造，鉄骨，鉄筋など構造物の違いを-1，0，1などで表した3項変数もある。

ダミー変数とは，たとえばモデル（3.1）の x_{K-1n} が浴室乾燥機の有無を表す変数の場合，

$$(3.2) \qquad x_{K-1n} = D\,(yoku_n) = \begin{cases} 1 & if \quad 浴室乾燥機有 \\ 0 & otherwise \end{cases}$$

のように，一定の条件を満たす場合1，満たされない場合0と表現する変数である。

さらに，連続的・離散的変数を定性化する場合もある。たとえば，当該物件が1階から4階までの階数にある場合1，5階以上10階までにある場合2，11

階以上の場合3, などと表す。古い（築年数が大きい）ビルでは4階建のビルではエレベータがなかったり, 11階以上は眺望が大きく開けるなどしたりして, 分析地域においてその定性化の意味は異なる。

この定性化の例もそうだが, 与えられた属性変数を単調増加関数を利用して非線形的に変数変換をして利用できるが, その変換関数の選択は事前に選択することは難しいので, 複数の候補の中から変数選択・モデル選択のプロセスを経て定式化する。第5章では, 特にビンテージ問題では築年数の価格への影響の非線形性に関してデータに選択させる方式として, 多項式による選択を議論する。

序章で述べた, 清水・唐渡（2007）, 清水（2007）では, 住宅価格の主要な価格形成要因である属性として, 専有面積, 建築後年数, 最寄り駅までの時間, 都心までの時間などをあげ, これらの属性変数は非線形であろうとしている。第6章では, かれらの住宅価格ヘドニック関数推定の例に沿った, 属性選択とその変数変換とモデル選択のプロセスを紹介する。

3　地域の理解と属性へのコンセプト・アプローチ

第1章で述べた市場・地域分析を行うと, 賃貸住宅商品の価値に影響を与える要因とそれに関係した属性が見えてくる。特に, 地域・市場分析では, その地域の産業構造と就業形態, 産業立地, 商業立地, 住宅立地など, 都市の構造を総合的に理解することが重要である。特にファミリータイプの賃貸住宅の選択では, 生活環境が重要である。その意味では, 住宅地域の環境を脅かす属性, 要因として,

1)　生活破壊：騒音・振動, 大気汚染, ヒートアイランド（嫌悪属性）
2)　都市景観の街路の美しさ, 都市空間の潤い, 品格などを毀損するもの（広告, ネオン）
3)　活力低下：都市施設の分散, 都心の衰退, 道路, 駐車場不足——商業地区の不振
4)　歩行環境の劣化：歩道の未整備, 交通規制の不備など, 交通事故のリスク
5)　余裕空間の欠如, 道路の空間機能, 防災機能を脅かす

6)　道路混雑とコスト

などがある。特に，このような都市を避けようとして，賃貸住宅の住民は移動する可能性を高める。それは賃料の低下へとつながる。

　加えて，都市の選択に関わる質的要因として，

自然環境：大気汚染，水質汚染，土壌汚染

人工環境：コミュニティ分断，地域的な環境としての日照，騒音，振動

歴史的環境：文化財，建造物

人口動態：人口増加，人口密度の増加，都市的人口（第2次，第3次就業人口），
　　　　　　昼夜間人口格差

土地利用：農地，山林の減少，宅地の増加

都市の要素：住宅，商店，事業所，工場，学校などの立地，通勤者の増加，
　　　　　　　交通量，地価の上昇，ガソリン消費量と人口密度，下水道，道路

情報機能：商業機能，会合の機能，文化娯楽機能

社会的要因：貧困層の集中地区と犯罪・失業，高齢化・商業衰退，コミュニ
　　　　　　　ティ荒廃，公営住宅賃貸

などがあげられる。

　これらを生活の視点から理解する概念として，蓑原・河合・今枝（2000）『街は，要る！　中心市街地活性化とは何か』（学芸出版社）では，中心市街地再生の4つのAとして次の点を挙げている。

Attraction：魅力度として商店街，歴史文化遺産

Accessibility：アクセスの容易性，駐車場の整備，LRT

Amenity：安全・快適性，商店街のモール化，植樹，ストリートスケープ，
　　　　　眺望

Action：住民，自治体，企業，商店街などが協力連携して，相乗効果を高める

　これらの問題は，比較的自由に移動する賃借人には，「そこに住む」上で重要な属性であろう。この中のいくつかの物件の周辺的属性は，個別の賃借人の物件の選択として，価値を見つけて意思決定しているだろう。実証分析の対象としてはデータの入手可能性が問題となる。

　以下では，属性の個別的特徴を含めた内容を理解する。

（1）　住宅地の価格分析の属性の例

3 地域の理解と属性へのコンセプト・アプローチ **89**

(2)　崖の上の眺望の属性価値

(3)　香港の眺望の価値の分析

(4)　ビルの階建て属性と物件の階数属性

(5)　地域のオープン・クローズド概念

(6)　「最寄り駅までの距離・時間」属性

(7)　東京都八王子市の例：「都心までの距離・時間」属性

(1)　住宅地の価格分析の属性の例

　肥田野（1997）では，政策評価の視点から，「土地の価格と社会資本の関係」を詳しく分析している。土地の価格は，一般に固定資産税にも関係し，それは賃貸住宅の賃料価格に影響していく。中でも，住宅地のヘドニック分析では，土地の価格を説明する属性として，

　前面道路の幅員，歩道の有無あるいは幅員

　街路樹の有無，景観および眺望

　上下水道，ガスの有無，病院や学校等の施設の規模とそれらへの距離

　地目および用途地域等の区域指定

　実効容積率

　商業施設等へのアクセシビリティ（含む最寄り駅までの距離）

　通勤地へのアクセシビリティ（含む最寄り駅までの距離）

をあげている。このように，土地の価値の属性は，外部的属性が基本であり，鉄道などの新しい社会資本の投資によって，土地の価値は大きく変わる。

　以下では，眺望という属性と駅までの距離の属性，階建て・階数について議論する。7節では，この視点からの個別住宅価格関数を分析した浅見・高（2002）の実証例を紹介する。

(2)　崖の上の眺望の属性価値

　最初に，崖の上の土地の眺望の価値（刈屋『金融工学とは何か』（2004）東洋経済新報社）を述べる。90年バブル崩壊後，見晴しのよい崖の上にあった高台の土地を遺産相続したAは，その崖が崩れる可能性のリスク（崖という地勢的属性）を意識して，早く売却したいと思った。実際，崖の下に数多くの民家が密集していた。土地の広さは80坪程度と比較的広かったが，その土地へつながる（アクセス）道路は狭く，あまり価値を見出していなかった。最初に，

90 第3章 ヘドニック分析での属性識別とビンテージ評価

地域の有能な不動産ブローカーに売却を依頼したが、1年かけても買い主を見つけることができなかった。そこで、友人の税理士に相談して、それを固定資産税の基礎となる評価額（当時依然として高かった）の1/5程度で買い取って貰った。彼はそれから1年後に自分の顧客関係の画家に、彼の買い値の3倍以上で売却した。画家はその見晴しのよい場所は、自らの創作をする場所として最適であると考えて購入した。もちろん、崖はかなりのコストをかけて補強した。彼によって、この崖の上の土地は最有効利用価値を賦与されたといえよう。

　この事例では、

1) 固定資産税算出の基礎となる評価額はあまり意味のないこと

2) Aは自分の資産規模からして崖を補強して売却する能力（資産力）がないこと、また、その能力があっても、売却先を見つけるためには時間コストがかかりそうであったこと。そこへアクセスするための道幅は大型車が通過するのを困難にするものであったし、車が必要な場所であった

3) 「見晴し」という借景の属性価値は、崖の上というリスクとのバランスで考えなければならないこと。その価値を結果として画家がその創作活動（ビジネスモデル）として見出したものの、他の画家が同じ価値を見出すものではないこと

などなど、居住用住宅に関係した難しい価値評価問題を含んでいた。

　さらに重要な点は、この取引事例による取引価格（成約価格）は、「市場価格」として意味のあるものとはいえない、という点である。すなわち、情報が十分共有されていない中で、価格が成立するまでに長い時間がかかり、特殊な需要者がその価値を見つけたとしても、市場価格と成約価格は同じではないということである。加えて、この土地の購入者は、崖の補強をする余裕があり、自らの創作活動にとって、たいしたことのない投資額と理解している点であろう。これは、需要者の非同質性の一つとして、資産力の違いも成約価格に影響を与えていることを示す。さらに、この例にあるように、住宅へのアクセスの道幅という属性も、家族などでは車を利用する上で無視できない属性であろう。

（3）　香港の眺望の価値の分析

　一方、香港では、土地が狭隘で山がそびえている中でタワーマンションが乱立していることは有名である。このようなタワーマンションの価格形成では、

眺望という属性が価値を持つ。次の論文では，眺望の価値が価格に大きな影響を持つものとして，その属性の価値を評価することを分析目的として実証分析をしている。

　K.C.Wong, Albert T.P. So and Y.C.Hung（2002）Neural Network vs. Hedonic Price Model: Appraisal of High-Density Condominiums, *Research Issues in Real Estate,* 8, Appraisal Institute of American Real Estate Society

　香港の北にある新界地区で，ほぼ同じ時期に建てられたほぼ同質的な（物件立地の同質化）タワーマンション（58棟，平均32階建て）の価格をデータとして，眺望の属性の価値を調べるために，216物件に対して，属性として眺望と方角の価値を調べている。中国人も南を選好すると述べている。日本人も含めて，このような方角へのこだわりの選好は，第1章で述べた辞書式選好の度合いが強い。

　被説明変数は，1フィート平方当たりの価格であり，**図表3.1**の分析結果のt値を見ると，床面積の属性は有意でなく負であるが小さいので，この変数を除くことができる。t値についての考え方は次章で詳しく議論する。一方，決定係数は0.65であるが，重要なのは，この決定係数の大きさでなく，選択した属性の多くが視界の範囲と方角に関わる眺望関係の属性である点である。視界の範囲はプライバシーに関係している。方角は，南北軸と当該部屋の主要窓の中心と直角の直線との角度を測る。完全南の窓の場合，角度が0となる。t値は，単位当たり価格を属性で説明したときの係数の有意性を表し，その絶対値が大きいほど当該属性の価格への影響は大きいことを示す。ここでは，2を超えると有意であると判断する。有意な内部属性は，物件の階数，居間の方角，ガーデン・ビュー，グレイブ・ビュー。なお，この地域では海は見えない。たとえば，ガーデン・ビュー（庭園の眺望）の見える角度が窓に対して直角である（角度が0に近くなる）ほど価格が高くなっているが，一方で墓地（グレイブ）の見える角度が大きいと，価格が大きく低くなることを示す。これに関連して，物件が位置するビルの階数が高くなれば価格が上がることがわかる。

（4）　ビルの階建て属性と物件の階数属性

　上記の眺望の価値と関係して，マンション・ビルの階建てと物件の位置する

92   第3章　ヘドニック分析での属性識別とビンテージ評価

	属性の内容	係　数	t　値
S	床面積	-0.0055	-0.43
	バスルーム数 / ベッドルーム数の比率	-90.83	-1.18
L 立 地	物件の階数	6.806	8.5
	マスターベッドルームの方角	-0.189	-1.84
	居間の方角（真南だと角度 0）	-0.260	-2.50
	視界の範囲（50 m以内に視界を遮るものがない角度）	0.090	0.14
	ビルディング・ビュー（居間からみえるビルまでの直線距離）	-0.362	-1.50
	ガーデン・ビュー（庭園が見える角度）	1.738	7.6
	グレイブヤード・ビュー（墓地が見える角度）	-9.912	-5.9
	最寄り駅までの距離	-0.345	-5.7
	ショッピングセンターまでの距離	0.799	10.0
N	公共施設までの距離	-0.292	-1.7

図表 3.1　香港のマンションの眺望の価値の分析（標本数 216，補正決定係数 0.65）

　階数の属性は，需要者にとって価値のあるものとして選好されている。また，タワーマンションの高い階の物件は価格が減少しにくいという点から，所有の場合，節税目的でも選好されていた。

　まず，階建て（ビルの階数）を考えよう。たとえば 20 階建てのビルの場合，ビルの規模は大きくなり，建設コストは高く，高い建築技術のもとで鉄筋（SRC）・耐震構造をもち，強固・安全であり，上階の物件の眺望は大きく広がっている。規模が大きい場合，物件の数も大きくなり，玄関・ロビーの仕様やジム設置などビルの構造物の中のアメニティを高めていることも多い。この点も，同じビルの中で位置が低い階数の物件の価値も高くなっている。その意味で，比較的所得の高い人は，階建属性と高い階数属性は大きな価値を付与する傾向にある。ビルの中の物件の位置する階数はそのビルの階建て以下であるから，一緒に考えていく属性であろう。一般的には，階建てが高いとビルの質も高くなる。

　しかし，ビルの階建ては，他の物件のビルと比較して，概して賃貸住宅商品の格を表していて，そこに住む価値は賃借人の満足感を与えるものであろう。ただ，その階建てのみで順序が付くわけではなく，ビンテージとしての築年数

が一緒になってその格が決まっていくことになる。すなわち，ビンテージ，階建て，階数は組み合せ的属性で価値を表現するであろう。

　特に，階建てとしては，ヘドニック的な視点でいえば，その構造的な問題と規模の問題から，たとえば，

　　低層マンション（5階建て程度まで）

　　中層マンション（5階建てから12階建て程度まで）

　　高層マンション（12階建て以上）

の3つのクラスに分けられるのかもしれない。そして，これらのクラスごとに属性の価値の上昇率が異なると予測される。それを示すためには，折れ線グラフダミーや多項式表現形式が利用可能であろう。これを第6章でみる。すなわち，階建て属性は，価格に対して階建て変数の非線形単調増加関数である可能性が高く，

$$階建て属性変数 = f(階建て数)$$

とみるのが適切であろう。

　他方，ビルの中で物件の存在する階数であるが，高層であろうと低層であろうと，1階は騒音やプライバシーや防犯上選好順位が低いことは実証的な事実として知られているし，実際価格は低いことが多い。一方，地震等でエレベータが止まる等などの場合のことを考えて高い階数を避ける，すなわち物件の高さの属性にあまり価値を与えない人もいる。

(5)　地域のオープン・クローズド概念

　「最寄り駅までの距離」の属性を考える視点として，分析対象地域が通勤・通学などの人の移動に関して相対的にクローズドであるか，相対的にオープンであるかという視点による区別が重要である。

　これは，たとえば東京近郊の地域は，世帯主を中心として勤務地が必ずしも居住地（生活地域）とは同じでなく，オープンな地域である。そのため，鉄道などの移動のためのインフラは大きく発展し，都心を中心として放射線状にたくさんの近郊居住区域が形成されている。そして，それぞれの居住区域は，その地域の歴史的発展形態の流れを持ち，特徴があるだけでなく，その地域の中に大学，工場や，行政関係施設があり，その地域の中で生活する人も多い地域もある。第1章で議論した中核都市八王子市もそのような例であろう。

94　第 3 章　ヘドニック分析での属性識別とビンテージ評価

　このような地域はオープンであるが，それぞれの地域は相対にクローズでも
ある。注意したい点は，ここで述べた概念は，都市経済学でいう都市間もしく
は地域間で実際に人口の移動・移転の自由を意味するオープン，それが難しい
クローズドの概念とは異なることである。

　これに対して，地方の地域をみると，分析対象を含む行政区（市町村）ある
いはその近郊の中で，日常的な人の移動は相対的に多くなく，相対的にクロー
ズドである。その相対的にクローズドの範囲は，地勢的な自然の区分も関係し，
結果として都市の規模に関係している。その場合，鉄道などの移動もその範囲
にあり，政令指定都市（人口 50 万人以上），中核都市（人口 20 万人以上）とい
われるような都市でも，六大都市の郊外を除けば，多くの都市は相対的にクロー
ズドである。「最寄り駅からの距離」属性の価値が高くなるのは，相対的に
オープンな都市であろう。

　オープン・クローズドの概念を実際に定義するのは難しいが，その一つの理
解の仕方として，第 1 章で述べた東洋経済新報社では「住みよさランキング」
指標の構築の中で「20％通勤圏」という概念で扱っている。生活圏の広域化に
対応するため，2005 年の国勢調査データを用いて，他市の「20％通勤圏」と
なっている市について，A 市に住む就業者の 20％以上が B 市に勤務している
場合，A 市は B 市の 20％通勤圏とする。これは，A 市の相対的オープンネス
を意味していると理解できよう。

　たとえば，東京都国立市は東京 23 区の 20％通勤圏となっていると推測でき
る。その意味では，国立市は相対的にオープンな地域である。実際，後にみる
昼夜間人口比率 97.5％によって，昼間に多くの通学生が流入していることもわ
かる。一方，横浜市鶴見区は，就業者のうちの 20％以上は川崎市，横浜市，
東京都心で働いていると考えられよう。その意味で，複数都心への通勤者が多
い地域であろう。

　ちなみに，都市計画の領域では，陳腐化したかつての繁華街・中心地の活性
化問題を多様な視点で議論している。富山市や青森市などの例にみられるよう
に，国土交通省などを中心に進められている都市のコンパクトシティ化政策も
その一つである。ここではこの問題に関与しないが，賃貸住宅賃料も含めて不
動産価格に影響を与える政策であることは言うまでもない。

3 地域の理解と属性へのコンセプト・アプローチ　　**95**

(6) 「最寄り駅までの距離・時間」属性

　まず最初に，最寄り駅までの距離を時間で（徒歩5分などと）表現するとき，業界の基準としては1分＝80mとしている。しかし，その80mは平面的な距離で，そこには坂などの地形的なものは含まれていない。実際に歩くともっと時間がかかることもある。

　さて，東京の多くの鉄道路線の駅を含む地域，特に23区外の地域においては，「最寄り駅までの徒歩分」という属性が，賃貸住宅を含めた不動産商品価格に重要な影響を与えているため，多くのヘドニック価格分析では利用されている。実際，このような地域では，これらの駅を中心に繁華街を形成し，多くの人たちが日常生活の中で，都心あるいは他の地域に日常的に通勤・通学していることが，「最寄り駅までの時間・距離」属性に大きな価値を与えている。職場を都心に多く抱える大都市にとって極めて当たり前の現象である。これも「不動産の不動性」のゆえに，外部的属性により構造物に比べて大きな価値を持つ結果を生んでいる。もうひとつ，「最寄り駅から都心への距離・時間・費用」の属性も，賃借人が住む場所を選択する要素としては重要である。しかし，通勤先の対象は複数の都心・地域であることも多く，また需要者（賃借人）の勤務地などの問題であるので，その詳細を分析対象とするにはデータの入手可能性は低い。第1章では八王子市に通勤する人もかなりいる点を指摘した。

　しかし，地方では鉄道駅があっても，「最寄り駅までの距離」属性の賃貸住宅の価格への影響は，東京近郊地域ほどの外部属性効果を生む現象はもはや消えつつある，といえよう。かつては，そこに駅があるという理由で物流基地やその付近に行政設備もあったりして，駅を中心に発展していった。しかし，都市の急激な人口集積によるモータリゼーションの流れや，さらに当時としてはその駅の周りの繁華街に近い郊外であった工場や事務所も移動したりして，いわゆる都市のスプロール現象が進展し，働く場所が郊外へ移動し，行政も分散化して，その結果，人も移動していった。特に駅の近くの繁華街は土地の権利や所有権に関する変更・変換が難しく，再開発は進まず，商店街が陳腐化し，いわゆる「シャッター通り」が形成されている地方都市はきわめて多い。当然のことながら，そのことは外部属性としての「駅までの距離」属性の価値が低下している。

96   第3章　ヘドニック分析での属性識別とビンテージ評価

　人口80万人政令指定都市の浜松市は，その中の代表例である。浜松市は，楽器製造（ヤマハ，カワイ）や自動車の製造，カミオカンデのセンサーを製造している浜松ホトニクスなど，世界の工業都市である。しかし，グローバル化の中で，浜松市も工場の移転問題に直面しつつある。浜松市において，「駅からの距離」属性の価値が低下している原因の一つは，著者の視点から言えば，都市計画がモータリゼーションの流れに十分うまく対応できず，人よりも車中心の街づくりをしてしまって，スプロール現象に拍車がかかり，武田信玄と徳川家康が戦った三方が原や工業団地がつくられた浜北地方，あるいはスズキ自動車の北側にある佐鳴台のほうに人の移動が起こった。その結果，都心にあった独立系百貨店の松菱は倒産し，西武百貨店も撤退していった。また，かつてはホンダやヤマハの工場も比較的繁華街の近くにあったが，バブルの中で浜松市の外へ移動してしまった。なぜ駅からの距離が価値を持つか，ということを理解することは必要であり，生活をする人にとっては，年に数回しか利用しない駅までの距離より，「日常的な利便性」が最も重要な要素であろう，ということであろう。

(7)　八王子市の例：「都心までの距離・時間」属性

　第1章では，八王子市の大学の立地の変化に関わる人口変化を議論した。八王子市を含む東京都市部の昼夜間の人口を見ようとしたのが**図表3.2**である。この表からわかることは，八王子市や府中市は昼夜間の人口はほとんど変わらない。したがって，昼間の流出入はほぼ均衡していることを意味する。後の章で見る，都心からの時間（距離）の属性の価格への影響という意味では，この表が示すように，皆が都心に向かって移動しているわけではないので，八王子市や府中市では，その属性への需要は同質的でないであろう。「都心までの時間」などの属性の価格への影響が，八王子市，府中市などの産業基盤や教育基盤などと関係していることを示す。特に賃貸住宅の場合，資産を取得する場合と違い，生活を中心として物件を選択するであろうから，八王子市に通勤・通学する人にとって，都心までの距離の属性価値を生活上の価値としてはあまり評価しないと思われる。

　ちなみに，八王子市の昼夜の就業者数と通学者数は**図表3.3**の通りである。この表を見ると，昼間は，3万人程度の就業者が流出して，3万人程度の通学

順位	昼間の人口		夜間の人口（在住者）		昼夜間の人口比率	
1	八王子市	578,039 人	八王子市	580,053 人	立 川 市	113.1
2	町 田 市	388,575 人	町 田 市	426,987 人	武蔵野市	110.5
3	府 中 市	246,380 人	府 中 市	255,506 人	八王子市	99.7
4	立 川 市	203,252 人	調 布 市	223,593 人	多 摩 市	98.6
5	調 布 市	195,986 人	西東京市	196,511 人	国 立 市	97.5

図表 3.2　東京都市部の昼夜間の人口（2010 年）

八王子市	昼　　間	夜　　間
就業者数	220,439 人	253,920 人
通学者数	119,911 人	88,439 人

図表 3.3　八王子市の昼夜間の人口

者がネットで流入していることがわかる。この表はさらに，多くの人は八王子市に住んでいて昼夜間は移動しないことをも推測させる。

　一方，昼夜間の人口比率（昼間の人口／夜間の人口 × 100）を見ると，立川市，武蔵野市は昼間は流入超であることを示す。立川市は昼間の流入人口は多いが，夜間の人口は少ないことがわかる。国立市の場合は，その比率が 97.5 で，昼間に通勤者が都心や他の市部へ流出していても，その分通学者などの流入人口が多く，昼夜間の人口はほぼ均衡していることを示している。

4　属性の認識・識別の類別化

　本節では，ヘドニック分析で一般的な属性を認識・識別することを支援する考え方を展開する。しかし，最終的な属性の選択は分析目的・分析視点に依存する。一つのヘドニック属性の選択は，その属性を価格の共通な価値として一定の物件の価格形成に対して同質化することを意味している。

　まず最初に，不動産の不動性により，外部的属性が賃貸住宅を含む不動産商品の価値に大きく関係しているので，地域の違いや物件の外部的周辺の違いによる価格の違いの問題を考えよう。

　分析対象地域の選択に，複数の行政区や明らかに異なる地域分割可能構造がある場合，分析対象地域の中で，その区分に根差した価格差が発生する可能性

98　第3章　ヘドニック分析での属性識別とビンテージ評価

がある。これは，分析地域の中にそのような分割可能区分に人々のブランド的な認識の差異が発生していたり，区分の間に地勢的な価値の違い（たとえば低地であるがゆえに水害が発生しやすいなど）が発生していたり，用途地域指定が明確であったりするような場合，その区分の違いを明確に属性として認識しないと，有効な分析ができなくなることもあろう。ここで述べようとしている属性は，分析対象地域の物件価格を他の周辺地域的属性を認識する前に把握しておくことが必要である。この考え方に沿って，選択した分析対象地域の中で分析をする上での外部属性の認識に関して，

　1）　地域の区分的外部属性
　2）　物件の周辺的外部属性

として区別する。この概念区分は若干相対的な問題もあるが，有効な賃貸住宅商品価格分析では必要な区分になる，と考える。

　一方，内部属性に関しては，

　3）　物件の構造的内部属性
　4）　物件の設備的内部属性

として区別する。

　マクロ的な視点に基づく分析では，1），2）が相対的に重要になる。一方，ディベロッパーなどが自ら賃貸住宅，分譲住宅を建てるなど，ビジネスプロモーションのための市場ミクロ的分析では，3），4）が中心となる。

賃貸住宅サービス商品の市場分析

　賃貸住宅サービス商品の場合，属性の分類は以下のようにみることができる。

　A：不動産の外部属性

　　1）　地域の区分的外部属性
　　　➤規制環境（構造物の規制，交通・道路規制，環境規制（風致地区，文教地区など），居住区規制・用途指定（居住地区，商業地区，工業地区など）
　　　➤行政区の地理的構造の属性（学校，街区，公共施設など）

　　2）　物件の周辺的外部属性
　　　➤立地（生活立地（交通の便，鉄道駅・主要道路へのアクセス，生活利便性），教育，福祉環境など），周辺的地勢構造，充実した商業施設など

B：不動産の構造的属性

3)　物件の構造的内部属性

　　➤種別（マンション，アパート，一戸建て）

　　➤構造物の質：鉄筋・鉄骨，耐震構造，防音構造，防犯装置，規模（総戸数），耐用年数など

　　➤バイク・自動車の駐車場

4)　物件の設備的内部属性

　　➤住宅の内部構造：バス・トイレ別など

　　➤ICT：ブロードバンド接続可能性，CATV/BS/CS

C：経営的属性（女性専用，禁煙など）

D：経済的属性（礼金，敷金，更新料，共通経費，駐車場費）

E：行政的ソフト属性（福祉，子育てなどの支援・補助金）

　実際の選択肢としては，土地の価格などのコストの問題が大きく，結果として，富裕層が多い地区では相対的に税収入が恵まれているため，その地区の魅力度が高くなるが，不動産価格も上がり，賃貸住宅の商品価格も高くなる。また総戸数が大きいと，建造物を開発したディベロッパーへの信頼や，積立金，管理組合と管理等マンションの住民に安心感を与える。**図表 3.4** には，属性の一つのまとめ方を与えている。なお，ヘドニック分析により実証的に属性の価値を評価する場合，市場の分断化を意識して消費者の同質化（物件のタイプによるカテゴリー化）のみならず異なる地域を一緒に分析して共通の属性の価値を決めているとみる場合は，消費者は属性についての地域間の情報・認知・識別を行っている，とみている側面が強い。

5　ビンテージ問題——築年数と品質

　築年数は，構造物のビンテージ属性を総合的に表す属性である。築年数が大きく，途中でリノベーションをしていない場合，築年数は，構造物の陳腐化・劣化だけでなく，建築当時の時代背景の下の，耐震性，内部の設備，間取りなどのデザイン，防犯カメラなどの技術的対応の遅れなど，多様なビンテージ問題を含んでいる。本節では，この問題を扱うが，不動産商品の供給者（リスク

100　第3章　ヘドニック分析での属性識別とビンテージ評価

		外部属性		内部属性	
		地域区分的	物件周辺的	物件構造的	物件設備的
住む	安全	地勢（活断層，水害）	崖，街灯，坂	耐震，耐火，鉄筋，鉄骨，総戸数	スプリンクラー
	安心	街区（低層住宅，中高層住宅）交番，風紀，老人ホーム	病院，防犯灯，ストリートカメラ	プライバシー，防音，セキュリティ・サービス，24時間監視	セキュリティ（オートロック，防犯カメラ，二重窓）
	快適健康	上下水道，風致地区，文教地区	静寂，歩道・道路，公園，空気	日照，眺望，風通し，床面積，断熱，階建て，階数，プール・ジム	バス・トイレ別，独立洗面台，ウォッシュレット，エアコン
	便利	公民館，図書館，公共娯楽設備，商店街，プール	スーパー，コンビニ，郵便局，銀行，レストラン	駐車場，バイク置場，電流制限高い	浴室乾燥機，光ネット，追い焚き可能
	子育て	幼稚園，小・中・高校，無料健康診断，ワクチン	保育園，遊び場，小児科医院	保育所付	
働く	通勤	鉄道・バス，工場・事務所・大学，都心までの距離	通勤地・駅までの距離，歩道		
楽しむ		歴史的風土，文化遺産，映画，ショッピングセンター	書店，公園，カルチャーサークル	共同娯楽室，ジム，BS/CS	
経済的		自治体無料バス，子育て支援	最寄り駅への距離	更新料，礼金，敷金の有無	追い焚き可能，二重窓

図表 3.4　属性の分類の事例

の取り手）から見ると，当該不動産の所属する地域の陳腐化・劣化による当該不動産商品の相対的競争力の低下と相対的陳腐化も大きな問題である。

　特に賃貸住宅サービス商品のビンテージ問題は，

　（1）　当該賃貸住宅サービス商品の商品性の経年劣化問題

　（2）　当該賃貸住宅サービス商品の周辺的経年劣化，地域的経年劣化問題

に関わる。

　（1）の劣化問題は，供給者のマネジメントの対象として，一定の範囲で対応可能な部分もあるが，（2）は物件の周辺の通りや街区の変化や地域の変化の問題であるので，対応が難しい。

5　ビンテージ問題——築年数と品質　**101**

　賃貸住宅商品への投資は，30 年以上にわたってリターンを狙う商品であるので，内部・外部属性の価値も大きく変わる可能性が高い。また，賃貸住宅の需要者（賃借人）から見ると，通勤駅一つを変更すると他の町の商品の選択も可能であることが多いので，外部の属性の劣化が物件の価格を低下させる。さらに，少子高齢化の流れの中で，第 1 章で述べた大学の移転問題などもその劣化のきっかけをつくったりする。

　以下では，次の問題を議論する。

（1）　不動産のビンテージと陳腐化リスク

（2）　当該賃貸住宅サービス商品の周辺的経年劣化，地域的経年劣化問題

（1）　不動産のビンテージと陳腐化リスク

　上述のように，築年数の経過によって不動産の陳腐化・劣化は起こり，それは供給者・不動産所有者にとってリスクとなる。その中で，不動産価値や賃貸住宅商品の競争力は低下する。実際，不動産の陳腐化・劣化は保有資産の価値減少をいろいろな理由で引き起こす。賃貸住宅サービス商品の供給者・所有者は，このリスクを適切に管理する必要がある。築年数（もしくは，その単調変換された変数）で表される建造物のビンテージ属性は，構造物の品質と付随した内部属性の品質を表すもので，価格に大きな影響を与える。さらに重要な点は，地域の経済や社会構造も進化の中にあり劣化もするが，行政の政策や大企業の転入によって大きく改善することもある。その意味で外部的属性の経年変化も重要である。商店街などの外部属性の陳腐化は，不動産の不動性とその所有権の関係のゆえに供給者・所有者が管理できないリスクであり，ヘドニック分析を時系列分析の脈絡で扱う場合，その外部属性も選択になろう。

陳腐化要因

　Salway（1986）は，次のように陳腐化要因を分類している。

（1）　機能的陳腐化

　IT のように技術進歩の結果，利用者のニーズが変わり，その機能を持たないあるいは古くなっている不動産の場合，競争力を落とし，価格を低下せざるを得ない。特にオートロックなどの防犯設備などや IT 設備，あるいはバス・

トイレ，洗面の別など，大きな投資コストをかけないと古い建築構造のために対応できない場合もある。さらに日本式の物件では，畳を中心にしてきた間取りなど，動線が機能的でないなど，現代的な機能性を持たず，設備不足もあって，商品性としては陳腐化したり，機能的サービスを欠如していたりすることも多い。

(2)　美的陳腐化

建築の現代的イメージからみた陳腐化である。たとえば，昭和のビル，昭和の住宅などに代表されるイメージは，その例である。そこでは，さまざまの機能と連携していて，天井の高さ，玄関や廊下など，あるいはエレベータの設備などもその美的陳腐化の一シーンを構成するので，全体的な問題になっていることが多い。ホテルでいえば，丸の内ホテル，パレスホテルやホテルニューオータニなどが，機能的・美的陳腐化のもとに建て直しをしていった。オフィスビルなどでは，美的陳腐化・機能的陳腐化の問題は，企業のビジョンやイメージと非整合的になったりするので，その再建築をすすめてきている。丸の内再開発，大手町再開発などと呼ばれてきた地域のビルは，数多く建て直しされている。その結果，街区の再生，美的魅力を積み重ねてきていて，競争力を高めている。

(3)　法的陳腐化

中央，地方政府の規制の変化によるものである。たとえば，公道への接道基準，防災基準による建築規制などにより建築基準をクリアできず，内部のリフォームなどで住宅の寿命を延ばしていて，その周辺の劣化を引き起こしている。耐震規制やアスベスト規制などにより，構造物に関わる価値は大きく劣化する。

(4)　社会的陳腐化

社会的嗜好の変化による質的な要求水準の変化，健康志向による材質への要求など。公園や図書館，デイケアセンターなど。

(5)　環境的陳腐化

環境の重要性の認識により高い環境水準に適合した不動産へシフト。土壌汚染対策，高速道路などの大気汚染，アスベストなど。

(6)　経済的陳腐化

経済のグローバル化の中で，地域経済構造の変化が，都市構造の変化，高速

道路の開通，あるいは新幹線の開通でバイパスされてしまう地域。その他，企業・工場・大学の移転など。

これらの理由によって不動産商品の価値は下落するのである。その結果，資本を毀損するリスクにさらされることになろう。他方，企業の事業内容によっては，ブランドと結びついたビルの価値を陳腐化から守っていくことが求められる。

いずれにしても，建物のみに限って言えば，建築物のデザインや建築のコンセプトは時代の制約を受けることになるので，一定の期限の後に建替えすることを考慮しておかなければならない。このような賃貸住宅商品の価格と経年劣化属性との関係は，非線形の関係の可能性が高い。この点は後に議論する。

(2) 当該賃貸住宅サービス商品の周辺的経年劣化，地域的経年劣化問題

しかし，グローバル化の中でコスト削減の目的で海外進出，地域経済構造の変化や，ビジネスモデルの進化，事業内容の変更などによって，不動産へのニーズ自体も変わっていくことも考慮しておくことが必要であろう。また，大企業のリストラ・倒産，工場・大学などの移転のような大きな変化に対しては，多くの考慮が必要となろう。周辺的な経年劣化に関しては，街区の陳腐化，犯罪の多発化，交通渋滞，盛り場化など，居住環境の質的劣化の問題がある。また，新しい大型の賃貸物件の建設などにより，競争を通しての自らの物件の相対的劣化の問題がある。これも管理が難しいリスクであり，結果として価格を下げてしまうということになろう。

6　ビンテージと内部属性

本節では，内部的属性としての内部設備，建物の構造を大きく変えずに取り替えたり，新しく設置したりできる属性を考察する。

築年数属性変数とユニットバス

建造物のビンテージとしての築年数属性は，内部の設備のビンテージに関係

104　第3章　ヘドニック分析での属性識別とビンテージ評価

し，建築・建材の技術や設備の技術の発展の中で，上で述べたように機能的，美的，陳腐化を引き起こしている。

たとえば，1975年頃までの公団住宅の風呂場に典型的であるが，風呂場のプラスティックのタブが，タイル張り，もしくはコンクリートの上にそのまま置く型のものが多かった。そこでは，ガスの風呂沸かし器がそのタブに結合されていて，排気ガスを出すための煙突が風呂場から外につながるという形式のものであった。そこでは水を入れてから風呂を焚くもので，追い焚きはできないものが基本であった。その後，このタイプのものは若干改善が図られたが，自動お湯張りの風呂場のシステムが広がるには時間がかかった（現在では普通になっている）。それは，次に述べるシステムバスの流れの後に出てきたものである。これに関連して，この時には，バス，トイレ，洗面台は質は良くないが，独立していた。

一方，1975年頃からシステムバス（ユニットバス）が建築費用の節約だけでなく，水漏れの可能性も少なくなるということで，急速に広がった。現在では95％を占めるという。ユニットバスは，ホテルなどで一般的なトイレ，バス，洗面台が一緒になったものだけをいうのでなく，その作り方とサイズが規格化されたものをいうのであって，ファミリータイプの最近の賃貸住宅では，トイレ，洗面台，ユニットバスが独立しているものが内部属性と賃料価格の関係として重要になっている。

ビンテージの視点から言うと，1990年以前に建築されたマンション型の賃貸住宅では，構造的に大きなリノベーションをするのに時間とコストがかかるので，価格を下げて需要者を募る流れの中にいるようだ。その意味では，築年数の属性変数は，このような設備の陳腐化の代理変数でもあるが，問題は築年数変数が他の設備の陳腐化もあらわす可能性もあり，その場合，ビンテージに関して，説明変数の役割をどのように分けるか，分析上考える必要がある。

築年数属性変数とセキュリティ

内部属性としてのセキュリティにかかる属性への選好は，単身者，夫婦，家族の順により，その優先度は上がっていくであろうことが推察できる。内部的な属性としては，共用部分，特にエレベータでの防犯カメラはその一つである。

6　ビンテージと内部属性　　**105**

また，24時間セキュリティとしてカメラを通して監視する人が常駐するなど，
より高いセキュリティ設置をしている賃貸住宅もある。内部的なセキュリティ
として，

・オートロック（自室で開閉できる玄関，自室）

・モニター付きインターホン（カメラがカラー，写真機能付きなど）

などがあるが，構造物のビンテージにかかわらず最新のものが求められている。
これらの属性については，第7章でさらに議論する。

内部属性のビンテージの検証

内部属性のビンテージ問題を実際のデータで見てみよう。**図表3.5**は，国立
市の単身者用賃貸住宅の2013年の33件を，築年数が0から20年までの18件
と，21年以上の15件の2つのグループに分けて，それぞれのグループは表の
中の個別の内部設備属性を保有しているかどうかの件数を表わしている。たと
えば，属性システムキッチンでは，20年以下の建物の場合は12件がそれを備
えているのに対して，20年以上の場合は4件にすぎない。表では，20年以下
でシステムキッチンを備えている割合は0.667であるのに対して，21年以上で
は0.200であることを示している。この差が有意に異なっているかどうかを見
るために統計的検定法を考えてみよう。

まず仮説として，低ビンテージ物件のグループにおけるシステムキッチンの
設備比率p_1と高ビンテージ物件のグループにおけるその比率p_2は同じという
帰無仮説H_0を，低ビンテージ物件の比率のほうが大きいという対立仮説H_1

$$(3.3) \qquad H_0 : p_1 = p_2 \quad \text{vs} \quad H_1 : \quad p_1 > p_2$$

を検定する。

2つの母集団の比率のこの仮説検定をする検定統計量は，以下の式のTで
ある。**図表3.5**には，この値を計算している。

$$(3.4) \qquad T = (\hat{p}_1 - \hat{p}_2) \Big/ \sqrt{\left(\frac{1}{n_1} + \frac{1}{n_2}\right)\hat{p}\,(1 - \hat{p})}$$

$$\hat{p}_1 = m_1/n_1, \hat{p}_2 = m_2/n_2, \hat{p} = (m_1 + m_2)/(n_1 + n_2)$$

もし，n_1とn_2がともに大きい（たとえば，20以上）と，Tは近似的に正規分
布をする。この場合，片側検定であるので，この値が1.65よりも大きければ5

106   第3章　ヘドニック分析での属性識別とビンテージ評価

国立市（単身者）	[0, 20]		[21, 53]		合計 33		T
	m_1	$\hat{p}_1$	m_2	$\hat{p}_2$	件数	$\hat{p}$	
駐輪場	10	0.556	5	0.333	15	0.455	1.28
追い焚き機能	3	0.167	1	0.067	4	0.121	0.68
バス・トイレ別*	18	1.0	4	0.267	22	0.667	4.45
洗面所独立*	7	0.389	1	0.067	8	0.242	2.15
温水洗浄便座	5	0.278	1	0.067	6	0.182	1.56
システムキッチン*	12	0.667	3	0.200	15	0.455	2.68
ガスコンロ可	7	0.389	4	0.267	11	0.333	0.74
収納スペース*	17	1.0	8	0.533	25	0.758	3.12
室内洗濯機置場*	18	1.0	10	0.667	27	0.818	2.57
フローリング	8	0.444	6	0.400	14	0.424	0.25
エアコン	17	1.0	14	0.933	31	0.939	0.74
光ファイバー	6	0.333	4	0.267	10	0.303	0.51
BS/CS/CATV*	15	0.833	4	0.267	19	0.576	3.28
オートロック*	10	0.636	2	0.133	12	0.364	2.99
エレベータ*	6	0.333	0	0.000	6	0.182	2.58
洗髪洗面化粧台*	8	0.444	0	0.000	8	0.242	3.90
浴室乾燥機*	4	0.222	0	0.000	4	0.121	1.55
都市ガス	11	0.611	9	0.600	20	0.727	0.67
宅配BOX*	4	0.222	0	0.000	4	0.121	1.95
24時間セキュリティ	1	0.056	0	0.000	1	0.030	0.53
モニター付インターホン*	8	0.444	2	0.133	10	0.364	1.85

図表3.5　国立市の物件ビンテージ構造
（20年以下（標本数18）と21年以上（標本数15）の内部属性の比較。＊は5%で有意な属性）

%の有意水準で有意となる。

　しかし，今の場合，$n_1 = 18$，$n_2 = 15$ であまり大きくないが，正規分布の右側5%点は1.65，1%点は2.33であるから，たとえば T が2を超える場合は5%以上で有意とみてよいであろう。それゆえ，システムキッチンの場合，

$$T = (0.667 - 0.200) \left/ \sqrt{\left(\frac{1}{18} + \frac{1}{15}\right) 0.455 \, (1 - 0.455)} \right. = 2.68$$

は極めて有意であり，帰無仮説 H_0 は棄却され，対立仮説 H_1 が採択される。

このことは，明らかに21年以上の物件は，全体としてシステムキッチンという設備に関して競争力を落としている，といえよう。システムキッチンが設置されている場合，ガスコンロ設備は一般にいらない。したがって，20年以下の物件では7件と少ない。

収納スペースや室内洗濯機置場は，21年以上では6割程度であるのに対して，20年以下では100％設置されていることは，賃貸のニーズに対応したもので，新築物件では備えるべき必須の内部属性となっていることを示す。一方，バス・トイレ別の構造的内部属性も，20年以下では100％設置されているが，21年以上では27％と極めて差が大きい。これを設置するためには，大きな改築が必要であるためであろう。その他，BS/CS/CATV，オートロック，洗髪洗面化粧台，モニター付きインターホンなどの内部属性の設置率は，20年以下という時間が長いカテゴリーではまだそれほどは高くないが，21年以上の比率と比べると有意に大きい。これらの属性については，第8章でさらに議論する。

7　ヘドニック実証分析で採用された属性の例

本節では，次の2つの事例を紹介し，分析目的と属性変数の取り方と考え方を考察する。
・事例 3.1：住環境と土地付き住宅価格の関係：浅見・高（2002）
・事例 3.2：賃料価格のヘドニック分析(1)例：河合（2010）

事例 3.1：住環境と土地付き住宅価格の関係

浅見・高（2002）「都市計画と不動産市場：住宅価格を左右する住環境」『不動産市場の経済分析』（日本経済新聞社）では，都市計画の立案体系には定量的な効果を確認することが必要であろう，という分析目的から，住環境価値がどの程度定量的に記述できるのかを明らかにすることを狙う。東京都世田谷区の戸建て住宅価格をヘドニック分析の対象とする。データは1996年10月から97年9月までの週刊住宅情報誌に掲載された土地付き分譲住宅（戸建て）で，販売されたもののみを対象にしている（情報誌から抹消された場合，販売されたとみる）。加えて，ミクロ的な属性の情報を得るために，現地調査データを加

えている。都心までの距離などの地域要因による強い効果を除くために（同質化のために），世田谷区の小田急沿線の5駅の駅勢圏に属する190物件（すべて第1種住居専用地域）が分析対象である。属性は地域要因と個別要因からなる。

分析目的の詳細は，亀田・肥田野（1997）の「住宅地における植栽の住環境外部効果」の定量分析と，肥田野・亀田・安藤（1998）の「セットバックして植樹する効果」の定量分析を通して便益評価を基礎にしながらも，現実の住環境では，道路の拡幅，日照・通風の確保，庭面積の確保などの要因が複合効果として重要であるとみて，さらなる詳細の分析を狙う。そのため，日照時間や通風状態，緑地への接近性，庭の状態を属性として導入してヘドニック分析する。個別の属性ごとには適度の説明力しかなくても，このように複数の属性が一緒になると説明力が出てくるような場合，上で述べたコンセプト・アプローチの快適性に対応するとか，安心というような概念に対応するものとかが理解されることになろう。

被説明変数は，土地・住宅価格／敷地面積＝㎡当たり単価（単位・千円）である。具体的な属性として採用する説明変数は，最終的に選択したものは次のとおりである。敷地面積＝S（㎡）とする。モデルは，(3.1)の線型モデルである。後に学習するt値を表に載せている。補正決定係数は0.756である。

分析の対象として試した属性であるが，モデル選択で採用されなかった変数として最も近い学校の正門までの直線距離，最も近い病院までの直線距離，道路階層ダミー，角地ダミー，南面接道ダミー，通風状態ダミー，農地隣接ダミー，庭有ダミーなどをあげている。このことは，上で得られたモデルは，後に述べるt値や変数選択法など統計的方法で選択した結果（データと会話し，変数を増減した結果）となっている。そしてそのことは，同じデータでモデル選択と推定をするプロセスとして第5章で述べる予備検定に基づく推定量を利用していることを意味する。このような推定量は，実は非線形推定量になっている。

事例3.2：賃料価格のヘドニック分析（1）例

賃貸住宅商品の賃料価格に対してヘドニック・アプローチによる実証分析例はあまり多くない。ここでは，

河合伸治（2010）「ヘドニック・アプローチによる地域住民の選好の推定—

属　　性	係数β_k	t値	属　　性	係数β_k	t値
定数項	911.48	9.2	⑧前面道路舗装質 D	42.00	2.8
①建物床面積	127.56	3.2	⑨駐車可能台数	38.17	3.5
②最寄り駅までの時間	-15.71	-9.6	⑩近隣建物質 D	57.48	3.5
③前面道路幅員	20.85	2.9	⑪冬至日照時間 /S	947.61	2.7
④建物築年数	568.62	6.4	⑫公共緑地隣接 D	21,454.7	3.1
⑤美観地区 D	-172.62	-8.3	⑬近隣土地利用混合 D	-195.56	-2.4
⑥都心への時間（新宿）	-16.84	-6.6	⑭近隣植樹量 D	33.51	2.0
⑦敷地の間口 /S	5.80	2.4			

図表 3.6　浅見・高（2002）の住環境価値のヘドニック分析

　　西武池袋線・東武東上線・田園都市線沿線の賃貸住宅を事例として」『社会
　　学研究論集』Vol.8
の内容をもとに属性の考え方・扱い方についての理解を深めよう。
　この論文の分析目的は，まさにこの論文の題にあるが，なかでも地域住民の
行政サービスや環境要因に対してのコストを負担してもよいかの選好を知るこ
とであると述べている。
　実際，この論文では，以前の論文で扱った分析を発展させて，
　　「分析対象として新たに渋谷駅をターミナル駅としていて高級住宅が広がる
　　田園都市線を加えることによって，地域住民がどのような行政サービスや環
　　境要因に対してどれだけのコストを負担してもよいと考えているのかを推定
　　できるようなより説明力の高いヘドニックモデルを作成し，地域住民の行政
　　サービスや環境要因に対する先行を推定することを目的としたい。」
と述べている。この分析目的は，公共政策的な視点が強いが，実際に入れてい
る属性を見ると環境要因として窒素化合物はあるが，その他の地域の行政的特
徴を表す変数は少ない。また，これまでの議論でしてきたように，賃料の地域
格差は，人口，職業階層，土地の価格，ブランド的な複合的イメージ要因，企
業の立地構造，地勢的要因，行政的要因などに依存するので，結果の解釈はこ
れらの視点を踏まえることも必要となろう。
　このような分析目的に対して，地域住民の選好で明らかにしようとしている
のは，東京 23 区の地域の違いと西武池袋線と東武東上線と田園都市線の沿線

110 第3章 ヘドニック分析での属性識別とビンテージ評価

の地域的違いの価値をダミー変数で価格からその効果を除けば，他のダミー変数に帰属する価値も含めて，他の基本的な属性の価値はすべて3地域の住民にとって共通であると見ようとしている。この見方自体は議論のあるところであるが，このような研究も一つの立場であろう。

　ここで利用するヘドニック価格モデルは，誤差項を加えた次の線型モデルである。

$$p_n = \beta_0 + \beta_1 z_{1n} + \beta_2 z_{2n} + \cdots + \beta_{K-1} z_{K-1n} + u_n$$

　このモデルで，x_{K-1n} を田園都市線沿線ダミー，x_{K-2n} を西武池袋線沿線ダミーとして入れた分析をする。なお，東武東上線沿線ダミーを入れていないのは，定数項を入れる場合，多重共線性を避けるためである（第5章参照）。実際には，これに加えて東京23区ダミー（沿線で東京23区以内であれば1，そうでなければ0）も入れているが，この沿線ダミーと東京23区ダミーを入れることで，被説明変数の価格から「線形的にその立地の違いの価値を差し引く」ことで，他の属性の価値は3地域の賃貸人に共通である（同質化される）とみる。属性変数の価格への影響を加法的に扱うのがヘドニック分析の特徴でもあるが，属性変数の選択，ダミー変数の利用法（第5章での折れ線ダミーなど）を工夫すると，価格への影響を非線形的に扱うことができる。

　この視点では，属性に対する需要構造の地域分断化は，これらの属性に対しては有意な違いがないとみていることになる。特に，外部属性である最寄り駅までの時間・距離属性などは，不動産の不動性により地域によって属性価値が異なる可能性があろう。このような地域間の属性価値を同じとして扱う分析は，地域ごとの需要者の所得階層の違い，職業的特性の違い，供給者の違いによる，地域における物件の構造や設備の質の違い等の非同質性がその問題に関係していて，それを同じと仮定した平均的な分析をすることになる。そしてそこでは，その非同質性を沿線ダミー，東京23区ダミーに委ねる分析となろう。すなわち，地域立地の違いによる価格の違いとその背後にある属性の価値の違いをすべて，地域立地（ブランド的イメージも含む）ダミーで表現する。

　しかし，それぞれの人がそれぞれの地域に住む理由は，それぞれまた複合的であるので特に外部属性の価値の認識も異なってくる。西武池袋線で都心でなく反対方向に通勤する人もいよう。都心までの時間の属性が重要とみる考えは，

すべての人が都心に向かうと同質化できるとみることになるが，勤務先が所沢の人にとっては池袋線沿線であるという価値が重要である。言い換えると，第1章の最初に述べたが，賃貸住宅を利用する人と，分譲住宅マンションを購入する人の間では，重視する属性は異なっているであろう，という点である。都心までの時間などの属性は，所有住宅の場合は資産性の視点から重要な属性であるが，賃貸住宅を選択する人にとっては，生活の快適性・利便性などの属性が重要になろう。属性の理解に関して，以上のような議論があるにしても，この論文は興味ある分析を提供している。

データと考察する属性

データは，リクルート社の賃貸物件情報誌『フォレント（賃貸版）』（2007年3月6日号）（オッファー価格），『郵政省事業所・企業統計』などに掲載されている環境要因や公共サービスを推定するために利用する。データの中にどの程度過去のものがあるかは不明である。

また，賃借人の非同質性を考慮するために，そのタイプを物件の専有面積で区別して，

- 単身用（30㎡まで）　　　570物件
- 夫婦用（30〜50㎡まで）　334物件
- 家族用（50㎡超）　　　　387物件

の3つのタイプを考察し，それぞれのヘドニック・プライシングモデルを推計して，その主体間の属性の価値を比較している。**図表3.7**には，河合（2010）が考慮した属性のリストがある。この表の内部構造属性と内部設備属性の区分は本書の視点による。Dは2節で述べた0-1ダミー変数を表す。

この属性リストを見ると，居住環境の快適性にとって重要な環境属性として年平均窒素化合物（NOX）/㎡，安全・安心属性として火災件数/1年間・1万人，医師の数/1万人を入れているのが特徴的であろう。

しかし，窒素化合物の属性の場合，おそらく沿線と東京23区を分割しているのかもしれないが，データの区分とそこで測定される年平均ppmの大きさと物件の立地関係は不明である。さらに重要な点は，需要者が地域の選択と賃料の価格を決める上で，その属性を識別しているかどうか，が問題である。

112　第 3 章　ヘドニック分析での属性識別とビンテージ評価

外部属性	内部属性（構造）	内部属性（設備）
最寄り駅への徒歩時間（分）	専有面積（㎡）	追い焚き D
最寄り駅へのバス時間（分）	築年数	ガスコンロ D
都心への平均時間	階数	ロフト D
小売店数 /1 万人	階建て	バス・トイレ別 D
飲食店数 /1 万人	新築 D	角部屋 D
年平均窒素化合物 /㎡	マンション D	CATV-D
西武池袋線 D	一戸建て D	南向き D
田園都市線 D	分譲タイプ D	ペット D
保育所待機児童比率（％）	外壁タイル D	エアコン D
都市公園面積 /1 人	1 階 D	フローリング D
医師の数 /1 人	駐車場 D	室内洗濯機置場 D
火災件数 /1 年間・1 万人	オートロック D	
交通事故 /1 年間・1 万人	楽器演奏可 D	
東京 23 区 D		

図表 3.7　考慮した属性変数

（D はダミー変数（0-1 変数）。保育所待機児童比率は全児童数に対する割合である。23 区 D は，物件の立地が 23 区以内であれば 1，それ以外は 0，南 D は南東，南，南西であれば 1，それ以外は 0 とする。窒素化合物の単位は ppm/㎡）

　また，家族用賃貸住宅の賃貸人の場合，近隣に病院があることは安心要因であるが，医師の数が特定な地域に多いことがその数に比例して価値が上がると考えられるであろうか，という疑問もある。たとえば，物件を中心として一定距離の中に小児科医院があるとか，大きな病院があるということをダミーで表現することも可能であろう。この議論の続きは第 4 章で行う。

〈参考文献〉

青山吉隆編（2001）『都市地域計画（第 2 版）』丸善
浅見泰司・高暁路（2002）「都市計画と不動産市場：住宅価格を左右する住環境」『不動産市場の経済分析』（西村清彦編著）日本経済新聞社
刈屋武昭（2004）『金融工学とは何か』東洋経済新報社
河合伸治（2010）「ヘドニック・アプローチによる地域住民の選好の推定―西武池袋線・東

武東上線・田園都市線沿線の賃貸住宅を事例として」『社会学研究論集』Vol.8

肥田野登（1997）『環境と社会資本の経済評価―ヘドニック・アプローチの理論と実際』勁草書房

金本良嗣（1992）「ヘドニック・アプローチによる便益評価の理論的基礎」『土木学会論文集』No.449, 47-56

蓑原・河合・今枝（2000）『街は，要る！　中心市街地活性化とは何か』学芸出版社

K.C. Wong, Albert T.P. So and Y.C. Hung（2002）Neural Network vs. Hedonic Price Model: Appraisal of High-Density Condominiums, *Research Issues in Real Estate*, 8, Appraisal Institute of American Real Estate Society

第4章

ヘドニック価格分析法の考え方と
実際的分析法

1　はじめに

本章の内容を述べる前に，これまでの流れを要約しておこう。

- ➤ 第1章では，賃貸住宅の価格について有効な実証分析についての考え方を議論し，分析対象とする地域の選択，そして市場・地域分析の考え方，さらに賃貸住宅商品の需要と供給の非同質性と供給の遅行性について説明し，不動産市場では市場の需給をクリアする均衡価格は存在しないであろうと述べた。
- ➤ 第2章では，それに関連して，Rosen による経済学的視点からの属性に対する需給均衡のヘドニック価格理論を説明し，非同質性が本質的である不動産商品の価格分析の「理論」的基礎とするのは難しい，と結論付けた。
- ➤ 第3章では，さらにヘドニック価格実証分析では，価格を説明する属性の組み合せの選択こそが実証分析の価値を大きく決める要素であるという視点から，属性概念区分の考え方や，マクロ的分析やミクロ的分析の選択例を示した。また，不動産の不動性により発生する外部的属性の価値についての考え方や，ミクロ的な視点からの賃貸住宅商品の価格分析の場合の外部・内部属性に対する識別の問題，構造物のビンテージにともなう質の劣化と分析のための属性の選択問題を議論した。

116　第4章　ヘドニック価格分析法の考え方と実際的分析法

本章の狙い

これまでの議論を踏まえて，ヘドニック・アプローチによる住宅商品のプライシングモデルの選択プロセスを実際的視点から解説する。そのためには，分析目的と分析視点を設定したうえで，最初に考察する属性集合の範囲を特定化して，その範囲の中で有効なモデルを探索する考え方とその統計的プロセスを議論する。

そこで重要なことは，これまで何度か述べてきたように，分析目的に対応した属性集合を選択し，属性と価格の安定的かつ有効な関係を定式化することである。もちろん，分析後に満足できる結果が得られない場合は，属性集合の再選択が必要となる。そのようなモデル選択プロセスに対して，データを統計的視点から適切に扱うことであり，そのためのデータと対話する思考法と統計的プロセスを理解することである。本章では，その視点からのヘドニック回帰分析の理論的基礎とデータ解析の関係を解説する。

この点を具体的に述べるために，分析地域の選択，市場の分断化に関係する需要者のタイプ（単身者，夫婦，ファミリーなど）による需要者層の分類，考察の対象とする属性の範囲，各タイプごとの分析地域の物件についての成約価格とその属性のデータ，

$$(p_n : z_{1n}, z_{2n}, \cdots, z_{K-1n}) \ (n = 1, \cdots, N)$$

を準備する。N は物件数である。

成約価格であることの重要性は，前章でも述べたが，賃借人（需要者）が物件の内部属性のみならず周辺の外部属性を実際に見て合意している可能性が高いことである。そのことは，成約価格はまさに需要者が支払ってもよい価格（Willing To Pay）を示している。

ここで属性の数を $K\text{-}1$ にしてあるのは，線形回帰モデル

$$p_n = \beta_0 + \beta_1 z_{1n} + \beta_2 z_{2n} + \cdots + \beta_{K-1} z_{K-1n} + u_n$$

で，定数項のパラメータ β_0 を含めたパラメータ数を K にするためである。

第1章で述べたように，このモデルのモデル選択プロセスで，「自らの分析視点とデータの生成過程との関係を整合的に考察」し，統計的に有効なモデルを選択するための思考方法として，価格 p_n が実際に実現する前の事前的な不確実な状況を想定し，その不確実な状況に対して有効な分析法を探る考え方に

立つ．これは統計的な思考法で，データは不確実な状況から生成されていると
みることができるからである．このように思考すると，複雑なデータの関係を
分解して，起こりうる分析上の非整合性をデータとの会話で取り除いていくこ
とができる．

　実際の価格の実現においても，価格への合意として多様に確率的な要素を含
み，被説明変数としての物件価格が市場で決まる現象は確率的である．そこで，
価格 p_n を確率変数として扱い，モデルの確率的前提を設定する．一方，属性
変数は非確率的であるので，価格 p_n が確率変数であることはモデルの右辺の
誤差項 u_n が確率的であることと同等である．

　そこで，誤差項の平均は 0，分散は一定，互いに無相関であるという標準的
仮定を前提する．この前提が成立する場合，モデルのパラメータの推定法は最
小 2 乗法となる．その前提の下で，各説明変数の有意性（選択した説明変数の
中での当該説明変数の説明力）を測定する t 値や，複数の説明変数の同時の有意
性を測定する F 値による変数選択の基準，あるいはモデル選択の基準などを
構築する．

　そして，事後的な観測価格に対して，その基準を当てはめながら，実現した
データと会話して，変数の増減，線形・非線形など変数形の選択などを繰り返
し，想定したモデルの確率的な前提と整合的にモデルを選択する．

　しかし，非整合性がある場合，モデルの確率的な前提を変更し，その変更し
た前提に対応する推定・検定・モデル選択基準を採用する．たとえば，小さな
価格のグループの分散より大きな価格のグループの分散の方が大きいというよ
うな，価格が確率的にみて分散が不等である場合，価格の分散は平均価格水準
に応じて大きくなるというような確率的前提に変える．そして，推定法として
は一般化最小 2 乗法を選択し，そのもとでモデル選択法の基準を設定して，モ
デルを定式化する．これらのことは本章で扱う．

　以上が一般的な考え方であるが，標準的仮定の下で具体的に変数選択・モデ
ル選択していく中で，説明変数の線形性・非線形性や，モデルの中での個別の
説明変数の有効性を見る t 値，第 3 章で述べた，階建てと階数の関係を統計的
に扱う変数の組み合せの問題と F 値の役割についての考え方，価格データの
異常値の問題，モデルの安定性に関わる重共線性の問題への考え方，モデル全

118　第4章　ヘドニック価格分析法の考え方と実際的分析法

体のパフォーマンスを見る補正決定係数などが基本的な問題となる。また，標準的仮定が満たされない場合の，誤差項の不等分散性の定式化，空間相関の定式化とその有効性の判断の問題などへの考え方は重要である。

ここに，これから学習するt値の判断にかかる結果を要約しておく。

---

t値についての統計的判断と利用法はいろいろある。

1）　t値が1より小さい変数を除くと，補正決定係数は大きくなる。t値が$\sqrt{2}$より大きいと，モデル選択の視点から当該変数をモデルに入れておくことができる（第5章）。t値が2より大きいと，仮説検定の視点から当該説明変数の有意性を主張できる。

2）　（定数項を除く）第k説明変数x_{kn}のt値は，次のように分解できる。

第k変数のt値 ＝ $\{$（第k標準化回帰係数）$\times \sqrt{N}$ [x_{kn}の標準偏差]$\} \times \sqrt{(1-R_k^2)}$

標準化回帰係数 ＝（第k推定値 $\hat{\beta}_k$）／（モデルの標準誤差）

R_k^2 は，x_{kn} を他の説明変数で説明した決定係数である。

モデルの標準誤差は，最小2乗残差の標準偏差である。この関係から，実際上のt値についての判断の有効性を知ることができる。説明変数x_{kn}の標準偏差が小さいと，t値は上がらない。このことは，変動が小さい説明変数のt値は相対的に小さいことを意味する。ただし，定数項のt値の扱いは後で議論する。決定係数R_k^2は，第k説明変数と他の説明変数全体との重共線性の度合い（強さ）である。したがって，重共線度が大きいと，$\sqrt{(1-R_k^2)}$が小さくなり，t値は小さくなる。それを別な視点でみるのが8節で議論する分散拡大ファクタである。また $|\cdot|$ の中は，他の変数の影響を受けた，第k説明変数の説明力とみることができよう（6.1節，6.3節参照）。

本章の内容は，以下の通り。

2　モデル・スペシフィケーション

3　最小2乗法と最小2乗推定量の性質

4　事例：賃料価格のヘドニック分析例——第3章6節の続き

5　確率的な回帰式——事前的モデル

6　パラメータ推定値の有意性：t 値

7　F 検定法と F 比，t 値，補正決定係数の関係

8　重共線性と t 値と分散拡大ファクタ VIF

2　モデル・スペシフィケーション

　本節では，モデル定式化の基本的な考え方を説明する。クロスセクション分析でのヘドニック・アプローチの基本は，第3章でも述べたように，第 n 賃貸住宅商品の価格を，その商品が保有する属性（$z_{1n}, z_{2n}, \cdots, z_{K-1n}$）（外部的属性，内部的属性，行政的属性，経済的属性など）に依存するものとして，

$$p_n = p(z_{1n}, z_{2n}, \cdots, z_{K-1n})$$

とみることから始まる。これをヘドニック・プライシング関数という。この表現では，関数形 $p(\cdot)$ は，分析対象となっている賃貸住宅商品に共通であると仮定している。しかし実際は，単身者タイプ，ファミリータイプなどの需要者のタイプによって異なる属性への選好を考慮する。そのため需要者のタイプにより，物件の集合を同質的商品とみても差し支えないクラスに分解し，それぞれのクラスのデータをもとに，需要者のタイプごとの選好に基づいて属性プライシングモデルを構築する。このことは，需要者のタイプごとに属性の価値が異なっていることを示すことになる。以下，

　(1)モデルの定式化，(2)符号条件の問題，(3)説明変数の定式化

について議論する。

(1)　モデルの定式化

　ヘドニック・プライシング関数をデータから推定するには，その関数形が同質的と考えられる範囲のデータをもとに，その関数形を実証モデルとして特定化（スペシフィケーション）をしなければならない。典型的には，

　1)　線形モデル

(4.1)　　　　　$p_n = \beta_0 + \beta_1 z_{1n} + \beta_2 z_{2n} + \cdots + \beta_{K-1} z_{K-1n} + u_n$

　2)　対数モデル

$$\log p_n = \beta_0 + \beta_1 z_{1n} + \beta_2 z_{2n} + \cdots + \beta_{K-1} z_{K-1n} + u_n$$

$$\Leftrightarrow p_n = \exp[\beta_0 + \beta_1 z_{1n} + \beta_2 z_{2n} + \cdots + \beta_{K-1} z_{K-1n} + u_n]$$

120　第4章　ヘドニック価格分析法の考え方と実際的分析法

などが利用される。

　u_n は，それぞれのモデルの属性では説明できない誤差項である。2) のモデルでも $\log p_n$ を被説明変数とする限り，パラメータ β に関して線形であるので，そのモデルの推定では 1) と同様，最小 2 乗法が利用できる。その意味では，2) も線形モデルの一形態である。$y_n = \log p_n$ とおけばよい。

　一方，推定値の被説明変数 p_n に関しての線形性が最小 2 乗推定値の最適性を議論するときに問題となる。推定値の線形性は，推定値が被説明変数に関して 1 次式（線形式）として表現できる場合をいう。このような線形性があるとき事前モデルにおける最小 2 乗推定量は最良線形推定量であることを 5 節で議論する。

　これらのモデルでは，属性の値は任意でよい。もしある属性，たとえば z_{1n} が物件の広さ（床面積，土地面積）とすると，それは正の値しかとらない変数なので，線形モデルや対数モデルで z_{1n} の代わりに $\log z_{1n}$ を利用してもよい。すなわち，属性変数の測定単位や，その単調変換を利用した説明変数の変数形の選択は，属性変数の定式化問題である。

　ここでは，線形モデル，非線形モデルというときには，選択された被説明変数（たとえば価格の対数値）がその選択された属性の変数形（$z_{1n}, z_{2n}, \cdots, z_{Kn}$）に対していうことであって，属性の中に対数が取られた変数が入っていても，非線形モデルとはいわない。z_{2n} が築年数である場合，たとえば 30 年たった物件の価格への影響は 35 年のものとあまり違わないと考えるのであれば，その変数の価格への影響が非線形であることになるから，属性としての築年数の変数はそれを単調関数で変換した変数で表現すると，統計分析的に一定の対応が可能となる。この点については，第 5 章でダミー変数や多項式で表現する方法を議論する。

　実証モデル分析では，このように，

　　➢ 需要者のタイプによる属性の需要の違いに対する同質的グループ化

　　➢ ヘドニック・プライシングモデルの特定化

　　➢ 属性変数の変数形の特定化（線形，非線形）

が必要であるが，事前に決定できないこともあって，その有効な選択は多くの実証分析のプロセスで試行錯誤をしながらその特定化を決めていくことが多い。

このプロセスを「データとの対話プロセス」とみることができるが，最初の分析目的・視点や自ら設定した枠組みと整合的でなければならない。この整合性は，判断の合理性として後に議論する。

一方，線形モデルを採用することは，思考の節約と合理的な判断を可能にするアプローチで，最初に需要者の範囲を適切に決めることと属性変数の変数形を適切に選択することで，かなり精度が高く，意思決定に役に立つ実証プライシングモデルを推定できよう。

一方，このアプローチでは，属性変数間の中にある潜在的な非線形構造がモデルでは無視される可能性もある。これは前章で議論したビンテージ問題でもあるが，時間経過による構造の劣化，設備の劣化などは，技術の進歩，新設備の発展と経過変数とはおそらく非線形的な関係があろう。もし建物の築年数のようなビンテージ変数を入れると，それ自体が他の多くの属性と説明の重複が起きていることになる。このことは，6節で議論する重共線性（multicollinearity，マルチコ）の問題，すなわち説明変数の間に近似的に一次的な関係ができてしまい，未知パラメータの推定値が不安定になる問題とも関係する。

(2) 符号条件の問題

説明変数にかかるパラメータ係数 β_k の符号条件は，しばしば経済理論，あるいは先験的な知識からのアプリオリな条件として課せられる。したがって，回帰モデルがその特定の理論をもとに定式化されている限り，データから推定される回帰式も符号条件を満たすことが望ましい。しかし，その条件は，十分な理論的基礎をもたない直観的な仮説であったり，直接的な正の効果のみを考慮に入れ，間接的な負の効果を無視した符号条件であったり，説明変数同士が関係しあったりすることもある。すなわち，与えられた回帰式が直接的な行動式でなく，他の式を媒介にした間接的な回帰式であったり，誘導形式であったりすると，符号条件は必ずしも直観的な条件と等しくない場合もある。特にマクロ経済分析の場合，データは，

1) フローのデータの場合，四半期等を単位としていること
2) アグリゲート（集計）されていること

という特徴をもつことに注意しなくてはならない。

1)に関しては，与えられた符号条件が成立する単位期間のデータを用いてい

るか，という点に注意を払う必要がある。マクロ経済理論は静学的分析が多く，そこからの符号条件は期間のとり方について何ら情報を提供しない。

2)に関しては，たとえば為替レート変動で代表的ミクロ主体の行動を記述する理論とそれに基づく符号条件があるとする。それをマクロデータにあてはめる場合，問題となるのは，そのミクロ主体の行動の代表性である。実際のデータは多くの非同質的な行動の平均値とみる限り，その符号条件は必ずしも満たされない。たとえば，第2章で述べた為替レートの金利平価仮説では，為替変動（円／ドル）を米日金利差で説明しようとするが，期待される符号は金利差が大きくなると円安になるので負であるが，他の多くの変数の影響を除いているので，その符号条件はしばしば満たされない。

(3) 説明変数の定式化

ヘドニック価格分析で属性変数を具体的に利用するには，前章で述べたように，測定単位，データの表現形式（変数形）を選択する必要がある。たとえば前章で議論したように，「眺望」のような属性は概念がわかっても，それを実際にどのように計測するのかに関していくつかの選択があろう。また，「駅までの距離」属性変数が含まれている場合，通常のように徒歩分（1分は80mと業界では設定）として表現するか，あるいはそれを（非線形）単調関数で変換したものを用いるか（例としては3次関数），その与え方によって微妙に当該変数の説明力だけでなく他の変数の説明力も変える。徒歩の距離に関して，人間の限界苦痛はある一定距離を過ぎると非線形的に上昇するだろう。

序章で述べた清水・唐渡（2007）では，住宅価格の主要な価格形成要因である属性として，専有面積，建築後年数，最寄り駅までの時間，都心までの時間などをあげ，これらの属性変数は非線形であろうとしている。彼らの中古マンションヘドニック価格分析は，第6章で事例として詳論する。さらに，賃貸マンションのビルの階建て，物件の位置する階数も非線形であろう。その非線形性の表現としては，第5章で折れ線ダミー変数で扱う方法と多項式で扱う方法を解説する。

属性変数の価格への影響の非線形性を**図表4.1**の左図のように，ダミー変数を利用して属性の変化の価格への影響の度合いを折れ線グラフで表すことができる。その表現を通常の0-1ダミー（第3章）に対して，第5章では次の3つ

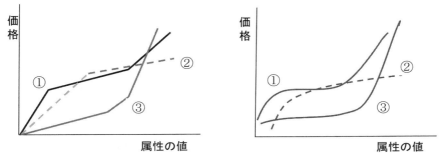

図表 4.1　属性の値と価格の非線形関係（折れ線表現と曲線表現）

に分けて非線形性を考察する。
1) 折れ線ダミー非線形表現
2) 係数ダミー非線形表現
3) 多項式近似表現

第5章では，右図には対応する連続曲線で示した形のものも示す。たとえば，z_1 が築年数の場合，$z_1 = \log($築年数$)$ と仮定すると，形としては②に近いものになろう。タワーマンションなどの物件の階数は①に近いものと想定されよう。

議論の仕方としては，非線形的な属性として考えられるものに対して，仮説として特定な折れ線グラフのパターンや，連続曲線として特定なものを仮定して，未知パラメータを推定し，線型の場合と比較する仮説検定問題により，その形状を選択することができる。

一方，連続曲線としては，たとえば $w = $築年数として，多項式

$$z_1 = \gamma_1 w + \gamma_2 w^2 + \gamma_3 w^3$$

をモデル(4.2)の中に代入して，

$$p_n = \beta_0 + \beta_1(\gamma_1 w_n + \gamma_2 w_n^2 + \gamma_3 w_n^3) + \beta_2 z_{2n} + \cdots + \beta_{K-1} z_{K-1 n}$$
$$= \beta_0 + \gamma_1^* w_n + \gamma_2^* w_n^2 + \gamma_3^* w_n^3 + \beta_2 z_{2n} + \cdots + \beta_{K-1} z_{K-1 n}$$

として，$(\gamma_1^*, \gamma_2^*, \gamma_3^*; \beta_0, \beta_2, \cdots, \beta_{K-1})$ を推定し，データに内在する非線形性をそのまま表現することができる。

しかし，このような多項式変数を複数の属性に対して仮定すると，過剰なパラメータを持つ定式化になり，多重共線性などの可能性によりパラメータの推定値が不安定になる。この問題の解決の考え方は，後に再論する。

3 最小2乗法と最小2乗推定量の性質

本節の狙いは，線形回帰モデル（4.2）の合理的な特定化や推定法，定式化の是非に関する検証法や，未知パラメータ（$\beta_0, \beta_1, \cdots, \beta_{K-1}$）に関する合理的な推論法を展開することである。その統計的プロセスの合理性を求めるために，単にデータが与えられたもとでの事後的なモデルだけでなく，データを確率的に生成する事前的モデルと，その確率的前提の設定の仕方を議論する必要がある。そのために，この節では，事後的モデルについて解説する。

5節では，事前的モデルの考え方とその標準的な確率的前提を述べ，分析データが実際にその確率的な前提を満たしているときには，事後的モデルの推定法として，最小2乗法が合理的な推定法になることを示す。

なお，本節以降では，属性の集合（$z_{1n}, z_{2n}, \cdots, z_{K-1n}$）に対して，記号として$z_{1n}, z_{2n}, \cdots, z_{K-1n}$の代わりに$x_{1n}, \cdots, x_{K-1n}$を使い，本節ではデータが与えられたという事後的立場から次の流れに沿って一般的な回帰分析の議論をする。

3.1 データの関係としての最小2乗回帰：事後的モデル

3.2 残差の分布：モデルの標準誤差，歪度，尖度，異常値

3.3 モデルのフィットネス——決定係数

3.1 データの関係としての最小2乗回帰：事後的モデル

回帰モデルは，通常，因果関係を表現したデータ，

$$(y_n, x_{1n}, \cdots, x_{K-1n}) \quad (n = 1, \cdots, N)$$

の関係を表す線形モデルとして，

(4.2) $\qquad y_n = \beta_0 + \beta_1 x_{1n} + \cdots + \beta_{K-1} x_{K-1n} + u_n \quad (n = 1, \cdots, N)$

と定式化する。

この式は，被説明変数である，当該地域での第n物件の賃貸住宅価格の実現値y_n（成約賃料）が，右辺の1次式の関係で決まることを示す式である。ここで，右辺の説明変数$x_{1n}, \cdots, x_{K-1n}$は，2節の各賃貸住宅商品の属性$z_{1n}, z_{2n}, \cdots, z_{K-1n}$に対応するもので，非確率的な変数である。

すなわち，(4.2)は，被説明変数y_nの$n = 1, \cdots, N$の変動（賃料の違い）が，右辺の$K-1$個の説明変数$x_{1n}, \cdots, x_{K-1n}$の1次式の値$\beta_0 + \beta_1 x_{1n} + \cdots + \beta_{K-1} x_{K-1n}$（非

3 最小2乗法と最小2乗推定量の性質 **125**

確率的な1次式）の変動と，その1次式では説明できない誤差項 u_n の $n = 1, \cdots,$ N の変動で説明されていることを表現している。ここで，(4.2)は，データが実現した後の事後の関係式とみていて，その意味では誤差項 u_n は，被説明変数の実現値データ y_n に対応した事後の誤差項である。y_n が観測されていても，右辺のパラメータ β_k は未知であるので，その事後の誤差項 u_n も未知である。

このモデルを推定する場合，与えられた価格と属性のデータ $(y_n, x_{1n}, \cdots, x_{K-1n})$ $(n = 1, \cdots, N)$ の関係(4.2)のもとで，未知パラメータ $(\beta_0, \beta_1, \cdots, \beta_{K-1})$ を推定する有効な方法が最小2乗法である。

それは，誤差の2乗和，

$$(4.3) \qquad \sum_{n=1}^{N} u_n^2 = \sum_{n=1}^{N} (y_n - \beta_0 - \beta_1 x_{1n} - \cdots - \beta_{K-1} x_{K-1n})^2$$

を $(\beta_0, \beta_1, \cdots, \beta_{K-1})$ に関して最小にする推定法である。

このように事後モデルのもとで得られる推定値 $(\hat{\beta}_0, \hat{\beta}_2, \cdots, \hat{\beta}_{K-1})$ が最小2乗推定値（のちの最小2乗推定「量」と区別）である。

その結果，y_n の推定式，

$$\hat{y}_n = \hat{\beta}_0 + \hat{\beta}_1 x_{1n} + \cdots + \hat{\beta}_{K-1} x_{K-1n}$$

が得られ，未知の誤差項の推定値

$$(4.4) \quad \hat{u}_n = y_n - \hat{y}_n = y_n - (\hat{\beta}_0 + \hat{\beta}_1 x_{1n} + \cdots + \hat{\beta}_{K-1} x_{K-1n}) \quad (n = 1, \cdots, N)$$

が得られ，これを残差と呼ぶ。

注意したい点は，このように定義される残差 $\hat{u}_n$ $(n = 1, \cdots, N)$ は，K 個の制約，

$$(4.5) \qquad \sum_{n=1}^{N} \hat{u}_n = 0, \ \sum_{n=1}^{N} x_{kn} \hat{u}_n = 0 \ (k = 1, 2, \cdots, K-1)$$

を満たすようにしか動けないという点である。

実際，この条件は，$(\hat{\beta}_0, \hat{\beta}_2, \cdots, \hat{\beta}_{K-1})$ が(4.3)を最小にする条件と同じである。したがって，K 個の制約(4.5)のために，N 個の残差 $\hat{u}_1, \cdots, \hat{u}_N$ の自由に変動できる数は $N - K$ であり，$N - K$ を残差の自由度という。自由度 $N - K$ が小さいと，$\hat{u}_n$ の変動はこの制約のために u_n の変動を必ずしも十分反映しない。したがって，$\hat{u}_n$ を u_n の推定量とみなす場合，$N - K$ は大きいことが望ましい。なお，(4.5)から残差の系列 $(\hat{u}_1, \hat{u}_2, \cdots, \hat{u}_N)$ の平均値は常に0となることが示される。

126　第4章　ヘドニック価格分析法の考え方と実際的分析法

$$(4.6) \qquad \bar{u} = \frac{1}{N} \sum_{n=1}^{N} \hat{u}_n = 0$$

3.2　残差の分布：モデルの標準誤差，歪度，尖度，異常値

　また，$\hat{u}_n$ のヒストグラムをつくって，対称性が視覚的にいえるとか，山が一つであるとか，正規分布から大きくかけ離れた動きをしていないとか（非正規性の問題），を見ることが重要である。まず，自由度を考慮した残差の分散，

$$\hat{\sigma}^2 = \frac{1}{N-K} \sum_{n=1}^{N} \hat{u}_n^2$$

をとおく。

　この平方根 $\hat{\sigma}$ をモデルの標準誤差（偏差）という。これは，定数項を含む K 個の説明変数で価格を説明したときのモデル全体のパフォーマンスを示す一つの測度で，各価格の水準に対して $\hat{\sigma}$ は一桁以上小さいことが望ましい（価格が80,000円ならば，$\hat{\sigma}$ は8,000円以下になることが望ましいが，なかなか難しい）。後に $\hat{\sigma}$ と決定係数との関係も見る。

　もし残差の分布が比較的に対称であれば，各価格に対してこの標準誤差 $\hat{\sigma}$ の±3倍の範囲に入る割合は99%程度になる。分布が過度に歪んでいると，係数の推定値や $\hat{\sigma}$ の大きさに影響が出る。非対称性の指標として歪度，分布の裾が厚く中心部分で尖っているかどうかを見る尖度を計算すると，残差の分布状況を見ることができる。

1)　歪　度

$$b_1 = \frac{1}{N} \sum_{n=1}^{N} \left(\frac{\hat{u}_n - \bar{\bar{u}}}{s_{\hat{u}}} \right)^3, \ \ s_{\hat{u}}^2 = \frac{1}{N} \sum_{n=1}^{N} (\hat{u}_n - \bar{\bar{u}})^2$$

　分布の山が一つで $b_1 > 0$ ならば右に歪んだ分布（右スソが長い分布，あるいは正の非対称分布），分布の山が一つで $b_1 = 0$ ならば左右対称的，分布の山が一つで $b_1 < 0$ ならば左に歪んだ分布（左スソが長い分布，あるいは負の非対称分布）になる。

2) 尖　度

$$b_2 = \frac{1}{N} \sum_{n=1}^{N} \left(\frac{\hat{u}_n - \bar{\hat{u}}}{s_{\hat{u}}} \right)^4$$

分布の山が一つの場合，$b_2 > 3$ ならば，正規分布に比べて，分布のスソが厚い。$b_2 = 3$ ならば，正規分布に近い（歪度 b_1 が 0 に近い場合），$b_2 < 3$ ならば正規分布に比べて，分布のスソが薄く，残差は平均のまわりに集中している。

異常値の判断

データの中に異常値が存在すると推定値の信頼性が低下するので，その有無を検証し，それがある場合一定の対応をする。残差 $\hat{u}_n$ のグラフの視察により，$n = n_0$ の y_{n0} が異常値と考えられる場合を考えよう。その合理的な判断法は，

(1)　ダミー変数による t 値（次節で解説）に基づくもの

(2)　異常値検定によるもの

などがある。

(1)　ダミー変数による異常値の判断

可視的に $n = n_0$ の観測値が異常値とみられるときで何らかの経済的意味がつく場合，$n = n_0$ のみで 1 をとり，その他の n では 0 をとるダミー変数をモデル(4.2)の説明変数として導入し，6 節で述べるその係数の t 値が 2 を超えるときに異常値と判定する。すなわち，ダミー変数による処理をする。しかし，その処理をする十分な理由や解釈ができることが必要である。一般に 1 つの物件番号 n_0 に対して 1 つのダミー変数を用いることは，その時点のデータ（y_{n0}, $x_{1n0}, \cdots, x_{K-1n0}$）全部を除いて推定することに等しい。しかし，ダミー変数による処理の方が，上記 t 値の大きさの情報が得られ，また計算の上からも便利なことが多い。もし t 値が 2 より小さいときは，統計的に見て，ダミー変数を利用する積極的な理由がないことになる。しかし，何らかの経済的意味のもとに，それをモデルに入れたいときは，第 5 章で述べる t 値ルート 2 ＝1.4 の基準を利用できる。

(2)　異常値検定によるもの

一方，異常値検定の視点からの方法では，残差（$\hat{u}_1, \hat{u}_2, \cdots, \hat{u}_N$）の標準偏差，

128　第4章　ヘドニック価格分析法の考え方と実際的分析法

$$s = \sqrt{\frac{1}{N} \sum_{n=1}^{N} (\hat{u}_n - \bar{\hat{u}})^2} = \sqrt{\frac{1}{N} \sum_{n=1}^{N} (\hat{u}_n)^2}$$

を計算する。次に，残差を小さい順に並べ替える。

$$\hat{u}_{(1)} \leq \hat{u}_{(2)} \leq \cdots \leq \hat{u}_{(N)}$$

ただし，$\hat{u}_{(n)}$ は第 n 番目に大きな残差の値である。このように並べ替えられた統計量 $\hat{u}_{(n)}$ を順序統計量という。そして，もし，

$$\hat{u}_{(1)} < -2.5s \quad \text{または} \quad 2.5s < \hat{u}_{(N)}$$

が成立する場合，最小の残差 $\hat{u}_{(1)}$ もしくは最大の残差 $\hat{u}_{(N)}$ は異常値と判断する。

　ここでの 2.5 の値は，もしデータが正規分布に従っている場合，両側 97％点に対応するものである。3 を用いていないのは，s を計算するとき，異常値とみなされている値が含まれているからである。必要であれば s の計算で，異常値とみなされる値を除いて s^* を再度計算し，残差 $\hat{u}_{(1)}$ もしくは $\hat{u}_{(N)}$ が $\pm 3s^*$ の外にあることを確認すればよい。

　このような異常値が存在する場合は，分散一定の仮定が満たされていないと判断してよい。この場合，異常値のデータの組を除去して，モデルを再推定し，同じプロセスをとる。そして，その結果，異常値が出ないような場合，近似的に誤差項に異常値はないとする。実際の賃貸住宅物件のデータで異常値が発見された場合，その物件がなぜ異常値となるのか，理由を理解することが必要となろう。

3.3　モデルのフィットネス——決定係数

　モデル (4.2) の関係は，y_n の変動が説明変数の 1 次式として説明される変動部分，

(4.6)　　　　　　　$\mu_n = \beta_0 + \beta_1 x_{1n} + \cdots + \beta_{K-1} x_{K-1n}$

と誤差項 u_n の変動に依る部分から成ることを示している。すなわち，

(4.7)　　　　　　　$y_n = \mu_n + u_n$

である。

　したがって，説明変数の 1 次式 (4.6) の変動（分散）が，y_n の変動（分散）をどの程度把握しているかをみるには，μ_n の推定値，

(4.8)　　　　　　　$\hat{y}_n = \hat{\beta}_0 + \hat{\beta}_1 x_{1n} + \cdots + \hat{\beta}_{K-1} x_{K-1n} \equiv \hat{\mu}_n$

と y_n の関係,

$$y_n = \hat{y}_n + \hat{u}_n \quad (\hat{u}_n = y_n - \hat{y}_n)$$

に注目する。この式の両辺を n について加え N で割ると平均値の関係を得るが,（4.5）より $\overline{\hat{u}} = 0$ であるから,

$$\overline{y} = \overline{\hat{y}}$$

が成立する。

この式を（4.9）の両辺から引き,両辺を2乗して n について加え,N で割ると分散（変動）の大きさの関係として,

y_n の分散 = （$\hat{y}_n$ の分散）+ （$\hat{u}_n$ の分散）

$$(4.9) \qquad s_y^2 = s_{\hat{y}}^2 + s_{\hat{u}}^2 \qquad \left(s_w^2 = \frac{1}{N} \sum (w_n - \overline{w})^2 \right)$$

をえる。ここでは,（4.4）より,

$$\sum (\hat{y}_n - \overline{\hat{y}})(\hat{u}_n - \overline{\hat{u}}) = 0$$

が成立することを用いている。

以下では,（4.9）のように分散の記号として s_w^2 と書くとき,データ $\{w_n\}$ の自由度を調整しない分散を示す。

決定係数は,y_n の全変動（分散）が $\hat{y}_n$ の全変動（分散）でどの程度説明されているかをみる尺度で,それぞれの分散の比として,

$$(4.10\text{a}) \qquad R^2 = \frac{s_{\hat{y}}^2}{s_y^2} = 1 - \frac{s_{\hat{u}}^2}{s_y^2} = 1 - \frac{\sum \hat{u}_n^2}{\sum (y_n - \overline{y})^2} \qquad (0 \leq R^2 \leq 1)$$

で定義される。同じことだが,

$$(4.10\text{b}) \qquad s_{\hat{u}}^2 = s_y^2 [1 - R^2]$$

で定義される。

この式は,y_n の変動を説明変数 $x_{1n}, \cdots, x_{K-1n}$ の1次式の値 $\beta_0 + \beta_1 x_{1n} + \cdots + \beta_{K-1} x_{K-1n}$ の変動で説明することによって,y_n の分散が $100 R^2 \%$ だけ減少することを示す。$R^2 = 1$ ならば残差分散は0となり,残差はすべてゼロになり,説明変数で y_n の変動を完全に説明できる。しかし,この定義では,定数項を含む説明変数の数 K を大きくすると残差2乗和 $\sum \hat{u}_n^2$ が小さくなり,R^2 は大きくなる。一般に,N 個の標本数に対して N 個の説明変数をとると,その説明変数がどのようなものであっても,残差2乗和は0,したがって残差分散は0になる。

130　第4章　ヘドニック価格分析法の考え方と実際的分析法

　自由度で修正した補正決定係数は，R^2 のこのような決定係数の欠点を取り除くために工夫されたもので，

(4.11)　　　$\bar{R}^2 = 1 - \dfrac{\sum \hat{u}_n^2 / (N-K)}{\sum (y_n - \bar{y})^2 / (N-1)} = R^2 - \dfrac{K-1}{N-K}(1-R^2)$

で定義される。

　この式の中央の分子は，みかけ上 N 個ある残差2乗和をその自由度 $N-K$ で割って，自由度1個当りの平均的な残差分散の大きさを表現している。また，分母も，$v_n \equiv y_n - \bar{y}\ (n = 1, 2, \cdots, N)$ は制約 $\sum v_n = 0$ を満たし，その自由度は $N-1$ であるから，自由度1個当りの y_n の変動の大きさを示している。それゆえ，(4.9)の補正決定係数 $\bar{R}^2$ は，説明変数を増加しても必ずしも増加しない。実際，K が N に近い場合，右辺第2項の値が大きくなり，場合によって $\bar{R}^2$ は負になることもある。

　(4.11)の最初の等号の後の分子は自由度を考慮した残差分散 $\hat{\sigma}^2$ であり，分母は自由度を考慮した価格自体の分散 $\hat{\sigma}_y^2$ であるので，その比が小さいと補正決定係数は大きくなる。

4　事例：賃料価格のヘドニック分析例——第3章6節の続き

　第3章6節で述べた河合（2010）の事例の続きを述べる。分析目的は，地域住民の行政サービスや環境要因に対してのコストを負担してもよいかの選好を知ることであると述べている。データと考慮した属性変数については**図表3.7**を参照されたい。賃借人の非同質性を考慮するために，そのタイプを物件の専有面積で区別して，

　・単身用（30㎡まで）　　　　　物件数 570

　・夫婦用（30〜50㎡まで）　　　物件数 334

　・家族用（50㎡超）　　　　　　物件数 387

の3タイプを考察し，それぞれのグループでの属性の選好と価値評価が同質的とみなす。そして，ヘドニック価格モデルを推計して，その主体間の属性の価値を比較している。

属性の選択とデータの特徴

第3章末の**図表3.7**の属性のリストを見ると，居住環境の快適性にとって重要な環境属性として，

・年平均㎡当たり窒素化合物の量：(NOX) ／ ㎡

・安全・安心属性として火災件数／1年間・1万人

・1万人当たりの医師の数

を入れているのが特徴的であろう。しかし，これらの特徴的な属性を賃貸人が事前に認識して価格に帰属させているかは疑問が残る点である。

以下では，標本数387の家族用タイプの最終的な分析結果を紹介する。被説明変数の賃料の計算としては，

賃料 ＝ 家賃 ＋ 管理費 ＋［(礼金 ＋ 仲介料)／契約期間月数］

を用いている。もちろん，これは賃料の一つの扱い方であるが，最初にかかる経費と毎月かかる費用を区別して，

賃料 ＝ 家賃 ＋ 管理費

とみるのももう一つの見方である。この賃借人による月ごと賃料の認識にかかる分析上の選択問題は，属性に帰属する価格を認識する上で重要である。第7章の事例では，多くの賃借人の認識としては，賃料 ＝ 家賃 ＋ 管理費とみてこれを利用する。

ここでの賃料を説明する属性変数の分布状況を見るために，基本統計量を与えている。最終的にモデルで採用されたものだけをリストしたのが**図表4.2**である。

この表から，3.2節の異常値の判断の仕方を利用すると，次のことが観察される。

(1) **図表4.2**にあるように，家族用の賃料は平均が15.6万円で，その変動を見ると，最小値5.5万円から最大値52.3万円までと大きな変動幅がある。この変動幅にある多様な物件価格を，属性の違いで見ようとするのがヘドニック分析だが，変動が大きなものを説明するために，属性の変動幅がある程度対応している必要がある。加えて，田園都市線沿線の物件数と他の沿線の物件数がわからず，それぞれの沿線の中での変動幅，あるいは標準偏差があると，内容の理解を助ける。

132 第4章 ヘドニック価格分析法の考え方と実際的分析法

属性名	平 均	標準偏差	最 大	最 小
賃料（万円）	15.6	6.9	52.3	5.5
駅（分）	8.2	5.0	25.0	1.0
バス（分）	1.1	4.1	20.0	0.0
都心（分）	13.0	6.2	29.0	2.0
床面積（㎡）	66.6	16.9	199.9	30.0
築年数（年）	14.0	8.0	45.0	0.0
階数	3.1	4.2	35.0	1.0
NOXppm	4.4	0.6	5.7	3.4
医師（人／万）	3.2	1.5	37.9	5.6
火災数（件）	2.1	0.5	4.2	1.4

図表 4.2 家族用物件の基本統計量（出典：河合（2010））

（2） もし賃料価格の分布が正規分布に近いとすれば，平均値（15.6 万円）の
±3倍×標準偏差の中にデータが入る割合は約 99.7％である。賃料の標準偏
差を見ると，約7万円であるので，その3倍が 21 万円であるので，36.5 万円
以内にはほとんどすべての賃料が入ることになろう。しかし，明らかに最大値
52.3 万円はその外にあり，これだけで判断すると異常値（特異値）となる。こ
の分布は大きく右に歪んでいて，歪度は大きく正である。

（3） このような大きな平均値からの乖離は，属性説明変数の中の床面積に
よって説明されるかもしれない。実際，その属性の平均値は 66.6㎡で標準偏差
が 17㎡であるので，平均値＋3×17㎡＝111.6 に比べて最大値 199.9 ははるか
に大きい。このような過大な変数は階数などでもみられる。

（4） 外生的属性としての医師の数も異常値と判定されるが，これで大きな
価格をもたらしているとも判断しにくい。医師の数が多ければ多いほど価格が
上がるという定式化は現実的でないであろう。大きな総合病院が一つあるとか
のダミー変数などの利用も考えられる。

（5） 問題は，たとえば最大賃料が 52.3 万円の物件が最大床面積 199.9㎡を
もち，階数が 35 階であったとしても，そのような物件が数多くあるのかどう
かで，次の回帰分析の結果の解釈が異なっていく。また，このような賃料の高
いマンションが複数ある場合には，プールがあったり，託児所があったりする

ので，高い価格を説明する別な属性変数の導入も必要になるかもしれない。すなわち，第3章で述べたように，六本木ヒルズの賃貸マンションを求める需要者の非同質性の問題があるのかもしれない。

家族用タイプの分析結果（標本数387）

以下の回帰分析の結果では，残差のグラフとその分布がなく，残差に基づく異常値の判断ができないので，(5)に述べたことに関しての結論は明確でないが，一般に最小2乗法では大きな変動を説明するように係数を推定するので，少数であっても大きな変動を持つものがあると，全体の推定値がその影響を受ける可能性を持つ。その影響の一部を以下にみよう。

実際の推定結果は，**図表4.3**の係数βの値であり，t値は後に説明するように，その統計的な有意性を見るものである。その値が2以上であれば，5%で有意という判断をする。また，第5章では，$\sqrt{2}=1.4$以上であれば，モデル選択の上で有効であると判断する基準を与える。なお，河合（2010）では，分析では多変量解析アドインソフト Mulcel を利用して，分析結果として1節で述べた標準化回帰係数と分散拡大ファクタ

$$\text{VIF}\,(k) = 1\,/\,(1 - R_k^2)$$

を掲載している。ただし，R_k^2はx_{kn}を他の説明変数で説明した決定係数である。この測度は，8節で議論するが，重共線性の程度の測度として利用されている。

属性名	係　数	t 値	属性名	係　数	t 値
駅時間	-1008.6	-4.1	床面積	1978.2	27.2
バス時間	-3760.9	-12.2	築年数	-1230.6	-8.1
都心時間	-3418.1	-10.4	階数	1699.5	5.6
23区D	26831.9	7.1	マンションD	9345.1	2.8
西武池袋線D	-17683.5	-5.2	分譲D	7678.5	2.0
田園都市線D	32756.3	8.3	駐車場D	4836.4	2.0
窒素Nox	-26600.6	-9.9	ペットD	24433.2	7.3
医師数	558.0	3.1	エアコンD	8553.0	3.3
火災数	-5421.5	-1.7	CATV	4241.5	1.7
定数項	172399.0				

図表4.3　家族用賃料ヘドニック分析(標本数387, 補正決定係数0.87)(出典：河合(2010))

134 第4章 ヘドニック価格分析法の考え方と実際的分析法

図表 4.3 の各係数の VIF は 3.3 以下（各決定係数が最大 0.6）で，重共線性は強くないといえる。この図表から次のことが観察される。

1) 係数の符号条件は予想されるものであり，t 値も有意であり，補正決定係数は 0.87 であるので，モデルとしては統計的なパフォーマンスは適切であろう。

2) しかし，田園都市線と西武池袋線のダミーの差（3.28 − (− 1.77)）は約 5 万円で，加えて東京 23 区内のダミーが 2.7 万円であるので，他の条件を同じとしておくと，西武池袋線沿線で東京 23 区外にあるものは田園都市線の物件と比べて 7.7 万円の差があることになる。現実的だろうか。

3) 定数項が約 17 万円，ペット可が 2.4 万円であるので，田園都市線沿線で東京 23 区以内に住み，ペットを飼う人の賃料は 17 + 2.7 + 3.28 + 2.4 ＝ 25.4 万円が基本となる。さらに，60㎡であると 11.9 万円，階数が 10 階で 1.7 万円，マンションのエアコン付で 1.5 万円が加算され 40.5 万円。そこから駅から 8 分，都心までの時間が 15 分とすると − 6 万円で，築 5 年で − 0.62 万円を加えると 33 万円程度。あとのマイナス要因は Nox と火災件数になるが，全体としてはバランスが取れていないであろう。

河合（2010）の結論として，次のように述べる。家族用においても，やはり田園都市線が家賃を上昇させる効果が非常に高い傾向がみられる。Nox の濃度が負で推定されており，環境を重視する傾向があることがわかった。専有面積（床面積）は非常に有意であり，家族用物件は，単身用，夫婦用物件と比べて，利便性や設備の質よりも相対的に物件の面積を重視していることがわかる。しかし，このような結論は，属性の組み合せによるもので，相対的なものであろう，とあえて付言しておく。

5 確率的な回帰式──事前的モデル

1 節で述べたように，モデル選択プロセスで自らの「分析視点とデータの生成過程との関係を整合的に考察」し，統計的に有効なモデルを選択するための思考方法として，価格 y_n が実際に実現する前の事前的な不確実な状況を想定し，その不確実な状況に対して有効な分析法を探る考え方に立つ。これは統計

5　確率的な回帰式——事前的モデル　　**135**

的な思考法で，データは不確実な状況から生成されているとみることができるからである。このように思考すると，複雑なデータの関係を分解して，起こりうる分析上の非整合性をデータとの会話で取り除いていくことができる。以下，そのための基礎の議論をする。

　事後的なデータの関係としてのモデル(4.2)に対して，そのデータを生成する事前的なモデルは，被説明変数 y_n と誤差項 u_n の各々について，それらが実現する前の変数を Y_n と U_n と表記して確率変数とみなすモデルである。すなわち，実際に観測された N 個の賃貸住宅商品の価格データ（被説明変数）の実現値 y_n $(n = 1, \cdots, N)$ に対して，それが実現する前には，多様な確率的な要因に影響を受けるので確率的に実現するとみて，それを確率変数 Y_n $(n = 1, \cdots, N)$ で表す。一方，Y_n の確率的な変動は，モデル(4.2)の誤差項 u_n が確率的に変動する結果としてみて，誤差項 u_n の実現する前の変数を確率変数 U_n で表す。

　そして，(4.2)の事前モデルをデータが実現する前の確率変数 Y_n と U_n の間の関係として，

(4.12)　　　$Y_n = \beta_0 + \beta_1 x_{1n} + \cdots + \beta_{K-1} x_{K-1 n} + U_n$　　$(n = 1, \cdots, N)$

と表現する。

　このモデルでは，左辺の被説明変数 Y_n の確率的変動が，右辺の確率的誤差項 U_n の変動に起因するとみる。このとき，確率変数としての被説明変数 Y_n の実現値が y_n であり，直接観測不能ではあるが，確率変数としての誤差項 U_n の実現値が u_n である。

　以下では，この事前と事後の関係は前後関係でわかるが，議論を明確にするために，事前モデル(4.12)を利用するときには確率変数 (Y_n, U_n) で，事後モデル(4.2)を利用するときにはその実現値 (y_n, u_n) で表記する。確率的な議論をするときには，事前のモデルを扱っていると理解する。

合理的推論法

　事前モデル(4.12)を設定するのは，データの生成プロセスに対して合理的な分析法を求める上での判断基準を確保するためである。具体的には，次の３つの推論法に合理的な基準を得ることができる。

　(1)　最適な推定法：未知パラメータ $\beta_0, \cdots, \beta_{K-1}$ の推定法の評価基準と，そ

136　第4章　ヘドニック価格分析法の考え方と実際的分析法

のもとでの最適な推定量を導出すること

(2)　モデル診断：モデル・スペシフィケーションと標準的仮定の関係を確認し，標準的仮定が満たされていないような場合，モデルの修正を行うこと

(3)　パラメータ推定値の有意性：パラメータについての有意性検定基準と，そのもとでの最適な検定方式を与えること

(4)　モデルパフォーマンスの評価：モデル全体としての評価と，y_n の将来値の予測法の評価基準と，そのもとでの最適な予測量を与えること

以下，本節では(1)と(2)の一部を扱う。(3)は次節で扱う。

(1)　最適な推定法：最小2乗推定量

与えられたモデル (4.2) に対して，有効な推定方法を求めるために，データが実現する前の事前モデル (4.12) の立場に立ち，未知パラメータ（β_0, β_1, $\cdots$, β_{K-1}）を「有効に推定する」方法を考察する。

推定法の有効性を判断する基準を持つために，誤差項の確率変動に関して次の標準的仮定を置く。

【回帰分析の標準的仮定】　確率誤差項 U_n は，次の性質を満たす。

(i)　$E(U_n) = 0$　（U_n の平均値は 0）

(ii)　$\mathrm{Var}(U_n) = E(U_n^2) = \sigma^2$　（U_n の分散は n に関係なく一定）

(iii)　誤差項 U_n $(n = 1, \cdots, N)$ は，互いに独立である。

最小2乗法の最適性の議論は，この標準的仮定を分析の出発点とする。そして，このもとで分析をすすめ，その仮定が満たされているかどうかをデータに基づいて検証する。以下，この仮定について説明する。

(i), (ii), (iii)の仮定を満たす確率変数列 $\{U_n\}$ をホワイトノイズともいう。

(i)の誤差項 U_n の平均値が 0 であることは，物件 n の事前の価格 Y_n の平均値 $E(Y_n)$ は，われわれが推定しようとする属性の 1 次式

$$E(Y_n) = \beta_0 + \beta_1 x_{1n} + \cdots + \beta_{K-1} x_{K-1n} \equiv \mu_n \quad (n = 1, \cdots, N)$$

であることを意味する。

(ii)の U_n $(n = 1, \cdots, N)$ の分散一定という仮定は，価格が決まるときの不確実

性の大きさ（分散）が物件の間で変わらないことを意味する。

仮定(iii)は，異なる物件の誤差項 U_n は互いに独立的に実現することを意味する。この仮定は，次の仮定

(iii)$'$ U_n と U_s $(n \neq s)$ は無相関である。

より強い仮定で，最小2乗法の合理性についての基礎には(iii)$'$でよいが，(2)の t 検定以下の議論を展開するために，この誤差項の独立性を仮定しておく。

言葉の使い方として，確率変数 (Y_n, U_n) をもつ事前モデル (4.12) のもとで，誤差の2乗和を最小にする $(\hat{\beta}_0, \hat{\beta}_2, \cdots, \hat{\beta}_{K-1})$ を最小2乗推定「量」といい，それをデータから計算する最小2乗推定値と区別する。このようにして得られる最小2乗推定量 $\hat{\beta}_k$ $(k = 0, \cdots, K-1)$ は，確率変数 $Y_1, \cdots, Y_N$ の関数として確率変数となる。このとき事前の意味で，この最小2乗推定量は次の性質を持つ。

［ガウス・マルコフの定理］

標準的仮定のもとでは，最小2乗推定量は最良線形不偏推定量（BLUE：Best Linear Unbiased Estimator）である。また，標準的仮定の下で誤差項が正規分布に従えば，唯一の最小分散不偏推定量である。

一般に，未知パラメータのベクトル $\beta = (\beta_0, \beta_1, \cdots, \beta_{K-1})$ の任意の推定量 $\tilde{\beta}_0, \cdots, \tilde{\beta}_{K-1}$ は，データを実現させる確率変数 $Y_1, \cdots, Y_N$ と，説明変数（事前に与えられている属性変数）$x_{1n}, \cdots, x_{K-1n}$ $(n = 1, \cdots, N)$ の関数である。したがって，推定量 $\tilde{\beta}_k$ $(k = 0, \cdots, K-1)$ は，確率変数 $Y_1, \cdots, Y_N$ の各々が確率的変動をするから，その関数としての $\tilde{\beta}_k$ も確率的変動をする。それゆえ，実際の分析に用いる推定量 $\tilde{\beta}_k$ は，平均的にみて「真」のパラメータ β_k の近くに落ちることが望ましい。まず，定理の推定量の不偏性は，事前的な視点では，推定量は確率変数の関数として確率分布を持つことになるが，その分布の平均値が推定しようとする未知パラメータに一致するという性質である。

すなわち，定理は，推定量 $\tilde{\beta}_k$ の平均値 $E(\tilde{\beta}_k)$ が推定すべきパラメータ β_k に一致するという性質，

(4.13) $$E(\tilde{\beta}_k) = \beta_k \quad (k = 0, \cdots, K-1)$$ ［不偏性］

と，確率変数 $Y_1, \cdots, Y_N$ について線形であるという性質，

$$(4.14) \qquad \tilde{\beta}_k = a_{k1}Y_1 + \cdots + a_{kN}Y_N \quad (a_{kj} は x_{jn} に依存) \qquad [線形性]$$

を満たす推定量の全体の中で, 最小2乗推定量 $\hat{\beta}_k$ は, 事前の意味で「推定量 $\tilde{\beta}_k$ と推定すべきパラメータ β_k との距離の2乗の平均値」(=分散)

$$(4.15) \qquad \mathrm{Var}\,(\tilde{\beta}_k) = E\,(\tilde{\beta}_k - \beta_k)^2 \qquad (i = 0, \cdots, K-1)$$

を最小にする推定量である (実際にはもう少し強い結果が成立する)。

また, 正規分布を仮定できれば, 線形でなくても, 2) が成立する推定量のクラスの中で, 推定量の分散が最小になるものである。その推定量の分散は平均値からの散らばりであり, それが最小ということは, 推定しようとする未知パラメータの近くにその実現値としての推定値は落ちる可能性が高いことを示すものである。

(2) モデル診断

この定理を利用すると, 標準的仮定は, モデル・スペシフィケーションやモデル選択, 変数選択に対して, 合理的な判断をするための基礎的役割を果たす。最小2乗法は, 標準的仮定の下で最適性を持つのであるから, その仮定が満たされないとそれに対応した統計的対応をすることが求められる。もちろん, その仮定が満たされなくても最小2乗法により未知パラメータは推定可能であり, その推定値を分析者が利用するのであれば, それでよいのだが, 「自らの思考法にできる限り整合性を持たせること, 内的矛盾を少なくすること」が科学的な姿勢となる。

たとえば, ファミリータイプの賃貸住宅商品の価格分析でモデルを平米あたりの賃料価格 $Y_n = p_n / S_n$ のモデルとして, 最寄り駅までの距離 $x_{1n} = dist_n$, 築年数 $x_{2n} = yr_n$, 間取りダミー $x_{3n} = ma_n$,

$$(4.16) \qquad p_n / S_n = \beta_0 + \beta_1 dist_n + \beta_2 yr_n + \beta_3 ma_n + U_n$$

と定式化したとしよう。そして, 確率的誤差項 U_n を標準的仮定が満たす, と分析者が仮定する。この場合, この分析者は,

$$(4.17) \qquad p_n = \beta_0 S_n + \beta_1 dist_n S_n + \beta_2 yr_n S_n + \beta_3 R_n S_n + \varepsilon_n, \ \varepsilon_n = U_n S_n$$

を仮定したことと同じであり, 賃料価格は定数項のないモデルに従うとみていることになる。さらに, 単位平米あたりモデルの誤差項の分散は $\mathrm{Var}\,(U_n) = \sigma^2$ であるので, 賃料水準価格モデル (4.17) の誤差項の分散は $\mathrm{Var}\,(\varepsilon_n) = \mathrm{Var}\,(U_n S_n) = \sigma^2 S_n^2$ となり, 床面積 S_n に依存する。このような場合, 各 ε_n の分散が等しく

ないので，不等分散モデルという。

(4.17)のモデルでは，賃料価格の標準偏差はσS_nとなるから，賃料価格の変動は床面積S_nに比例的となる。このことは，データの物件を床面積の大きさの順に並べて，2次元平面に(S_n, p_n)をプロットした場合，価格の変動が床面積の増加につれて大きく見えることになる。この場合，この価格水準モデルに最小2乗法を適用してもガウス・マルコフ定理でいう最適性は得られない。なぜなら，標準的仮定が満たされていないからである。もちろん，(4.16)および(4.17)のモデルのそれぞれに最小2乗法を適用した場合，同一の未知パラメータの推定値は異なる。この場合，不等分散モデル(4.17)に対しては後に述べる一般化最小2乗法を用いると，最適性が満たされるだけでなく，(4.16)のモデルに最小2乗法を適用した推定値と一致する。

標準的仮定とモデル診断

事後的モデル(4.2)がデータと整合的であるか，事前モデルの標準的仮定とデータが整合的であるかを検証することが必要となる。その場合，次の(a)〜(d)が基本的なチェックポイントとなる。

(a) 標準的仮定の(ii)等分散，(iii)独立性，の仮定が満たされているか。

(b) 各変数は個別的に十分説明力をもっているか（t値の問題）。

(c) 推定式がデータの変動を十分追っているか（モデルのフィットネス，決定係数）。

(d) 経済学的にみて合理的か（パラメータの推定値の符号条件等）。

《標準的仮定の(ii)等分散，異常値，(iii)独立性》

まず，残差$\hat{u}_n\ (n = 1, \cdots, N)$は$K$個の制約，

$$\sum_{n=1}^{N} \hat{u}_n = 0, \quad \sum_{n=1}^{N} x_{kn}\hat{u}_n = 0\ (k = 1, 2, \cdots, K-1)$$

を満たし，N個の残差$\hat{u}_1, \cdots, \hat{u}_N$が自由に変動できる数は$N-K$であるので，$N-K$を残差の自由度とよんだ。その結果，残差の平均値は0となる（(4.5)を見よ）。これは，(i)の誤差項u_nの平均値が0という仮定に対応している。

140   第4章　ヘドニック価格分析法の考え方と実際的分析法

$$\bar{u} = \frac{1}{N} \sum_{n=1}^{N} \hat{u}_n = 0$$

　次に，(ii)の u_n の分散一定とその独立性という仮定をみる方法は，データの中に異常値が存在するかどうかを検証することが一つである。その検証法は3.1節で述べた。もう一つの見方を後に述べる。

　仮定(iii)は，異なる物件の誤差項 u_n と u_s の実現は互いに依存せず独立であることであるが，この仮定は，残差をプロットして視覚的に確認できる。このことを説明するために，モデルの誤差項 u_n は，$x_{1n}, \cdots, x_{K-1n}$ で説明されないすべての部分を含んでいることに注意する。

　その場合でも，特に次の点が重要である。

➤ (4.2)のモデルの y_n と $x_{1n}, \cdots, x_{K-1n}$ が線形関係でないのに線形と仮定したことによる誤差（スペシフィケーションエラー）

➤ 重要な説明変数を落としていることによる誤差

➤ 空間的な関係の影響を無視していることによる誤差

　このような理由のもとでの誤差の影響が強いと，u_n は特定のパターンをもった変動をすることになることが多い。しかし，u_n は観測不能であるので，その推定値である残差の系列（$\hat{u}_1, \hat{u}_2, \cdots, \hat{u}_N$）を用いる。横軸に $n = 1, \cdots, N$ をとり，縦軸に $\hat{u}_n$ をとるのである。しかし，$n = 1, \cdots, N$ の順番は，時系列データでないので時間的な順番ではない。多くは与えられたデータの順序のままであるので，順序をいろいろ変えてみることが必要になる。たとえば，

1)　物件の築年数（経過年数）の順に並べた（$\hat{u}_1, \hat{u}_2, \cdots, \hat{u}_N$）

2)　主要駅（最寄り駅）からの徒歩時間の順に並べた（$\hat{u}_1, \hat{u}_2, \cdots, \hat{u}_N$）

3)　床面積の大きさの順に並べた（$\hat{u}_1, \hat{u}_2, \cdots, \hat{u}_N$）

4)　分析地域の地区（商店街，居住地区）と上のものを組み合わせた順

5)　特定な方角（方向）に対して並べる

6)　(4.8)の $\hat{y}_n \equiv \hat{u}_n$ の大きさの順に並べる

などによるプロットの図を描き，仮定(ii)，(iii)を可視的に検証する。

　その検証により，分散が同じでないと判断される場合，誤差項に不等分散モデルを仮定する必要がある。不等分散のことを英語で heteroscedasticity という。どのようにその不等分散を考慮するかは，データとの会話により変動構造

を理解して定式化する。パラメータの推定法は，「一般化最小2乗法」を利用するのがよい。具体的には不等分散性のモデル・スペシフィケーションに依存する。

たとえば，1)の原因により，たとえば築年数が大きいと価格の分散が大きくなると想定するのであれば，母集団モデルの分散を築年数に依存させるようにする。また，3)の価格の標準偏差が床面積に比例的な場合も(4.17)モデルに関して説明した。このような場合，一般化最小2乗法で推定値を求める。一方，6)の場合については，一般化最小2乗法で求めることを第5章5節で扱う。

しかし，このようなデータを通してモデル診断をし，最終的なモデルをデータと会話しながら選択するプロセスは，非線形モデルを選択することになる。

実際の回帰モデルの最終形の推定式を得る過程の中で，次節で述べる係数t値の大小によって変数を選択するとか，不等分散性や独立性の検定によって誤差項の標準的な仮定を検定し，仮定が満たされない場合，対応した処理を施して推定し直すことが多い。その場合，「検定と推定は同じデータで行われること」が多く，検定の結果選択されたモデルに対して，たとえば最小2乗推定量が最良不偏である，というような解釈をする。しかしながら，このような解釈は正しくなく，そこで選択された事前のモデルの下では，非線形推定量となっている。

この問題は，予備検定推定量としてかつてさまざまな議論があったが，多くの解説書ではその重要性にもかかわらずあまり触れていない。いずれにしても，このように予備検定をして，モデルを選択し，そのもとで求められる（一般化）最小2乗推定量は，「ガウス・マルコフの定理」は適用できず，最良でないことに注意する。この問題については，第5章で解説する。そして，属性変数の非線形の定式化と推定問題につなげる。

6　パラメータ推定値の有意性：t値

この節では，5節で述べた(3)パラメータ推定値の有意性（説明力として意味を持つこと）の判定問題をt値による「仮説検定問題」として解説する。

ヘドニック回帰分析では，構造物の外部・内部などの多くの属性変数を説明変数の候補として考え，その中から市場で支配的な（可能ならば少数の）属性

142 第4章 ヘドニック価格分析法の考え方と実際的分析法

変数を選択する有効なプロセスが重要となる。この問題は，統計学での変数選択問題で，K 個の属性の中から，有効な説明変数の組を選択する問題である。その場合，説明変数としてすべての組み合せを対象とする場合は，属性の数が10個であれば2の10乗 = 1,024通りで，一応試すことはできる。コンピュータで自動的にすべて試して，

   1)   パラメータの符号条件を満たす

   2)   すべての推定値の t 値が一定以上

   3)   決定係数が一定以上

のすべての条件を満たすものを取り出して，その中で合理的な解釈ができるものを絞っていく，というプロセスをとることができよう。しかし，説明変数が20個あれば2の20乗では，ほとんど試すことが不可能な数になる。さらに，選択される変数の組は，賃貸住宅価格の現象に対して，あるいは経済学的な知識に照らして意味を持つことが重要になる。その意味で，属性の数が10を超えるような場合，すべての説明変数の組み合せを試すことは意味がない。

そこで，最初に必ず入れておく変数を固定する。たとえば，専有面積，建築後年数，最寄り駅までの時間などの変数は選択の対象にしないで，その上で有効に変数選択を行う。統計的な変数選択法としては，

  ➤少ない説明変数から増加していく変数増加法

  ➤最大の説明変数から減少していく変数減少法

  ➤あるいは，部分的にそれらを組み合せる変数増減方法

などがあるが，全部の変数から統計的な処理で変数を減少していく統計的方法は，重共線性（マルチコ）の問題も関係して，ミスリーディングな結果を生むことが多いので避けた方がよい。ここでは変数増加法を基礎にするものの，「属性変数の組み合せ内容を理解」し，途中で増減を行う変数増減法を勧めておく。

以下の流れは次の通り。

6.1 t 値による変数の有意性と変数選択

6.2   【補論】仮説検定の理論の考え方，p 値

6.3   回帰モデルでの t 検定統計量の意味

6.1 t 値による変数の有意性と変数選択

　誤差項が標準的仮定を満たすことを前提とするモデルで，第 k 説明変数としての個別の属性変数が被説明変数 y_n の変動を説明する上で有効であるかどうかを判断する必要がある。その統計量がいわゆる「t 値」の検定統計量であるが，これを説明しよう。まず回帰分析の事前モデル(4.12)

$$Y_n = \beta_0 + \beta_1 x_{1n} + \cdots + \beta_{K-1} x_{K-1n} + U_n$$

において標準的仮定が満たされているとする。

　仮説検定の理論は，その説明変数が被説明変数を説明する上で「効かない」（説明力がない）という帰無仮説 H_0 をその係数が 0 という式 $\beta_k = 0$ で，また「効く」という対立仮説 H_1 をその係数が 0 でないという式 $\beta_k \neq 0$ で表現し，二者択一的な仮説検定問題，

$$H_0 : \beta_k = 0 \quad vs \quad H_1 : \beta_k \neq 0$$

を考え，データに基づいてどちらかを選択する。

　この仮説検定方式の意味は，仮にパラメータが 0 という $\beta_k = 0$ と仮説を立ててみて，データの最小 2 乗推定値 $\hat{\beta}_k$ を利用してその妥当性を検証し，推定値がその仮説に対して無矛盾であればそれを受け入れる，という判断方式である。

　ここで無矛盾であるという意味を考えよう。合理的な判断方式を得るために，データの関数である推定値 $\hat{\beta}_k$ を被説明変数のベクトル $y = (y_1, y_2, \cdots, y_N)$ の関数として，$\hat{\beta}_k \equiv \hat{\beta}_k(y)$ と表現する。データは確率変数の実現値とみなすので，これを実現する前の被説明変数（確率変数）ベクトル $Y = (Y_1, Y_2, \cdots, Y_N)$ の関数としてみた，推定量 $\hat{\beta}_k \equiv \hat{\beta}_k(Y)$（推定量というときには確率変数とみている）は確率変数ベクトル Y の関数として，確率変数になる。誤差項についての標準的仮定が満たされている場合，$Y_1, Y_2, \cdots, Y_N$ は互いに独立に分散一定の確率分布を持つ。それゆえ，最小 2 乗推定量 $\hat{\beta}_k \equiv \hat{\beta}_k(Y)$ の分布が求められ，平均値と分散が計算される。それに基づいて，R.A. フィッシャーによる T 統計量が定義される。

144　第4章　ヘドニック価格分析法の考え方と実際的分析法

---

(1)　各最小2乗推定量 $\hat{\beta}_k$ の平均と分散

(4.18)　　　　　　$E(\hat{\beta}_k) = \beta_k$　　$\mathrm{Var}(\hat{\beta}_k) = \sigma^2 c_{kk}$

ただし，$c_{kk} = \dfrac{1}{(Ns_{xk}^2)(1-R_k^2)}$　$(k = 1, \cdots, K-1)$，$Ns_{xk}^2 = \displaystyle\sum_{n=1}^{N}(x_{kn} - \bar{x}_k)^2$

R_k^2：第 k 説明変数 x_{kn} を他の説明変数で推定したときの決定係数

(2)　T 統計量

帰無仮説 $\beta_k = 0$ のもとで $\hat{\beta}_k \equiv \hat{\beta}_k(Y)$ をその標準偏差の推定値 $\sqrt{\sigma^2 c_{kk}}$ で割った次の基準化統計量を T 統計量という。

(4.19)　　　　$T = \dfrac{\hat{\beta}_k - \beta_k}{\sqrt{V\hat{a}r(\hat{\beta}_k)}} = \dfrac{\hat{\beta}_k - 0}{\sqrt{\hat{\sigma}^2 c_{kk}}} = \left[\dfrac{\hat{\beta}_k}{\hat{\sigma}}\sqrt{Ns_{xk}}\right]\sqrt{1 - R_k^2}$

ただし，$\hat{\sigma}^2 = \dfrac{1}{N-K}\displaystyle\sum_{n=1}^{N}\hat{u}_n^2$，$\dfrac{\hat{\beta}_k}{\hat{\sigma}}$：標準化回帰係数

内容を理解しよう。(1)の数学的な証明は付録にある。R_k^2 は，第 k 説明変数 x_{kn} を他の説明変数で推定したときのモデルの決定係数である。たとえば $k = K-1$ の場合，

$$x_{K-1n} = \gamma_0 + \gamma_1 x_{1n} + \cdots + \gamma_{K-2}x_{K-2n} + v_n$$

のモデルの決定係数である。このとき，この式の決定係数 R_{K-1}^2 との残差 $\hat{v}_n$ の分散との関係は(4.10b)から，

$$s_{\hat{v}}^2 = s_{xK-1}^2[1 - R_{K-1}^2], \ s_{\hat{v}}^2 = \dfrac{1}{N}\sum_{n=1}^{N}\hat{v}_n^2, \ s_{xK-1}^2 = \dfrac{1}{N}\sum_{n=1}^{N}(x_{K-1n} - \bar{x}_{K-1})^2$$

が成立する。

一方，誤差項 u_n の分散 σ^2 の推定値としては，$\beta_k \neq 0$ のもとでのその残差により，

(4.20)　　　　　　$\hat{\sigma}^2 = \dfrac{1}{N-K}\displaystyle\sum_{n=1}^{N}(\hat{u}_n - \bar{\hat{u}})^2 = \dfrac{1}{N-K}\displaystyle\sum_{n=1}^{N}\hat{u}_n^2$

$$\left(\text{注意}：s_{\hat{u}}^2 = \dfrac{1}{N}\sum_{n=1}^{N}\hat{u}_n^2 \text{ではない}\right)$$

を利用する。この $\hat{\sigma}^2$ を使う理由は，それが σ^2 の不偏推定量 $E(\hat{\sigma}^2) = \sigma^2$ であ

るからで，フィッシャーはこれを用いた。この式で，3.3のモデルのフィットネスで述べたように，$N-K$は，N個の残差$\hat{u}_1, \hat{u}_2, \cdots, \hat{u}_N$の自由度である。(4.19)では，この$\hat{\sigma}^2$を用いて，$\hat{\beta}_k \equiv \hat{\beta}_k(Y)$の分散$\mathrm{Var}(\hat{\beta}_k) = \sigma^2 c_{kk}$を$\hat{\mathrm{Var}}(\hat{\beta}_k) = \hat{\sigma}^2 c_{kk}$で推定している。そして，帰無仮説$\beta_k = 0$のもとで$T$統計量を評価している。

(4.19)は，1節で述べたt値の構造で，t値が大きくなる条件がわかる。

1) 標準化回帰係数$\hat{\beta}_k / \hat{\sigma}$が相対的に大きいこと
2) 当該説明変数の標準偏差が大きいこと
3) 第k属性変数を他の属性変数で説明したときの決定係数R_k^2があまり大きくないこと

(4.18)の分母の構造から，7節では重共線性の度合いを分散拡大ファクタ

$$\mathrm{VIF}(k) = 1 / (1 - R_k^2)$$

で評価する。これは回帰係数の推定量の分散が，説明変数の重共線性の関係からどのくらい大きくなるかを定義している。

多くのテキストでは，この点や(4.19)についてあまり詳細に議論しないが，この形を理解しておくと，モデルのパフォーマンスがまあまあであっても，t値が全体的に低いような問題の構造が理解され，その解決の糸口を探ることができよう。

なお，標準化回帰係数の大きさは，説明変数x_{kn}の単位の取り方に依存する。したがって，その大きさを他の標準化回帰係数と直接比較はできない。その比較をするためには，$[\cdot]$の中の値にして比較する必要がある。

ただ，説明変数がシフトダミー変数どうしの場合，

$$N s_{xk}^2 = N \hat{q}_k (1 - \hat{q}_k), \quad \hat{q}_k = \frac{1}{N} \sum_{n=1}^{N} D_{kn}, \quad D_{kn} : 当該ダミー$$

となり，ここでは単位は同じになるので，標準化回帰係数は直接的に比較可能である。

この式からわかるように，たとえばこのダミーがオートロックであれば，標本の中でその設置比率$\hat{q}_k$が$1/2$程度の方が当該説明変数の標準偏差が大きくなるので，t値は大きくなる。$\hat{q}_k$がかなり小さいとか，かなり大きい場合には，t値は小さくなる。したがって，そのようなダミー変数を入れても説明力は出てこないことになる。

146 第4章 ヘドニック価格分析法の考え方と実際的分析法

t 分布と *t* 検定

　この統計量 T は，帰無仮説が正しいとしたとき，確率変数ベクトル Y の関数として N 個の標本を繰り返しとることで，自由度 $N-K$ の t 分布をする。この分布は，0 を中心にした対称分布で，$N-K$ が大きくなると正規分布に収束する。一方，特定な標本データ $y=(y_1, y_2, \cdots, y_N)$ が実現すると，右辺の値は，$T=t$ としてデータから計算される。

　そこで，合理的な判断（検定）方式として，帰無仮説を採用するのか，それを棄却するのかについて，実現したデータから計算される $T=t$ の絶対値が，

(4.21)
$$|t| > d \text{ のとき，} H_0 \text{ を棄却する。}$$
$$|t| \leq d \text{ のとき，} H_0 \text{ を採択する。}$$

とするのが(4.18)に対する仮説検定方式である。

　ここで d の値は，$N-K$ が 16 以上の場合は 2 でよい。すなわち，t 値の絶対値が 2 を超えれば，帰無仮説 $H_0 : \beta_k = 0$ を棄却し，第 k 説明変数は有意な説明力があるとする。この 2 の値は，以下に述べるように，帰無仮説が正しいときに間違って棄却する確率がほぼ 5% になることを保証する値である。もし 2 よりも小さいと，推定値の値が有意でないとして，帰無仮説 $\beta_k = 0$ を受容するので，その説明変数をモデルに入れない。

　なお，(1.7)の検定方式は，結果的に $|\hat{\beta}_k|$ がその標準偏差の推定値の d 倍（$d=2$ のときは 2 倍）

(4.22)
$$|\hat{\beta}_k| > d [\text{Var}(\hat{\beta}_k)]^{1/2}$$

のとき H_0 を棄却する方式となっており，記述的解釈を与える。

　仮説検定論に基づくと，このように $|t|$ の値が 2 より大きいとき，当該説明変数は有意な説明力を持つと判断する。第 5 章で別なモデル選択の議論により，t 値の $\sqrt{2}$，あるいは 1 の基準を述べる。

　以上のプロセスで，最小 2 乗法の PC プログラムで出力される t 値の見方を説明したが，$\hat{\beta}_k$ の t 値の絶対値が 2 より小さくて帰無仮説 H_0 が棄却できない場合，第 k 説明変数を除いたモデルで，再び最小 2 乗法で残ったパラメータを推定する。このような統計的検定により，変数を増減していく判断方式には，実は最小 2 乗推定量の統計的最適性が成立しなくなる問題がある。これについては第 5 章で，予備検定に基づく推定量のテーマで議論する。

6 パラメータ推定値の有意性：t値　147

さらに，各推定値のt値は，説明変数の組み合せに大きく依存している点に注意する。これは，ある特定な説明変数が棄却もしくは採択されるのは，他の説明変数の組に依存しているので，分析視点と経済現象としての解釈の合理的視点から選択・判断していくことも必要である。特に経済学的に見て意味のない変数のt値が大きい場合，それを残して他の重要な変数を捨ててしまうようなことをしないように注意する。また，モデルの一つの推定結果のt値により，一度に多くの説明変数を捨ててしまうことにも注意が必要である。

6.2　【補論】仮説検定の理論の考え方，p値

上の判断方式の合理性を説明しておくが，読み飛ばしてもよい。

ここでは，データを確率変数の実現値とみなすことが重要となる。仮説検定方式では，採用しているモデル・スペシフィケーションは正しいと仮定する。そのもとで，特定なパラメータが0かどうかの仮説(4.18)を検定する。

実際どのような判断方式を用いても，次の2つの誤りを犯す可能性がある。

第1種の誤り：仮説H_0が「真」であるとき，間違ってH_1を「真」と判断してしまう誤り

第2種の誤り：仮説H_1が「真」であるとき，間違ってH_0を「真」と判断してしまう誤り

仮説検定理論では第1種の誤りをより重要視し，その誤りを犯す確率をあらかじめ指定した一定水準以下となる判断方式に限定する。その一定水準を「有意水準」といい，通常5％とか1％等がとられる。そして，その有意水準が一定水準になる種々の判断検定方式の中で，第2種の誤りを犯す確率をなるべく小さくする最適な検定（判断）方式を選択する。上記の(4.18)の検定問題に対して，判断方式(4.21)がその最適な検定方式である。その導出においては，確率変数としての誤差項U_nに正規分布を仮定するが，それが正規分布でなくても，一定の範囲の分布に対して得られたT統計量はt分布で近似される。(4.21)の棄却点dは，帰無仮説$H_0 : \beta_k = 0$が真のとき間違ってそれを棄却する（すなわち，$|T| > d$が起きる）確率が有意水準aとなるように決める。すなわち，

$$(4.23) \qquad\qquad P\left(|T| > d \mid H_0\right) = a$$

を満たすdをt分布表から求める。$a = 0.05$の場合，自由度$N - K$が16以上

148 第4章 ヘドニック価格分析法の考え方と実際的分析法

ならば，d はほぼ2としてよい。(4.20)の検定統計量 T は確率変数 $Y_1, \cdots, Y_N$ の関数として確率変数であり，その分布は H_0 が「真」(すなわち，$\beta_k = 0$) のとき自由度 $N - K$ の t 分布をする。(4.23)の左辺は，その t 分布のもとで，$|T|$ が d を超える確率を示している。検定方式(4.21)では，データを代入して求められる(4.20)の $|t|$ 値が d を超えるとき，H_0 を棄却する。すなわち，データから計算された $|t|$ 値が d を超えたということは，たまたま1組の実現値 $(y_1, \cdots, y_N)$ で確率 a の事象 $|T| > d$ が生起したことになり，それは合理的でないとして H_0 を棄却して H_1 を採択する。これが仮説検定論の考え方である。

これに関連して，有意水準 $a = 0.05$ を決めて $d = 2$ を選択し，データから観測される $|t|$ 値が2より大きいかどうかにより，帰無仮説を棄却もしくは採択するかどうかを判断する代わりに，d として観測した $|t|$ を利用して，H_0 のもとで $|T| > |t|$ となる確率

(4.23) $$P\left(|T| > |t| \,|\, \mathrm{H}_0\right) = p$$

を求めたものを「p 値」という。

これは，帰無仮説 H_0 のもとで実際の $|t|$ 値より $|T|$ が大きくなる確率であるから，この確率が小さいほど有意となる。たとえば $p = 0.02$ であれば，有意水準 0.02 でぎりぎり有意となることを示す。p 値の計算は，回帰分析のソフトもしくは表から得られる。

なお，上で述べたように，与えられた検定問題に対して最適な検定方式を導出するときには通常正規分布を仮定する。しかし，得られた検定方式とその帰無仮説のもとでの分布は正規分布でなくても有効な場合が多い (Kariya and Sinha (1989))。これを検定のロバストネスという。通常の経済データの場合，以下で扱う検定はロバストと考えてよい。我々もこの立場にたつ。したがって，誤差項 U_n に必ずしも正規分布を仮定しない。

6.3 回帰モデルでの t 検定統計量の意味

t 値の意味を別な視点から説明する。

[1] まず，第 $K-1$ 説明変数 x_{K-1n} を $x_{1n}, \cdots, x_{K-2n}$ で説明する式，

$$x_{K-1n} = \gamma_0 + \gamma_1 x_{1n} + \cdots + \gamma_{K-2} x_{K-2n} + v_n$$

を形式的に作り，そのもとでの最小2乗残差を $\hat{v}_n$ とする。すなわち，

$$(4.24a) \qquad x_{K-1n} = \hat{\gamma}_0 + \hat{\gamma}_1 x_{1n} + \cdots + \hat{\gamma}_{K-2} x_{K-2n} + \hat{v}_n$$

とする。この残差 $\hat{v}_n$ は，x_{K-1n} を $x_{1n}, \cdots, x_{K-2n}$ で説明できない部分である。このとき上に述べたように次の関係が成立する。

$$(4.24b) \qquad s_{\hat{v}}^2 = s_{x_{K-1}}^2 [1 - R_{K-1}^2], \quad s_{\hat{v}}^2 = \frac{1}{N} \sum_{n=1}^{N} \hat{v}_n^2, \quad s_{x_{K-1}}^2 = \frac{1}{N} \sum_{n=1}^{N} (x_{K-1n} - \bar{x}_{K-1})^2$$

[2] 他方，モデル

$$y_n = \beta_0 + \beta_1 x_{1n} + \cdots + \beta_{K-1} x_{K-1n} + u_n$$

に対して最小2乗法を適用して得られるモデル

$$y_n = \hat{\beta}_0 + \hat{\beta}_1 x_{1n} + \cdots + \hat{\beta}_{K-1} x_{K-1n} + \hat{u}_n$$

の推定値 $\hat{\beta}_{K-1}$ の t 値は，仮説

$$H_0 : \beta_{K-1} = 0 \quad \text{vs} \quad H_1 : \beta_{K-1} \neq 0$$

を検定する統計値である。そこで，H_0 のもとでの最小2乗推定モデル

$$y_n = \hat{\beta}_0^0 + \hat{\beta}_1^0 x_{1n} + \cdots + \hat{\beta}_{K-2}^0 x_{K-2n} + \hat{u}_n^0$$

の最小2乗残差を $\hat{u}_n^0$ は，y_n を $x_{1n}, \cdots, x_{K-2n}$ で説明したときに説明できない部分である。

[3] ここで，[1]と[2]の $x_{1n}, \cdots, x_{K-2n}$ で説明できない2つの残差 $\hat{v}_n$，$\hat{u}_n^0$ に対して形式的モデル，

$$\hat{u}_n^0 = a_0 + a_1 \hat{v}_n + w_n$$

をつくり，a_1 の最小2乗推定量 $\hat{a}_1$ を求めると次の関係が成立する。

---

(1) 第 $K-1$ 最小2乗推定値の表現

$$(4.25) \qquad \hat{a}_1 = \frac{\sum (\hat{v}_n - \bar{\hat{v}})(\hat{u}_n^0 - \bar{\hat{u}})}{\sum (\hat{v}_n - \bar{\hat{v}})^2} = \frac{\sum \hat{v}_n \hat{u}_n^0}{\sum \hat{v}_n^2} = \hat{\beta}_{K-1}$$

(2) t 値の表現：残差 $\hat{u}_n^0$ と $\hat{v}_n$ の相関係数を r とすると，

$$(4.26) \qquad t = \frac{r\sqrt{N-K}}{\sqrt{1-r^2}}, \quad r = \sum_{n=1}^{N} \hat{u}_n^0 \hat{v}_n \Big/ \left[\sum_{n=1}^{N} (\hat{u}_n^0)^2 \sum_{n=1}^{N} (\hat{v}_n)^2 \right]^{1/2}$$

(3) t 値の分解：(4.19) と同一

$$(4.27) \quad t = \frac{\hat{\beta}_k}{[\hat{Var}(\hat{\beta}_k)]^{1/2}} = \frac{\hat{\beta}_k}{\hat{\sigma}} \sqrt{N s_{xk}^2 (1 - R_k^2)} \quad (k = 1, \cdots, K-1)$$

ここで，s_{xk}^2 は第 k 説明変数 x_{kn} 自身の分散，R_k^2 は x_{kn} を他の説明変数で

150 第4章 ヘドニック価格分析法の考え方と実際的分析法

説明したときの決定係数である。$\hat{\sigma}^2$ は（4.20）で与えられる。

証明は，《付録》に与えてある。

（4.25）は，$\hat{a}_1$ が H_1 のもとでのモデル（4.12）における係数 β_{K-1} の最小2乗推定値 $\hat{\beta}_{K-1}$ にほかならないことが示される。それゆえ，$\hat{\beta}_{K-1}$ の分散は $\hat{a}_1$ の分散に等しく，$\hat{\beta}_{K-1}$ の t 値も $\hat{a}_1$ の t 値に等しい。この議論で，番号 $K-1$ は任意でよいから，以上の関係は任意の係数の番号 k でよい。

それゆえ，与えられた方程式の中での第 k 変数の t 値は，

1) y_n を第 k 説明変数を除いて他の説明変数で説明したときの残差 $\hat{u}_n^0$ を，

2) 第 k 説明変数を他の説明変数で説明したときの残差 $\hat{v}_n$

で説明したときの説明力を評価している。

（4.26）から，[1] と [2] の残差どうしの相関係数 r の絶対値が大きいとき $|t|$ 値は大きくなる。それゆえ，1つの回帰式の中の係数間の $|t|$ 値を直接的に比較できないのである。多くの場合，$|t|$ 値が大きいものを残して小さいものから変数を減少させたりするが，必ずしもそれは合理的でない。この部分を丁寧に分析しようとすると，多くの手間がかかるので，普通とられるプロセスである。しかし，説明変数の間の相関が強いため t 値が小さくなっている場合，事前情報が特にない限り $|t|$ 値の小さい方から除去することは合理的である。したがって，モデルのパフォーマンスを t 値，F 値等でみる場合，説明変数の間の相関行列を眺めて，その相関構造を把握しておくことが重要となる。

この問題をさらに詳しくみる方法が，（4.27）の t 値の表現の構造を利用して，重共線性の関係をみて，変数選択，モデル選択をすることである。そこでは，R_k^2，Ns_{xk}^2，標準化回帰係数 $\hat{\beta}_k / \hat{\sigma}$ の関係を理解することが必要となる。8節で分散拡大ファクタとして議論する。実際，次のことがいえる。

《t 値が小さくなる理由》

a) 回帰係数 $\hat{\beta}_k$ が残差の標準偏差 $\hat{\sigma}$ に比べて小さい，すなわち $\hat{\beta}_k / \hat{\sigma}$ が小さい。

b) $Ns_{xk}^2(1 - R_k^2)$ が小さい，すなわち，説明変数の平均値からの偏差の2乗和 Ns_{xk}^2 が小さいか，決定係数 R_k^2 が1に近い，もしくはその両方である。

c) この結果として，仮に R_k^2 が 0 に近くても，第 k 説明変数の変動 Ns_{xk}^2 が極めて小さい場合，t 値が小さくなる。それゆえ，変動 Ns_{xk}^2 が小さい説明変数を入れても説明力は大きくならない。

d) また，b) の結果は，$1 - R_k^2$ が変動 Ns_{xk}^2 に比べて 0 に近い場合，すなわち，第 k 説明変数が他の説明変数と強い重共線関係にある場合，t 値は小さくなる。

t 値についての要約

t 統計量は，各説明変数の係数 β_k が 0 という仮説 $H_0 : \beta_k = 0$ を検定するための統計量として導出されたものであり，それに基づく (4.21) の判断方式は第 1 種の誤りを一定（通常 5 ％）にして第 2 種の誤りを最小にしている。第 k 係数 β_k の t 値は，他の説明変数が与えられたもとで追加的に第 k 説明変数を加えたときの，y_n の変動に対する追加的説明力をみる統計量の値である。したがって，他の説明変数の与え方によって第 k 説明変数の t 値は異なる。一般に第 k 説明変数 x_{kn} と相関が強い変数がある場合，β_k の t 値は小さくなる。変数選択のプロは，各変数の t 値の構造を知ることで，説明変数の組み合せを洞察することができよう。

7 F 検定法と F 比，t 値，補正決定係数の関係

t 値は，パラメータ一つずつに対して説明変数の説明力を見る統計値であった。これに対して，複数の説明変数の説明力を同時に検定するのが F 検定である。これをこの節で扱う。そのため，仮説検定問題，

$$H_0 : \beta_l = \cdots = \beta_{K-1} = 0 \quad \text{vs} \quad H_1 : H_0 \text{ が成立しない}$$

に対して分散分析の視点から F 統計量を導出する。

ここで，H_0 が成立しないとは，$\beta_l, \cdots, \beta_{K-1}$ のうち少なくとも一つは 0 でないという意味である。$l = K-1$ のとき，この検定問題は，第 $K-1$ 説明変数 x_{K-1n} の係数 β_{K-1} に関する仮説検定問題 $H_0 : \beta_{K-1} = 0$ vs $H_1 : \beta_{K-1} \neq 0$ と同等となる。その意味では，ここでの枠組みは t 検定を含むものである。

152 第4章 ヘドニック価格分析法の考え方と実際的分析法

上の H_0 および H_1 のもとでのモデルはそれぞれ，

(4.28a)　　　$H_0 : y_n = \beta_0 + \beta_1 x_{1n} + \cdots + \beta_{l-1} x_{l-1n} + u_n$

(4.28b)　　　$H_1 : y_n = \beta_0 + \beta_1 x_{1n} + \cdots + \beta_{l-1} x_{l-1n} + \beta_l x_{ln} + \cdots + \beta_{K-1} x_{K-1n} + u_n$

となる。

また，H_0 と H_1 の各々のモデルのもとでの最小2乗残差の2乗和を，

$$S_0 = \sum_{n=1}^{N} (\hat{u}_n^0)^2, \quad \hat{u}_n^0 \text{ は } H_0 \text{ モデルのもとでの最小2乗残差}$$

$$S_1 = \sum_{n=1}^{N} (\hat{u}_n^1)^2, \quad \hat{u}_n^1 \text{ は } H_1 \text{ モデルのもとでの最小2乗残差}$$

とおく。

H_1 モデルは，H_0 モデルの説明変数を含んでいるから，

$$S_0 \geq S_1$$

が成立する。

したがって，$S_0 - S_1$ は説明変数 $x_{ln}, \cdots, x_{K-1n}$ を追加したときの残差2乗和の減少分であり，それが大きいほど $x_{ln}, \cdots, x_{K-1n}$ の追加的説明力が大きいことになる。

S_0 の自由度は $N-l$，また S_1 の自由度は $N-K$ であるので，$S_0 - S_1$ の自由度は，

$$N - l - (N - K) = K - l$$

である。

$K-l$ は，追加した変数 $x_{ln}, \cdots, x_{K-1n}$ の数である。それゆえ，$(S_0 - S_1) / (K - l)$ は追加変数1個当たりの平均の残差2乗和の減少分（説明力の増加分）である。

そこで，この残差2乗和の減少分が，H_1 のもとでの誤差項の分散の推定値

$$\hat{\sigma}_1^2 = \frac{S_1}{(N-K)} \quad (x_{1n}, \cdots, x_{K-1n} \text{ で説明できない変動の大きさ})$$

と比べて有意に大きいかをみる測度を，

(4.29)　　　$$F = \frac{(S_0 - S_1)/(K - l)}{\hat{\sigma}_1^2} = \frac{(S_0 - S_1)/(K - l)}{S_1/(N - K)}$$

で定義することができる。

この統計量を F 統計量という。この F 統計量は，上のつくり方から，説明変数 $x_{1n}, \cdots, x_{l-1n}$ が与えられたもとで，追加的に $x_{ln}, \cdots, x_{K-1n}$ を加えたときの説

明変数 1 個当たりの説明力の増加分を評価している。

そこで，データから計算されるこの F 値が一定値 c より大きいとき，H_0 モデルと比べて H_1 モデルは有意な説明力の増加があるとして，

$$F \geq c \text{ のとき，} H_0 \text{ を棄却して } H_1 \text{ を採択}$$

$$F < c \text{ のとき，} H_0 \text{ を受容}$$

という意思決定方式をとる。

事前モデルの視点に立つと F は確率変数で，仮説 H_0 のもとでは自由度 $(K-l,$ $N-K)$ の F 分布に従う（刈屋・勝浦（2008））ので，この分布のもとに有意水準 a （通常 5 ％）を与えて数表から，モデル H_0 が正しいとき $F \geq c$ となる確率（第 1 種の誤りの確率）を a となるように，

$$P(F > c | H_0) = a$$

となる c を求め，データから計算される F 値が $F > c$ となるとき仮説 H_0 を棄却する。この検定方式は，第 2 種の誤りを最小にする最適な方式である。

もちろん，$l = K-1$ のとき(4.29)の F 統計量は第 $K-1$ 説明変数の係数 β_{K-1} の検定問題(4.12)の最適な検定統計量であり，実はその場合の F 統計量は t 統計量の 2 乗 $F = t^2$ であることが示される。t 検定では有意水準 $a = 0.05$ で $N-K$ ≥ 10 のとき，棄却点 c は近似的に 2 となるから，$l = K-1$ のとき(4.29)の F 値の棄却点は 4 となる。

F 比と補正決定係数の関係

H_0 モデル(4.28a)の補正決定係数 $\overline{R}_0^2$ と，H_0 モデルに $K-l$ 個の説明変数 $x_{ln},$ $\cdots, x_{K-1n}$ を加えた H_1 モデル(4.28b)の補正決定係数 $\overline{R}_1^2$ を比較してみよう。

それらの補正決定係数は，それぞれ，

$$\overline{R}_0^2 = 1 - \frac{S_0/(N-l)}{\sum (y_n - \overline{y})^2/(N-1)}$$

$$\overline{R}_1^2 = 1 - \frac{S_1/(N-K)}{\sum (y_n - \overline{y})^2/(N-1)}$$

であるから，$\overline{R}_1^2 > \overline{R}_0^2$ が成立するのは，

$$\frac{S_1}{(N-K)} < \frac{S_0}{(N-l)}$$

154 第 4 章 ヘドニック価格分析法の考え方と実際的分析法

のときに限る。$S_1 \leq S_0$ に注意せよ。

この関係から実際に $(K-l)$ 個の説明変数を(2.16)に加えて意味があると判断されるのは,

$$F = \frac{(S_0 - S_1) \,/\, (K-l)}{S_1 \,/\, (N-K)} > 1$$

の場合に限る。この F 比は(4.29)の F 統計量にほかならず,したがって補正決定係数の大小によるモデル選択は F 比 1 の基準である。

この結果は,$l = K-1$ のとき,F 比は t 統計値の 2 乗,

$$F = t^2$$

となるから,F 比 1 の基準は $|t|$ 値 1 の基準となる。

すなわち,「一つのモデルで $|t|$ 値が 1 より小さい説明変数をモデルからはずすと補正決定係数が上がる」。そして,モデルを再推定し,その中で $|t|$ 値が 1 より小さい説明変数をモデルからはずすと,また決定係数が上がる。このようなモデル選択のプロセスについては第 5 章で述べる。

8　重共線性と t 値と分散拡大ファクタ VIF

本節では,説明変数の間に相関がある場合の重共線性の問題と,その問題と t 値との関係と,重共線性を見る一つの尺度としての分散拡大ファクタについて説明する。

線形回帰モデル

$$y_n = \beta_0 x_{0n} + \beta_1 x_{1n} + \cdots + \beta_{K-1} x_{K-1n} + u_n$$

の説明変数 $x_{0n}, x_{1n}, \cdots, x_{K-1n}$ $(x_{0n} \equiv 1)$ に対して,適当な $d_0, d_1, \cdots, d_{K-1}$ をとると,線形関係

(4.30)　　$d_0 x_{0n} + d_1 x_{1n} + \cdots + d_{K-1} x_{K-1n} = 0$ $(n = 1, 2, \cdots, N)$

が成立するとき,説明変数は「完全重共線関係」にある,という。すなわち,定数項を含めた説明変数の K 個のベクトル

$$x_k = (x_{k1}, \cdots, x_{kN})' : N \times 1 \ (k = 0, 1, \cdots, K-1)$$

が 1 次従属の関係にあるとき完全重共線関係にあるという。この場合,最小 2 乗法は適用できない。

8 重共線性と t 値と分散拡大ファクタ VIF 155

　多くの場合，説明変数はこのような完全な重共線関係にはないが，この式が近似的に成立するとき，モデルは重共線性（マルチコ）問題を持つ，説明変数は重共線関係にあるという。重共線性の問題があるようなモデルでは，最小2乗推定値は求まるのだが，次のような問題を引き起こす。

《重共線性の最小2乗推定値への影響》

1)　多少のデータの追加で著しく推定値が変わり，求められた推定値が不安定になっている。これは推定値の分散の推定値が大きくなっていて，その結果，多くの推定値の $|t|$ 値は小さくなっている。その理由は後に述べる。

2)　t 値が過小評価されやすく，重要な変数を落としてしまう可能性が高くなる。

3)　係数の符号条件が満たされなくなる。

　そこで，どのようにこの問題を克服するかは，説明変数の分析が必要となる。

　実際に上の式の近似的な関係があることを知るためには，次の行列 X の列ベクトル x_k が1次従属に近い状況になっていることをチェックすることになる。

$$(4.31) \quad X = (x_0, x_1, \cdots, x_{K-1}) : N \times K, \quad x_k = (x_{k1}, \cdots, x_{kN})' : N \times 1$$

　その一つの仕方は，行列 $X'X : K \times K$ の固有値の中に，0 に近いものがあるかどうか，行列式 $|X'X|$ が近似的に0となるか，あるいは(4.30)で n について加えて N で割った平均値の式をつくり，(4.30)からその平均値の式を差し引くと，

$$e_1 \frac{x_{1n} - \bar{x}_1}{s_1} + \cdots + e_{K-1} \frac{x_{K-1n} - \bar{x}_{K-1}}{s_{K-1}} = 0$$

$$e_k = s_k d_k, \quad s_k^2 = \frac{1}{N} \sum_{n=1}^{N} (x_{kn} - \bar{x}_k)^2$$

を得る。

　この式を2乗すると，$e'He = 0$ を得る。ここで，$H = (r_{kj}) : (K-1) \times (K-1)$ は説明変数のつくる相関係数 r_{kj} の行列，また $e' = (e_1, \cdots, e_{K-1})$ である。したがって，相関行列を見て，2つの説明変数の間に相関が強いものがあるかどう

かをみて，相関係数が強い者どうしを一緒に入れないようにする。

　探索的だが有効な方法は，各変数ごとに当該変数（いま第 k 説明変数とする）を他の説明変数で説明した式

$$x_{kn} = \hat{\gamma}_0 + \hat{\gamma}_1 x_{1n} + \cdots + \hat{\gamma}_{k-1} x_{k-1n} + \cdots + \hat{\gamma}_{k+1} x_{k+1n} + \cdots + \hat{\gamma}_{K-1} x_{K-1n} + \hat{v}_{kn}$$

で決定係数 $R_k^2 (k = 1, \cdots, K-1)$ を計算し，一つでも1に近いものがある場合，その変数を他の変数と一緒に利用しないように工夫する。特にこの式で R_k^2 が1に近いとき，この式の係数の t 値が大きい変数を取り除き，y_n を説明する上でそれらと当該変数を一緒に利用しないようにする。

　その他，対応策としては，

・標本数を増加する

・説明変数を比，階差にしたり，非線形変換によって，説明変数を変換する

・主成分分析を用い，固有値の大きな主成分を説明変数とする

などがある。いずれにしても説明変数についての分析が必要となる。

分散拡大ファクタ（VIF：Variance Inflation Factor）

　その中で，6節でも紹介した，分散拡大ファクタ（VIF：Variance Inflation Factor）を計算するソフトもある。VIF を説明する。まず，最小2乗推定「量」$\hat{\beta}_k$ の分散を計算すると，（4.18）で次のようになることをみた。

$$(4.32) \quad \mathrm{Var}(\hat{\beta}_k) = \frac{\sigma^2}{N s_{xk}^2} \frac{1}{1 - R_k^2} \quad with \quad s_{xk}^2 = \frac{1}{N} \sum_{n=1}^{N} (x_{kn} - \bar{x}_k)^2 \quad (k = 1, \cdots, K-1)$$

　ここで，R_k^2 は，（4.24）のように，x_{kn} を残りの説明変数で説明したときの決定係数である。（4.32）は，$k = K-1$ の場合の（4.25）から直接計算される。この式は，推定量の分散が大きいと推定精度が悪いことを意味する。

　この式から直ちに，次のことがわかる。

1）　N が大きいと，推定量 $\hat{\beta}_k$ の分散が小さくなる。

2）　x_{kn} 自身の分散が大きいと，推定量 $\hat{\beta}_k$ の分散が小さくなる。

3）　x_{kn} を残りの説明変数 $x_{0n} \equiv 1, x_{1n}, \cdots, x_{k-1n}, x_{k+1n}, \cdots, x_{K-1n}$ で説明したときの決定係数が大きいと（マルチコの可能性が大きいと），その分散は大きくなる。

　この式の σ^2 は，自由度を考慮して，

$$\hat{\sigma}^2 = \frac{1}{N-K} \sum_{n=1}^{N} \hat{u}_n^2$$

で推定されるので，推定量の標準誤差は，

$$(4.33) \qquad [\text{Vâr}(\hat{\beta}_k)]^{1/2} = \frac{\hat{\sigma}}{\sqrt{Ns_{xk}}} \frac{1}{\sqrt{1-R_k^2}} = \hat{\sigma}\sqrt{c_{kk}} \quad (k = 1, \cdots, K-1)$$

となる。

この式は，(4.22)の T 統計量の分母に対応する。それゆえ，2)のように決定係数 R_k^2 が大きいと推定量の標準誤差は大きくなり，また，そのことは t 値を小さくする。

実際，(4.22)の T は，

$$(4.34) \qquad T = \frac{\hat{\beta}_k}{[\text{Vâr}(\hat{\beta}_k)]^{1/2}} = \hat{\beta}_k \sqrt{\frac{Ns_{xk}^2(1-R_k^2)}{\hat{\sigma}^2}} \quad (k = 1, \cdots, K-1)$$

となり，R_k^2 が大きいと t 値は小さくなる。

そこで，重共線関係を見る指標として利用されているのが，次の分散拡大ファクタである。推定量 $\hat{\beta}_k$ ごとに，分散拡大ファクタ（VIF）を，

$$(4.35) \qquad \text{VIF}(\hat{\beta}_k) = 1 / (1 - R_k^2) \quad (k = 1, \cdots, K-1)$$

で定義する。

いくつかの統計ソフトでは，この値を提供する。一般的な目安としては，VIF がどれか一つの推定量で $\text{VIF}(\hat{\beta}_k) > 10$ ならば強いマルチコがある，すなわち決定係数 R_k^2 が 0.9 を超えると強いマルチコがあるという。十分な根拠があるわけではないが，5 を超えたら（R_k^2 が 0.8 を超えたら）要注意であろう。

実際的な視点から，多くの説明変数があるような場合，説明変数の中で相対的に分散が小さいものの役割は，大きいものに攪乱される可能性が出てくる。そこで，その対応として，説明変数の変動を抑制するような変換ができるとよいが，あまり作為的にすると結果をミスリードしてしまう。

事例分析の**図表 4.4** には，VIF ならびに標準化回帰係数 $\hat{\beta}_k / \hat{\sigma}$ を載せている。VIF をみると，どれも 3.5 以下で，重共線性による分散拡大は大きくないと判定される。

この 2 つが与えられると，

$$t = [(\hat{\beta}_k / \hat{\sigma}) \sqrt{N}s_{xk}] \sqrt{1 - R_k^2}$$

158　第4章　ヘドニック価格分析法の考え方と実際的分析法

属性名	係　数	$\hat{\tau}$	t 値	VIF	属性名	係　数	$\hat{\tau}$	t 値	VIF
駅時間	-1008.6	-.073	-4.1	1.3	床面積	1978.2	.485	27.2	1.3
バス時間	-3760.9	-.226	-12.2	1.4	築年数	-1230.6	-.142	-8.1	1.3
都心時間	-3418.1	-.297	-10.4	3.3	階数	1699.5	.102	5.6	1.4
23区D	26831.9	.194	7.1	3.1	マンションD	9345.1	.051	2.8	1.4
西武池袋線D	-17683.5	-.125	-5.2	2.4	分譲D	7678.5	.034	2.0	1.2
田園都市線D	32756.3	.225	8.3	3.0	駐車場D	4836.4	.035	2.0	1.2
窒素Nox	-26600.6	-.242	-9.9	2.4	ペットD	24433.2	.119	7.3	1.1
医師数	558.0	.078	3.1	2.6	エアコンD	8553.0	.058	3.3	1.3
火災数	-5421.5	-.039	-1.7	2.3	CATV・D	4241.5	.031	1.7	1.3
定数項	172399.0								

図表4.4　家族用賃料ヘドニック分析（補正決定係数　0.87）
（分散拡大ファクタ（VIF）は重共線性の強さをみたり，t 値の有効性をみる測度。$\hat{\tau} = \hat{\beta}_k / \hat{\sigma}$ は6節で説明した標準化回帰係数）（出典：河合（2010））

と上の VIF $(\hat{\beta}_k)$ の定義から，各個別説明変数の変動の大きさ $\sqrt{N}s_{xk}$ が得られる。

　すでに述べたように，個別の説明変数の全体の説明力への貢献を見るためには，$\hat{\beta}_k / \hat{\sigma}$ が測定単位に依存するので $[(\hat{\beta}_k / \hat{\sigma})\sqrt{N}s_{xk}]$ を求めるのがよいが，それは他の変数との組み合せの中で決まるので，相対的なものである。

　一方，ダミー変数の場合，

$$Ns_{xk}^2 = N\hat{q}_k(1 - \hat{q}_k), \quad \hat{q}_k = \frac{1}{N}\sum_{n=1}^{N}D_{kn} \ (D_{kn}：当該ダミー)$$

となるので，$\hat{\tau} = \hat{\beta}_k / \hat{\sigma}$ から相対的に見た当該変数の全体への貢献度を推察できる。

　ここでは省略するが，論文では $\hat{q}_k$ を掲載している。表を見ると明らかに $\hat{\tau}$ が大きいと t 値が大きいが，そのままでは直接的に比較できない。

補論：定数項の回帰係数の分散

　上の議論は説明変数を定数項に追加した場合の結果であり，各説明変数が定数項でない場合の表現である。

それは，定数項の場合，説明変数

$$s_{xk}^2 = \frac{1}{N} \sum_{n=1}^{N} (x_{kn} - \bar{x}_k)^2$$

の分散が 0 となるからである。

定数項については，(4.32) の分散は，

$$\mathrm{Var}(\hat{\beta}_0) = \frac{\sigma^2}{N} \frac{1}{1-Q^2} \quad with \quad Q^2 = e'W(W'W)^{-1}W'e \,/\, N$$

$$e' = (1, 1, \cdots, 1) : N \times 1, \quad W = [x_1, x_2, \cdots, x_{K-1}] : N \times (K-1)$$

となる。

また，(4.33), (4.34) はそれぞれ，

$$[V\hat{a}r(\hat{\beta}_0)]^{1/2} = \frac{\hat{\sigma}}{\sqrt{N}} \frac{1}{\sqrt{1-Q^2}} = \hat{\sigma}\sqrt{c_{00}}$$

$$T = \frac{\hat{\beta}_0}{[V\hat{a}r(\hat{\beta}_0)]^{1/2}} = \hat{\beta}_0 \sqrt{\frac{N(1-Q^2)}{\hat{\sigma}^2}} = \frac{\sqrt{N}\hat{\beta}_0}{\hat{\sigma}} \sqrt{(1-Q^2)}$$

となる。

定数項の場合の分散拡大ファクタは必要であれば，$\mathrm{VIF}(\hat{\beta}_0) = 1 \,/\, (1-Q^2)$ として定義されるが，通常使われない。

この T 統計量の表現から，定数項の重共線性の強さを示す Q^2 が 1 に近いと，t 値が小さくなる。

〈参考文献〉

刈屋武昭（1987）『計量経済分析の考え方と実際』東洋経済新報社

刈屋武昭・勝浦正樹（2008）『統計学（第 2 版）』東洋経済新報社

河合伸治（2010）「ヘドニック・アプローチによる地域住民の選好の推定—西武池袋線・東武東上線・田園都市線沿線の賃貸住宅を事例として」『社会学研究論集』Vol.8

清水千弘・唐渡広志（2007）『不動産市場の計量経済分析』朝倉書店

Kariya, T. and Sinha, B. (1989) *Robustness of Statistical Tests*, Academic Press

第5章

モデル選択と非線形属性変数の定式化

1 はじめに

　この章では，前章に引き続き，住宅不動産商品のヘドニックモデルのもとで，一定のモデル選択基準により最終的な属性価値の評価モデルを定式化するプロセスを説明する。

　最初に，第4章で述べた最小2乗法の最適性は，仮説検定による変数選択や複数のモデル選択の統計的手法を適用した後には成立しないことを見る。この問題は，「同じデータで推定と検定を通してモデル選択を繰り返すこと」（データとの会話のプロセス）により，最終的に選択するモデルのパラメータの推定値は非線形になっているからである。この問題は2節で議論する予備検定推定問題で，たとえばt値やF値で変数選択をして変数を増減していくモデル選択プロセスは，統計理論的にいえば非線形で不偏でない推定量を選択することになる点を確認する。

　この問題を理解することは，ヘドニック・アプローチによる属性の価格への影響が非線形的であることを想定した場合に，その属性変数の形状・関数形の定式化において，「同じデータで関数形を選択してその非線形の属性をモデルに導入し，それを最小2乗法で推定し，t値でさらにそのような属性変数を選択する」というモデル選択プロセスに対して一定の「合理的な理解」をすることになろう。

　しかし，データとの会話を繰り返せば繰り返すほど，自らの思考法に混乱を

162　第 5 章　モデル選択と非線形属性変数の定式化

起こす可能性もあり，分析目的や分析視点からみたモデル選択の整合性を失う
可能性も出てこよう。それゆえ，分析者は，データの統計的分析に関して自ら
の分析視点とどのように整合性をとるかという視点が重要である。

モデル選択プロセスの基準

　本章では，単にデータに最もフィットするモデルを選択するのでなく，一定
の合理性，整合性を持つモデル選択プロセスを志向する。その場合，前章で述
べたように思考プロセスの基礎として，自ら設定するモデルの出発点としての
確率的な前提をもとに，一定の範囲で事前モデルによる思考法を通した統計的
分析の思考法を利用していくことが必要となる。

　モデル選択とは，比較考量の対象となっているモデル，何らかの理由で自ら
設定した仮説 $H_0 : \beta_1 = \cdots = \beta_{K-1} = 0$ に対して，

$$H_0 : y_n = \beta_0 + \beta_1 x_{1n} + \cdots + \beta_{l-1} x_{l-1n} + u_n$$

$$H_1 : y_n = \beta_0 + \beta_1 x_{1n} + \cdots + \beta_{l-1} x_{l-1n} + \beta_l x_{ln} + \cdots + \beta_{K-1} x_{K-1n} + u_n$$

のいずれかのモデルを選択するかを問う問題で，その選択基準には仮説検定基
準以外にいくつかある。そして一定の基準のもとに，最終モデルを特定化する
プロセスであるが，そこでは説明変数の非線形性の選択も一緒に含めて考えて
いく。

　本章ではモデル選択の基準として次のものを本書の視点から解説する。

---

1)　補正決定係数をもとにした，事後的基準として t 値 1，F 比 1 の基準
2)　事前的なモデル選択の視点からの t 値 $\sqrt{2}$ の基準，F 比 2 の基準
3)　前章で述べた仮説検定の視点からの t 値 2，F 比 4 の基準
4)　AIC（赤池情報量基準）によるモデル選択の基準

　基準の 1)〜4) は，変数選択の方法を基礎にしたモデル選択法である。1) は
第 4 章でみたように，t 値や F 比の値が 1 より小さいものを除くと，補正決定
係数を上昇させることができる。2) は仮説検定の考え方とは異なり，大きいモ
デル H_1 が成立しているとみて事前モデル H_1 のもとで被説明変数の平均値
$\mu_n = E(y_n)$ の推定問題を考える。しかし，実際的な立場として，個別の賃料の

平均値 $\mu_n = E(y_n)$ の推定パフォーマンスから見て，追加的な説明変数の説明力が弱いと判断される場合，それらを省略して小さいモデル H_0 のもとで賃料を評価する，という統計的意思決定問題としてモデル選択基準を設定する。

具体的には，H_0 と H_1 のもとでの μ_n の最小2乗推定量をそれぞれ $\hat{y}_{0n}$ と $\hat{y}_{1n}$ とし，それぞれの基準化した平均2乗誤差，

$$g_j = E\left[\sum_{n=1}^{N} (\hat{y}_{jn} - \mu_n)^2\right] / \sigma^2 \ (j = 0, 1)$$

を評価基準として，この平均2乗誤差が小さい方を選択するというプロセスをとる。実際には，モデル H_1 が成立していることに注意する。

それゆえ，$g_1 = K$ であるが，g_0 は未知パラメータに依存するため，選択基準を作る理論としては正規分布を仮定し，そのもとで g_0 の不偏的かつ一意的な推定量 $\hat{g}_0$ を求め，$\hat{g}_0 < K$ ならば，モデル H_0 を選択する。一方，4) の AIC は事後モデルに基づいた尤度関数に基づいて，各モデルの情報量を定義し，説明変数の増加とパラメータ節約のバランスをとるモデル選択法である。

さらに，これらをもとに属性変数の次の非線形定式化問題を扱う。

・ダミー変数の組み合せによる属性の折れ線的な非線形構造の定式化問題

・多項式近似による連続曲線による属性の非線形構造の定式化問題

について価格データを積極的に利用する方法を考察する。これらの推定プロセスでは，被説明変数の情報を直接利用する方法で，非線形推定値を選択する。前者の例は第6章で，後者の例としては第7章の横浜市鶴見区の例を見る。

6節では誤差項が標準的仮定を満たさない場合として，分散が等しくない場合の分析法を，第7章では空間相関がある場合の分析法を扱う。そこでは，モデル推定法として一般化最小2乗法が議論される。

本章の構成は以下の通り。

2　予備検定の結果と最小2乗推定量の関係，F 比

3　モデル選択：t 値 $\sqrt{2}$ の基準，F 比2の基準，AIC

4　ダミー変数，非線形属性モデルとモデル選択プロセスの事例

5　属性変数への多項式近似と横浜市鶴見区の分析事例

6　不等分散性の検定と一般化最小2乗法によるモデルの推定

164 第 5 章　モデル選択と非線形属性変数の定式化

7　空間相関モデルと一般化最小 2 乗法

2　予備検定の結果と最小 2 乗推定量の関係，*F* 比

　本節では，*t* 値や *F* 値で検定と推定を繰り返しながら最終的なモデルを選択するプロセスの意味を理解し，推定モデルが非線形推定になっていることを理解する。この節はモデル選択についての理論的な議論であるので，読み飛ばしてもよい。

　実際の回帰モデルの定式化・推定プロセスにあたっては，1 つのモデルを定式化するプロセスで，係数の *t* 値の大小によって属性変数を選択するとか，不等分散性や独立性の検定などの予備検定によって誤差項の標準的仮定を検定し，仮定が満たされない場合，対応した処理を施してからモデルを再推定しなおすことが多い。

　その場合，「検定と推定は同じデータで行われること」が多く，検定の結果に基づいて選択されたモデルに対して，たとえば最小 2 乗推定量が最良線形不偏推定量である，というような解釈をする。しかしながら，このような解釈は正しくなく，そこで選択された推定量は非線形推定量かつバイアス（不偏でない）推定量となっている。この問題は，予備検定推定量の問題としてかつてさまざまな議論があった。

　いずれにしても，このように予備検定をし，モデルを選択し，そのもとで最終モデルによる（一般化）最小 2 乗推定量は，ガウス・マルコフの定理は適用できず，最良線形不偏でないことに注意する。予備検定推定量の理論については，刈屋（1979）『回帰分析の理論』（岩波書店）を参照されたい。

　本節の内容は以下の通り。

2.1　*t* 検定による予備検定推定量

2.2　*F* 検定の場合の予備検定推定量

2.1　*t* 検定による予備検定推定量

　第 4 章で，データが実現される前の事前モデルと，確率変数としての被説明変数が実現した後の事後モデルを区別して，統計分析のプロセスの思考法と具

2 予備検定の結果と最小2乗推定量の関係，F比 **165**

体的なモデル評価の合理性を，事前モデルでの標準的仮定を出発点とする確率的構造との整合性に求めてきた。ここでもその議論を継続する。

まず，モデル

$$y_n = \beta_0 + \beta_1 x_{1n} + u_n$$

を考えよう。

たとえば，y_n は年間平均気温，x_{1n} は CO_2 発生量で，暦年で温暖化を推定しようとするモデルである。まず，このモデルを最小2乗法で推定する。そして，仮説検定問題 $H_0 : \beta_1 = 0$ vs $H_1 : \beta_1 \neq 0$ を考えて，説明変数 x_{1n} の説明力を t 値で判断する。もし t 値の絶対値が2より小さい場合，x_{1n} は説明力がないとしてモデル $y_n = \beta_0 + u_n$ を採用する，という意思決定をする。

このプロセスのもとでの推定値は，上のモデルで最小2乗推定値 $\hat{\beta}_1$ の t 値の絶対値が2よりも大きいかどうかで，

$$(\hat{\beta}_0, \hat{\beta}_1) = (\hat{\beta}_0^{H1}, \hat{\beta}_1^{H1}) \qquad if\ |t| \geq 2$$
$$(\hat{\beta}_0, \hat{\beta}_1) = (\hat{\beta}_0^{H0}, \hat{\beta}_1^{H0}) = (\bar{y}, 0)\ if\ |t| < 2$$

と表現される。

$(\hat{\beta}_0^{H1}, \hat{\beta}_1^{H1})$ と $(\hat{\beta}_0^{H0}, \hat{\beta}_1^{H0})$ は，それぞれ H_1 と H_0 のもとで求めた最小2乗推定値である。すなわち，t 値の絶対値が2より小さいと β_1 を0で推定し，β_0 を H_0 のもとでのモデル $y_n = \beta_0 + u_n$ を最小2乗推定値 $\bar{y}$ で推定する。

これをそれぞれの事前モデルのもとで表現すると，

$$\hat{\beta}_0 = \bar{Y} D(|T|<2) + \hat{\beta}_0^{H1} D(|T| \geq 2)$$
$$\hat{\beta}_1 = 0 D(|T|<2) + \hat{\beta}_1^{H1} D(|T| \geq 2) = \hat{\beta}_1^{H1} D(|T| \geq 2)$$

となる。ここで，

$$D(|T| \geq 2) = \begin{cases} 0 & if \quad |T|<2 \\ 1 & if \quad |T| \geq 2 \end{cases}$$

$$D(|T| < 2) = 1 - D(|T| \geq 2)$$

であり，$D(|T| \geq 2)$ は，$|T|$ が2以上であれば1，そうでなければ0となる関数である。

$|T|$ は前章（4.19）の T の絶対値である。T の分子に $\hat{\beta}_1^{H1} \equiv \hat{\beta}_1^{H1}(Y)$，また分母にも $\sqrt{\hat{\sigma}^2 c_{kk}}$ が含まれているので，明らかに上の推定量は Y の非線形推定量である。それゆえ，H_0 と H_1 のどちらのモデルから見ても最小2乗推定量では

166 第5章 モデル選択と非線形属性変数の定式化

ない。このような推定量をしばしば予備検定推定量という。

このため，一つのモデルのもとに t 値などで変数を選択するときには，必ずこの予備検定推定量を使うことを意味し，その場合，その非線形推定量は不偏でもなく，最小分散を達成できない。上の議論は，もっとも簡単な場合で説明したが，一般の場合も同じようになる。

一般の事後モデルの場合で説明しよう。そこでは，$T = t$ は所与である。

$$(5.1) \qquad y_n = \beta_0 + \beta_1 x_{1n} + \cdots + \beta_{K-1} x_{K-1n} + u_n$$

を最小2乗法で推定すると，データの関係として

$$(5.2) \qquad y_n = \hat{\beta}_0 + \hat{\beta}_1 x_{1n} + \cdots + \hat{\beta}_{K-1} x_{K-1n} + \hat{u}_n$$

をえる。

ここでの仮説は，第 K-1 説明変数の係数が0か否か，

$$(5.3) \qquad \mathrm{H}_0 : \beta_{K-1} = 0 \quad \mathrm{vs} \quad \mathrm{H}_1 : \beta_{K-1} \neq 0$$

であり，このモデルの $\hat{\beta}_{K-1}$ の推定値の t 値の絶対値が2より大きいと，このままの推定式を利用するが，2より小さいと x_{K-1n} を落としてモデルを再推定する。

その結果，再推定されたモデルは，

$$(5.4) \qquad y_n = \tilde{\beta}_0 + \tilde{\beta}_1 x_{1n} + \cdots + \tilde{\beta}_{K-2} x_{K-2n} + \tilde{u}_n$$

となるが，これを上の $D(|t| \geq 2)$ 関数を使うと，各パラメータ β_k の推定値 b_k は，上の議論から明らかなように，

$$(5.5) \qquad \begin{aligned} b_k &= \hat{\beta}_k D(|t| \geq 2) \quad + \tilde{\beta}_k D(|t| < 2) \quad (k = 0, 1, \cdots, K-2) \\ b_{K-1} &= \hat{\beta}_{K-1} D(|t| \geq 2) \quad + 0 D(|t| < 2) \quad = \hat{\beta}_{K-1} D(|t| \geq 2) \end{aligned}$$

となる。

推定値 b_k を見ると，明らかに $\hat{\beta}_k$ と $\tilde{\beta}_k$ ならびに $\hat{\beta}_{K-1}$ の t 値に依存する。このとき，推定モデルは，

$$(5.6) \qquad \begin{aligned} y_n &= b_0 + b_1 x_{1n} + \cdots + b_{K-1} x_{K-n} + e_n \\ e_n &= \hat{u}_n D(|t| \geq 2) \quad + \tilde{u}_n D(|t| < 2) \end{aligned}$$

となる。

これらの式は，事前のモデルで表現しても同じである。

さらに，β_{K-2} の推定値の t 値で変数を選択すれば，上のプロセスを繰り返すので，非線形の度合いは大きくなる。

2 予備検定の結果と最小2乗推定量の関係，F比　　**167**

> 結論：一般に，多くの回帰モデルの変数選択プロセスはこの過程をとり，
> t値や後に述べるF比などでモデルを選ぶことは，このような非線
> 形推定量を結果として利用していることになる。それゆえ，最終的
> に選択されたモデルの最小2乗推定量は，高度に非線形な予備検
> 定推定量であり，それに対してガウス・マルコフの定理の結果を適
> 用できないのである。

　第3章7節の事例3.1住宅価格を左右する住環境の分析では，分析プロセスで，
試行した変数のリストをあげている。そこでは，角地ダミー，南面接道ダミー，
通風状態ダミー，農地隣接ダミーをモデルに入れたが，説明力が弱いために省
かれたことを意味し，**図表3.6**の係数は，実は上の形に対応した予備検定推定
量を選択したことになる。

2.2　F検定の場合の予備検定推定量

　前節で述べた，複数の説明変数の説明力を同時に検定するのがF検定問題

(5.7)　　　$H_0 : \beta_1 = \cdots = \beta_{K-1} = 0$　vs　$H_1 : H_0$ が成立しない

の場合についても予備検定推定量の形を求めておく。

　H_0 および H_1 のもとでのモデルはそれぞれ，

(5.8a)　　$H_0 : y_n = \beta_0 + \beta_1 x_{1n} + \cdots + \beta_{l-1} x_{l-1n} + u_n$

(5.8b)　　$H_1 : y_n = \beta_0 + \beta_1 x_{1n} + \cdots + \beta_{l-1} x_{l-1n} + \beta_l x_{ln} + \cdots + \beta_{K-1} x_{K-1n} + u_n$

となる。

　また，H_0 と H_1 の各々のモデルのもとでの最小2乗残差の2乗和を，

$$S_0 = \sum_{n=1}^{N} (\hat{u}_n^0)^2, \ \ S_1 = \sum_{n=1}^{N} (\hat{u}_n^1)^2$$

とおく。

　$S_0 - S_1$ は説明変数 $x_{ln}, \cdots, x_{K-1n}$ を追加したときの残差2乗和の減少分で，そ
れが大きいほど $x_{ln}, \cdots, x_{K-1n}$ の追加的説明力が大きいことになる。S_0 の自由度
は $N-l$，また S_1 の自由度は $N-K$ であるので，$S_0 - S_1$ の自由度は $N-l-(N-K)$
$= K-l$ である。$K-l$ は追加した変数 $x_{ln}, \cdots, x_{K-1n}$ の数である。それゆえ，

$(S_0 - S_1) / (K - l)$ は追加変数１個当たりの残差２乗和の減少分（説明力の増加分）である。

そして，次の F 比が検定統計量である。

(5.9)
$$F = \frac{(S_0 - S_1) / (K - l)}{\hat{\sigma}_1^2} = \frac{(S_0 - S_1) / (K - l)}{S_1 / (N - K)}$$

そして，$F \geq c$ のとき H_0 を棄却する，$F < c$ のとき H_0 を受容する，というモデル選択方式をとるから，$F \geq c$ のとき最小２乗推定モデル

$$y_n = \hat{\beta}_0 + \hat{\beta}_1 x_{1n} + \cdots + \hat{\beta}_{K-1} x_{K-1n} + \hat{u}_n$$

を選択し，$F < c$ のとき最小２乗推定モデル

$$y_n = \tilde{\beta}_0 + \tilde{\beta}_1 x_{1n} + \cdots + \tilde{\beta}_{l-1} x_{l-1n} + \tilde{u}_n$$

を選択する。

この場合，各パラメータの推定値は，

(5.10)
$$b_k = \hat{\beta}_k D(F \geq c) + \tilde{\beta}_k D(F < c) \quad (k = 0, 1, \cdots, l-1)$$
$$b_k = \hat{\beta}_k D(F \geq 2) + 0 D(F < 2) = \hat{\beta}_k D(F \geq 2) \quad (k = l, \cdots, K-1)$$

となり，t 値の場合と同じように，非線形推定量である。

このように同じデータでモデル・変数選択と最終的な推定値を選択するプロセスは妥当なプロセスであるが，推定量の非線形性を受容していることに注意する。後に多様な非線形推定量を考察するが，そのとき，この予備検定推定量のプロセスを再論する。次節のモデル選択による推定式を選択していくプロセスは，この非線形性を受け入れていく立場である。

3　モデル選択：t 値 $\sqrt{2}$ の基準，F 比２の基準，AIC

本節では，仮説検定論に基づかない変数・モデル選択方式として，t 値 $\sqrt{2}$ の基準，F 比２の基準と AIC（赤池情報量基準）を説明する。

t 検定，F 検定のように，仮説検定論に基づく変数選択基準は，仮説 (2.14) の H_0 の成否を判定すべく，第１種の誤りの確率 α を与えて第２種の誤りの確率をなるべく小さくする。これに対して，ここでのモデル選択の立場は，必ずしも H_0 の成否をみるのでなく，１つの「実際的な基準」からみてモデル選択をしようとするのが，この節のテーマである。

たとえば，第4章で学習した事後的な基準として補正決定係数を選択の基準とすると，次の結果を得ることを見た。

---

(1) **F値と補正決定係数との関係**：$F < 1$ のとき，$K - \ell$ 個の説明変数 x_{ln}, $\cdots$, x_{K-1n} を除くと補正決定係数が上がる。$F \geq 1$ のとき，それらの変数を除くと補正決定係数は下がる。

(2) **t値と補正決定係数との関係**：$|t| < 1$ のとき，その変数を除くと補正決定係数が上がる。$|t| \geq 1$ のとき，その変数を除くと補正決定係数は下がる。

しかし，その事前的合理性は十分でない。本節では，事前モデルに立ち返り，t 値 $\sqrt{2}$，F 比 2 のモデル選択の基準を求める。具体的には次のテーマを扱う。

3.1　F 比 2 の基準

3.2　$|t|$ 値 $\sqrt{2}$ の基準

3.3　AIC（赤池情報量基準）

3.4　t 値と F 比と補正決定係数：実際の選択プロセス

3.1　F 比 2 の基準

F 比 2 の基準を導くために，第4章で述べた回帰分析の標準的仮定が満たされると仮定する。$K - l$ 個の説明変数 $x_{ln}, \cdots, x_{K-1n}$ を加えたモデル（5.8b）を用いるか，それを落としたモデル（5.8a）を用いるかを判断する。そのため，「大きいモデル（5.8b）が成立している」と仮定し，以下の（5.11）で基準からみて小さいモデルを選択するかどうかを判定する。これは<u>仮説検定の考え方と異なり，常に大きいモデルが成立している</u>として，その中で「実際的なモデル」の選択として，$K - l$ 個の説明変数 $x_{ln}, \cdots, x_{K-1n}$ を落とした選択をするかどうかを判断しようとしている。

そのための具体的な基準としては，基準化した平均2乗誤差

$$(5.11) \qquad g_i = E\left[\sum_{n=1}^{N} (\hat{y}_{in} - \mu_{1n})^2\right] / \sigma^2 \, (i = 0, 1)$$

を利用する。

170　第 5 章　モデル選択と非線形属性変数の定式化

ここで，μ_{1n} は大きい H_1 モデルのもとでの y_n の平均値

(5.12) 　　　$\mu_{1n} = E(y_n) = \mu_{0n} + \mu_{2n}$，ただし

　　　　　　$\mu_{0n} = \beta_0 + \cdots + \beta_{l-1}x_{l-1n}$，　$\mu_{2n} = \beta_l x_{ln} + \cdots + \beta_{K-1}x_{K-1n}$

である。

ヘドニック・モデルでは，μ_{1n} が与えられた属性のもとでの価格の平均値となる。

明らかに，μ_{0n} は大きいモデル（5.8b）の平均値 μ_{1n} の一部で，今の場合大きいモデルで考えているので，それは小さいモデル（5.8a）の平均値とはならない。仮に仮説検定のように（5.8a）の小さいモデル H_0 が正しいとすれば（すなわち $\mu_{2n} = 0$ ならば），μ_{0n} は H_0 のもとでの y_n の平均値である。その場合には，$\hat{y}_{0n}$ は小さいモデル（5.8a）のもとでの y_n の平均値 μ_{0n} の推定量，

(5.13a) 　　　　　　$\hat{y}_{0n} = \tilde{\beta}_0 + \tilde{\beta}_1 x_{1n} + \cdots + \tilde{\beta}_{l-1}x_{l-1n}$

であり，一方，$\hat{y}_{1n}$ は大きい H_1 モデル（5.8b）のもとでの y_n の平均値 μ_{1n} の推定量は，

(5.13b) 　　　　　　$\hat{y}_{1n} = \hat{\beta}_0 + \hat{\beta}_1 x_{1n} + \cdots + \hat{\beta}_{K-1}x_{K-1n}$

である。

ここでの問題は，実際には大きいモデルが正しいとして，y_n の平均値 μ_{1n} を $\hat{y}_{1n}$ で推定するのか，$\hat{y}_{0n}$ で推定するのかを決定する問題である。この統計的決定問題の判定基準としての（5.11）の基準化平均2乗誤差の意味は次の通り。

- （5.11）で $i = 1$ としたときの g_1 は，大きいモデル（5.8b）が成立しているときの y_n の平均値の推定量 $\hat{y}_{1n}$ とその平均値 μ_{1n} との距離の2乗の平均値を σ^2 で割ったもの（$\hat{y}_{1n}$ と μ_{1n} の基準化平均2乗誤差）である。したがって平均的にみて $\hat{y}_{1n}$ が μ_{1n} をどの程度説明しているかを評価している。

- （5.11）で $i = 0$ としたときの g_0 は，<u>モデル（5.8b）が成立しているにもかかわらず</u>，説明変数 $x_{ln}, \cdots, x_{K-1n}$ を落として求めた y_n の推定量 $\hat{y}_{0n}$ と，大きいモデル（5.8b）のもとでの y_n の平均値 μ_{1n} の距離の2乗の平均値を σ^2 で割ったもの（$\hat{y}_{0n}$ と μ_{1n} の基準化平均2乗誤差）である。

もし実際に（5.12）の μ_{2n} が十分小さければ，μ_{1n} は μ_{0n} に近似的に等しくなるため，g_0 は g_1 より小さくなる可能性がある。とくに仮説検定の帰無仮説 H_0 : $\beta_l = \cdots = \beta_{K-1} = 0$ が成立する場合は $\mu_{2n} = 0$ となり，小さいモデル（5.8a）が

正しいモデルとなるから $g_0 < g_1$ となる。

したがって，$\beta_1 = \cdots = \beta_{K-1} = 0$ が成立していなくても，もし $g_0 < g_1$ が成立すれば，小さいモデル（5.8a）を選択するという基準を考えることができる。

上の決定問題では，基準化平均2乗誤差を計算して比較することになる。大きいモデル（5.8b）のもとで考えているので，計算によって常に，

$$g_1 = K$$

となる。

一方，g_0 はそれが計算できても，未知パラメータ $\beta_0, \cdots, \beta_{K-1}, \sigma^2$ の複雑な関数となっており，g_0 と g_1 を直接比較できない。そこで実際には大きなモデル（5.8b）が成立しているにもかかわらず，小さなモデル（5.8a）を利用したときの平均2乗誤差 g_0 をデータに基づいて不偏的に推定することを考える。

すなわち，g_0 の推定量 $\hat{g}_0$ として，その平均値が，

$$E(\hat{g}_0) = g_0$$

を満たす推定量を求める。

それは，標準的仮定を満たす誤差項が正規分布に従うと仮定すると，上式を満たす $\hat{g}_0$ は一意的に決まる。

そこで，モデル選択の基準として，

$$\hat{g}_0 \leq g_1 = K \text{ のとき，モデル（5.8a）を選択}$$

$$\hat{g}_0 > g_1 = K \text{ のとき，モデル（5.8b）を選択}$$

を採用する。

この基準は，結果的には（5.9）の F 統計量を用いた次の F 比2の基準に導く（刈屋（1979））。

《F 比2の基準》

（5.14） $\quad F \leq \dfrac{2(N-K)}{(N-K-2)}$ のとき，（5.8a）を選択

$\qquad\qquad F > \dfrac{2(N-K)}{(N-K-2)}$ のとき，（5.8b）を選択

（5.14）の $(N-K)/(N-K-2)$ はほぼ1であることから，（5.14）の基準は，

172　第 5 章　モデル選択と非線形属性変数の定式化

変数の数 l によらず F 値が 2 よりも小さいときは，小さいモデル（5.8a）を採用するという基準である。これを「F 比 2 の基準」とよぶ。この導出過程で誤差項が正規分布に従うと仮定している。以下では，正規分布に近い場合は有効であるとして，正規分布から大きくかい離していない場合，この基準を利用する。たとえば，属性変数に異常値が含まれていない，また歪度もあまり大きくないような場合である。

なお，（5.9）の F 統計量は，各々のモデルの決定係数 R_0^2 と R_1^2 を用いて，

$$(5.15) \qquad F = \frac{N-K}{K-l} \cdot \frac{R_1^2 - R_0^2}{1 - R_1^2}$$

と表現される。

そこで，F 比 1 の基準と F 比 2 の基準と，補正決定係数との関係を見ると次のようになる。

[1]　F 比 1 の基準では，$F \geq 1$ は，

$$R_1^2 \geq R_0^2 + \frac{K-l}{N-K}\,(1 - R_1^2) \quad \text{あるいは} \quad \overline{R_1^2} \geq R_0^2$$

と同等である。

この式は，小さなモデル（5.8a）の決定係数 R_0^2 より右辺第 2 項の部分以上に大きくなること，あるいは，

$$\overline{R_0^2} = R_0^2 + \frac{l-1}{N-l}\,(1 - R_0^2)$$

に注意すると，

$$(5.16) \qquad \overline{R_1^2} \geq \overline{R_0^2} + \frac{l-1}{N-l}\,(1 - R_0^2) \geq \overline{R_0^2}$$

が成立する。

これは，$F \geq 1$ は，大きいモデルでの補正決定係数 $\overline{R_1^2}$ が，小さいモデルでの補正決定係数 $\overline{R_0^2}$ より右辺中央の第 2 項以上大きいことを示す。$l = K - 1$ のときは，t 値に対応する場合となる。

[2]　F 比 2 の基準では，$F \geq 2$ は，

$$(5.17) \qquad \overline{R_1^2} \geq \overline{R_0^2} + \frac{l-1}{N-l}\,(1 - R_0^2) + \frac{K-l}{N-K}\,(1 - R_1^2)$$

3 モデル選択：t 値 $\sqrt{2}$ の基準, F 比 2 の基準, AIC　　**173**

となり，大きいモデルでの補正決定係数 $\overline{R_1^2}$ は，小さなモデル（5.8a）の補正
決定係数 $\overline{R_0^2}$ より右辺第 3 項の部分だけさらに大きくなることを要求されてい
る。$l = K-1$ のときは，t 値に対応する場合となる。

3.2 $|t|$ 値 $\sqrt{2}$ の基準

前章でみたように，F 比 2 の基準は，$l = K-1$ のとき $F = t^2$ となることから，
$|t|$ 値 $\sqrt{2}$ の基準をえる。

すなわち，t 値に対して，

$\qquad\qquad |t| < \sqrt{2}$ のとき，当該説明変数を除外する。

$\qquad\qquad |t| \geq \sqrt{2}$ のとき，当該説明変数を採用する。

という基準となる。

仮説検定の枠組みの中でみた場合，$\sqrt{2}$ を棄却点とする t 検定の有意水準は
自由度 10 以上のもとで 15 ～ 17％に対応し，この基準は通常採用される有意
水準 1 ～ 5％に基づく検定基準よりはるかにゆるやかになっている。

仮説検定の基準は，帰無仮説が正しいかどうかの判定に対して，帰無仮説が
正しいときにそれを間違って棄却する確率を有意水準 a 以下にした上で，対立
仮説が正しいときにそれを採用する確率を最大にするようにする，という非対
称的判定である。

ここでの判定方式は，y_n の平均値 μ_{1n} の推定値としてどちらのモデルのもと
での推定式を利用するか，$\hat{y}_{1n}$ か $\hat{y}_{0n}$ か，という対称的な意思決定の枠組みを
とっている。

3.3 AIC（赤池情報量基準）

この方式を用いるためには，誤差 u_n の分布を指定しなければならない。通常，
正規分布が仮定される。誤差項が互いに独立である，という標準的仮定の下で
は，N 個の誤差項の同時密度関数は個別の密度関数の積となる。

そこで，モデル選択問題（5.8）に対して，分析対象としての大きい方のモ
デル（5.8b）の正規分布の尤度関数は，与えられたデータのもとで $\beta_0, \cdots, \beta_K, \sigma^2$
の関数として，

174　第5章　モデル選択と非線形属性変数の定式化

$$L\left(\beta_0, \cdots, \beta_K, \sigma^2\right) = \prod_{n=1}^{N} f_n(y_n|\beta_0, \cdots, \beta_K, \sigma^2)$$

と表現される。ただし，

$$\prod_{n=1}^{N} f_n(y_n|\beta_0, \cdots, \beta_K, \sigma^2) = (2\pi\sigma^2)^{N/2} \exp\left[-\frac{1}{2\sigma^2} \sum_{n=1}^{N} (y_n - \beta_0 - \cdots - \beta_{K-1}x_{K-1n})^2\right]$$

で与えられる。

　この尤度関数に基づく考え方と t 値や F 比の考え方の違いは，後者では一度事前モデルに戻りそこから仮説検定問題として最適な選択方式を導出したのに対して，前者ではデータは正規分布から出たと仮定するが事後的な視点から実際に実現したデータを密度関数に代入して尤度関数を未知パラメータ $\beta_0, \cdots,$ β_K, σ^2 の関数として定義している点である。尤度とは，ありそうな度合いという意味である。この尤度関数を未知パラメータに関して最大にする推定値を「最尤推定値」といい，$\beta_0^*, \cdots, \beta_K^*, \sigma^{*2}$ で示す。その推定値を代入した最大尤度 L の値を $L(K)$ で示す。同様に小さいモデル（5.8a）のもとでの最大尤度を L (l) で示す。

　このとき各モデルの AIC を，

(5.18)　　　　　$A_j = -2\log L(j) + 2(j+1)$　　$(j = 1, 2, \cdots, K)$

で定義する。

　AIC の場合，モデルごとに情報量を計算するので，その値が最小になるモデルを選択する。ここで，$j+1$ はモデルに含まれるパラメータ数である。

　AIC が最小となるモデルは，どのモデルと比較しても最小となるから，2つのモデルで比較する場合，AIC に基づくモデル選択基準は，

　　　　　$A_l \leq A_K$　ならば，小さいモデル（5.8a）を選択

　　　　　$A_l > A_K$　ならば，大きいモデル（5.8b）を選択

で定義する。

　この基準は，結局，対数尤度比に基づく基準，

$$-2\log\left[\frac{L(l)}{L(K)}\right] \leq 2(K-l) \ \text{のとき，（5.8a）を選択}$$

と同等である。

　これは，さらに，

$$N \log \left(1 + \frac{K-l}{N-K} F \right) \leq 2 \ (K-l) \ \text{のとき,} \ \text{(5.8a) を選択}$$

に同等である。

もちろん，F は（5.9）の F である。

N が大きいとき，$(K-l)F/(N-K)$ は確率的に小さくなることと，$|x| < 1$ のとき，

$$\log(1+x) = x - (1/2)x^2 + (1/3)x^3 - \cdots$$

であることより，上式は N が大きいとき，

$$\frac{N}{N-K} F - \frac{N(K-l)}{2(N-K)^2} F^2 + \cdots \leq 2 \quad \text{のとき,} \ \text{(5.8a) を選択}$$

と表現される。

ここで，左辺第 2 項以下は $N \rightarrow \infty$ のとき 0 に行くので，上式は近似的に，

$$F \leq \frac{2(N-K)}{N} \approx 2 \ \text{のとき,} \ \text{(5.8a) を選択}$$

と同等である。

これは，AIC 基準が漸近的に（N が大きいとき）F 比 2 の基準と同等であることを示している。

3.4 t 値と F 比と補正決定係数：実際の選択プロセス

前章で議論したように，補正決定係数に基づく事後的なモデル選択基準が F 比 1 であるから，1 つの変数だけの選択に注目すると，$F = t^2$ より $|t|$ 値 1 の基準をえた。それゆえ，$|t|$ 値が 1 より小さい変数を 1 つだけ除外すると必ず補正決定係数は上がる。除外したあとのモデルを再推定し，再び $|t|$ 値が 1 より小さいものがあったらそれを除外すると，さらに補正決定係数が上がる。このようなプロセスにより，補正決定係数を増大させていくことができる。しかし，次の問題に注意する。

《経済分析の場合，典型的に起る問題》
一般に $|t|$ 値と補正決定係数 $\bar{R}^2$ の関係として，
1) $\bar{R}^2$ は満足のいく水準であるが，いくつかの係数の t 値に有意でな

176　第 5 章　モデル選択と非線形属性変数の定式化

いものがある。

2)　$\overline{R}^2$ は満足のいく水準であるが，すべての係数の t 値は有意でない。

3)　$\overline{R}^2$ は低い水準であるが，いくつかの係数の t 値は有意である。

　ここで，満足のいく水準とは，分析者が分析目的からみた主観的水準であるが，一応 $\overline{R}^2 \geq 0.7$ 程度を想定しておく。また，係数 $\hat{\beta}_k$ の t 値が有意であるとは，$\beta_k = 0$ を仮説検定したときの有意性（|t|値 2 以上）であるとしよう。

　1)の場合，上で述べたように最初に方程式から除外する対象となる変数は，|t| 値が 1 より小さい説明変数である。それが複数ある場合，第 4 章 6 節で述べた分散拡大係数の値を参考に，説明変数の間の相関を考慮しながら 1 つずつ試すしかない。重要な点は，まず 1 つの変数を除外してモデルを再推定し，残されている変数の t 値をみることである。その中に 1 より小さいものがあれば再び除外の対象となる。このプロセスを繰り返す中で他の変数の |t| 値も一般に大きくなっていく。偶然すべての |t| 値が 2 を超えれば問題ないが，必ずしもそうならない。その場合，上で述べた |t| 値 $\sqrt{2}$ の基準に基づいて，相対的に |t| 値が $\sqrt{2}$ より大きい変数は 2 節のモデル選択や現象の経済学的な解釈の視点などから残しておくこともできる。$\sqrt{2}$ より小さい場合，補正決定係数が若干落ちてもモデルの安定性の観点から除外する方がよいだろう。この場合も 1 つずつ除外していく。

　2)の場合は，時系列回帰分析でよく起る。これは，y_n の変動を説明する説明変数の間に相関が強く，各説明変数が少しずつ分担して y_n の変動を説明するために起っていることが多い。特に，第 4 章 6 節で議論した，説明変数の間に重共線性の問題（マルチコ）があるために起ることが多い。

　実際そこでは，t 統計量と他の変数の関係として，

$$t = \frac{\hat{\beta}_k}{[\hat{Var}(\hat{\beta}_k)]^{1/2}} = \frac{\hat{\beta}_k}{\hat{\sigma}} \sqrt{N} s_{xk} \sqrt{(1 - R_k^2)} \quad (k = 1 \cdots, K - 1)$$

の関係があることを見た。

　ここで，$\hat{\sigma}$ は残差の標準偏差（モデルの標準誤差），s_{xk}^2 は第 k 説明変数の分散で，R_k^2 は第 k 説明変数を他の説明変数で説明したときの決定係数である。R_k^2 は，第 k 説明変数と他の説明変数の重共線性の一つの測度でもある。

3 モデル選択：t値$\sqrt{2}$の基準，F比2の基準，AIC　　**177**

この式から，t値が小さくなる理由として，

① 標準化回帰係数 $\hat{\beta}_k/\hat{\sigma}$ が小さい。

② 当該説明変数の変動 $\sqrt{N}s_{xk}$ があまり大きくない。

③ 重共線度 R_k^2 が大きく，$\sqrt{1-R_k^2}$ が小さい。

ことに起因することがわかる。

　多くの t値が有意でないことは説明力が小さい変数をたくさん含めて説明する場合にも起る。分散拡大要因ファクタ VIF$(\hat{\beta}_k) = 1/(1-R_k^2)$ を利用して，t値が小さい説明変数の理由が，説明変数の間に重共線性の関係があるかどうかをチェックする。特に特定の説明変数のこの係数が大きい場合，それを除いてみるとか，その他第4章で述べた方法でそれを処理した上で係数の有意性をみることが望ましい。一つの判断として，分散拡大ファクタを個別の推定値ごとに見ておくことも推定モデルの安定性を確認する方法である。もちろん，1)の場合の方法で成功することもある。

　3)の場合を考察するため，まず仮説検定問題，

$$H_0 : \beta_1 = \beta_2 = \cdots = \beta_{K-1} = 0 \quad \text{vs} \quad H_1 : \text{not } H_0$$

を考察する。

　仮説 H_0 のもとでのモデルは $y_n = \beta_0 + u_n$ であるから，その場合の残差2乗和は $S_0 = \sum (y_n - \bar{y})^2$ である。他方，H_1 のもとでのそれは $S_1 = \sum (\hat{u}_n)^2$ である。

　したがって，F比は，この場合，

$$F = \frac{(S_0 - S_1)/(K-1)}{S_1/(N-K)} = \frac{N-K}{K-1} \cdot \frac{R^2}{1-R^2}$$

となる。この F比が，有意水準 a を与えて自由度 $(K-1, N-K)$ の F分布表から求められる棄却点 c よりも小さいとき，仮説 H_0 を採択する。

　すなわち，

$$R^2 \leq \frac{(K-1)c}{(N-K+cK-c)}$$

のとき H_0 を採択する。

　いま，R^2 がこれを満たす水準にあり，したがって H_0 が成立すると判断されるとする。もちろん，この場合にもケース3)の場合が起る。

　実際，第4章で述べたように，変数 x_{K-1n} の t値は，y_n の変動を他の変数 x_{1n},

$\cdots$, x_{K-2n} で説明したときの残差を $\hat{u}_n^0$ とし，また，x_{K-1n} を $x_{1n}, \cdots, x_{K-2n}$ で説明したときの残差を $\hat{v}_n$ (第 4 章 4.3 節参照) とすると，回帰式，

$$(5.19) \qquad \hat{u}_n^0 = a_0 + a_1 \hat{v}_n + w_n$$

の a_1 の最小 2 乗推定値 $\hat{a}_1$ の t 値と等しい．また，β_{K-1} の最小 2 乗推定値 $\hat{\beta}_{K-1}$ も $\hat{a}_1$ に等しい．すなわち，(5.19) より $\hat{u}_n^0$ と $\hat{v}_n$ の相関係数の絶対値が大きいほど t 値は大きくなる．

問題は，$\beta_{K-1} = 0$ のもとでの残差 $\hat{u}_n^0$ は，回帰式，

$$(5.20) \qquad \hat{u}_n^0 = y_n - \hat{y}_n^0 = y_n - \hat{\beta}_0^0 - \hat{\beta}_1^0 x_{1n} - \cdots - \hat{\beta}_{K-2}^0 x_{K-2n}$$

によるが，この式の各係数 $\hat{\beta}_k^0$ の t 値がすべて有意であるかどうかである．

もし有意でない変数が含まれているとすれば (たとえば，それを x_{K-2n} とする)，$\hat{u}_n^0$ の変動は意味をもたない変数を用いて回帰したことによるノイズ込の変動になる．また，残差 $\hat{v}_n$ の変動も有意でない変数 x_{K-2n} を含めて回帰したときの残差であるから，それもノイズ込の変動になる．したがって，$\hat{u}_n^0$ と $\hat{v}_n$ の相関は，ノイズ込の変動どうしの相関であり，それゆえ $\hat{a}_1$ の t 値の有意性もノイズ込の変数どうしの回帰式 (5.19) における説明力を評価しているにすぎない．すなわち，決定係数が低い回帰式において，ある説明変数 x_{K-1n} の $|t|$ 値が大きくても，それはノイズ込の回帰式での説明力を評価しているにすぎず，その変数 x_{K-1n} 自体が y_n の変動に対して説明力をもっているわけでない．逆に，決定係数が低い回帰式の x_{K-1n} の係数の $|t|$ 値の有意性を主張するためには，原理的には他の説明変数の t 値がすべて有意でなくてはならない．

経済分析，特に株式収益率の分析などでは，ときどき決定係数の低い回帰式で，仮説 $\beta_{K-1} = 0$ を検定し，他の変数の $|t|$ 値が低いにもかかわらず β_{K-1} の t 値が有意であることによって $\beta_{K-1} \neq 0$ を主張する分析があるが，このような分析は有効でないことに注意されたい．

モデル選択基準の要約

F 比 2 の基準は，仮説検定方式による変数選択と比べて，相対的に大きなモデル (5.8b) の方に有利な選択をする基準である．これまでに考察した基準を含めて要約すると，(5.8a) と (5.8b) の間のモデル選択に対して，

① 仮説検定論に基づくモデル選択

② F比2（平均2乗誤差）の基準によるモデル選択

③ 補正決定係数（F比1）によるモデル選択

がある。

　これらの基準は，①，②，③の順で小さなモデル（5.8a）の方に相対的に大きなウェイトを与える。これらの基準のうちどの基準を選択するかは，分析視点・目的に依存する。たとえば，為替レート変動の説明の中で，金利平価仮説の成否を経済学の視点から検定するような場合，検定の枠組みに沿った①の基準が適当である。これに対して，為替変動を説明する実際的な回帰式を求める場合，②もしくは③の基準が適当となる。③は②よりも「甘い」基準であるため，見かけ上のフィットのよい式を選択する可能性もあり，その場合には安定性が相対的に弱くなるので予測においては注意を要する。実際，②と対応して予測の平均2乗誤差に基づいてモデル選択基準をつくると，ほぼF比2の基準に対応した結果が得られる。

4　ダミー変数，非線形属性モデルとモデル選択プロセスの事例

　本節では，非線形属性変数をダミー変数による定式化と多項式近似による定式化を議論し，モデル・スペシフィケーションの考え方について考察する。非線形性に関して，水準の変化を示すシフトダミーに加えて，傾き（係数）ダミーによる非線形表現，多項式非線形表現などを見る。

　4.1　シフトダミー変数

　4.2　属性ダミーを多用する分析の注意点と属性の識別可能性

4.1　シフトダミー変数

　ダミー変数は，たとえば，オートロックの有無，浴室乾燥機の有無，景気の良し悪しを1-0変数で表すように，もともと定性的な変数を定量化するものであるが，定量的な変数でも一定の条件が満たされるとき1，そうでないときに0をとる変数もダミー変数という。予備検定推定量でもそれを非線形推定量の表現として利用した。

180　第5章　モデル選択と非線形属性変数の定式化

モデル，

$$y_n = \beta_0 + \beta_1 x_{1n} + \cdots + \beta_{K-1} x_{K-1n} + u_n$$

において，たとえば x_{K-1} がオートロックの有無を表す変数の場合，

$$x_{K-1} = D(Autolock) = 1 \quad if \text{ オートロック有}, \quad = 0 \quad if \text{ オートロック無}$$

と表す。

　このようなシフトダミー変数の導入は定数項の水準を変える。これをモデルの中に入れて属性の価値を評価しようとすることは，属性と価格の関係が加法的であるとみることになる。ここにあるオートロックの価格への影響は加法的かもしれないが，一般にはそうではない。たとえば，防犯関係の変数（たとえば，モニター付きインターフォン）がすでに入っているような場合，いくつかの属性が一緒になって加法的な価値を持ったりすることもある。

街区と係数ダミー

　一つの分析対象地域の中でも，住宅地区や住宅地と商業地の混合地区，盛り場など，いろいろな地区があることも多い。そこで，街区の違いを区別するダミー変数を導入できる。その中で街区の構造により，毎日そこを通勤では歩きたくない街区もあるかもしれない。工場の近くとか高速道路の下で音が大きいとか空気が悪いとかの嫌悪属性があるような場合は特にそうであろう。このような環境ではないにしても，駅の近くの繁華街では線路を挟んで雰囲気が全く違う場所も多い。

　たとえば，本章7節で物件の価格の空間相関の議論をするが，そこでの事例としての国立市の場合を見ると，国立駅の北口と南口の街区の雰囲気は大きく異なる。生活のアメニティが街区属性として関係していよう。北口の北東方向は丘となっているので，同じ最寄り駅までの時間（1分 = 80m）であっても坂を上る場合もあり，地勢的にも，街区の雰囲気でも異なっている。このような場合，最寄り駅までの時間の属性を南北共通な価値をつくる属性とは異なっている可能性もある。そこで一つは，物件の位置が南口側にあるか北口側にあるかを区別するダミー，

$$D(South_n) = 1 \quad if \text{ 南口, } or = 0 \quad if \text{ 北口}$$

を入れることも最初の方法であるが，これは街区の南北の違いを共通な属性と

していて，他の属性とは別の属性として，共通に加法的に作用する属性として考えている。

しかし，この入れ方では，南北の物件の最寄り駅への時間属性の違いを表すのには適切ではないであろう。

そのために，$x_{K\text{-}1n}$ を最寄り駅への時間の変数とすると，その係数に南北ダミーを導入して，

(5.21) $[\beta_{K\text{-}1} + \gamma_{K\text{-}1}D(South_n)]\, x_{K\text{-}1n} = \beta_{K\text{-}1}x_{K\text{-}1n} + \gamma_{K\text{-}1}D(South_n)x_{K\text{-}1n}$

とすることができる。

この場合，南口にある物件に対して最寄り駅までの時間属性の係数は $\beta_{K\text{-}1} + \gamma_{K\text{-}1}$，北口にあるものに対してそれは $\beta_{K\text{-}1}$ となる。

このように，係数の変化をダミーとして入れる場合を「係数ダミー」という。特徴は，係数の中に入るダミーの中の変数の選択が任意である点である。ただ，(5.21) の右辺第 2 項の部分は，もとの変数 $x_{K\text{-}1n}$ の傾きをダミー変数で変更するもので，その意味では，その部分だけを見て「傾きダミー」という。本章 7 節では，誤差項に相関構造を入れることを考えるが，この係数ダミーをうまく利用すると，空間構造の違いによる価値の違いを適切に表現できる可能性がでてくる。

たとえば，南口の中央の部分はさらに異なる地区であれば，

$$[\beta_{K\text{-}1} + \gamma_{K\text{-}1}D(South_n) + \delta_{K\text{-}1}D(South_n)D(Center_n)]\, x_{K\text{-}1n}$$

とおけば，南口の中で中央の地区はさらに異なる構造を持つことになる。

このように空間構造をダミー変数で処理すると，誤差項の空間相関を小さくすることができるので，結果の解釈をわかりやすくできる。

傾き属性ダミー

一方，たとえば床面積属性変数 $w_n = fls_n$ のように，もともと連続変数で第 n 物件の築年数を，c 年以下，c 年超から d 年まで，d 年超の 3 つの区分に分け，それを 3 つのシフト・ダミー変数で表す場合をみてみよう。

その区分ごとの価格に与える属性の影響を $\gamma_2 D_2 + \gamma_3 D_3$ として，

$$y_n = \beta_0 + \beta_1 x_{1n} + \cdots + \beta_{K\text{-}2}x_{K\text{-}2n} + \gamma_2 D_2 + \gamma_3 D_3 + u_n$$

などと表す。

ここで，ダミー変数は，

(5.22)
$$D_1 = D(w_n \leq c) = 1 \quad if \quad w_n \leq c, \quad or \quad = 0 \quad otherwise$$
$$D_2 = D(c < w_n \leq d) = 1 \quad if \quad c < w_n \leq d, \quad or \quad = 0 \quad otherwise$$
$$D_3 = D(d < w_n) = 1 \quad if \quad d < w_n, \quad or \quad = 0 \quad otherwise$$

である。

ここで，$D_1 + D_2 + D_3 = 1$ に注意する。3つあるのに2つしか入れないのは，3つ入れると定数項 β_0 と完全重共線関係になるからである。したがって，定数項を入れておく限り，3つのダミー変数を一緒に入れることはできない。

このモデルへのダミー変数の導入の仕方は，たとえば $D_1 = 1$ であれば，定数項が β_0 から $\beta_0 + \gamma_1$ へと定数項の水準を変化させるにすぎない。

一方，
$$y_n = \beta_0 + \beta_1 x_{1n} + \cdots + \beta_{K-2} x_{K-2n} + \gamma_1 w_n D_1 + \gamma_2 w_n D_2 + \gamma_3 w_n D_3 + u_n$$

のような入れ方は，元の変数 x_{K-1n} が $w_n = fls_n$ あるいはその対数値であれば，その床面積の違いによって，その変数にかかるパラメータが異なることを示すので，傾きの違いによる折れ線グラフとして，

(5.23)
$$\beta_{Kn-1} w_n \Rightarrow \gamma_1 w_n D_1 + \gamma_2 w_n D_2 + \gamma_3 w_n D_3 \quad or$$
$$\beta_{Kn-1} \log w_n \Rightarrow \gamma_1 (\log w_n) D_1 + \gamma_2 (\log w_n) D_2 + \gamma_3 (\log w_n) D_3$$

として元の変数を非線形化するもので，床面積属性の価格への非線形な影響を直線の組み合せで示すものである。これを図示したのが**図表 5.1** である。

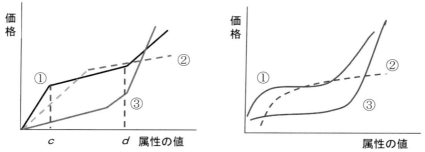

図表 5.1　属性の値と価格の非線形関係

左図の①の非線形性を，$\gamma_1 w_n D_1 + \gamma_2 w_n D_2 + \gamma_3 w_n D_3$ と表現する代わりに，直線 $\beta_{Kn-1} w_n$ と他の 2 つのダミーで $\beta_{Kn-1} w_n + \gamma_2 w_n D_2 + \gamma_3 w_n D_3$ と表現することも可能である。もちろん，その場合の係数の推定値は異なる。いずれにしても，$\beta_{Kn-1} w_n$ を入れておく場合，多重共線性を避けるために，3 つのダミー変数を入れることはできない。

　このような非線形の定式化をするためには，床面積属性により物件を区別する閾値（c, d）を決める必要がある。清水・唐渡（2007），清水（2007）では，このような閾値の存在を，分析物件である東京 23 区の中古マンションの価格の中にある標準的マンション（同質化グループ）と非標準的マンションを区別して，床面積が一定以下のグループと一定以上のグループを区別して，非同質的構造を傾きダミーで表そうとしている。彼らの分析では，主要な価格形成要因である属性として，専有面積，建築後年数，最寄り駅までの時間，都心までの時間などをあげ，これらの属性変数は非線形であろうとしている。彼らの中古マンションのヘドニック価格分析は第 6 章で事例として詳論する。

　そこでは，閾値を AIC の選択基準に基づいてデータから推定している。その場合は，その推定値 $\hat{c}$ と $\hat{d}$ は被説明変数の $y = (y_1, y_2, \cdots, y_N)$ の値を利用している。明示的には，

(5.24) 　　　$\hat{c} \equiv \hat{c}(y), \quad \hat{d} \equiv \hat{d}(y) \quad with \quad y = (y_1, y_2, \cdots, y_N)$

となる。

　その決め方では，前節の AIC を利用している。しかし，その $\hat{c}$ と $\hat{d}$ を利用した最小 2 乗法による回帰式の最小 2 乗推定値は非線形推定値となる。したがって，そのモデルの下の最小 2 乗推定値の t 値等は，その非線形性の影響を受けている。しかし，多くの場合の F 比 2 や t 値 $\sqrt{2}$ 等の基準の適用は有効であろう。なお，この非線形性は，2 節でも述べたように属性の非線形性とは異なる。

4.2　属性ダミーを多用する分析の注意点と属性の識別可能性

　第 7 章では，横浜市鶴見区鶴見駅周辺エリアの賃貸住宅価格のヘドニック分析を行うが，そこでの分析目的がセールスプロモーションであるので，内部属性を重視して，それに関連したダミー変数を多く利用する。このように分析目的から，外部属性の有無（駅の北口に存在するか否かなど），内部属性の有無（駐

184 第5章 モデル選択と非線形属性変数の定式化

車場の有無，システムキッチン設置の有無など）を表す定性的ダミーを多く利用
するような場合，定性的ダミーの識別可能性の問題に注意を払う必要がある。

1) 与えられた物件の集合の中で，たとえば，分析者が駐車場の有無を
0-1ダミー変数D1で表現したものが，分析上認識可能かどうかにかかわ
らず，それが他の別な属性の有無と一致していて，需要者はその別な属性
の価値を認めているため，価格に反映されている可能性がある。そのよう
な場合，D1 = 1（駐車場があること）により賃料価格が増加しているのか，
あるいは別な潜在的な属性の存在で賃料が上昇しているのかわからない。
すなわち，属性の識別可能性の問題は，物件全体でD1 = 1となる物件を
取り出した場合，その取り出した物件全体での共通属性は駐車場だけであ
るか否かであるか，の問題である。これを「属性の完全識別性の問題」と
いう。

2) 特に，この問題は分析物件の多様性，分散性に関係し，少数の大きなマ
ンションが占める割合が成約物件全体で多い場合，このような可能性が大
きくなる。たとえば，わかりやすく説明するために，新規賃貸物件として
市場に出た2つの大規模マンションA，Bで，Aは駐車場を持つが，Bは
持たないとする。物件全体での駐車場設置率が45%であっても，その年
の成約物件の中で駐車場を持つ物件が仮にAだけの場合であったとする
と，D1 = 1となる属性は新規マンションAが保有し，他の物件は保有し
ない属性全体と一致する。たとえばAの1階には小児科が入っているなど，
Aならでは得られない属性がそれとなる。

3) 駐車場を持つ物件がAだけでなくても90%以上を占める場合，このよ
うに完全に識別可能でなくても，統計的な問題が起こる。たとえばシステ
ムキッチンの有無のダミーD2で，駐車場を持つ（D1 = 1）となる物件と
システムキッチンを持つ物件（D2 = 1）とがほぼ同じになるような場合，
データからみると（統計的にみると），これら2つの属性の識別可能性は弱
くなる。この場合，2つの属性の相関は大きくなるので，変数増減法など
の変数選択プロセスで一緒に利用しないことと，D1 = 1とD2 = 1とな
る他の物件の所在地が同じビルでなく分散していることが重要である。こ
れを「統計的識別可能性の問題」という。

5 属性変数への多項式近似と横浜市鶴見区の分析事例

第6章では，各地区の住宅価格関数を推定し，属性の非線形性をダミー変数と組み合せて傾きグラフで表現する事例を示す。そこでの閾値の推定では，AIC 最小基準に基づいて選択している。その結果，被説明変数の情報を直接に説明変数をつくる上で利用しているので非線形推定値を採用することになる。ここではこの考え方をさらに進め，非線形性を連続曲線として多項式で近似する方式を提案する。そして，本節ではその事例として第7章で扱う横浜市鶴見区鶴見駅周辺エリアの賃貸価格分析事例のデータを利用して，基本変数に対して多項式近似による非線形化を行い，分析パフォーマンスを紹介する。

5.1 属性変数への多項式近似の方法

価格モデル，

$$p_n = \beta_0 + \beta_1 z_{1n} + \beta_2 z_{2n} + \beta_3 z_{3n} + \cdots + \beta_{K-1} z_{K-1n} + u_n$$

において，たとえば第一属性 z_1 を w = 築年数に関わる属性として，連続曲線として多項式，

$$(5.25) \qquad z_1 = \gamma_1 w + \gamma_2 w^2 + \gamma_3 w^3$$

を考える。

これを上のモデルの中に代入して，

$$p_n = \beta_0 + \beta_1 (\gamma_1 w_n + \gamma_2 w_n^2 + \gamma_3 w_n^3) + \beta_2 z_{2n} + \cdots + \beta_{K-1} z_{K-1n} + u_n$$

$$= \beta_0 + \gamma_1^* w_n + \gamma_2^* w_n^2 + \gamma_3^* w_n^3 + \beta_2 z_{2n} + \cdots + \beta_{K-1} z_{K-1n} + u_n$$

として，$(\gamma_1^*, \gamma_2^*, \gamma_3^*\ ;\ \beta_0, \beta_2, \cdots, \beta_{K-1})$ を推定し，データに内在する築年数の非線形性をそのまま $\gamma_1^* w_n + \gamma_2^* w_n^2 + \gamma_3^* w_n^3$ として表現することができる。

このように，非線形属性変数が一つで，その次数が3次の多項式であれば，このまま推定できる。しかし，このような多項式変数を複数の属性に対して仮定すると，過剰なパラメータを持つ定式化になるばかりか，重共線性などの可能性によりパラメータの推定値が不安定になる。

この問題を解決するために，上の事例のように，基本属性を設定し，その属性の非線形性を多項式で表現するために，築年数，床面積，階建て，階数などの内部属性と，最寄り駅までの時間などの個別モデルに対して，

186　第5章　モデル選択と非線形属性変数の定式化

$$p_n = \beta_0 + \gamma_1^* w_n + \gamma_2^* w_n^2 + \gamma_3^* w_n^3 + u_n$$

を最小2乗法で推定し，そのモデル値に基づいて，たとえば築年数を表現する
非線形変数を，

$$\tilde{z}_{jn} = \tilde{\gamma}_{j1}^* w_n + \tilde{\gamma}_{j2}^* w_n^2 + \tilde{\gamma}_{j3}^* w_n^3$$

と定義し，これを利用する。

　すなわち，被説明変数との関係の非線形性を最初に多項式で推定し，説明変
数をつくる。これは，折れ線ダミーで変数をつくることに対応する。そこで推
定される推定値 $\tilde{\gamma}_{jk}^*$ は y に依存している。

$$\tilde{\gamma}_{jk}^* \equiv \tilde{\gamma}_{jk}^*(y) \quad (k = 1, 2, 3)$$

　そして，たとえば3次の多項式で，2つの非線形説明変数 $(j = 1, 2)$ をつ
くり，それを説明変数とするモデル

$$p_n = \beta_0 + \beta_1 \tilde{z}_{1n} + \beta_2 \tilde{z}_{2n} + \beta_3 z_{3n} + \cdots + \beta_{K-1} z_{K-1n} + u_n$$

と定式化して，これを最小2乗法で推定する。

　この推定値は非線形推定値となることは明らかである。このアプローチでは，
重要な個別属性の非線形性を表現するために，γ_1^*, γ_2^*, γ_3^* の推定では被説明変
数を直接的に利用しているが，これは折れ線グラフを表現する上で閾値 (c, d)
を推定することに対応する。この表現では，たとえば築年数の属性の価値は
$\beta_1 \tilde{z}_{1n}$ となる。重共線性を避けるためには，ともに3次の多項式であれば，こ
のようにつくる非線形説明変数は2つまで，5次の多項式であれば4つまでし
か利用できない。

　いったんこのような非線形属性変数をつくったうえで，上記のモデルを推定
し，t 値や F 比でモデル選択をする。

5.2　非線形説明変数によるヘドニック分析の事例

　ここでは，第7章で議論する横浜市鶴見区鶴見駅周辺エリアの物件について
の分析事例の賃料データに対して，前節で述べた方法による多項式近似で基本
属性を非線形的に表現し，それをヘドニック回帰モデルの説明変数として利用
する。本節の結果はさらなる考察が必要であるが，被説明変数と非線形属性と
の関係の安定性を検証すれば有効なモデルとなろう。第7章でのモデル構築の
視点は，属性として多様な内部設備の詳細情報を利用して，ビジネス的な利用

範囲を狙うものであるが，ここでは基本属性変数によるモデリングとする。ここで得られるモデルに内部設備との関係を求めることでさらなる精緻化の余地がある。

【利用する属性変数】

最寄り駅までの徒歩分，床面積，経過年数，物件の階数，建物の階建て，間取りダミー（以下の K1 〜 K4）

ここでは，まず需要者の非同質性に関して，間取りにより単身タイプ，夫婦タイプ，家族タイプに分けて別々に推定するのではなく，すべての物件を同時推定する。そのために，次の間取りダミー変数を導入する。

K1：1R, 1SR

K2：1K, 1DK, 1SK, 1SDK

K3：1LDK, 1SLDK, 2K, 2SK, 2DK, 2SDK

K4：2LDK, 2SLDK, 3K, 3SK, 3DK, 3SDK

K5：3LDK, 3SLDK, それ以上のもの

各ダミーは，それぞれの間取りタイプに属していたら 1，そうでなければ 0 とする。

標本数はマンションのみ 492 物件である。

属性の多項式非線形表現

特定な属性変数を多項式で非線形的に表現する場合，どのような順序で変数を加えていくか，他の属性変数との関係が問題となる。非線形表現される属性変数は一緒に利用する他の変数に依存する。第 6 章では，ダミー変数で非線形性を表現するとき，基本属性変数を与えられたものとして，それぞれの変数に対して，同時にではなく個別の変数ごとに閾値を探すことをしている。それぞれの閾値は，この推定法に依存する。ここで多項式近似を適用する属性変数は以下の通り。

【非線形として扱う変数】

①築年数 HH，②物件の階数 HI，③建物の階建て HJ

ここで提案する非線形化の順序と推定の仕方を述べる。

〈築年数の変数 HH〉

築年数に5次の多項式関数 $HH_n = g_1(s_n)$ (s_n は, 第 n 物件の築年数) を仮定する. 第 n 物件に対して, 賃料変数 y_n を被説明変数として, 徒歩分 W_n, 坪数 L_n に加えて, 経過年数 (築年数) の多項式 $HH_n = g_1(s_n)$ を加え,

$$y_n = \beta_0 + \beta_1 W_n + \beta_2 L_n + HH_n + \varepsilon_n$$
$$HH_n = g_1(s_n) = c_1 s_n + c_2 s_n^2 + \cdots + c_5 s_n^5$$

において, 最小2乗法でマンション築年数変数 HH_n の係数を求める.

得られた係数を利用して, 変数 HH_n の値を物件ごとに求める. この値が非線形築年数変数として以下のプロセスや最終モデルで説明変数として利用される. 築年数変数のグラフ $HH_n = g_1(s_n)$ は**図表 5.2** のようになる.

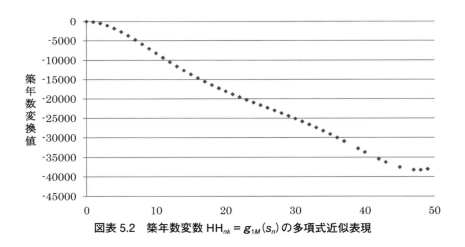

図表 5.2　築年数変数 $HH_{nk} = g_{1M}(s_n)$ の多項式近似表現

〈階数変数 HI〉

物件の階数 HI 変数として, 次の回帰式で5次の多項式　$HI_n = g_2(i_n)$ 変数の係数を求める.

$$y_n = \beta_0 + \beta_1 W_n + \beta_2 L_n + \beta_3 HH_n + HI_n + \varepsilon_n$$
$$HI_n = g_2(i_n) = d_1 i_n + d_2 i_n^2 + \cdots + d_5 i_n^5$$

得られた係数を利用して, 階数変数 HI_n の値を物件ごとに求める. この場合のマンションの階数変数のグラフは**図表 5.3** となる.

上の2つの変数を利用して, 同じ方法で階建て変数 HJ_n の多項式の係数を推

5 属性変数への多項式近似と横浜市鶴見区の分析事例　189

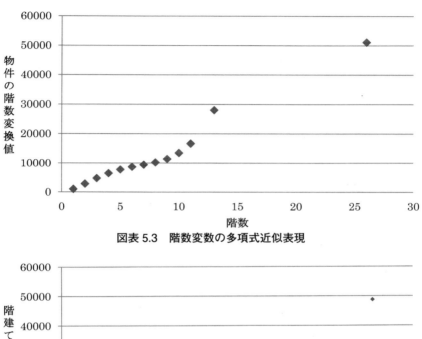

図表 5.3　階数変数の多項式近似表現

図表 5.4　階建て変数の多項式近似変数のグラフ

定し，物件の階建て変数 HJ_n の値を求める（図表 5.4）。

このようにして得られた属性の非線形変数値を説明変数として最終的なモデルとして次の式を同時推定する。

$$y_n = \beta_0 + \beta_1 W_n + \beta_2 L_n + \beta_3 HH_n + \beta_4 HI_n + \beta_5 HJ_n + \sum_{j=1}^{4} \gamma_j K_{jn} + \varepsilon_n$$

190 第5章 モデル選択と非線形属性変数の定式化

このモデルでの推定結果がマンション価格モデルとなる。

モデルパフォーマンスと推定結果

このモデルのパフォーマンスは次の通り。

標本数	R2	補正 R2	標準誤差
492	0.937	0.935	7247.7

この補正決定係数を見ると，第7章の内部属性を中心とした分析結果を上回るパフォーマンスを得ている。その意味では，多項式アプローチによる基本属性の非線形化は，モデルパフォーマンスにとって重要である。しかし，この高いパフォーマンスの背後に，非線形属性変数を価格に合わせるために，3つの基本属性に対して合計15個のパラメータが導入されているので，この非線形性の安定性を検証することが望ましい。

このモデルの推定結果は**図表5.5**に与えてある。このモデルでは，最寄り駅までの徒歩分属性に対して，1分 − 638 円となっている。床面積坪当り価格は4,530 円である。非線形化した変数の係数は価格を表現していないことに注意する。そのため，たとえば築年数の価値を評価するためには，多項式 $HH_{nk} = g_1(s_n)$ の値にその係数 0.90157 を掛けた値となる。間取ダミー変数は，

	係　数	SE	t 値
定数項	41451.0	4623.2	8.97
最寄り駅 W	−637.7	93.4	−6.83
L（M 床面積）	4530.3	183.8	24.65
HH（M 築年数）	0.90157	0.036478	24.71
HI（M 階数）	0.336518	0.110178	3.05
HJ（M 階建て）	1.007981	0.109669	9.19
K1（間取ダミー 1）	−6649.4	3477.1	−1.91
K2（間取ダミー 2）	−1956.3	3239.1	−0.60
K3（間取ダミー 3）	2773.1	2612.8	1.06
K4（間取ダミー 4）	9883.3	2334.2	4.23

図表 5.5　属性非線形化モデルによる推定結果
(SE は推定値の標準誤差)

そのまま価格を表している。間取りがK1タイプの場合は6,650円マイナスされる一方，K4タイプの場合は9,880円上乗せされる。間取りダミーのt値は，K1はほぼ2に近く有意といえるが，K2が有意でなく，またK3は1より大きいが$\sqrt{2}$より小さく，この2つの変数についてはさらに考慮の余地がある。その他のt値は，仮説検定の意味で極めて有意である。

非線形化した築年数の値はそれ自体がマイナスであるので，係数はプラスになっている。その他の非線形変数も，その値の符号が重要になる。

いずれにしても，属性の価格に対して非線形性を多項式で表現すると，基本変数だけで上のような高いパフォーマンスが得られるので，プライシングの意味では有効なモデルを得られる可能性が高い。一方，第7章でみるように，ディベロッパー等の分析目的と視点からは，さらに内部設備との関係を追及することができるであろう。

6　不等分散性の検定と一般化最小2乗法によるモデルの推定

本節では，不等分散性の検定法ならびにそのもとでの推定法を議論する。クロスセクション分析で不等分散問題を扱う場合，データに時間の順序がないので何らかの参照順序が必要となることを第4章3.3節で述べた。

以下，確率的な議論をするので，回帰分析の事前モデルのもとでのモデリング思考法を利用する。

経済データの場合，一般に被説明変数Y_nの変動は，その平均水準，

(5.26) $$\mu_n = E(Y_n) = \beta_0 + \beta_1 x_{1n} + \cdots + \beta_K x_{K-1 n}$$

が大きくなると，その分散，

$$\mathrm{Var}(Y_n) = E(Y_n - \mu_n)^2 = E(U_n^2) = \mathrm{Var}(U_n)$$

も大きくなることが多い。

実際例として，5.2節で非線形近似したモデルと実際の価格をプロットしたのが**図表5.6**である。クロスセクション分析における物件の価格の昇順に並べて，実際の価格とモデル価格（内挿値）の関係としてプロットしてあり，多くの分析に典型的なものである。これを見ると，やはり価格が大きくなると変動が大きくなるという，不等分散の構造がみえる。

192   第5章　モデル選択と非線形属性変数の定式化

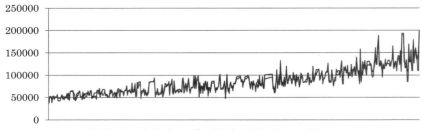

図表5.6　価格とモデル値（理論価格）のグラフ

　この図から，価格が大きくなると分散が大きくなっているであろうと推察される。問題は，有意にその分散が異なるかどうかである。

　したがって，等分散の仮定をチェックする1つの方法は，時系列分析では μ_n が時間的に大きくなっていくことなどを想定して，それを検定問題として定式化することである。

　すなわち，標本期間から最初の l 個 $n=1, \cdots, l$ と最後の l 個 $n=N-l+1, \cdots, N$ をとりだし，それぞれの標本グループの Y_n の分散（U_n の分散）を σ_1^2, σ_2^2（一定）として仮説，

(5.27)　　　　　　　$H_0 : \sigma_1^2 = \sigma_2^2$　vs　$H_1 : \sigma_1^2 < \sigma_2^2$

を検定する。

　しかし，クロスセクション分析の場合，このような時間で並べることができない。一つの並べ方は，第4章3.3節に述べたように，需要者のタイプ（単身者，夫婦，家族など）の一つの物件集合に対して，床面積，方角，最寄り駅からの距離，価格（賃料，住宅価格）などの昇順に並べて，上の仮説検定問題を考察する。

　本節の後半では，(5.26) の推定値 $\hat{\mu}_n$ の昇順に沿ったものを念頭に置いているが，多様な視点で検定できよう。

　誤差項 u_n に正規分布を仮定すると，この検定問題に対する最適な検定方式（有意水準一定（第1種の誤り）のもとで第2種の誤りを最小にする検定方式）は，

(5.28)　　　　　$F = \dfrac{S_2}{S_1} \left(S_1 = \sum_{n=1}^{l} \hat{u}_{1n}^2,\ S_2 = \sum_{n=N-l+1}^{N} \hat{u}_{2n}^2 \right)$

とおくと，$F > c$ のときは仮説 H_0 を棄却し，$F \leq c$ のときは H_0 を採択する方

式である（3節の検定の議論参照）。

ここで，$\hat{u}_{1n}$ は $n = 1, \cdots, l$ のデータに基づく最小2乗残差，$\hat{u}_{2n}$ は $n = N - l + 1, \cdots, N$ のデータに基づく最小2乗残差である。ただし，$l > K$ が必要である。

棄却点 c は，H_0 のもとでの F の統計量の分布が自由度 $(l - K, l - K)$ の F 分布をすることから，有意水準 a を与えて F 分布表より，

$$P(F > c | \mathrm{H}_0) = a$$

となる c を求める。

l のとり方には任意性があるが，目安として $l - K$ が少なくとも20以上あることが望ましい。その場合，$c = 4$ が目安になる。

等分散性の仮説 H_0 が棄却された場合，分析している問題に対応して最小2乗法を修正しなくてはならない。

1つの典型的な扱い方は，y_n の分散はその平均水準 μ_n に依存するとして，

(5.29)　　$\sigma_n^2 = \mathrm{Var}(Y_n) = \gamma \exp(\lambda \mu_n)$　（μ_n は (5.26) で与えられる）

と定式化することである。

この定式化のもとでは，基準化した誤差項 u_n / σ_n の2乗和（ウェイト付誤差の2乗和），

(5.30)　$\displaystyle\sum_{n=1}^{N} \frac{u_n^2}{\sigma_n^2} = \sum_{n=1}^{N} \left[\gamma \exp(\lambda \mu_n) \right]^{-1} (y_n - \beta_0 - \cdots - \beta_{K-1} x_{K-1n})^2 \equiv \phi(\beta, \lambda : \mu)$

　　　ただし，$\mu = (\mu_1, \mu_2, \cdots, \mu_N)$，$\beta = (\beta_0, \beta_1, \cdots, \beta_{K-1})$

を最小にするように β_i と λ を推定する。

これは，一般化最小2乗法の簡単な場合である。γ は上記関数を最小にする場合，$\gamma \equiv 1$ としてよい。μ_n は β_i の関数であるから，非線形最適化法として，たとえばニュートン＝ラプソン法等の使用によりその推定値を求めることができるが，次の繰り返し法が役に立つ。

1)　まず，(4.2) に最小2乗法をあてはめ最小2乗推定値

$$\hat{\beta}^0 = (\hat{\beta}_0^0, \hat{\beta}_1^0, \cdots, \hat{\beta}_{K-1}^0), \quad \hat{\mu}_0 = (\hat{\mu}_1^0, \hat{\mu}_2^0, \cdots, \hat{\mu}_N^0)$$

$$\hat{\mu}_n^0 = \hat{\beta}_0^0 + \hat{\beta}_1^0 x_{1n} + \cdots + \hat{\beta}_{K-1}^0 x_{K-1n}$$

を求める。そして，それを $\phi(\beta, \lambda : \mu)$ に代入したものを $\phi^0(\hat{\beta}^0, \lambda : \hat{\mu}^0)$ とおく。

194　第 5 章　モデル選択と非線形属性変数の定式化

2)　$\phi^0(\hat{\beta}^0, \lambda : \hat{\mu}^0)$ の λ は未知であるから，$0 \leq \lambda \leq 2$ 程度をとり，それを 0.1 きざみで分割し，$\lambda = 0, 0.1, \cdots, 1.9, 2$ と動かして，$\phi^0(\hat{\beta}^0, \lambda : \hat{\mu}^0)$ の値の中で最小になる $\hat{\lambda}^0$ を求める。その $\hat{\lambda}^0$ と $\hat{\mu}_n^0$ を利用して分散を $\exp(\hat{\lambda}^0 \hat{\mu}_n^0)$ と推定する。

3)　次に，$\phi(\beta, \hat{\lambda}^0 : \hat{\mu}^0)$ を β に関して最小にする一般化最小 2 乗推定量，

$$\hat{\beta}^1 = (\hat{\beta}_0^1, \hat{\beta}_1^1, \cdots, \hat{\beta}_{K-1}^1)\ \text{を用いて，}\ \phi^1(\hat{\beta}^1, \lambda : \hat{\mu}^1)$$

を求める。

　　その結果，2)と同じ議論により，$\phi^1(\hat{\beta}^1, \lambda : \hat{\mu}^1)$ を最小にする $\hat{\lambda}^1$ を求め，分散を $\exp(\hat{\lambda}^1 \hat{\mu}_n^1)$ で推定する。

4)　そのもとに，3)と同じプロセスをとり，たとえば 5 回ほど繰り返した推定値 $(\hat{\beta}^5, \hat{\lambda}^4 : \hat{\mu}^4)$ を最終的な推定値とする。通常の分析では計算機ソフトのアウトプットにないため，この不等分散性をチェックしないが，有効な β の推定値を得る上で重要である。

なお，共通のパラメータ γ は，得られた一般化最小 2 乗推定値 $(\hat{\beta}, \hat{\lambda} : \hat{\mu})$ を用いて，

$$(5.31) \qquad\qquad \hat{\gamma} = \frac{1}{N} \phi(\hat{\beta}, \hat{\lambda} : \hat{\mu})$$

で推定される。

また，このような推定プロセスをとったときの，モデリングの効果を統計的に検定・評価する方法は，7 節の議論と同じようにできる。

7　空間相関モデルと一般化最小 2 乗法

不動産市場に関わる価格分析では，分析対象地域の空間構造に関わる分析を考慮する必要がある。

その分析法としては，

1)　属性として扱う方法

2)　回帰モデルの誤差項の相関として扱う方法

がある。

本書としては，1)のアプローチがより有効であるとみるが，事前の情報とし

て誤差項の分散・共分散の構造がある程度わかっている場合は，2) のアプローチも有効となる。

　この問題は，モデル上の定式化の問題以上に，現地での地勢的，地政学的，街区構造的に各物件間の関係を理解していないと，意思決定に供与できる意味のあるプライシングモデルを得ることができない。

　以下では 2) の問題を扱うが，1) については，5 節で述べたように，街区の設定や駅からの距離による地域区分により，係数ダミー変数を積極的に利用することである。具体的には，前節でみたような，係数ダミーを複数個利用して空間の間にある相関構造を分離することである。それによって，相関が強い同質的なグループを空間的な関係を表現できる。

　なお，清水・唐渡 (2007) で紹介されている分析地域と周辺地域の隣接境界数から共分散を定義する方法，(緯度，経度) 座標を用いる方法などいくつか紹介されているが，ここではその実際的有効性が低いとみて議論しない。

誤差項の相関として扱う方法

　問題の本質は，定式化したモデルでの物件間の価格の分散・共分散，同じことであるが各物件の価格モデルの誤差項 U_m と U_k の共分散

$$\sigma_{mk} \equiv \mathrm{Cov}(Y_m, Y_k) = \mathrm{Cov}(U_m, U_k)$$

の定式化であるので，それをどのように定式化したらよいのか問題である。

　ここで注意すべきは，分散・共分散 σ_{mk} の未知パラメータの数は $N(N+1)/2$ であるので，物件の数より多いことである。そこで，いかに効果的に少ないパラメータで簡単に共分散構造を定式化するかという点がモデリングで重要となる。

　もし各物件の分散 σ_{mm} が等分散 $\sigma_{11} = \sigma_{22} = \cdots = \sigma_{NN} \equiv \gamma$ であれば，物件の価格の間の相関係数，

(5.32) $\qquad \rho_{mk} = \sigma_{mk}/[\sigma_{mm}\sigma_{kk}]^{1/2} = \sigma_{mk}/\gamma \qquad (|\rho_{mk}| < 1)$

をモデル化できればよい。

　パラメータ節約的な相関係数の定式化として，たとえば，

$$\rho_{mk} = \exp(-\delta a_{mk}) \ (\delta \geq 0)$$
$$\text{ただし，} a_{mk} = h(d_{mk})$$

とモデル化する。

ここで，d_{mk} は第 m 物件と第 k 物件の「距離」で，h はその単調変換を示す関数である。h は適切な非線形関数を考える。たとえば距離の定義は，時間で定義してもよいし，場合によっては直線距離でもよいが，実際の地区の空間構造に対応したものが望ましい。数学的な要請として，このように定義した相関係数の行列が正値定符号になることが必要となる。実際に空間相関構造を設定するには，現地調査を経て，地域の地勢，街区・用途指定，行政区域などの構造を理解する必要がある。

ここでは，一つの事例として国立の場合のモデリングを議論してみよう。地域の構造は次のとおりである。

事例：国立地域の場合のモデリング

第 8 章でみるように，国立地域の分析対象を**図表 5.7** のように，4 つの地区（I, II, III, IV）に分割してある。

まず地区間の相関を考える。物件の属性の番号をこの地区に分割し，各

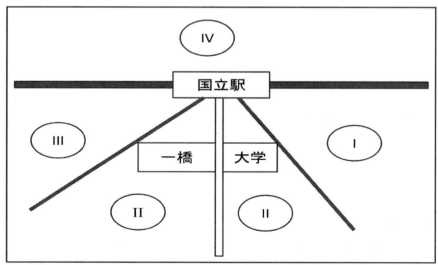

図表 5.7 国立地域の物件の賃料価格の空間相関を考える図
（I は東区，II は中区，III は西区，IV は北区ならびに国分寺市）

$f =$ I, II, III, IV に属する物件の番号を $j_f = 1, 2, \cdots, N_f$ で示す。IV地区は北口にあり，地勢的にも交通上も商業的にも南口の地区と大きく異なる。そこで，地区間の相関を表す部分を，

$$(5.33) \qquad e\,(j_f, j_g) = \begin{cases} \exp(-\,\theta_1|f\text{-}g|) & \textit{if} \;\; f, g = \textit{I, II, III} \\ 0 \;\; \textit{if} \;\; f = \textit{IV} \;\; かつ \;\; g \neq \textit{IV} \end{cases}$$

とおく。

一方，各物件 j_f の駅からの距離（分）を $c(j_f)$ で示し，物件 j_f と j_g との相関を，

$$(5.34) \qquad \rho\,(j_f, j_g) = e(j_f, j_g)\exp(-\,\theta_2|c(j_f) - c(j_g)|/10)\exp(-\,\theta_3 d(j_f, j_g)/10)$$

と仮定する。

ここで，$d(j_f, j_g)$ は物件 j_f と j_g との直接的な距離（分）である。上式では10分で割り，その距離が10分の場合1となるように基準化してある。この相関の定義では，同じ地区にある物件は，$e(j_f, j_g) = 1$ で，駅から距離が同じであれば中間の項も1となるが，同じ地区でも互いに端にあれば，その距離 $\exp(-\theta_3 d(j_f, j_g))$ が相関の大きさになる。もちろん，物件の自分自身との相関であれば1になる。

一方，第 I 地区の物件 j_I と第 III 地区の物件 j_{III} の場合で，駅からの距離がそれぞれ5分と10分で，直線距離（分）が18分であれば，2つの物件の相関は $I - III = -2$ より，

$$\rho\,(j_I, j_{III}) = \exp(-2\theta_1)\exp(-0.5\theta_2)\exp(-1.8\theta_3)$$

となる。

ただし，第 IV 地区の場合，地区間の相関がないので，地区内の相関だけで上の計算をすることになる。

この定式化では，3つの未知パラメータ $\theta = (\theta_1, \theta_2, \theta_3)$ を導入していることに注意する。このモデルの推定法を述べよう。

まず，回帰モデルをベクトルと行列で，

$$(5.35) \qquad\qquad\qquad y = X\beta + u$$

とかく。

X は，（4.31）で与えられる説明変数の作る行列である。

誤差項 u の分散共分散行列は，もし分散が等しいとすると，（5.34）の相関行列を用いて，

198　第5章　モデル選択と非線形属性変数の定式化

$$(5.36) \qquad \mathrm{Cov}(u) = \gamma\Lambda : N \times N, \qquad \Lambda = (\rho_{jk})$$

とかく。

　もし相関が4地区の構造として（5.34）を持つとして，物件の番号を各地区ごとに並べてθの関数として$\Lambda(\theta) = (\rho_{jk}(\theta))$とかく。明らかに$\theta$を与えると，その相関行列は決まる。

　一般化最小2乗推定法では，

$$(5.37) \qquad \phi(\beta, \theta) \equiv (y - X\beta)'\Lambda(\theta)^{-1}(y - X\beta)$$

を(β, θ)に関して最小にするように未知パラメータを推定する。

　そのようにして得られる推定値を一般化最小2乗推定値といい，$(\hat{\beta}, \hat{\theta})$で示す。これを求めるためには，まず$\theta = (\theta_1, \theta_2, \theta_3)$の動く範囲を$0 \le \theta_m \le 1$（$m = 1, 2, 3$）とする。この範囲に限定する理由は，これ以上大きくすると相関は極めて小さくなるから，実際的な分析としては十分である。そのために，時間の分を10分で割ったりしている。この取り方は，データの単位に依存する。そして，各θ_mを0.1の刻みで動かすと，θの組み合せ数は11の3乗となる。

　θを与えて（5.37）をβに関して最小にすると，

$$(5.38) \qquad \hat{\beta}(\theta) = (X'\Lambda(\theta)^{-1}X)^{-1}X'\Lambda(\theta)^{-1}y$$

となるから，これを（5.37）に代入すると，

$$\tilde{\phi}(\theta) \equiv \phi(\hat{\beta}(\theta), \theta) \equiv (y - X\hat{\beta}(\theta))'\Lambda(\theta)^{-1}(y - X\hat{\beta}(\theta))$$

となるから，この式に，対象となるすべての$\theta = (\theta_1, \theta_2, \theta_3)$の組み合せを入れて，その中から$\tilde{\phi}(\theta)$を最小にする$\theta$の最小値$\hat{\theta}$を得る。

　このようにして得られる一般化最小2乗推定値$(\hat{\beta}, \hat{\theta})$のもとに，共通な分散$\gamma$は，

$$(5.39) \qquad \hat{\gamma} = \frac{1}{N}\phi(\hat{\beta}, \hat{\theta})$$

で推定される。

　他の定式化の場合も，基本的な考え方は同じである。

　もちろん，このような空間相関構造を導入するには，その実際的効果が重要となる。その効果を見るためには，まず（5.37）で$\theta = 0$としてβに関して最小にすると通常の最小2乗推定値$(\hat{\beta}_{OLS}, 0)$の場合になる。それゆえ，（5.37）を(β, θ)に関して最小にすると，単純な比較では，最小2乗推定値より目的

関数の値は小さくなる。問題は，どの程度よくなるかである。

その比較の方法は，次の F 比に基づいて可能となる。

(5.40)
$$F = \frac{[\phi(\hat{\beta}_{OLS}, 0) - \phi(\hat{\beta}, \hat{\theta})]/3}{\phi(\hat{\beta}, \hat{\theta})/(N-K-3)}$$

上で述べたように，この F 比が少なくとも 2 より大きいとき，3 つのパラメータを導入することで有意な改善ができることを示す。

〈参考分析〉

刈屋武昭 (1979)『回帰分析の理論』岩波書店

刈屋武昭・勝浦正樹 (2008)『統計学 (第 2 版)』東洋経済新報社

清水千弘・唐渡広志 (2007)『不動産市場の計量経済分析』朝倉書店

Kariya, T. and Kurata, H. (2004) *Generalized Least Squares*, John Wiley

Kariya, T. (1982) Estimation of regression coefficients from a decision theoretic viewpoint, *Advances in Econometrics*, 1, 241-265

第6章

東京23区の住宅価格関数の
モデル選択プロセスと非線形属性変数

1 はじめに

　本章では，第4章，第5章で述べたモデル選択の優れた統計的プロセスの事例として，清水・唐渡（2007）『不動産市場の計量経済分析』（2005年の住宅価格データを利用），清水（2007）（博士論文，同じ住宅価格データを利用）にある，ヘドニック・アプローチにより東京23区の中古マンション市場の住宅価格関数のモデル選択プロセスを本書の視点・立場から議論する。

　この実証分析は，丁寧かつ包括的な計量分析プロセスで，この本の内容は，計量経済的な研究結果の紹介の性格が強いが，実際に利用可能な意思決定モデリングのプロセスを展開していて，本書の目的である，「分析目的に対応した属性と価格と非同質性に関わる分析法との関係を合理的に理解することを狙う実証分析をする」，という視点からみて様々な議論を提供する材料を持っている。この視点から，東京23区の中古マンション分譲市場分析について議論する。

　第1章でも述べたが，賃貸住宅の需要者の選好・市場構造と所有を伴う住宅の需要者（一般家計，投資家）の選好・市場構造の大きな違いは，属性への価値認識の視点が異なるため，ヘドニック・プライシングにおいて属性についての価値評価がそれぞれの市場で異なると考えられる点である。もちろん，賃貸住宅の供給者はその物件に投資しようとするときには後者の評価を考慮に入れるであろう。

　一般に，賃貸住宅の需要者の場合，賃貸をする理由の一つとして自らの移動・

移転性に関するオプションを保持する度合いが大きく，その住宅を利用する上での一定期間の快適性や利便性などの生活目的が中心になろう。一方，あらたに分譲住宅を所有しようとする需要者の場合，資産の購入は投資でもあるので，長期的にみた「住宅の資産性」に関わる属性も重視しよう。この住宅の資産性は，将来に財務的なオプション（例：住宅を担保に借金することのオプション）を与えるが，資産価格の変動のリスクを持つので，「価値を保存できる立地的外部属性」を一定の範囲で重要視する，と考えられる。賃貸住宅の供給者には一般資産家も多く，コスト構造や税制の事情も大きく異なっている。この違いにより，需要者が見る賃貸住宅の賃料価格にとって関係が強い属性は，必ずしも所有住宅の価格にとって関係が強い属性とは同じではない。この点を注意して以下の議論をする。

分析の狙いと住宅価格データと属性への視点

【事例の中古マンション価格分析の狙い】彼らは分析目的として，

「ヘドニック法による市場分断の考え方は，均質な選好を持つ家計群ごとに市場を分割してヘドニック価格関数を推定することにつながる。そのことは，家計によって属性に対する価格付けが異なる。」

と述べている。さらに，

「しかし，空間的な立地競争の結果として地域が形成されているとすれば，同質の選好をする家計群が，ある特定の空間・地域を形成していると想定するのが適切である。そこで，空間的な異質性を考慮したヘドニック価格関数の推定を行う。」

空間的な立地競争の結果として地域が形成されているかどうかについては，住宅需要は人々の職と生活の基盤であるので，企業が立地競争に関わっていない限り，この視点には疑問が残るが，研究仮説として考えられるかもしれない。

彼らのアプローチの特徴は，空間的な異質性の一つの取り扱い方として，特定な属性の価格への影響を非線形に定式化することで対応可能であろう，という視点に立っている。

【非線形ダミー】傾きダミーの非線形性（第5章参照）は，基本属性変数として，「最寄り駅までの時間」「都心までの時間」の外部基本属性と，「専有面積」

「建築後年数」の内部基本属性に対して導入される。

　そのため，単身者用，夫婦用，家族用など需要者（購入者）のタイプを区別するのでなく，東京 23 区の中古マンションの価格（9,682 件）を同時に扱い，その非同質性と各区ごとの価格差をシフトダミーと傾きダミーの非線形モデルで表現しようとする（4 節参照）。その非線形ダミーの閾値は次のように表現されることが示される（モデルの決定係数 0.817）。

　　最寄り駅までの時間 12 分と 17 分：0 ～ 12 分，12 ～ 17 分，17 分超
　　都心までの時間 15 分：　　　　　　0 ～ 15 分，15 分超
　　専有面積 40 ㎡と 90 ㎡：　　　　　 0 ～ 40 ㎡，40 ～ 90 ㎡，90 ㎡超
　　建築後年数 12 年と 23 年：　　　　 0 ～ 12 年，12 年～ 23 年，23 年超

　たとえば，最寄り駅までの時間の属性の場合，それが 12 分までの物件については購入者はほぼ同じ価格をつけるとみる。

　この研究的事例では，地域立地的属性を考慮することで，すべての物件の背後にあるこれら 4 つの属性の非線形性を表現して，購入者（需要者）の非同質性を把握できるとみているようだが，実は各地区の購入者の選好は必ずしも共通ではないと思われる。購入者の情報がないので物件のタイプごとの分析も必要かもしれない。多くの地区の多くの物件を一緒に扱うことから購入者の属性への選好を浮き彫りにするのは難しい，ということかもしれない。実際，資産力，職業と職場と働くスタイル，教育環境，家族などの違いにより購入者には多様な属性への選好があろう。

　【データ】利用する中古マンション価格データは，リクルート社の『週刊住宅情報』に掲載されたもので，東京 23 区における 2005 年第 1 週から最終週までの 1 年間に抹消された中古マンションデータ 9,682 物件の提示価格（オッファー価格）である。1 年間に抹消されたということを，1 年間の間に成約されたとみなしている。ただ，実際の成約価格は未知であるが，それは一般には提示価格以下である。提示価格を利用することに関しては，清水・唐渡（2007）では，ローゼンのヘドニック価格理論（RHPT）を間接的に利用しているが，第 2 章で議論したように，それは思考仮説として有効かもしれないが，不動産市場の場合，その理論の前提条件は満たされていないとみているので，本書では否定的に考えている。

204　第6章　東京23区の住宅価格関数のモデル選択プロセスと非線形属性変数

	属性	測定単位		属性	属性の定式化
A	y_n	log（価格（円）/B_{1n}）	D1	$D_1^{(1)}$	1階ダミー
	A_{1n}	最寄り駅への時間（分）		$D_2^{(1)}$	最上階ダミー
	A_{2n}	都心への時間（分）		$D_3^{(1)}$	南向きダミー
B	B_{1n}	専有面積（㎡）		$D_4^{(1)}$	鉄筋鉄骨ダミー
	B_{2n}	築年数（年）	D2	$D_i^{(2)}$	23区 Di =1,…, 22
	B_{3n}	バルコニー面積（㎡）	D3	$D_i^{(3)}$	沿線D　i =1,…, 29
	B_{4n}	総戸数	D4	$D_i^{(4)}$	取引期間 i =2, 3, 4
H	H	市場滞留期間（週）			

図表6.1　中古マンション分析の属性変数

【市場滞留期間】提示価格に関係して，中古マンションの価格データが『週刊住宅情報』に掲載されてから消えるまでの期間を市場滞留期間と呼んでいる。この価格データは物件の背後にある属性についてのなんらかの情報を示唆するものではあるが，滞留期間が長いことの背後にはいろいろな理由がありそうだ。清水・唐渡は，「市場の状態を表す指標である」と述べるが，これを属性として事前の立場でみると，不確実で価格に確率的に影響する確率変数になるので，商品性を示す属性とは異なるであろう。結果としての人々の選好の影響は，その物件の背後にあるいろいろな属性（嫌悪属性が近くにあるとか），特に価格が高いとかにより，情報誌に長く滞留するというような，被説明変数への影響を受けている部分もあろう。さらに，実際にマンションを見に行くとわかるが，特定のマンションには特定な状況（スペシフィック・ファクター）があり，接面道路の交通量が激しく騒音が大きいとか，背後に崖があるとか，さまざまな理由で売却に時間がかかったりする。

【利用する属性変数】分析において最終的に彼らが利用する変数は以下のとおりである。この変数の選択は情報誌に基づくものであるので，情報源としてはこれを利用するしかないのであろう。

　一般にミクロ的なデータによる回帰分析のヘドニック・モデリングで重要なことは，価格の変動性・異常値と属性の選好関係とその選好を持つ個別の人々の非同質性を洞察し理解することであろう。大きなばらつきを持つミクロ的な

データでの分析では，大きな価格変動を説明する属性の変動が決定係数を高めるのと同時に，その陰に小さな変動の属性の影響を隠してしまう可能性を持つ。

　ここで議論するデータの構造としては，地域価格の格差が大きいから，地域立地のダミー，あるいは沿線のダミーでその格差を説明しても，それはそれぞれの立地の中の人々の選好を見る出発点にすぎないであろう。さらにできるなら，各地域の人々の選好として，生活環境・居住環境に関する快適性・利便性に関わる属性への選好，所得構造・社会構造などへの選好，将来の資産性への選好，など，人々の選好と購入行動を理解できたらよいと考える。

　2節で本書の視点から東京23区の市場・環境分析をする。それは，実証分析の目的が，現象に対して実証的基盤を持つ知識を形成することが重要であるからである。東京23区の人口移動を城東，城西などの区域に見ると，ほぼ同じ比率で変動している。それぞれの場所にそれぞれの選好があることを意味している。

　なお，清水・唐渡では，地区ごとの分析を東京23区ダミーと沿線ダミーを外して，残りは同じ属性で分析しているが，これらの属性では，必ずしも十分な結果を得ていないし，また符号条件等も望まれるものに一致していない。問題は，9,682物件のデータの背後にある人々のデモグラフィック属性が見えない点（データがない点）であろう。

　本章の流れは以下の通り。
2　東京23区と地域特性
3　住宅価格関数の基本関数
4　シフトダミーと傾きダミーによる属性変数の非線形化──最終モデル

2　東京23区と地域特性

　本節では，清水・唐渡（2007）の分析結果の内容を理解するために，そしてさらなる議論を展開するために，簡単に東京23区の地域特性，特に人口特性を見てみよう。この特性を見ることは，賃貸住宅分析においても外部属性の理解に関して一つの視点を与えよう。さらなる詳細は，東京都産業労働局の『東

206　第6章　東京23区の住宅価格関数のモデル選択プロセスと非線形属性変数

京の産業と雇用就業 2015』が役に立つ。以下は，本書の議論である。

東京 23 区の地域特性

　最初に，東京23区の立地関係の空間分類を行う。このような空間分類は，自然環境，地勢環境，政治経済環境，教育環境，産業環境，等を理解し，人はなぜ特定な地域を選択するかという基本問題に視点を与え，住宅価格に影響を与える属性構造を理解することを支援するものである。

　まず東京23区の立地関係を図示したのが**図表6.2**である。

　この**図表6.2**より，環状的に並んだ次の4つのグループを見ることができる。

　　中心核：千代田区

　　第1環状区：中央区，台東区，文京区，新宿区，港区の千代田区に隣接す
　　　　　　　る5区

　　第2環状区：江東区，墨田区，荒川区，豊島区，中野区，渋谷区，目黒区，
　　　　　　　品川区の8区

　　第3環状区：その他の外側周辺9区

　第3環状区の外側周辺9区を東西南北に分けると，

　　北：足立区，北区，板橋区—埼玉県に隣接

　　東：葛飾区，江戸川区—埼玉県，千葉県に隣接

　　西：練馬区，杉並区，世田谷区—川崎市，東京都市部，埼玉県に隣接

　　南：大田区—川崎市に隣接

となる。足立区は，後に見る城東という概念で，東京都は「城」の東に入れている。

　この第3環状区の外側周辺9区は比較的大きな区であり，他の区はすべてこれらの区に囲まれた中側にある。また，千代田区隣接5区の第1環状グループは第2環状グループの中にあり，きれいにその境界が分離されている。この形態は，東京の発展過程における政治的・行政的な構造を示すものと推測される。山林，田畑，沼・河岸・海岸などは整地され，東京として発展していった。その発展の中で，江戸川区や江東区等などは一部海より低い場所を含んでいる低地である。

　外側周辺9区の特徴を見てみよう。

2　東京23区と地域特性　　207

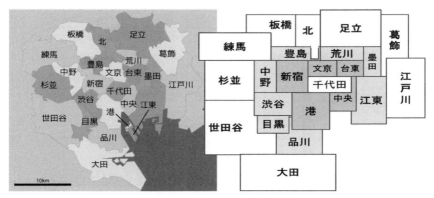

図表 6.2　東京23区の位置関係
（左図：Wikipedia，右図：本書が左図をモデル化したもの）

面積はいずれも大きく，
　　大田区，世田谷区，練馬区，足立区，江戸川区
の順で大きく49km²以上である。
　加えて人口は，図表 6.3 にあるように，
　　世田谷区，練馬区，大田区，足立区，江戸川区，杉並区，板橋区
の順で多く，外側周辺9区は人口上位の11区の中にすべて入る。
　この形態は，戦後の成長期に地方から職を求めてきた人々等が中心となりこの立地地域へ移動してきたのと同時に，また第2環状区の密集化により，この人たちもより良い居住環境を求めて，第3環状区を形成していった結果であろう。
　実際，区別の人口密度（万人/km²）の順位は，人口規模の順位とは大きく異なり，
　　豊島区 2.2，中野区 2.0，荒川区 2.0，文京区 1.9，目黒区 1.9，墨田区 1.9，
　　台東区 1.8，新宿区 1.8，板橋区 1.7，品川区 1.7，北区 1.6，杉並区 1.6，世
　　田谷区 1.5，練馬区 1.5，渋谷区 1.4，江戸川区 1.4，足立区 1.3，葛飾区
　　1.3，江東区 1.2，大田区 1.7，港区 1.1，千代田区 0.46
となる。
　これを見ると，上位の区は主として（文京区を除けば）第2環状区であり，

208　第6章　東京23区の住宅価格関数のモデル選択プロセスと非線形属性変数

	区　名	人　口		区　名	人　口
1	世田谷区	877,138人	13	中　野　区	314,750人
2	練　馬　区	716,124人	14	豊　島　区	284,678人
3	大　田　区	693,373人	15	目　黒　区	268,330人
4	足　立　区	683,426人	16	墨　田　区	247,606人
5	江戸川区	678,967人	17	文　京　区	206,626人
6	杉　並　区	549,569人	18	渋　谷　区	204,492人
7	板　橋　区	535,824人	19	港　　　区	205,131人
8	江　東　区	460,819人	20	荒　川　区	203.296人
9	葛　飾　区	442,586人	21	台　東　区	175,928人
10	品　川　区	365,302人	22	中　央　区	122,762人
11	北　　　区	335,544人	23	千代田区	47,115人
12	新　宿　区	326,309人			

図表6.3　東京23区の人口（2010）
（出典：東京都の統計）

人口密集地域である。後に見るように第2環状区の昼夜人口の移動はあまり大きくない。一方，第3環状区の地域は，人口密度では下位もしくは中位にある。もちろん，バブル期に顕著であったように，土地価格の上昇によりキャピタルゲインなどの経済的な理由で，第2環状区から第3環状区への移動もあったであろう。

　問題としては，地域立地属性と住宅価格の関係であるが，それを理解することは，これまで何度か述べたように，居住地区選択問題，すなわち，「人は他の立地地域に住むことができるのになぜ特定な町を選択するのか」という居住地域の選択と選好の問題を議論したい。

　この問題を考えるにあたって，過去の人口構造の地域ごとの移動を見るために，東京都産業労働局の『東京の産業と雇用就業2015』を利用する。そこでは以下のように地域を分類している。

　　都心地域：千代田区，中央区，港区

　　副都心地域：新宿区，文京区，渋谷区，豊島区

　　城東地域：台東区，墨田区，江東区，荒川区，足立区，葛飾区，江戸川区

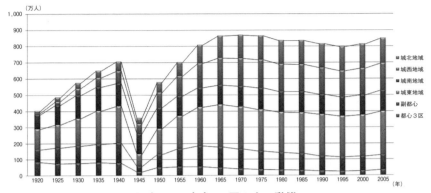

図表 6.4　東京 23 区の人口動態
（出典：東京都産業労働局『東京の産業と雇用就業 2015』）
（上から順に，城北地域，城西地域，城南地域，城東地域，副都心，都心 3 区を示す）

　　城北地域：北区，板橋区
　　城南地域：品川区，目黒区，大田区
　　城西地域：世田谷区，中野区，杉並区，練馬区

　この分類に基づいて**図表 6.4**を見ると，戦後以降の東京 23 区の人口動態は 1970 年にほぼピークをつけて，95 年に約 800 万人で底を打つものの，それ以降，都心回帰という現象として記述されるように約 50 万人ほど人口は増加している。

　個別の地域を見ると，相対的にはほぼ各地域の人口規模はバランスを取りながら動いているが，1960 年以降では，都心地域と副都心地域の緩やかな減少，城東地域の緩やかな上昇が観察される。城東地域の人口は，全体に占める割合が最大である。

　この事実を踏まえて，居住地区選択問題を考えるために，**図表 6.5**の昼間人口と夜間人口，ならびに昼夜の人口移動が大きな区を見てみよう。

　面積と人口が大きい大田区と世田谷区の昼夜の人口移動は総じて小さい。これは，通勤・通学で昼間の流出人口と流入人口があまり大きな差になっていないことを示す。大田区ではそれがより顕著である。

　東京 23 区全体で見ても，墨田区，目黒区，荒川区，北区，中野区，板橋区，葛飾区なども夜間人口に比べて昼間人口はあまり大きな開きとなっていない。

210　第6章　東京23区の住宅価格関数のモデル選択プロセスと非線形属性変数

	昼間人口		夜間人口		昼夜間の人口比率	
1	港　　区	886,173人	世田谷区	877,138人	千代田区	1,738.8
2	千代田区	819,247人	練馬区	716,124人	中央区	493.6
3	世田谷区	812,810人	大田区	693,373人	港　　区	432.0
4	新宿区	750,120人	足立区	683,426人	渋谷区	254.6
5	大田区	684,451人	江戸川区	678,976人	新宿区	229.9

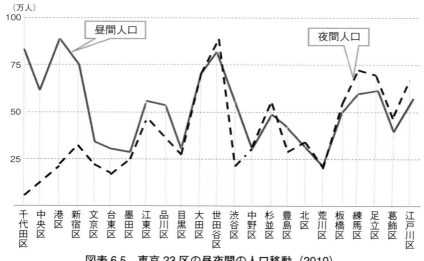

図表6.5　東京23区の昼夜間の人口移動（2010）
（東京都統計から作成）

　このことは，昼間これらの区にかなりの人が入ってきているか，その区の中で生活をしている人がかなりいることを示す。そのことは，これらの第2環状区あるいは第3環状区に通学・通勤していて，中古マンションの購入の意思決定の要素は通学・通勤で「都心」に行くことを意味していない可能性が高い。「都心までの時間」を3節で採用する基本モデルの基本属性として考えるが，さらに調査の必要があろう。問題は購入者に関わるデータの入手可能性であるが。

　事例として人口が80万人を超える世田谷区を見てみよう。世田谷区は東京23区の中で練馬区と並んでJR路線がない区である。鉄道はほぼ東西方向にしか走っておらず，南北方向の鉄道は東急世田谷線しかない。それゆえ，葛飾区

や江戸川区と同じく南北方向の交通は路線バスに頼ることとなっている。たとえば世田谷区にある楽天本社に通勤する人にとっては，バス時間の不確実性を避けるため，鉄道沿線が大きな選好の属性になり，辞書的選好の問題が見えてくるので，都心までの時間ではないかもしれない。そのため，渋谷区，目黒区に近い世田谷地域の東部や，川崎市に近い玉川地域の二子玉川駅周辺では，商業が盛んである。西部の砧地域・烏山地域では，農業が行われ，小松菜などを出荷している。区内には世田谷目黒・東京中央の二つの農業協同組合が存在する。世田谷区で生活する人々の存在も見えてくる。本書のいくつかの箇所で，住宅の所有に関して，資産性を考慮することを述べたが，生活をまず中心として，そのあと，その要素を考慮するであろうことも推察される。

　企業を見ると，岡谷電機産業，東邦ホールディングス（東邦薬品），ロイヤルホールディングス（東京本部），楽天などの東証１部企業があり，その他東急コミュニティなどの企業が存在している。平均世帯所得金額も文京区に次ぐ水準で比較的高い。

　さらに，そこに住むもう一つの理由としての教育施設が数多くある。日本大学（文理学部，商学部），成城大学，駒澤大学，東京都市大学（もと武蔵工業大学）世田谷キャンパス，などである。そして，そこに勤務している多くの人もいる。

　以上，きわめて大雑把な展望であるにしても，世田谷区をはじめとした，第３環状区の中の大田区や足立区，江戸川区などの人は，そこに住む理由として都心を向いて生活をしている人たちだけでなく，三多摩地区や川崎，横浜，千葉，埼玉などの通勤・通学，あるいはその区の中で生活する人がかなりいると思われる。そこに住む理由としては，マンションの立地属性，生活の利便性・快適性の属性が重要であろう。

3　住宅価格関数の基本関数

　本節では，本書の視点から清水・唐渡（2007）の東京23区の中古マンションのヘドニック価格モデルのモデル選択・推定プロセスを議論していく。

　すでに述べたように，データはリクルート社の『週刊住宅情報』に掲載されたもので，東京23区における2005年第１週から最終週までの１年間に抹消さ

れた中古マンションデータ 9,682 物件の提示価格（オッファー価格）である。1
年間に抹消されたということは，1 年の間に成約されたとみなしている。1 年
間のプールしたデータである。

　分析では，需要者（マンション購入者，家計・投資家）の非同質性（単身者，
夫婦，家族など世帯構成，職業，資産力など）を考慮せず，すべてのマンション
価格を一緒に分析して，地区属性，沿線属性をダミー変数で基本的な違いを表
現して，東京 23 区の物件の同時推定のもとに総合的な住宅価格関数を導出する。

　そこでは，このような非同質性は，考察する主要住宅価格形成要因（属性）
としての，「最寄り駅までの時間」「都心までの時間」「専有面積」「建築後年数」
の非線形性を考察することで，一部の対応ができるとみているようだ。

　特に，清水（2007）では，同質化の概念として主体を上のように区分するの
でなく，マンションに対しては「標準的な中古マンション(M)」の概念と，ま
た購入者に対しては「標準的購入者」の概念を設定する。そして，標準的購入
者は標準的な中古マンションに対応するものとして，それ以下の非標準的なマ
ンション(L)は若年層などのワンルームマンションが含まれている，またそれ
以上の標準的なマンション(H)は高額物件に対応する富裕層向けのものとし
て，その三つのタイプを上記基本属性の非線形化で表そうとしている。

　分析法としては，非線形化のモデル選択法として重要なアプローチであろう。
この点に関しては，第 5 章で述べた多項式近似による非線形法も利用可能であ
ろう。

線形基本モデル

　まず，4 つのヘドニック基本属性――「最寄り駅までの時間」「都心までの
時間」「専有面積」「建築後年数」――を東京 23 区に共通な属性として，これ
らの属性と単位面積当たり価格との関係を線形モデル化する。これを「線形基
本モデル」とよぶ。なお，都心の定義は，7 つのターミナル駅（東京・品川・
渋谷・新宿・池袋・上野・大手町）を設定し，そのうちの一つの駅までの最短時
間を「都心までの時間」としている。専有面積を床面積，建築後年数を築年数
と略す。標本数 9,682 に対して各変数の基本統計量は**図表 6.7** に，そのヘドニ
ック価格モデルの推定結果は**図表 6.8** にある。補正決定係数は 0.775 である。

その後，これらの属性は線形であるとは想定しがたいとして，属性変数の非線形化してモデル選択を試みる。

以下の流れは次の通り。
(1) 基本モデルの定式化と属性と基本データの特徴
(2) 基本モデルと地区ダミー，沿線ダミーによる東京23区全体の分析
(3) 基本モデルによる東京23区の個別地区分析

(1) 基本モデルの定式化と属性と基本データの特徴

ここで，本書の視点から彼らの分析結果を述べるために，基本モデルを先に与えよう。以下，Dでダミー変数を表す。被説明変数は，㎡当たり価格の対数値 $y_n = \log p_n/B_{1n}$ である。ただし，B_{1n} は床面積（㎡）である。

説明変数としての属性変数は，次のグループからなる合計66の変数である。具体的な変数として，

A：外部属性（2）；A_1, A_2

B：内部属性（4）；B_1, B_2, B_3, B_4

D1：内部属性ダミー（4）；$D_1^{(1)}$, $D_2^{(1)}$, $D_3^{(1)}$, $D_4^{(1)}$

D2：東京23区のダミー（22）；$D_i^{(2)}$: $i = 1, \cdots, 22$

D3：沿線30線のダミー（29）；$D_i^{(3)}$: $i = 1, \cdots, 29$

D4：推定販売期間ダミー（第2, 3, 4四半期D）（3）；$D_i^{(4)}$: $i = 2, 3, 4$

	属　性	下記の変数の対数値		属　性	属性ダミー
	$y_n = \log p_n/B_{1n}$	価格（円）/㎡		$D_{1n}^{(1)}$	1階ダミー
A	$a_{1n} = \log A_{1n}$	A_1 最寄り駅への時間（分）	D1	$D_{2n}^{(1)}$	最上階ダミー
	$a_{2n} = \log A_{2n}$	A_2 都心への時間（分）		$D_{3n}^{(1)}$	鉄筋鉄骨ダミー
	$b_{1n} = \log B_{1n}$	B_1 専有面積（㎡）		$D_{4n}^{(1)}$	南向きダミー
B	$b_{2n} = \log B_{2n}$	B_2 築年数（年）	D2	$D_{in}^{(2)}$	東京23区D　$i=1,\cdots,22$
	$b_{3n} = \log B_{3n}$	B_3 バルコニー面積（㎡）	D3	$D_{in}^{(3)}$	30沿線D　$i=1,\cdots,29$
	$b_{4n} = \log B_{4n}$	B_4 総戸数	D4	$D_{in}^{(4)}$	取引期間　$i=2, 3, 4$
H	$h_n = \log H_n$	H 市場滞留期間（週）			

図表6.6　採用する属性変数

214　第6章　東京23区の住宅価格関数のモデル選択プロセスと非線形属性変数

H：市場滞留期間（週）

　実際に利用する変数は，以下の対数値をとった形で利用する。

　この属性の選択は，D2，D3にあるように，物件の地域立地ダミーにその価格形成要因を大きく求めている。南向きDは，南東・南・南西であれば1，そうでなければ0のダミー変数である。鉄筋鉄骨Dは，構造物がSRC（Steel Reinforced Concrete）であれば1，そうでなければ0のダミー変数である。東京23区Dは，それぞれの物件が当該区に属せば1，そうでなければ0のダミー変数である。ただし，定数項との重共線性を避けるために，21個のダミーを利用する（台東区と墨田区の物件を合併して利用，したがって墨田区は台東区を含むとする）。沿線ダミーも同様である。推定販売期間ダミーは，推定取引期間が2005年のどの四半期間に入るかを示すダミーである。

　1節で述べたように，市場滞留期間（対数値）は当該物件が2005年第1週から最終週までの1年間に抹消されるまでの時間を表す変数であるが，事前モデルの視点から見ると，不確実な確率変数でそれが価格に影響するというモデルは，ヘドニック・アプローチにとって少し異なる視点になる。ただ，この視点は彼らの研究の特徴であろう。

基本モデル

　上の記号のもとで，基本モデルは対数値の関係として，

$$(6.1) \qquad y_n = a_0 + a_n(a) + b_n(\beta) + d_n(\gamma) + \delta h_n + u_n$$

と定式化する。ここで，

$$y_n = \log\ (p_n/B_{1n})\ (p_n：価格，\ B_{1n}：床面積)$$

$$a_n(a) = \sum_k a_k a_{kn}, \quad b_n(\beta) = \sum_j \beta_j b_{jn}, \quad d_n(\gamma) = \sum_{m=1}^4 d_n^{(m)}(\gamma^{(m)})$$

$$(6.2)$$

$$d_n^{(k)}(\gamma^{(k)}) = \sum_{i=1}^4 \gamma_i^{(k)} D_{in}^{(k)} \qquad (k=1,2,3,4)$$

である。記号や変数の番号は，本書の目的に沿って変更してある。

　このモデルでは，被説明変数として対数モデルを利用し，説明変数の専有面積，築年数，最寄り駅，などの実数で与えられる説明変数には対数をとっているが，東京23区ダミー，沿線ダミー，時間ダミーでは，0，1変数を利用する

のでそのまま入れている。

このモデルは，対数関数と指数関数の関係から，次の価格モデル

(6.3) $\quad p_n = B_{1n} \exp[a_0 + a_n(a) + b_n(\beta) + d_n(\gamma) + \delta h_n + u_n]$

を仮定していることになるから，ダミー変数の価格への影響は非線形である。

内部属性の価値は，東京23区の地区属性ならびに沿線属性に関係なく共通な価値として，価格に影響を与える変数であるとみている。言い換えると，ここでの分析は，たとえば，築年数（対数値）属性の㎡当たりの価格への影響は，港区でも江戸川区でも同じ価値（価格）とみる分析となる。基本的な価格差は，ダミー変数で表現した東京23区の立地と沿線の違いによるものであるとみた分析（分析目的）である。また，マンションのタイプ（単身者用，夫婦用，家族用）などの非同質性を考慮していない。その非同質性の一部は，属性の非線形化で対応可能とみている。したがって，ここで得られる結果の理解は，このような広域的な総合分析であることを理解することが必要となろう。

図表6.7 には，基本変数の基本統計量が与えられている。このデータから次のことが観察される。

1) 平均，最小値，最大値の関係からすべてのデータで右に歪みがある分布である。ただし，築年数の歪みは大きく異なり，景気・建築循環の結果として2山分布をしている。この歪みは，物件の多様な属性の非同質性・多様性に関わるもので，統計的な分析法としては対数をとるのは適切であろう。しかし，被説明変数の価格，あるいは㎡当たりの価格の最大値は標準偏差の3倍以上あり，第4章の基準から見て異常値である。変数［B1：床面積］と［B4：総戸数］の最大値も標準偏差の3倍を超える。これらの最大値をとる物件が価格の最大値に対応するかどうかは不明である。

2) B2：築年数の分布を見ると，住宅資本ストックの社会的ビンテージの構造を見ることができる。築年数が短い方の山は1995年頃から2005年までに住宅投資が回復した結果，現在それらが中古マンションとして2005年に市場で売買された，と推測できる。一方，1988年頃までのもう一つの山（17年以前）は不動産・株式市場のバブル時に建設されたマンションである。このような2山分布に対してビンテージが大きい方の物件の価格は，価格の分布の左側にあると推測される。分析上入手可能なデータはな

216　第6章　東京23区の住宅価格関数のモデル選択プロセスと非線形属性変数

変　数	平　均	標準偏差	最小値	最大値
p：価格（万円）	3,254	1,859	850	18,800
（p/B1）：価格／床面積	51.7	17.9	24.0	164.1
A1：最寄り駅への時間（分）	7.5	4.2	1.0	26.0
A2：都心への時間（分）	14.8	5.2	0.0	30.0
B1：床面積（㎡）	61.8	19.8	16.0	133.3
B2：築年数（年）	16.5	9.9	0.4	34.4
B3：バルコニー（㎡）	8.1	6.0	0.0	80.9
B4：総戸数	88.0	122.5	10.0	1149.0
F：市場滞留期間（週）	9.3	8.4	1.0	64.0

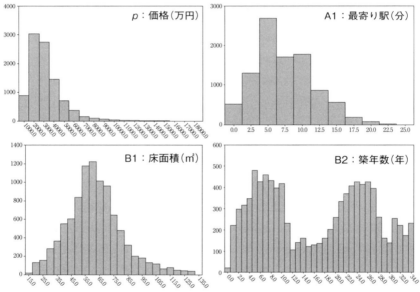

図表6.7　データの基本統計量とその分布（2005年）（標本数 9,682）
（これらの変数はすべて対数値をとって線型モデルで利用される）（出典 [1]）

いかもしれないが，属性に焦点を当てるヘドニック分析の視点から言えば，エアコン，キッチン，間取りなど内部設備属性のビンテージも対応して劣化していて価格に影響を与えているかもしれない（第3章参照）。

3）価格のばらつきと歪みは大きく，採用している属性以外の質的な非同質

的属性のばらつきを反映しているのかもしれない。特に高額物件では，その価格で成約できる多様な属性を含むもので，それは床面積，築年数に加えて特別な属性を持つものかもしれない。もちろん，モデルでは階建てダミーを入れてあるので，一定の範囲でその属性に関わるものはそれで説明されるのかもしれない。この特別な属性に起因していると考えられる非同質性をシフトダミーと傾きダミーで後に解決しようとする。

4) 市場滞留期間（週）の変数は，すでに指摘したように，物件の属性というより，提示価格と属性の対応が「標準的な」購入者にとってどの程度合理的かどうかを示す変数であろう。たとえば，売買に最大値の64週かかった物件では，（もし売買が成立したとすれば）一般の購入者にとって合意が難しいために市場での成約時間がかかってしまった物件であろう。物件には，特殊な属性があったりすると，第3章で述べた崖の上の物件の場合のように，少数の資産家の中にはそれを求める購入者がいるかもしれない。その意味では，標準的な購入者とそうでない購入者のカテゴリーの設定は，それを説明する手段となろう。住宅市場分析の難しさは，法人の「経済合理的」行動とは異なって，一般的な視点からは非合理的にみえても，特殊な属性に大きな価値を見出す個人がいるのであろう。もちろん，近くに高速道路や工場などの外部嫌悪属性がある可能性もあろう。

(2) 基本モデルと地区ダミー，沿線ダミーによる東京23区全体の分析

基本モデルの推定結果は**図表6.8**にある。この表を丁寧に見ていこう。まず東京23区ダミーは，墨田区と台東区を合併してあり，その意味でダミーは22 - 1 = 21を利用している。表の中に入っていない区は板橋区である。以下の議論としては，彼らの扱い方に沿って，東京23区ダミーという言葉を使う。

1) ここでの推定結果は，他の属性も含めて考察した変数選択・モデル選択の結果である。まず回帰係数の大きさを見てみよう。定数項の役割が大きいことに注意する。t値の値も圧倒的な大きさである。価格と定数項の関係はモデル(6.1)もしくは(6.3)にあり，定数項が価格に対して大きな説明力をもつ変数となっている。被説明変数が対数値であるので，その部

変数（対数値）	係数	t値						
定数項	3.931	155.3	D210 大田区	0.266	22.9	D312 京急航空線	-0.265	-6.7
A1：最寄り駅時間	-0.054	-21.5	D211 世田谷区	0.430	32.1	D313 横須賀線	-0.089	-6.8
A2：都心への時間	-0.017	-5.2	D212 渋谷区	0.619	57.6	D314 東急目蒲線	0.036	1.7
B1：専有面積	0.047	9.0	D213 中野区	0.296	21.5	D315 東急玉川線	-0.091	-5.5
B2：築年数	-0.188	-96.4	D214 杉並区	0.291	22.6	D316 東急大井線	-0.025	-1.7
B3：バルコニー	0.012	4.5	D215 豊島区	0.234	18.3	D317 東急東横線	0.076	5.8
B4：総戸数	0.020	10.2	D216 北区	0.089	5.7	D318 田園都市線	0.032	2.4
F：滞留時間	-0.006	-3.3	D217 荒川区	-0.080	-4.7	D319 東急世田谷線	-0.045	-1.6
内部属性ダミー	係数	t値	D218 練馬区	0.101	9.6	D320 小田急線	-0.053	-4.0
D11：1階D	-0.034	-6.2	D219 足立区	-0.127	-9.6	D321 京王井の頭線	0.040	2.5
D12：最上階D	0.054	5.4	D220 葛飾区	-0.110	-6.5	D322 京王競馬場線	-0.126	-10.4
D13：鉄筋鉄骨	-0.012	-3.2	D221 江戸川区	-0.067	-4.9	D323 中央線	0.065	5.7
D14：南向D	0.003	1.0	沿線ダミー RD	係数	t値	D324 西武園線	-0.063	-5.7
地域ダミー	係数	t値	D301 山の手線	0.033	4.2	D325 埼京線	-0.073	-2.7
D201 千代田区	0.550	34.0	D302 銀座線	0.158	11.5	D326 東武伊勢崎線	-0.111	-7.4
D202 中央区	0.257	21.5	D303 丸の内線	0.056	5.6	D327 京成押上線	-0.122	-5.9
D203 港区	0.602	64.9	D304 日比谷線	0.085	9.0	D328 ゆうかりが丘線	-0.062	-2.9
D204 新宿区	0.384	37.4	D305 東西線	0.040	4.7	D329 総武線	0.018	1.6
D205 文京区	0.323	30.2	D306 有楽町線	0.067	7.9	時間ダミー	係数	t値
D206 墨田区	0.031	2.2	D307 南北線	0.053	3.6	D41：D2005Q2	0.002	0.4
D207 江東区	-0.021	-2.1	D308 三田線	-0.029	-2.6	D42：D2005Q3	0.014	3.3
D208 品川区	0.385	33.0	D309 大江戸線	-0.265	-2.4	D43：D2005Q4	0.022	5.0
			D310 東京モノレール線	-0.338	-10.2			
D209 目黒区	0.499	36.1	D311 京急線	-0.214	-15.2			

図表 6.8　東京 23 区の中古マンションの住宅価格関数：基本モデルの推定結果
（標本数 9,682 物件，補正決定係数 0.775）（出典 [1] を変更）

分だけを対数に戻すと，$\exp[3.931] = 50.0$ 万円となり，この値は**図表 6.7**
の p/B_1 の平均値 51 万円 /㎡ に近い。定数項を除けば，4 つの基本変数は
符号条件を満たし，t 値が築年数（- 96.4），最寄り駅までの時間（-21.5），
床面積（9.0），都心までの時間（-5.2）の順にきわめて大きい。中でも築
年数は定数項に次ぐ大きさで，この変数の追加でビンテージ構造を表す属
性として大きな説明力をあげている。その意味で，東京 23 区ダミーと沿
線ダミーを加えた全体の分析としては，これら 4 つの変数が共通に価格を
説明しているといえよう。

このモデルの定式化では，最寄り駅までの時間などこれらの属性の㎡当

たり価格対数値への影響（すなわち属性の価値）はすべての地区で共通としている。ただ，後の**図表6.9**では，東京23区ダミーを外した個別の区ごとの分析をするが，これをみると築年数は比較的共通度が高いが，それ以外の変数は区ごとのばらつきも大きく共通とは判定しがたい。

2)　一方，このモデル全体の説明力としては，「D2：東京23区の地域区分それぞれを同質的に見る地区ダミー」と「D3：沿線を同質的に見る沿線ダミー」が，被説明変数（㎡当たりの価格の対数値）の大きな説明力となっている。実際，数字でこのことをみてみよう。

　　特に，D2ダミーに関しては，

　　　　立地Aグループ：港区，千代田区，品川区，新宿区，世田谷区，渋
　　　　　　　　　　　谷区

などの行政区分で t 値は大きく，㎡当たり価格の対数値がかなり高く説明されることがわかる。世田谷区はこの中では唯一第3環状区である点も興味深い。2節で述べたように，必ずしも都心と大きく関係していないことを示す。

　　これに対して，

　　　　立地Bグループ：江東区，荒川区，葛飾区，江戸川区，足立区

は，実証的にみて，「D2係数が負」で地域的に価格対数値が低い地位である。この立地Bグループの区は，城東の低地であり，水害リスクの可能性も評価されているかもしれない。これに比べて，沿線ダミーD3の t 値は銀座線（係数0.158，t 値11.46），東京モノレール（係数 −0.338，t 値 −10.24），京急（係数 −0.214，t 値 −10.24）などきわめて有意であるものが多いが，これらの係数は地区ダミーのものより相対的小さく，地区ダミーと一緒になって，地域と交通路線によりブランド的な価値を示すものになっている，と解釈される。2節で議論した世田谷区を見れば，東急東横線は符号はプラスだが，東急の支線（東急玉川，東急世田谷，東急大井）の符号がマイナスになっている。以下に見るように，立地グループAと立地グループBはいろいろな特徴で対照的である。

　　結果として，地区区分と沿線と最寄り駅までの距離が各地域の住宅価格関数（㎡当たりの対数値）の大きな決定要素となっていることを示して

いる。

たとえば，港区の銀座線の中古マンションの住宅価格関数は，

$$\log(p/B1) = 3.931 + (-.054a_1 - .017a_2) + (.047b_1 - .188b_2 + .012b_3 + .020b_4)$$
$$- .006h + (-.034D_1^{(1)} + .054D_2^{(1)} - .012D_3^{(1)} + .003D_4^{(1)}) + 0.60 + 0.16$$

で，具体的に A（徒歩 8 分，都心まで 1 分），B（専有面積 70㎡，築年数 5 年，バルコニー 10㎡，総戸数 100 戸），D1（10 階建て，鉄筋，東向き），D3（2005 年第 1 四半期）の場合を計算すると，

$$3.931 + [-.054\log(8) - .017\log(1)] + [.047\log(70) - .188\log(5) + .012\log$$
$$(10) + 0.02\log(100)] + 0.60 + 0.16$$

$$= 3.93 + [-0.11 - 0] + [0.20 - 0.30 + 0.03 + 0.09] + 0.60 + 0.16 = 4.6$$

となる。

　この式の中央の個別の数字を見ると，定数項が圧倒的に大きく，その次に大きいのが地区ダミーの値 0.60 で，この値は専有面積の価値 0.20 より 3 倍大きい。このように，定数項を属性の価値で調整する形になっている。実際に対数を戻して価格を出すと，$70\exp(4.6) = 6{,}964$ 万円となる。

　この分析では，物件の内部構造的属性の価値を地区にかかわらず同質的に見ているため，外部属性の違いによる評価が大きく出ていて，その違いを抽出する分析となっていよう。

　行政地区と沿線の属性以外の属性が全く同じである渋谷区，千代田区などの価格の違いは，都心までの時間の定義により，ともに自らを都心とすると，基本的には沿線ダミーと地区ダミーの係数の違いだけになる。同様に，同じ属性を持つ足立区，荒川区などの物件では，沿線ダミーと地区ダミーと都心までの時間の違いになる。

3)　時間ダミーは，2005 年の 1 年を四半期に分けて，売買が成約したとみなす期間を区別するために，第 2, 3, 4 期間をダミー変数で区別している。これは，成約期間での違いでの価格への影響を見ようとしているもので，第 2 期間 Q2 の t 値は有意でなく，第 1 期間と比べて価格変動はあまりないことになる。2005 年の前半と後半では，時間ダミーは他の変数を所与とすると，時間経過が㎡当たりの対数価格の全体の価格水準にプラスの影響を与えていることがわかる。景気がよくなっていたことも，たとえば

景気動向指数で確認できる。

4) 市場滞留期間とは，中古マンションが『週刊住宅情報』に掲載されてから消えるまでの期間である。清水・唐渡（2007）では「市場の状態を表す指標である」と述べるが，すでに述べたように，これを属性としてヘドニック分析の事前の立場で考えていくのは難しそうだ。結果としての人々の選好の影響は，その物件のいろいろの属性，特に価格が高いとかにより，情報誌に長く滞留するというような，被説明変数の影響を受けている部分もあろう。さらに，実際にマンションを見に行くとわかるが，特定のマンションには特定な状況（スペシフィック・ファクター）があり，接面道路の交通量が激しく音が大きいとか，背後に崖があるとか，さまざまな理由で売却に時間がかかったりする。

5) 「総戸数の属性の説明力」が大きいことも見逃せない。これは，総戸数が大きいマンションは，一つは耐震構造などの構造物の質的な充実度が高いし，また修繕積立金などの財務力，管理組合の管理力も高い。その意味で，価格が高くなる可能性が高いことを示す。第3章で述べたように，総戸数だけでなく，タワーマンションかどうかも質の違いを示す変数となろう。

6) 鉄筋鉄骨であれば1，そうでないと0のダミー変数 D13 の符号が負になっていることは質の高さを示す変数として，整合的ではない。

なお，定数項の t 値が大きいことを分解して理解する方法を第4章末で与えてある。これを利用するためには，モデルの標準誤差と，定数項の説明変数に対応する1を他の説明変数で説明したときの残差2乗和等が必要である。これだけ定数項の t 値が大きいことは，この定数項の水準を中心にこの水準より価格対数値が大きいグループ（立地Aグループ）と，平均値の水準あたりに価格対数値を持つ多くの物件の中間的グループ，そして水準より小さいグループ（立地Bグループ）がバランスをとっていて，定数項はその役割を果たしていることになる。

それゆえ，このモデルは立地に依拠した価格の違いを大きく反映するが，個別地区の属性の違いによる価格の違いに対しては感応的ではない。

222　第 6 章　東京 23 区の住宅価格関数のモデル選択プロセスと非線形属性変数

(3)　基本モデルによる東京 23 区の個別地区分析

　清水・唐渡（2007）では，東京 23 区全体の中古マンションの住宅価格関数
の推定を目的にしているものの，基本モデルの有効性と地域間の非同質性を探
るべく，基本モデルの中から地区ダミーを取り除いて，基本変数だけで 2005
年第 1 四半期の標本 2,625 物件を地域ごとに推定している。**図表 6.9** の左側は
その結果であり，右側には基本統計量を掲載してある。

　表の最後の行に，全標本で同じ属性変数を利用した場合の結果を示している。
この表から次のことが観察される。

　まず，全体的な議論をすると，需要者の非同質性を考慮していない各地区の
総合価格分析であるために，地区の違いによる平均価格水準を抽出する分析の
側面が強く，価格と属性の関係がわかりにくくなっている。たとえば，図表の
右側には，それぞれの地区の価格と属性の平均値を掲載してある。そこでの分
析対象の平均価格，ならびに㎡当たりの価格（p/B1）をみると，地区ごとのば
らつきが大きいが，これはとりわけ地区に対する評価とマンションタイプ（と
たぶん質）の違いの評価が反映されていて情報が混在していることを示すもの
であろう。

　広域的な分析では，広域的にみて大きな価格水準の違いを説明するために地
域ダミー，沿線ダミーが属性として説明力をもつが，地域的な分析では，地域
的に価格水準の違いを説明する属性が重要となる。モデルは，このような属性
が含まれていないことになる。実際，補正決定係数も高いので，地域の価格モ
デルとしては十分でない。

1)　右側の平均価格で並べて上位 3 区，下位 3 区の属性をみると，次のよう
　　になる（かっこの中の数字は，平均価格（万円），床面積（㎡），築年数，最寄
　　り駅への時間（分），それぞれ四捨五入後）。
　　　①　千代田区（5,153，73，20，3），港区（4,377，60，19，7），目黒区（4,010，
　　　　　62，16，9）
　　　②　葛飾区（1,954，60，13，9），足立区（2,108，63，11，10），墨田区
　　　　　（2,244，58，15，6）

3 住宅価格関数の基本関数　　223

区名	定数	B1床	B2築	A1駅	A2心	標本	$\bar{R}^2$	価格	B1床	p/B1	B2築	A1駅	A2心
千代田	2.730	.171	-.018	.007	.081	29	.60	5,153	72.9	69.0	19.8	2.9	12.0
中央	4.336	.012	-.021	.000	-.015	81	.65	3,225	56.3	56.1	15.8	5.3	12.4
港	4.029	.109	-.017	-.006	.008	222	.59	4,377	59.8	69.5	18.6	7.1	11.9
新宿	4.188	.056	-.019	-.009	-.004	198	.68	3,224	55.8	56.5	18.1	7.5	12.0
文京	4.148	.016	-.018	.006	-.003	113	.66	2,994	56.6	51.0	19.6	5.9	13.6
台東	4.373	-.066	-.014	-.015	-.012	50	.59	2,385	55.8	42.3	13.9	6.5	14.6
墨田	4.403	-.061	-.019	-.009	-.020	73	.46	2,244	57.9	38.1	14.7	6.4	14.5
荒川	4.587	-.183	-.026	-.008	-.006	28	.64	2,584	67.2	38.3	10.6	10.6	14.8
豊島	4.221	-.019	-.017	-.003	-.005	58	.34	2,529	52.7	47.5	17.2	6.7	10.1
渋谷	4.703	-.029	-.022	.001	-.006	177	.59	3,592	55.5	63.9	21.2	7.4	10.3
中野	4.609	-.151	-.018	-.014	.013	68	.63	2,821	55.7	51.0	17.0	5.8	16.9
江東	4.121	.021	-.017	-.017	-.012	217	.72	2,693	69.1	38.4	15.4	8.4	16.4
品川	4.599	.016	-.019	-.016	-.020	134	.64	3,139	62.9	53.7	16.1	6.7	15.0
目黒	4.173	.049	-.017	-.005	-.001	97	.68	4,010	62.3	63.5	15.5	9.0	15.7
大田	3.903	.047	-.017	-.012	.004	179	.53	3,172	65.1	47.5	15.4	6.8	18.2
世田谷	4.370	-.022	-.016	-.014	.004	295	.60	3,386	62.3	53.7	16.9	8.9	16.2
杉並	4.603	-.060	-.019	-.006	-.008	168	.75	2,915	56.9	50.6	18.1	7.4	14.0
練馬	4.288	-.060	-.018	-.009	-.001	138	.61	2,605	61.9	41.4	14.8	8.7	16.8
板橋	4.780	-.208	-.019	-.003	-.007	99	.63	2,277	62.0	36.7	16.2	7.0	19.6
北	3.894	.005	-.013	-.014	.008	30	.67	2,453	58.1	42.4	13.7	6.7	12.0
足立	3.003	.282	-.022	-.019	-.011	69	.67	2,108	63.3	33.0	11.1	10.2	19.2
葛飾	3.464	.081	-.013	-.018	-.006	48	.51	1,954	60.3	32.0	12.9	8.7	18.1
江戸川	4.422	-.096	-.022	-.011	-.007	54	.62	2,252	68.9	36.6	13.6	9.0	17.9
基本	4.571	.010	-.018	-.011	-.005	2,625	.76						

図表 6.9　各区で，区別ダミーを外した基本モデル分析（㎡当たりの対数価格）（左）と基本統計量（右）

（価格＝平均価格（万円），床＝床面積，p/B1 ＝㎡当たり価格，築＝築年数，駅＝最寄り駅までの時間（分），心＝都心までの時間（分））

　　である。平均価格では，上位と下位の差はほぼ2倍以上である。一方，千代田区は別格とすると，床面積はそれほど変わらないが，築年数は②のグループの方が小さい。この数字を見ると，②の平均価格の形成は立地に根差した構造を強く反映していよう。その理由はさらに検討が必要であるが，この分析は全体として，事後的にその地区の価格の違いを平均的に分析しているものである。

　2)　清水・唐渡（2007）も指摘しているように，東京23区の中には，いく

224　第6章　東京23区の住宅価格関数のモデル選択プロセスと非線形属性変数

つかの属性で影をつけた部分の符号条件が満たされていない。たとえば床面積（B1）では，台東区や墨田区では負で，その絶対値が比較的大きな値になっている。t値がないので，その有意性はわからないが，床面積が増加すると価格が低くなる。その意味では，個別地区の住宅価格関数を求める上では，モデルの再定式化が必要であろう。この点だけを見ても，全体を説明するモデルが，個別地区の属性と価格の構造を説明するモデルにはならないことを示す。そのことは，地域ごとに異なる属性へのプライシングがある可能性が高いことを意味し，需要者の非同質性を取り入れた分析が必要であろう。

3)　同様に，都心までの時間の符号条件が満たされていない区が多い。これは，都心への時間の価値は需要者の共通の価値になっていないことを示すものかもしれない。すなわち，2節でも議論したように，千代田，港，大田，世田谷，中野，北の各区に住む人にとっては，都心と定義される7つの駅への近さの意味が異なっているのかもしれない。千代田区，港区では，都心は複数あるかもしれない。通勤では設定した駅と反対の方向に動いている可能性もある。また家族を考えると，通勤以外に教育，快適な居住環境の属性も重要である。所有住宅の場合でも，物件とその地域の居住性が資産性より重要な選好であるかもしれない。

4)　一方，最寄り駅までの時間（分）であるが，符号条件が満たされない区は，千代田区，港区，渋谷区であり，千代田区の場合，標本数が少ないので係数が不安定になっている可能性はあるが，港区と渋谷区は標本数がかなり多いので，これらの区ではモデルの再定式化，属性変数の関数形の再選択が必要であろう。

5)　清水・唐渡（2007）も指摘しているように，建築後年数（築年数）では，すべて符号条件は満たされているので安定的であろう。実際，全標本を利用した基本モデルでの推定値 −0.018 に対して，個別分析の係数のばらつきが相対的に小さい。しかし，渋谷，台東，北，足立，葛飾，荒川，江戸川などの各区では，−0.018 から比較的離れている。標本数が多い区に対しては，その水準からの乖離に関して仮説検定できるが，t値が与えられていないのでここでは議論しない。

6) 以上のことは，一つの定式化のもとでの属性の価値は，地域ごとに異なり，たとえば江戸川区に住む人の通勤先は千葉，茨城などの方面にある可能性もあり，そのような非同質的な構造の中で価値を決めている，と考えられよう。

7) 補正決定係数を見ると，豊島区が際立って低い。そこには，このモデルの定式化を所与とすると，重要な属性で含まれていないものがあるのかもしれない。このことは属性への認識と，プライシングが地域に関係しているともいえよう。

4　シフトダミーと傾きダミーによる属性変数の非線形化
——最終モデル

清水・唐渡（2007）は，東京23区全体の住宅価格の分析に内在すると考える非同質性を扱う方法として，主要価格形成要因とみる属性変数「A1：最寄り駅までの時間」「A2：都心までの時間」「B1：専有面積」「B2：建築後年数」の対数値に対して，傾きグラフによる非線形化の方法を展開している。それぞれの基本属性の非線形性に対して次のようにみている。

1) A1：最寄り駅までの時間：鉄道駅に近い地域は商業集積が進み，また交通の利便性は高いものの自然環境が劣っていたりする。これは世帯のタイプの違いの非同質性と関係し，専有面積の属性とも関係する。

2) A2：都心までの時間：一般には都心からの距離が大きくなると価格は低減するが，距離または地域に応じて異なる選好を持つ世帯も多い。それが非線形性と関係する。

3) B1：専有面積：第3章で述べたように，住宅の規模は，世帯のタイプの非同質性と関係し，その違いは選好に関係しているので，規模に関して単純な線形関係にはないであろう。

4) B2：建築後年数：時間の経過により物理的な劣化と経済的な劣化，あるいは地域の劣化を通して価格が減価するのだが，比較的新しい設備を好む消費者とそうでない消費者の存在，高所得者と低所得者の存在など，非

226 第6章 東京23区の住宅価格関数のモデル選択プロセスと非線形属性変数

同質的消費者が価格を形成している。さらに，清水・唐渡でも述べているように，築年数の減価曲線は住宅ローンの担保評価にも関係するので，そこにも非線形的要因があろう。

第3章で議論した，本書の属性の理解と言葉からいえば，需要者の非同質性と物件のビンテージ問題にかかわる非同質性，ならびに地域ごとの産業構造や雇用，行政的要因などの非同質性が非線形性に関係している。

ダミーと傾きグラフの非線形表現

上記で述べた非線形性への対応をするため，連続的属性変数 A1，A2，B1，B2 の対数値

(6.4) $a_{kn} = \log A_{kn}$ $(k = 1, 2)$， $b_{jn} = \log B_{jn}$ $(j = 1, 2)$

の線形化モデル（6.1）に対して，属性変数のシフトダミーと傾きダミー非線形表現を利用するために，次の定義をする。

外部属性変数と内部属性変数に対して，A_{kn} と B_{jn} の値を3つの区間に分ける閾値を c, d として，ダミー変数を，

(6.5) $D^{Akn}_{(0c)} = D(A_{kn} \leq c)$, $D^{Akn}_{(cd)} = D(c < A_{kn} \leq d)$, $D^{Akn}_{(d\infty)} = D(d < A_{kn})$

   $D^{Bkn}_{(0c)} = D(B_{kn} \leq c)$, $D^{Bkn}_{(cd)} = D(c < B_{kn} \leq d)$, $D^{Bkn}_{(d\infty)} = D(d < B_{kn})$

と定義する。

このダミー変数を定義する閾値 c, d を，それぞれの変数に対してデータから推定する。

そのため，シフトダミーと傾きダミーの表現として，

$$a^*_{kn}(\theta, \vartheta) = a^*_{kn}(\theta : D^{Akn}_{(cd)}) + a^*_{kn}(\vartheta : D^{Akn}_{(d\infty)})$$

(6.6a) $a^*_{kn}(\theta : D^{Ak}_{(cd)n}) \equiv [\theta_{k1} D^{Akn}_{(cd)} + \theta_{k2} a_{kn} D^{Akn}_{(cd)}]$

$$a^*_{kn}(\vartheta : D^{Ak}_{(d\infty)n}) \equiv [\vartheta_{k3} D^{Ak}_{(d\infty)n} + \vartheta_{k4} a_{kn} D^{Ak}_{(d\infty)n}] \quad (k = 1, 2)$$

とおく。

同様に，内部属性変数に対しても，

$$b^*_{kn}(\xi, \varsigma) = b^*_{kn}(\xi : D^{Bkn}_{(cd)}) + b^*_{kn}(\varsigma : D^{Bkn}_{(d\infty)})$$

(6.6b) $b^*_{kn}(\xi : D^{Bkn}_{(cd)}) \equiv [\xi_{k1} D^{Bkn}_{(cd)} + \xi_{k2} b_{kn} D^{Bkn}_{(cd)}]$

$$b^*_{kn}(\varsigma : D^{Bkn}_{(d\infty)}) \equiv [\varsigma_{k1} D^{Bkn}_{(d\infty)} + \varsigma_{k2} b_{kn} D^{Bkn}_{(d\infty)}] \quad (k = 1, 2)$$

とおく。

4 シフトダミーと傾きダミーによる属性変数の非線形化——最終モデル　227

そして，各変数 k ごとに（6.4）と（6.5）を（6.1）に加えた式，

(6.5a)　$y_n = a_0 + a_n(a) + b_n(\beta) + d_n(\gamma) + \delta h_n + a^*_{kn}(\theta, \vartheta) + u_n$　$(k = 1, 2)$

(6.5b)　$y_n = a_0 + a_n(a) + b_n(\beta) + d_n(\gamma) + \delta h_n + b^*_{kn}(\xi, \varsigma) + u_n$　$(k = 1, 2)$

を個別の基本変数「最寄り駅までの時間 A_{1n}」「都心までの時間 A_{2n}」「専有面積 B_{1n}」「建築後年数 B_{2n}」ごとに，（6.5a）または（6.5b）に対して第5章で述べた AIC によるモデル選択基準を用いて，次のように閾値 (c, d) を選択する。

(1)　A_{1n}：最寄り駅までの時間では，分刻みで $2 \leq c < d < 30$ として (c, d) を動かし，300組の最小2乗推定値を求め，それに対する AIC を計算し，そのなかで AIC が最小となる $\hat{c}$ と $\hat{d}$ を選択する。その結果，$\hat{c} = 12$，$\hat{d} = 17$ と，補正決定係数 $\overline{R}^2 = 0.777$ を得ている。その結果，次のダミー変数を利用する。

$$D^{A1n}_{(cd)} = D(12 < A_{1n} \leq 17)$$

(2)　A_{2n}：都心までの時間では，0から30分の範囲で $1 \leq c < d < 30$ の406個の AIC を求め，その最小値を与える $\hat{c} = 11$，$\hat{d} = 15$，$\overline{R}^2 = 0.777$ を得ている。その結果，次のダミー変数を利用する。

$$D^{A2n}_{(cd)} = D\ (11 < A_{2n} \leq 15)$$

(3)　B_{1n}：専有面積に関しては5㎡単位で変化させて，$15 \leq c < d < 135$ の範囲で (c, d) を動かし，253組の AIC を求め，その最小値 $\hat{c} = 12$，$\hat{d} = 23$ がその値で，補正決定係数は $\overline{R}^2 = 0.779$ である。その結果，次のダミー変数を利用する。

$$D^{B1n}_{(cd)} = D(40 < B_{1n} \leq 90)$$

(4)　B_{2n}：建築後年数ではデータの分布から1年以上35年までとして，$2 \leq c < d < 35$ として561個の AIC を求め，$\hat{c} = 12$，$\hat{d} = 23$，$\overline{R}^2 = 0.801$ を得ている。その結果，次のダミー変数を利用する。

$$D^{B1n}_{(cd)} = D(12 < B_{1n} \leq 23)$$

　AIC 基準によるこの閾値 (c, d) 推定プロセスをそれぞれの変数に対して実行した後，これら4つの変数は互いに独立的であろうとして，最終的にはこれらの閾値の推定値を持つ4つのダミー変数の組をすべて含めた式を推定している。このモデルでは，属性変数が非線形であるのと同時に，最小2乗推定値も非線形性になっている。

228　第6章　東京23区の住宅価格関数のモデル選択プロセスと非線形属性変数

(6.6)　$y_n = a_0 + a_n(a) + b_n(\beta) + d_n(\gamma) + \delta h_n + \sum_{k=1}^{2} a_{kn}^*(\theta, \vartheta) + \sum_{j=1}^{2} b_{jn}^*(\xi, \varsigma) + u_n$

　なお，AIC最小によるモデル基準は，基本的にはF比2の基準になっているので，この定式化のままで推定してもよい。

　しかし，清水・唐渡（2007）では，さらにシフトダミーと傾きダミーの構造の定式化の妥当性を見るために，上で設定した閾値（c, d）のもとでパラメータの有意性のF検定を行っている。

　たとえば，（6.5a）で最寄り駅までの時間の変数A_{1n}（$k=1$）について説明する。

　仮説検定問題，

(6.7a)　$H_0 : y_n = a_0 + a_n(a) + b_n(\beta) + d_n(\gamma) + \delta h_n + u_n$　（$k=1, 2$）

(6.7b)　$H_1 : y_n = a_0 + a_n(a) + b_n(\beta) + d_n(\gamma) + \delta h_n + a_{1n}^*(\theta : D_{(cd)}^{A1n}) + u_n$

を考察する。ここで，$c=12$，$d=17$である。

　この仮説検定問題は，モデル（6.7b）において帰無仮説，

(6.7a')　$H_0 : \theta_{11} = \theta_{12} = 0$　同じことだが，$H_0 : a_{1n}^*(\theta : D_{(cd)}^{A1n}) \equiv 0$

を検定することと同じである。

　これは第5章でみたようにF検定となる。もし，H_0が棄却されない場合，（6.7b）のシフトダミー変数と傾きダミー効果がないこととなり，最寄り駅までの時間について閾値の範囲（c, d）を設定する理由がなくなる。

　もしH_0が棄却できなかったら，次に仮説検定問題，

(6.8a)　$H_0 : y_n = a_0 + a_n(a) + b_n(\beta) + d_n(\gamma) + \delta h_n + u_n$　（$k=1, 2$）

(6.8b)　$H_1 : y_n = a_0 + a_n(a) + b_n(\beta) + d_n(\gamma) + \delta h_n + a_{1n}^*(\vartheta : D_{(d\infty)}^{A1n}) + u_n$

を考察する。

　この仮説検定問題は，（6.8b）で帰無仮説，

(6.8a')　$H_0 : \vartheta_{11} = \vartheta_{12} = 0$　同じことだが，$H_0 : a_{1n}^*(\vartheta : D_{(d\infty)}^{A1n}) \equiv 0$

を検定する問題と同じである。

　この検定で，もしH_0が棄却されないなら，閾値dを設置する理由がなくなり，最寄り駅までの時間について非線形性がないと判断されることになる。以上の議論は，変数A2，B1，B2についても同じである。

　もし（6.7a'）の仮説が棄却された場合，（6.7b）のモデルを拡大して，次の

変数（対数値）	係 数	t値	D13：鉄筋・鉄骨	-0.015	-4.5	B11 $\xi_{11}D^{B1n}_{(40,90)}$	-0.387	-5.1
定数項	4.242	63.3	D14：南向 D	0.007	2.28	B12 $\xi_{12}b_{1n}D^{B1n}_{(40,90)}$	0.110	5.2
A1：最寄り駅時間	-0.046	-16.9	非線形ダミー	係 数	t値	B13 $\xi_{13}D^{B1n}_{(90,\infty)}$	-1.374	-6.1
A2：都心への時間	-0.017	-2.8	A11 $\theta_{11}D^{A1n}_{(12,17)}$	0.216	2.1	B14 $\xi_{14}b_{1n}D^{B1n}_{(90,\infty)}$	0.339	6.7
B1：専有面積	-0.094	-4.9	A12 $\theta_{12}a_{1n}D^{A1n}_{(12,17)}$	-0.099	-2.5	B21 $\xi_{21}D^{B2n}_{(12,23)}$	0.579	11.7
B2：築年数	-0.009	-24.9	A13 $\theta_{13}D^{A1n}_{(17,\infty)}$	0.773	2.7	B22 $\xi_{22}b_{2n}D^{B2n}_{(12,23)}$	-0.241	-14.1
B3：バルコニー	0.086	3.6	A14 $\theta_{14}a_{1n}D^{A1n}_{(17,\infty)}$	-0.296	-3.0	B22 $\xi_{23}D^{B2n}_{(23,\infty)}$	-1.387	-6.1
B4：総戸数	0.031	16.9	A21 $\vartheta_{21}D^{A2n}_{(cd)}$	—	—	B24 $\xi_{24}b_{2n}D^{B2n}_{(23,\infty)}$	-0.106	-4.8
F：滞留時間	-0.007	-4.4	A22 $\vartheta_{22}a_{2n}D^{A2n}_{(cd)}$	—	—			
内部属性ダミー	係 数	t値	A23 $\vartheta_{23}D^{A2n}_{(15,\infty)}$	0.458	10.9			
D11：1階 D	-0.042	-8.3	A24 $\vartheta_{24}a_{2n}D^{A2n}_{(15,\infty)}$	-0.163	-11.2			
D12：最上階 D	0.052	5.6						

図表 6.10　シフトダミーと傾きダミーのもとでの推定値と t 値

（補正決定係数 0.817, 標本数 9,682。東京 23 区ダミーと沿線ダミーの推定値は省略されている）

（出典 [2]）

仮説検定問題,

(6.9a)　　$H_0 : y_n = a_0 + a_n(\alpha) + b_n(\beta) + d_n(\gamma) + \delta h_n + a_{1n}^*(\theta : D^{A1n}_{(cd)}) + u_n$

(6.9b)　　$H_1 : y_n = a_0 + a_n(\alpha) + b_n(\beta) + d_n(\gamma) + \delta h_n + a_{1n}^*(\theta : D^{A1n}_{(cd)}) + a_{1n}^*(\vartheta : D^{A1n}_{(d\infty)})$
　　　　　　$+ u_n$

を考察する。

この仮説検定問題は, (6.9b) で帰無仮説,

(6.9a')　　$H_0 : \vartheta_{11} = \vartheta_{12} = 0$　同じことだが,　$H_0 : a_{1n}^*(\vartheta : D^{A1n}_{(d\infty)}) \equiv 0$

を検定する問題と同じである。

ここで, H_0 が棄却されなければ, 閾値 c を設定する意味があるが, 閾値 d を設置する理由がなくなり, ダミー変数は A_{1n} が c を超えたら 1, そうでなければ 0 だけとなる。もし H_0 が棄却できれば, シフトダミー変数と傾きダミーの表現 (6.9b) が有効なモデルとなる。変数 B1, B2 の変数については, このケースとなる。

しかし, 都心までの時間変数 A_{2n} に対して, データは (6.7) で H_0 を棄却できず, (6.8) で H_0 を棄却したので, この変数については閾値は d だけとして, この A_{2n} 変数については全体モデルに,

$$a_{2n}^*(\vartheta : D^{A2n}_{(d\infty)}) = \vartheta_{21}D^{A2n}_{(d\infty)} + \vartheta_{22}a_{2n}D^{A2n}_{(d\infty)}$$

だけを入れて, 最終的モデルは,

230　第 6 章　東京 23 区の住宅価格関数のモデル選択プロセスと非線形属性変数

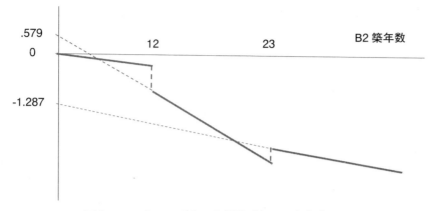

図表 6.11　シフトダミーと係数ダミーの合成グラフ

$$y_n = a_0 + a_n(\alpha) + b_n(\beta) + d_n(\gamma) + \delta h_n + a_{1n}^*(\theta, \vartheta) + a_{2n}^*(\vartheta, D_{(d\infty)}^{A2n}) + \sum_{j=1}^{2} b_{jn}^*(\xi, \varsigma) + u_n$$

としてモデルを推定する。

　図表 6.10 には，この推定結果の一部を載せている。彼らは東京 23 区ダミーと沿線ダミーの結果は与えていない。

　この**図表 6.10** から次のことがいえる。

1) 補正決定係数は 0.817 と上昇しているが，鉄筋・鉄骨ダミーの符号は依然として負のままである。加えて，専有面積の符号も負である。定数項の説明力が大きい。

2) シフトダミーと傾きダミーを同時に入れているので，その効果の構造がよく見えない。実際，築年数の効果についてみると，築年数が 12 年以下だと −0.009b2 だが，12 年から 23 年以下であれば，水準シフト B21 が 0.579 で，傾き部分 B22 が −0.241b2 であるので，−0.009b2 + 0.579 − 0.241b2 = 0.579 − 0.25b2 となる。この式で 12 を超える値から 12 に近づけると 0.579 − 0.25b2 = −2.421 となる。一方，12 年以下の場合の式に 12 を入れると −0.108 となり，b2 = 12 でジャンプがあることになる。また，23 年を超えると，−0.009b2 − 1.387 − 0.106b2 = −1.287 − 0.115b2 となり同じ状況である（**図表 6.11**）。このことは他の変数の場合にも言えるので，全体

の構造がつかみにくい。なお，図表の各線を結合して折れ線の形にすることができる。その場合，つなぎ目の 12 と 23 の縦軸のとび幅を定数項に調整する。

このようなモデル選択プロセスは，第 5 章で議論したデータとの会話プロセスであり，モデルの推定プロセスに非線形性をもたらすものである。ここでは (6.4) の各ダミー・傾きグラフ表現は，4 つの新しいパラメータを導入している。モデル全体では 16 個のパラメータである。

〈参考文献〉

清水・唐渡（2007）『不動産市場の計量経済分析』朝倉書店

第7章

横浜市鶴見区鶴見駅周辺エリアにおける賃料価格分析

1 はじめに

　本章と次章では，ヘドニック価格分析の目的を賃貸物件仲介業者や開発業者などによるセールス・プロモーションに供することとし，その目的に対応した視点から賃貸住宅の価格をヘドニック分析する。

　本章では横浜市鶴見区の鶴見駅周辺エリアの賃貸住宅の価格を，また次章では東京都国立市の国立駅周辺エリアの賃貸住宅の価格を分析する。両地域を題材とする理由は，各々の地域の立地および地勢，歴史，地域の発展に伴う不動産種別と賃貸住宅の需要者の選好が首都圏の中では相対的にわかりやすく，両地域の特性が対照的でケース間の重複が少ないと考えたからである。

　第1章で述べたように，有効な実証分析のプロセスでは，分析目的の設定，現象の理解と分析視点の設定，データの収集・選択，モデル・方法の選択と分析，集団や構造の知識・理解・予測に沿った視点から，モデル分析のプロセスの一貫性を確保していくことが重要である。

本章の分析目的

　ここでの分析目的は，賃貸住宅事業に関係する多様な意思決定者にとって関心が強い，

　　「分析地域の京浜東北線鶴見駅周辺エリアにおける賃貸住宅事業のリスク・
　　リターンを把握した上で，個別の価格形成の構造を有効に理解できるモデル

234　第7章　横浜市鶴見区鶴見駅周辺エリアにおける賃料価格分析

　を導出すること」

であり，そのモデル選択・推定プロセスを例示することである。

　賃貸住宅事業に関係する意思決定でヘドニック・プライシング・モデルを必要とする，あるいはそれがあるとより有効な意思決定ができる主体としては，次の人たちが含まれる。

- ✓ 当該地域における賃貸住宅の所有者
- ✓ 賃貸事業を計画している事業者（企業，投資家，資産家）
- ✓ 賃貸住宅を一棟全体で借り受け，転貸する不動産事業者
- ✓ 当該事業に対し資金融資を検討している金融機関
- ✓ 企業不動産戦略（Corporate Real Estate：CRE）の企画担当者
- ✓ 既に入居している，もしくは入居を検討している借主
- ✓ 賃貸住宅を収益物件として売却する不動産仲介会社
- ✓ 賃貸住宅を含む不動産投資信託（REIT）で価値評価をする主体

　上記の中でも特に不動産事業のリスクテイカーである企業・個人投資主体の意思決定者は，市場の価格構造について現在の関係だけでなく，将来の価格形成のあり方を想定して投資評価をすることが必要になることから，第1章で述べた地域・市場分析のもとに様々なリスクを考慮した上で賃料分析を行うことが必要となる。そこでは，当該地域に関わる産業構造・就業構造など，マクロ経済社会構造の将来の変化について理解を深めておくことが必要である。その結果，投資地域の人口動態などの経済・社会構造と周辺外部属性が大きく変わらないとした場合，賃貸住宅事業からのキャッシュフローに関わる需要変動は，ビンテージ構造が異なる賃貸マンション物件間の競争環境に依存する部分が大きくなる。そのため，賃貸住宅を利用する需要者（消費者，賃借人）は移動・移転のオプションを留保している側面が強いので，当該地区の彼らの賃貸住宅商品に関する選好を理解することが必要となる。そして，価格と属性のヘドニック関係を理解して，きびしい競争に対応していくことが重要である。本章では，このような移動の自由を確保した顧客（賃借人）を前提に議論するために，前章の分譲（所有）マンション中古市場の場合の分析と比べて，「内部属性を

より重視した分析」を行う．

なお第5章6節では，外部属性を重視して非線形化した基本属性を利用した鶴見地区の分析を行っている．そこでは高い分析パフォーマンスをえているので，今後の検証としては，その結果と本章の結果の統合が重要であろう．

分析の概要と視点

分析対象は，横浜市18区の一つ鶴見区にある，京浜東北線鶴見駅周辺エリアの物件価格である．鶴見区は横浜市の東にあり，川崎市川崎区に接していて，南に東京湾，西に横浜市神奈川区に接している地区である．地勢的立地をみると，鶴見区の地勢は変化に富んでおり，地勢ごとにまちの特徴は明確に分かれている．鶴見川が区の中心を南北に流れており，河川周辺の平坦な地勢に街区が形成されている．一方，京浜東北線の北西部は丘陵地帯が広がり，神社仏閣や公園のある比較的緑地の多い地区が存在する．また，区の南部にある臨海地域には工業地域が広がり，臨海港の埠頭があり物流基地をつくっている．北東

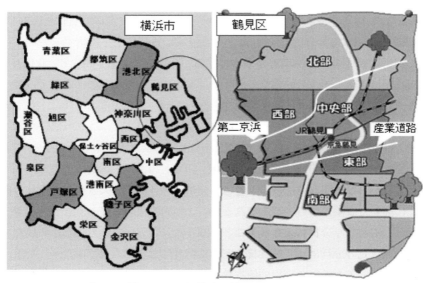

図表7.1 鶴見区の地勢構造と鶴見駅周辺エリアの地図
(出典：『発見つるみ！－データで見る鶴見区－平成27年度版』http://www.city.yokohama.lg.jp/tsurumi/（右）http//:www.j-area2.com/hama/wards/hamamap.html（左）)

から南西にかけて順に京浜国道1号，京浜東北線，国道15号と産業道路が通り，それらと鶴見川が地区の分断要因となり，地勢ごとの特徴を一層鮮明にしている。都市計画は地勢や交通網と密接に関連していることから，京浜東北線鶴見駅周辺エリアは商業施設やマンションが建築可能な商業地域である。

賃貸住宅サービス商品の商品性の同質化

　賃貸住宅の価格形成に影響する外部属性および内部属性のデータとして，アットホーム株式会社の『at home Business Base（2013年5月29日現在）』に登録されている成約事例を利用する。実際の標本は2012年5月26日から2013年5月28日までの約1年間に成約された賃貸契約のデータである。対象エリアは前述の横浜市鶴見区の中の京浜東北線鶴見駅周辺エリア（駅から約徒歩15分以内，駅からの直線距離で約1,000m以内）である。物件種目はマンションに限定する。その他の量的データである専有面積（㎡）および築年数や経過年数の範囲を限定しない。被説明変数としての賃料価格は，毎月の「賃料＋管理費」である（第3章1節参照）。分析対象地域を京浜東北線鶴見駅周辺エリアに限定することで，エリアを小さくして当該地域での賃貸住宅商品の同質化を図る（地域の限定分析による同質化）。これは，当該地域に賃貸住宅を供給する者にとって，価格と属性の関係を理解しやすくする。一方，需要者（消費者，賃借人）の同質化によるモデルの安定化のために，本章では，間取りの構成によって，単身タイプ，夫婦タイプ，家族タイプを次のように定義する。

　・単身（1人）タイプ：1R，1K，1DK
　・夫婦（2人）タイプ：1LDK，1SLDK，2K，2DK，2SDK
　・家族（3人以上）タイプ：2LDK，3K，3DK，3LDK，3SLDK，4LDK

　もちろん，この間取りによる需要者の分類は，各部屋の大きさや間取りの構造等に関して議論があるところであるが，この同質化の前提のもとの分析が，結果として有効な分析結果を示すことができる。さらに，このような間取りを通した同質化の分析は，新規賃貸住宅の供給者にとって有用であろう。なお，この分類で，各タイプの分析の標本数としても十分な自由度を持つ分析が可能となる。言うまでもないが，Kはキッチン，Dはダイニング，Lはリビング，Sはサービスルームの略であり，数字は居室数を示す。

「間取り」属性はさらに，その位置関係や居室の大きさもその部分属性として，需要者の選好として重要な部分を持つかもしれないが，その部分属性をここでは価格に大きな影響を持つとは前提にしていない。実は，この分類の仕方は，非同質的な住宅不動産物件の商品性を同質化する一つの方法であり，その背後に需要者のタイプのニーズについての考え方を利用していることになる。

第4章で紹介した河合（2010）では，需要者のタイプの視点から物件の商品性の同質化・グループ化するときに，専有面積（床面積）で区分した。同じ視点ではあるものの，生活形態の視点をここでは採用したことになる。

内部属性ダミーを多用する分析の注意点と属性の識別可能性

本章では，上に述べた分析目的から，駐車場の有無，システムキッチン設置の有無，自転車置場の有無，トイレ・バス独立仕様の有無，などを表す内部属性定性的ダミーを多く利用する。このような場合，第4章で説明をした，次の内部属性定性的ダミーの識別可能性の問題に注意を払う必要がある。

1) 与えられた物件の集合の中で，たとえば，分析者が駐車場の有無を 0-1 変数（ダミー）D1 で表現したものが，分析上認識されているかどうかにかかわらず，それが他の別な属性の有無と一致していて，需要者はその属性の価値を認めているため，価格に反映されている可能性がある。それゆえ，D1 = 1 は駐車場があることにより賃料価格が増加しているのか，あるいは別な潜在的な属性の存在で賃料が上昇しているのかわからない問題である。すなわち，物件全体で D1 = 1 となる物件を取り出した場合，その取り出した物件全体での共通属性は駐車場のみであるか，あるいは他の属性もその物件全体で一致しているか，の問題である。これを「完全識別性の問題」という。

2) 特に，この問題は分析物件の多様性，分散性に関係し，少数の大きなマンションが成約物件全体に占める割合が多いような場合，このような可能性が大きくなる傾向が出てこよう。たとえば，わかりやすく説明するために，新規賃貸物件として市場に出た2つの大規模マンション A，B で，A は駐車場を持つが，B は持たないとする。物件全体での駐車場設置率が 45％であっても，その年の成約物件の中で駐車場を持つ物件が仮に A だ

けの場合であったとすると，D1 = 1 となる属性は新規マンション A が保有し，他の物件は保有しない属性全体と一致する。たとえば，A の 1 階には小児科が入っているなど，A ならでは得られない属性がそれとなる。

3) 駐車場を持つマンションが A だけでなくても 90 ％以上を占めるような場合，このように完全に識別可能でなくても統計的な識別問題が起こる。たとえばシステムキッチンの有無のダミー D2 で，駐車場を持つ（D1 = 1）となる物件とシステムキッチンを持つ物件（D2 = 1）とがほぼ同じになるような場合，データから見ると（統計的にみると），これら 2 つの属性の識別可能性は弱くなる。この場合，2 つの属性の相関は大きくなるので，変数増減法などの変数選択プロセスで一緒に利用しないことと，D1 = 1 と D2 = 1 となる他の物件の所在地が同じビルでなく分散していることが重要である。これを「統計的識別可能性の問題」という。

本章の内容は次の通り。

2 分析地域の特定と市場・地域分析

3 横浜市鶴見区鶴見駅周辺エリアの賃料価格分析

2 分析地域の特定と市場・地域分析

本節では，分析対象地域の市場と地域構造を分析する。1 節で述べたように，分析対象を東京湾に面する横浜市鶴見区の京浜東北線鶴見駅を起点とする徒歩約 15 分以内（道路距離 80m につき 1 分間として，駅から 1,200m の距離程度）の距離とし，これを鶴見駅周辺エリアと呼ぶ。

このエリアは，**図表 7.2** にもあるように，北西，西側に京浜国道 1 号を北西側の境界とし，産業道路の南隣接地域である工業地域，西側に神奈川区，東は川崎市川崎区と接する。エリアを狭くして賃貸住宅商品の商品性を同質化し，分析目的に沿って，物件の内部属性と価格の関係を詳細に探ることを企図する。

このエリアの多くの賃借人にとって外部属性として重要な属性は，東京都，川崎市，南部工業地域，横浜市中心部などに通勤するために，最寄り駅からの距離が最初の優先順位である可能性が高い。なお，京浜東北線鶴見駅，また鶴

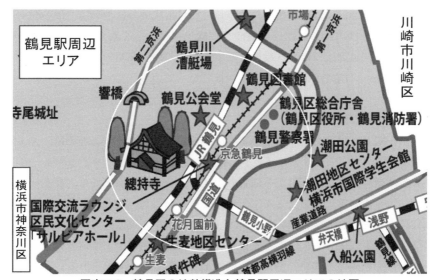

図表7.2　鶴見区の地勢構造と鶴見駅周辺エリアの地図
(出典:『発見つるみ!－データで見る鶴見区－平成27年度版』http://www.city.yokohama.lg.jp/tsurumi/)

見駅の南西にある京急鶴見駅はターミナル駅である。

　人口約28万人の鶴見区は,横浜市の北東部に位置し,区内は北西部の丘陵地,鶴見川流域の低地,臨海部の埋立地から形成され,そのほとんどは市街地となっている。臨海部は工業地帯,中心部は商業・住宅地域が主体となっているが,住工混在地区もある。明治のころより埋め立てが進み,京浜工業地帯の中核地域となる。戦後は,高度経済成長とともに,商工業の集積と人口増加が進んだが,最近はグローバル化の流れで工場の移転も起こり,研究所(理化学研究所横浜研究所「ゲノム科学総合研究センター」「免疫・アレルギー科学総合研究センター」など),大学(「産学共同研究センター」,「市立大学大学院(連携大学院)」)などが増えている。職種的には,多くの業種にかかわる人が多いことを後に見る。

　北西部の丘陵部は,区内では数少ない自然が残された住宅地となっていて,工業地帯としての側面ばかりでなく,商業都市,住宅都市としての顔も兼ね備えている。この北西部には分譲(所有)住宅が相対的に多い。鶴見区内には,横浜市内唯一の一級河川鶴見川が,北から南に蛇行しながら流れ,東京湾に注

いでいる。地形的には，北西部の丘陵地，鶴見川流域の低地，臨海部の埋立地の3地域に分けられる。鉄道と湾曲した鶴見川にはさまれた一帯は，国道15号が通り，国道周辺には，区役所・警察署をはじめ，多くのマンションやビルが立ち並び，区内では最大のビジネス街となっている。

鶴見地区のマクロ環境

　横浜市鶴見区地域の賃料価格と属性の関係の現象を理解するために，まずマクロ環境を見てみよう。

　分析地域の南側は，京浜工業地帯の中核を担う工業地域である。高度経済成長期には日本の重工業を支える工業地帯として発展し，従業者数も大きく増加傾向にあった。1節でもふれたように，歴史を見ても鶴見地区は京浜工業地帯の発展とともに成長してきたと考えられ，分析地域南部の工業地域の発展において労働力を確保していく補完的な機能を有してきたと考えられる。

　職と雇用を創り出している企業としては，東芝関係企業の多くの本社・事業会社，旭硝子は工場があった場所を研究開発拠点にし，東亜合成（一部上場）に吸収された鶴見曹達などがある。さらに，現在JFEの元の日本鋼管は，製鉄・製鋼部門を移転するため，前面海域の約550万㎡の埋め立てをし，扇島をつくった（1969）のでJFE関係の多くの企業がある。東京電力鶴見支社，日清製粉グループの工場，日新グループの大進石油運送会社，など数多くある。横浜港は，年々貨物の取扱い量が増大したため，大黒ふ頭の埋立造成事業が具体化。平成4年には，日本最大級のコンテナターミナル（横浜流通センター）が完成した。また，海上をまたぐベイブリッジや鶴見つばさ橋を通る道路は，本牧ふ頭や産業用地を結び，交通渋滞の解消と物流の迅速化に役立っている。

　賃貸住宅商品への需要構造は，この京浜工業地域の将来動向に大きくかかっていよう。人口減少を抑制できるのは，その地が職を提供できるかに依存する。分析地域においても，工場勤務者の住宅需要に伴い賃貸住宅市場が発展した。しかし，その後の緩やかな産業構造の変化により，工業の内容も量産型から研究開発型に移行し，工場勤務者数も減少傾向にあると考えられる。また，いわゆるバブル期における不動産投資の過熱により，賃貸マンションが多数建設されている。これらの要因により，現在の分析地域には，当時建設されたさまざ

まなビンテージ構造を持つ社宅や賃貸マンションが多く残されている。

　以上のマクロ環境の理解により，賃貸住宅事業の地域・市場分析を考察してみよう。

(1)　南部工業地区の構造変化と鶴見区。マクロな視点から賃貸住宅への需要構造として，分析地域南部にある工業地域の趨勢の把握と従業者数の推移をみる。

(2)　需要面では，人口，世帯構成，小売業売上高，昼間人口等のデータが参考となる。

(3)　新規物件への需給動向の推移を把握するために，バブル期を通して建設された経年マンションが多数供給されている状況を観察する。具体的には，供給面では賃貸住宅の着工戸数をみる。

　さらに，分析対象の周辺地域の今後の発展性を予測することが新規に賃貸住宅を企図する人にとって重要であるが，以下の議論から大筋の見通しはつくであろう。さらには，区政のまちづくり計画等が参考となるが，ここでは扱わない。以下，(1)，(2)，(3) について説明する。

(1)　南部工業地区と鶴見区の構造変化

　はじめに，分析対象地域と補完関係にある隣接地域の趨勢を把握する。すでに述べたように，近隣地域全体としては，工業は減少しているものの，住宅や環境関連施設，研究開発施設および大規模物流施設への土地利用転換が進んでいる。平成27年3月の京浜臨海部立地企業動向調査報告書の概要版には，土地利用に関し以下の調査内容がまとめられている。

1)　「工業系」の土地利用面積，建築延床面積は減少傾向にあるが，神奈川県に占める割合は土地利用面積で 1/4 以上，建築延床面積では約2割と大きい。

2)　近年は「運輸系」の建築着工面積の増加が顕著である。ファンド系施設などの大規模物流施設も増加している。

3)　大規模工場跡地の土地利用転換が進んでおり，住宅や環境関連施設，研究開発施設，物流施設等への用途転換事例が多く見られる。

4)　工場立地法に基づく特定工場の緑地面積は，敷地面積の約1割を占め，

着々と増加しつつある。

今後は従来の重工業地域から，ハイテク産業や大規模物流施設の集積地へと変容を遂げることにより，同地域の不動産市場は再活性化段階に入る可能性がある。ただし，マクロな視点で見れば，アジア地域における横浜港の港湾機能は相対的に低下しており，大規模物流施設を擁する近隣諸国の臨海地域との競合が懸念されるので，不透明感はある。グローバル化の進展における企業の戦略と横浜市の戦略に今後の趨勢は左右されよう。

従業者数と就業構造

このような分析地域の南部にある工業地域の趨勢・変化に対応して，近隣地区の工業従業者数の推移を見てみよう。図表7.3は，鶴見駅周辺エリアに住む住民で南部で働く人にとって代替的な居住区である鶴見区，神奈川区，川崎区（川崎市）の従業者の動態変化を示している。

図表7.3のグラフをみると，1978年以降全体として工業従業者数は，産業構造の変化やグローバル化の中で，京浜3区の工業従業者数も大きく減少傾向にはあるものの，2005年以降では下げ止まりしていて，他の2区と比較すると

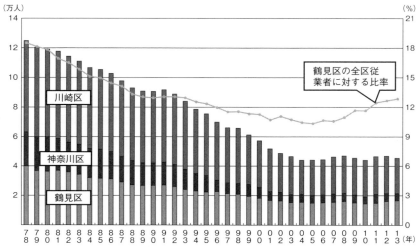

図表7.3　京浜臨海部立地企業動向調査報告書（工業統計表）──従業者数の推移
（出典：『京浜臨海部再編整備協議会事務局』http://www.keihin.ne.jp/shiryou_i_jugyousha.html）

鶴見区の減少率は抑えられている。このことから，現在の鶴見区の賃借人は変化した産業構造の従事者である割合が多くなっていることが推測される。

鶴見区には366の工業事業所があり，工業事業所の数では港北区，都筑区に次いで横浜市18区の中で第3位である。また，鶴見区の工業従業者数は，約1万6,300人で第1位である。製造品出荷額は磯子区に次いで第2位で，約6,500億円である。鶴見区の業種構造を就業者数から見てみよう。

図表7.4にあるように，卸小売業，製造業，建設業の順で就業者数が多く，京浜工業地区のイメージとは異なる就業構造を持つ。鶴見区は，もはや第2次産業の就業者数を多く持つ区ではない。中国・韓国・ブラジル・フィリピンの順に外国人住民を抱え，その数は2015年で約9,900人で18区中2位である。彼らは製造業，建設業，卸小売業を支えていると推測する。と同時に，彼らの大半は賃貸住宅商品を購入している，と予想する。少子高齢化の中で，外国人の果たす役割も少しずつ大きくなっている。

さらに，直接的に分析地域の賃貸住宅の需給構造に関係する，鶴見駅周辺エリアの就業構造を見たのが図表7.5である。この図表をみると，製造業，卸・小売業の就業者数が多く，次に情報通信業，医療・福祉，建設業と続く。

(2) 鶴見区と鶴見駅周辺エリアの人口動態

賃貸住宅の需要動向を見るために，人口動態を見てみよう。図表7.6は，横浜市鶴見区と神奈川区の1930年から2015年までの人口変動とそれ以降2040年までの予測である。両区ともほぼ同じ動きをしている。高度成長期に大きく人口は増えたが，80年の中葉にはともに3万人程度の減少があるが，興味あることに，バブル崩壊後には安定的に成長している。この予測によると，人口は，鶴見区は2020年，神奈川区は2025年前後に最多となり，それ以降は減少に転じるとされている。しかし，現在がピークに近い状況であるので，需要もゆっくりと減少すると予測される。

次に，生産年齢の推移と年齢構造を見てみよう。図表7.7では，鶴見区の生産年齢人口（15歳から64歳まで）の推移を，年少人口（15歳未満），老齢人口（65歳以上）と比較して示している。生産年齢人口は1965年（昭和40年）にピークで約19万人に達するが，産業構造の変化とともに減少して1980年（昭和55

244　第 7 章　横浜市鶴見区鶴見駅周辺エリアにおける賃料価格分析

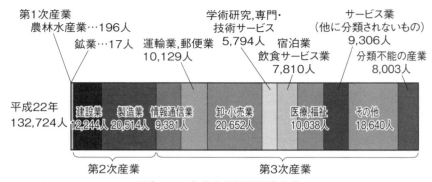

図表 7.4　産業大分類別就業者数
（出典：『発見つるみ！－データで見る鶴見区－平成 27 年度版』）

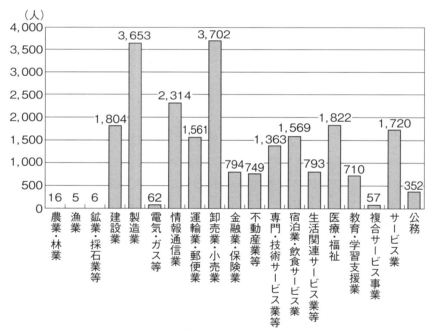

図表 7.5　鶴見駅周辺エリアの就業構造（2010 年の国勢調査による推計値）
　　　　——産業別就業者数（半径 1,000m）

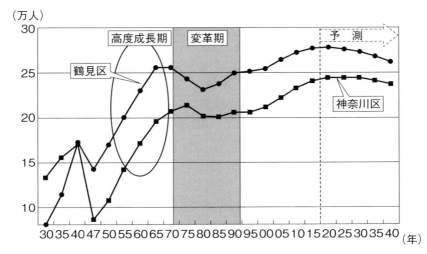

図表 7.6　鶴見区と神奈川区の人口動態
(出所：横浜市統計ポータルサイト（人口・面積）第3表（1930〜1940，平成22年まで）と国立社会保障・人口問題研究所『日本の地域別将来推計人口』（平成25年3月推計，平成27年以降）を結合して作成）

年）には約 16.5 万人となる。その後上昇に転じ，2015 年（平成 27 年）には約 18 万 6,000 人に回復している。これは，1960 年以降少子化がゆっくりと進行していることと，高齢化人口が増加していることから，鶴見区には新しい人口が流入していることを示していよう。新陳代謝が強い都市構造を示しているように見える。

図表 7.8 は，年齢人口構造を示している。これを見ても，40 歳を中心として前後の山は厚みがあり，鶴見区の経済力を支えていく人口が多いことを示す。男女別にみると，生産年齢人口では男子の 10 万人に対して，女子が 8 万 6,000 人で，1 万 4,000 人ほど男子が多く，上で見た建設業や製造業，情報通信業に就業する男子が多いかもしれない。一方，高齢化人口は女子の方が 5,000 人ほど多く，年少人口では男子が 800 人ほど多い。

次に，鶴見区の中で分析対象地域の鶴見駅周辺エリア（半径約 1,000m の範囲）の人口構造を見てみよう。**図表 7.9** では，鶴見区全体と鶴見駅周辺エリアの人口と世帯数について，2005 年と 2010 年を比較している。人口の成長率では鶴

第 7 章　横浜市鶴見区鶴見駅周辺エリアにおける賃料価格分析

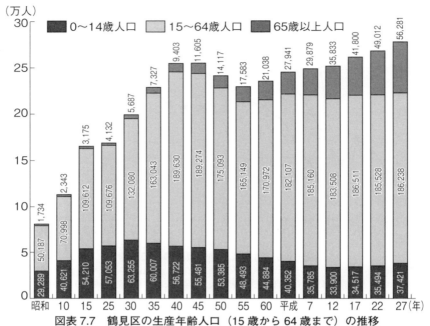

図表 7.7　鶴見区の生産年齢人口（15 歳から 64 歳まで）の推移
（出典：『発見つるみ！－データで見る鶴見区－平成 27 年度版』）

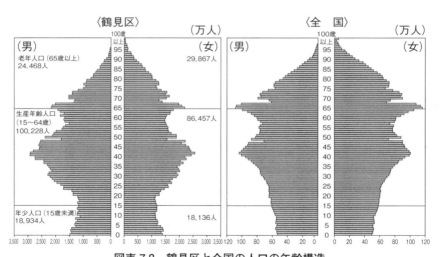

図表 7.8　鶴見区と全国の人口の年齢構造
（出典：『発見つるみ！－データで見る鶴見区－平成 27 年度版』）

2 分析地域の特定と市場・地域分析　　247

	鶴見区全体			鶴見駅周辺エリア		
	2005 年	2010 年	%	2005 年	2010 年	%
人　口	264,548	272,178	3	46,593	48,587	4
世帯数	114,872	124,177	8	23,313	26,087	12
単身者世帯数	43,375	50,294	16	11,402	13,906	21
民営借家世帯数	38,204	42,864	12	8,542	10,241	20
持家世帯数	61,897	67,606	9	10,592	11,513	9
家族世帯数	71,497	73,808	3	11,812	12,181	3

図表 7.9　鶴見区と鶴見駅周辺エリアの人口・世帯数比較
（2005 年，2010 年国勢調査推計値）

見駅周辺エリアでは 4%，鶴見区全体では 3% で，鶴見駅周辺エリアが 1% 上回るにすぎないが，世帯数では鶴見駅周辺エリアでは 12% 増加し，鶴見区全体の 8% を 4% も上回る。このことは，鶴見駅周辺エリアでは，人口，単身者世帯数，賃貸借家世帯数が大きく成長していることが示されている。その意味で，前述の生産年齢人口の増加傾向とその男女比を踏まえると，今後依然として単身者を中心とした賃貸住宅への需要はありそうだ。

　『発見つるみ！－データで見る鶴見区－平成 27 年度版』によると，1 日の中での人口移動は次のとおりである。

1)　鶴見区の区民で区内に流出（通勤・通学）する人数が 4 万 8,000 人
2)　東京都への流出が 4 万 1,000 人，流入が 8,000 人で，差し引きマイナス 3 万 3,000 人
3)　川崎市への流出が 2 万人，流入が 1 万 2,000 人で，差し引きマイナス 8,000 人
4)　鶴見区を除く横浜市への流出が 2 万 1,000 人，流入が 3 万 2,000 人で，差し引きプラス 1 万 1,000 人（横浜市の他区からの流入超）
5)　その他地域への流出が 1 万 2,000 人，流入が 1 万 3,000 人で，差し引きプラス 1,000 人

　昼間鶴見区外へ出ていくネット人口は約 2 万 9,000 人である。夜間人口は 272,178 人，昼間人口は 250,323 人である。

　図表 7.10 は，鶴見区の昼夜間の人口比率の推移である。これを見ると，

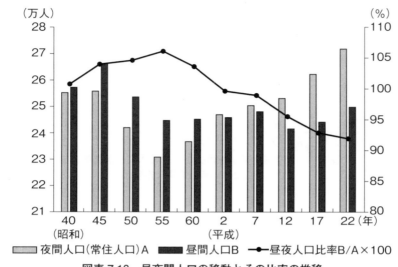

図表 7.10 昼夜間人口の移動とその比率の推移
(出典:『発見つるみ！－データで見る鶴見区－平成 27 年度版』)

1980 年（昭和 55 年）には，昼間の流入人口の方が流出人口より大きく（人口比率 106％），多くの人が鶴見区に働きに来ていて，その意味では鶴見区は製造業を中心に多くの労働力をその区外から得ていた。しかし，それ以降グローバル化や技術進化に伴う産業構造の変化により漸減し，2010 年（平成 22 年）には，昼夜間の人口比率は 93％まで低下してきている。したがって，昼夜間の移動が多くなっている。このことは，地域間の関係が強くなっていて，すでにみた就業構造にも反映されているように，所得構造も多様になっていよう。このことは，その一つの中心駅である JR 鶴見駅の利用人口も拡大しているであろう。

同じ資料によると，分析対象エリアの中心 JR 鶴見駅の乗降者は約 7 万 8,000 人，すぐそばの京急関係駅（京急鶴見，鶴見市場，花月園）で約 2 万 3,000 人であるので，このエリアを中心として移動する人口は多く，賃貸住宅単身者が多いと予想できる。

(3) 賃貸住宅の供給動向

次に，分析対象地域の住宅の供給動向を把握するため，賃貸住宅の着工戸数

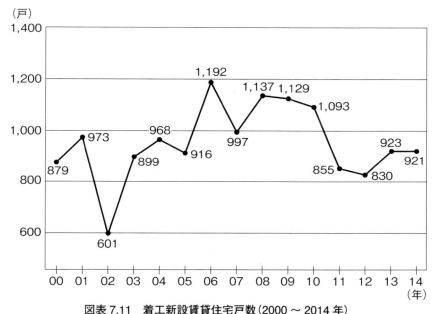

図表 7.11　着工新設賃貸住宅戸数（2000 ～ 2014 年）
（横浜市の統計データ「着工新設住宅の利用関係別戸数及び延べ床面積」
（出典：神奈川県内建築着工統計のデータを基に作成）

と賃料の推移を調査した。賃貸住宅の着工戸数は，横浜市の統計データ「着工新設住宅の利用関係別戸数及び延べ床面積」の中から賃貸住宅のデータを利用する。

　図表 7.11 は，鶴見区における着工新設賃貸住宅戸数の推移である。建築基準法に基づく届出が基礎となるデータのため，届出の対象とならない床面積が 10㎡以内の建築物は除外されている。なお，木造，鉄筋コンクリート造等の構造は分かれていない。日本の景気が 2006 ～ 2007 年でピークを打つものの，2006 年から 2010 年のリーマンショックを含む期間で着工戸数が増加している。これは，第 1 章で議論した住宅供給の遅行性に関係していると思われる。データを抽出した 15 年間の平均着工戸数は 954 戸であった。もちろん，分析地域内における既存賃貸住宅の総戸数から老朽化による建物解体等の事業の廃止戸数をマイナスし，新設賃貸住宅戸数をプラスしたものが，同地域内における入居済み住戸を含む総供給戸数となる。

250　第7章　横浜市鶴見区鶴見駅周辺エリアにおける賃料価格分析

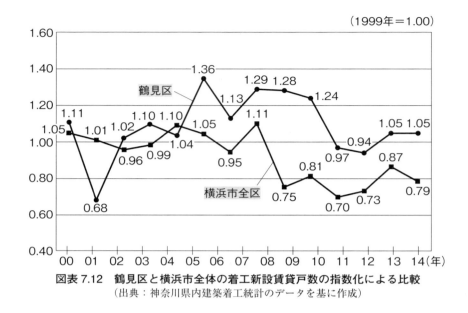

図表7.12　鶴見区と横浜市全体の着工新設賃貸戸数の指数化による比較
（出典：神奈川県内建築着工統計のデータを基に作成）

　一方，**図表7.12**では，横浜市全区と鶴見区の2000年の着工新設賃貸住宅戸数を1.00として指標化して，両者の着工動向を比較した。鶴見区の戸数は2002年に大きく下落しているものの，その後はプラスに転じ，2006年以降は横浜市全区よりも0.1ポイント以上上回っている。このことは，上で述べた産業構造の変化の中で鶴見区の賃貸住宅への需要が相対的に大きくなっていることを示す。

　実際に，鶴見区の賃貸取引動向をみるために，**図表7.13**には2006年から2015年までの四半期ごとの取引状況を示した。取引数以外は，すべて平均値であることに注意する。これを見ると，次の点が観察される。

1) 取引件数は，2006年から全体としては増加傾向にある。2008年9月のリーマンショック以降も大きく取引量が増えている。この点は，**図表7.9**の2005年から2010年の比較で，民営借家世帯の増加数に対応している。また，生産年齢人口のゆっくりとした増加傾向もこれに関係していよう。全期間の平均取引量を計算すると199件であることから見ると，2014年から15年初頭にかけての取引量の大きな増加は何らかの理由があろう。

期　間	件　数	賃料	面　積	単　価	期　間	件　数	賃料	面　積	単　価
06 Q1	83	8.3	37.1	2.2	11 Q1	225	8.1	35.3	2.3
Q2	56	7.4	30.3	2.5	Q2	144	7.9	34.0	2.3
Q3	89	8.1	35.2	2.3	Q3	182	8.0	34.1	2.4
Q4	130	8.4	36.2	2.3	Q4	173	7.8	33.8	2.3
07 Q1	56	7.4	30.3	2.5	12 Q1	293	7.7	34.9	2.2
Q2	101	8.5	35.6	2.4	Q2	216	7.7	34.6	2.2
Q3	79	8.6	36.6	2.3	Q3	192	8.1	35.8	2.3
Q4	112	8.8	36.6	2.4	Q4	257	7.9	35.7	2.2
08 Q1	161	8.7	35.3	2.5	13 Q1	359	8.0	35.6	2.2
Q2	107	8.7	38.4	2.3	Q2	276	7.6	34.6	2.2
Q3	127	8.6	37.6	2.3	Q3	208	7.9	37.1	2.1
Q4	105	8.2	36.4	2.3	Q4	246	7.7	35.1	2.2
09 Q1	164	7.9	33.7	2.4	14 Q1	374	7.6	33.7	2.3
Q2	125	8.2	34.9	2.3	Q2	314	8.2	36.9	2.2
Q3	148	8.4	36.6	2.3	Q3	321	7.9	35.8	2.2
Q4	124	8.0	35.3	2.3	Q4	304	8.2	36.5	2.2
10 Q1	238	8.1	34.9	2.3	15 Q1	478	7.9	35.3	2.2
Q2	195	8.4	36.8	2.3	Q2	312	8.2	38.9	2.1
Q3	173	8.1	33.8	2.4	Q3	280	8.1	37.0	2.2
Q4	190	7.9	35.2	2.2	Q4	250	8.1	38.4	2.1

図表7.13　鶴見区の賃貸マンション取引動向

（数字は，件数以外は平均値。単位：平均賃料（万円），平均床面積（㎡），㎡当たり賃料（単位：千円）（出典：REINS TOWER 首都圏賃貸取引動向を基に作成）

　全期間を通しての取引量の標準偏差は 97 件である。

2)　2008 年以降の取引件数は，第 1 四半期に取引量が多く，季節性を示している。しかし全体として言えば，第 4 四半期もその次に取引量が多い。

3)　各期の平均価格と平均床面積は全期間を通してあまり変わらない。実際，全期間の平均価格の平均は 8 万 1,000 円で，平均床面積は 36㎡である。平均価格の標準偏差は 3,400 円で，平均床面積の標準偏差も 1.78㎡と小さく，取引されている物件の賃料構造，床面積構造を平均的に見るとあまり変化がない。

4) このことから，このエリアの賃貸住宅の競争環境は厳しく，また絶えず
テナントの変動がありそうだ。実際，㎡当たりの単価もあまり変わらない
だけでなく，2010年以降では減少の兆しが見える。これは，中古物件の
ビンテージ構造に関わるかもしれない。

3　横浜市鶴見区鶴見駅周辺エリアの賃料価格分析

　本節では，1節で述べた分析目的の視点から，賃貸マンションの賃料価格を
ヘドニック・アプローチによりモデル化する。賃貸用のマンションの場合，第
3章でも述べたように，移動転居のオプションを確保している側面が強いと考
えられ，たとえば地域外へ通勤する場合，勤務地への通勤時間などは，その地
域の選択の中にあろう。ディベロッパーなどビジネス・プロモーションの視点
を強めて，地域の中での外部属性は最小限にして内部属性を重視した分析をす
る。

利用データ

　利用する物件データ情報は，アットホーム株式会社の『at home Business
Base（2013年5月29日現在）』に登録されている成約事例を標本データとして
いる。標本期間は2012年5月26日から2013年5月28日までの約1年間，対
象エリアは鶴見駅から徒歩15分以内である。分析では，同質化と分析目的から，
物件種目はマンションで，以下では（実際には明らかにデータが異常値であるも
のを除いた）マンション成約賃貸価格の事例494物件に関するものに限定する。
その後，需要者の同質化とそのニーズに対応した属性の同質化を求め，世帯構
成（単身，夫婦，家族）タイプ別に物件を分類し，対応する説明変数を選択し
て分析を行っている。成約価格の抽出期間を1年間とした理由は，第1章で述
べたように，賃貸住宅不動産に典型的な季節要因が成約賃料と属性の価値に影
響する可能性が高いからである。

　実際に利用する物件のデータが位置する情報を地図の中にプロットしたのが
図表7.14である。

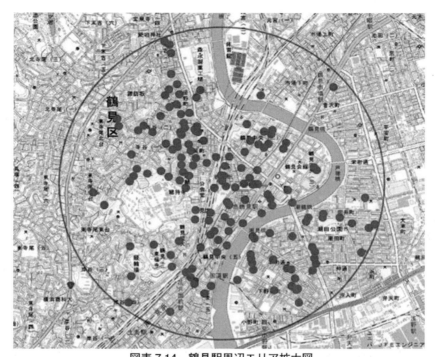

図表 7.14　鶴見駅周辺エリア拡大図
（出典：国土地理院の電子地図にサンプルデータを追記して表示）

需要者のタイプと属性

　次の間取りの構造区分を基礎に，需要者（賃借人，消費者）のタイプから物件を単身タイプ，夫婦タイプ，家族タイプに分けて分析する。これは，需要者（消費者，賃借人）の同質化であるが，非同質的な住宅不動産物件の商品性の同質化であり，これによりモデルの中での属性と価格の関係を安定化させることができる。

　・単身（1人）タイプ：1R，1K，1DK
　・夫婦（2人）タイプ：1LDK，1SLDK，2K，2DK，2SDK
　・家族（3人以上）タイプ：2LDK，3K，3DK，3LDK，3SLDK，4LDK

　なお，Kはキッチン，Dはダイニング，Lはリビング，Sはサービスルームの略であり，数字は居室数を示す。この標本数と間取りのタイプの割合は**図表**

(%)

単身タイプ （288 物件）	1R クラス	1R	32.6
	1K クラス	1K, 1LK	54.2
	1DK クラス	1DK	13.2
夫婦タイプ （130 物件）	1LDK クラス	1LDK, 1SLDK	44.6
	2K クラス	2K	13.8
	2DK クラス	2DK, 2SDK	41.5
家族タイプ （76 物件）	2LDK クラス	2LDK	57.9
	3K クラス	3K	1.3
	3DK クラス	3DK	23.7
	3LDK クラス	3LDK, 3SLDK	14.5
	4LDK クラス	4LDK	2.6

図表 7.15　**単身タイプ，夫婦タイプ，家族タイプの間取りによる分類と，データの中での割合**
（たとえば，単身者用で一番多いのは 1K タイプで 54%。（　）の数字は標本数）

7.15 の通り。

　標本 494 物件のうち，単身タイプ 288 物件，夫婦タイプ 130 物件，家族タイプ 76 件である。この数字はおそらく市場の需要構造に対応するものであろう。図表 7.15 にあるように，単身タイプでは 1K クラスが半分以上，夫婦タイプでは 1LDK クラスと 2DK クラスが各 4 割を超える。家族タイプでは 2LDK クラスが半数以上である。

　これらの各需要者のタイプに対して属性変数は，第 3 章の視点から見ると，

1) 外部属性：最寄り駅までの時間（距離 1 分 ＝ 80m）
2) 内部構造属性：専有面積（坪），築年数，階建て，階数，駐車場等
3) 内部設備属性：エアコン，バス・トイレ別，コンロ，室内洗濯機置場等
4) 経済的属性：敷金，礼金，更新料，管理料等
5) 契約属性：楽器相談，ペット相談，二人入居可，事務所使用可，女性限定，高齢者条件

と分類される。契約条件に関する属性変数には，楽器相談，ペット相談，二人入居可，事務所使用可，女性限定，高齢者相談ダミーが含まれる。これらは，賃貸条件として賃貸人が設定する項目である。競合物件との差別化が可能にな

るため，周辺地域の募集状況に鑑みて設定するケースが多い。

　利用する属性は，一般には賃借人（需要者）のタイプ（単身，夫婦，家族）ごとに異なるという視点から，単身用物件，夫婦用物件と家族用物件に分けて考えていく。しかし，利用する属性の情報として，たとえば駐車場の有無に関して，利用するデータ上では駐車場有であっても，多くの物件では実際に新しい入居者が利用可能かどうかは分析に含まれていない。その意味で，駐車場が入居時には使えないということを理解して入居しているものも多いであろう。その場合，駐車場の属性価値の評価は，駐車場でなくその物件を選択したことにより派生的に評価されているにすぎず，実態の駐車場有の価値を表現していない可能性もある。

(1)　単身タイプ賃貸住宅のヘドニック分析

　2012年5月26日から2013年5月28日までの約1年間の標本数288のデータにより，単身タイプ物件における価格の属性の関係を示すヘドニックモデルを定式化し，市場の属性へのニーズを探ってみよう。被説明変数である成約月額賃料（含む管理費）（円）に対して，56項目の属性説明変数を考察の対象とする。

定量的属性変数

　単身者用は標本数が多く，市場での競争関係も厳しい物件タイプである。したがって，賃貸住宅商品の供給者は，内部設備属性に対してはできる限り充実させようとする。その中で利用する定量的変数の基本統計量を**図表7.16**に示す。この基本統計量をみると，価格や属性のデータの中には標準偏差の3倍を超える外れ値（異常値，特異値）が数件観測されているが，その物件を除外するのではなく，それらを含む分析結果を述べる。理由としては，ヘドニック分析結果とそのもとでのモデル診断によって，推定モデルの変更を必要とする結果は見られず，特異な属性値が特異な価格に対応していることで，モデル推定に大きな影響を与えていないと判断されたからである。もっとも，それを除外すると，統計的なパフォーマンスとモデルの安定性が上がる可能性もある。

　1)　被説明変数は，月ごとの価格＋管理費で敷金・礼金等を含まない。この

256　第7章　横浜市鶴見区鶴見駅周辺エリアにおける賃料価格分析

		変　数　名	最　　小	最　　大	平　　均	標準偏差
	P	月額賃料（円）	42,000	140,000	68,816	15,710
外	W	徒歩分	1.000	15.0	6.6	3.8
内部構造属性	T	築年数	1.000	47.0	17.8	9.6
	TU	床坪数	3.510	14.7	6.94	1.78
	ST	階建て	2.000	14.0	6.7	3.2
	FR	階数	1.000	11.0	3.8	2.35
	F/S	階数／階建て	0.100	1.0	0.6	0.25

図表7.16　単身タイプの物件の定量的属性の基本統計量
（標本数 288）

　視点は，入居時にかかる費用は，価格と属性の関係の中に入っていないと
みる立場である。この立場は，賃貸するときの需要者の認識として，初期
に必要なコストを月別の費用に割り当ててそれを賃料と認識する，とは見
ていない立場である。特に単身者の場合，最初にその資金を調達できるか
どうかが問題であるが，その資金の調達ができない人は，敷金は小さく，
礼金がゼロとなるような物件を探す以外にない。その場合，その人のこの
属性に対する選好は，第1章で述べた辞書式選好となる。一方，物件間の
競争の中で供給者の認識として，空室コストを下げるために，特に単身者
用などの物件は礼金ゼロなどに設定する傾向があろう。

2)　**図表7.16**の階建ては，第3章で述べたように建物全体の規模を表すだ
けでなく，タワーマンション（ここでは，57m以上の高さ，ほぼ18階以上の
ビルとする）などは構造物の質も表現することを示す。第6章では，マン
ションの総戸数もその役割を表現する可能性が高いことを述べた。階数は
成約物件が何階に位置しているかを示している。階数を階建てで除した変
数は，建物全体における位置，すなわち低層，中層，高層の配置の変化が
どの程度成約賃料に影響しているかの測定に用いられる。専有面積を坪変
数とした理由は，モデルの推定結果が実数値で表されるため，㎡数よりも
直観的な理解が得られると考えたからである。なお，1坪の面積は約3.3
㎡である。

3)　築年数（建設後の経過年数）。経過年数の最大値は，標準偏差の3倍をほ

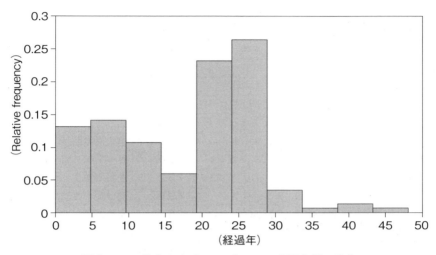

図表 7.17 単身タイプのマンションの経過年数の分布

んの少し超える。したがって，この物件を異常値（特異値）として除くと，推定パフォーマンスが上昇する可能性を持つが，前述の理由で入れておく。その場合，リフォームしてあるかどうかも問題となろう。

4) **図表 7.17** は単身タイプの物件のビンテージ構造を示す築年数の分布である。この分布から築年数が 20 年から 30 年までの物件が約半数を占める。1980 年代の物件が多いということである。バブルが進行する中で不動産投資が大きく進んで供給された物件であるが，それらの物件は，時間経過の中でそれ以降に提供されてきた賃貸物件と競争していくためには，内部設備の陳腐化を防ぎ，内部設備の充実のために追加投資が必要になっていることも予想される。

物件の内部属性に関するダミー変数

図表 7.18 は，単身タイプのヘドニックモデルを選択するために考察した，内部属性ダミー変数を表にしてある。「防犯 3 点セット」は，オートロック，24 時間（24H）セキュリティ，モニター付きインターホンの 3 つを備えている場合を 1 とし，そうでない場合を 0 とするダミー変数である。%は，標本 288

変 数 名	%		変 数 名	%		変 数 名	%
徒歩 10 分内	86.8		築 20 年内	46.5		光ファイバー	47.6
徒歩 5 分内	53.1		築 5 年内	17.7		リフォーム済み	2.8
制震構造	−		エアコン	96.5	内	ガスコンロ可	23.3
エレベータ	33.3		オール電化	1.0	部	システムキッチン	26.0
1 階	10.1		オートロック	53.8	設	収納スペース	82.3
10 階以上	3.1		24H セキュリティ	9.0	備	都市ガス	79.2
5 階以上	28.8	内	モニターホン	24.7	属	温水洗浄便座	18.1
バイク置場	12.2	部	防犯 3 点セット	7.6	性	W・クローゼット	9.4
最上階	16.3	設	BS・CS・CATV	43.8		洗面所独立	16.0
駐車場あり	31.9	備	フローリング	59.0		追い焚き機能	11.1
10 階建まで	90.3	属	宅配 BOX	25.7		楽器相談	−
5 階建まで	47.2	性	バス・トイレ別	46.2	契	事務所可	4.9
新 築	1.7		IHクッキングヒーター	18.1	約	高齢者相談	3.5
築 10 年内	31.6		バリアフリー	0.7	属	二人入居可	14.6
築 15 年内	41.0		室内洗濯機置場	74.7	性	ペット相談	13.2
			洗髪洗面台	21.2		女性限定	1.0

（左端の縦書き: 内部構造属性）

図表 7.18　単身タイプの属性ダミー変数群と各タイプごとの平均比率（設置率）
（たとえば単身タイプではエアコンは平均的に 96.5%が設置）

の中で当該属性を保有する割合である。

　図表 7.18 の内部設備属性を見てみよう。この情報は，競争関係を理解する
上でも役に立つ。平均して設置率が高い属性は，1)エアコン，2)収納スペース，
3)都市ガス，4)室内洗濯機置場の順である。

1)　エアコンを設備として導入している成約物件が 96％を超えている。一
　　方，募集事例にはエアコンが導入されていない物件が数多くあることから，
　　借主の成約判断の基準において必要不可欠の設備であることが窺える。

2)　収納スペース（82.3％）については，募集事例においてもほとんどが収
　　納スペースを設置していよう。この属性は，競争的な価格形成においても
　　重要な要素であろう。

3)　都市ガス変数は，一般的にはプロパンガスと比較すると，都市ガスは光
　　熱費が安いため成約に寄与している可能性がある。

4) 室内洗濯機置場に関しては，借主が選択基準としている可能性が高い設備である。標本には経過年数が22年から26年のバブル期に建築されたマンションが多く含まれているが，当時建築された物件には室外洗濯機置場のものが数多く存在する。その頃の洗濯機は音・振動などの質もあまり良くなかった。これは水回りにも関係するので，変更にはコストがかかる。時代の流れとともに借主のニーズも変遷し，現代の賃貸住宅市場においては室内洗濯機置場が必須の設備である。バブル期のマンションのなかでもリノベーションを行い，室内化した物件が成約に結びついているものが多いと推察される。

単身タイプの賃料ヘドニック価格モデル

モデル選択の対象として，図表7.16と7.18にある，定量的変数とダミー変数との合計56の属性説明変数による分析をする。属性間の相関に注意して重共線性の問題を避けながら，変数増減法により，次の2つのヘドニックモデルを選択した。標本数が$N=288$であるので，比較的多くの属性を採用できるが，結果として説明変数の数が14以下で補正決定係数が0.9以上になっている。以下，2つの代替的なモデルを提示する。

ここで，補正R2は補正決定係数，モデルの標準誤差SEは，最小2乗法による残差の標準偏差でモデルの標準誤差（Standard Error）ともいう。この結果を見ると，両者のパフォーマンスはほとんど変わらないので，説明変数の数が小さいモデル[2]が魅力的になる。しかし，供給者の立場から見ると，設備内部属性の場合，設備を導入するコストが違うので，採用されている内部属性の内容が重要となる。

それを見てみよう。各モデルの推定結果は図表7.20に掲載してある。表の

単 身 者	補正 R2	SE	属 性 数	自 由 度
モデル[1]	0.915	4,571	14	274
モデル[2]	0.916	4,563	12	276

図表7.19　単身タイプのモデルパフォーマンス
（SE はモデルの標準誤差）

260　第 7 章　横浜市鶴見区鶴見駅周辺エリアにおける賃料価格分析

モデル[1]属性	係　数	SE	t 値	モデル[2]属性	係　数	SE	t 値
定数項	41,761	2,289	18.2	定数項	45,347	1,819	24.9
徒歩分	-403	81	-5.0	徒歩分	-421	81	-5.2
経過年数	-527	40	-13.1	経過年数	-565	35	-15.9
階建て	437	119	3.7	階建て	438	108	4.0
坪数	4,765	193	24.6	坪数	4,749	192	24.7
1R	-3,964	680	-5.8	1R	-3,906	675	-5.8
洗面所独立	5,027	1,112	4.5	洗面所独立	4,652	1,103	4.2
追い焚き機能	2,138	1,090	2.0	追い焚き機能	2,554	1,109	2.3
IH クッキングヒーター	1,580	770	2.1	IH クッキングヒーター	1,822	765	2.4
新築	7,576	2,563	3.0	新築	6,050	2,571	2.4
1 階	-2,349	1,108	-2.1	1 階	-3,592	945	-3.8
オートロック	2,124	744	2.9	防犯 3 点セット	7,002	1,487	4.7
24H セキュリティ	5,321	1,320	4.0				
階数 / 階建て比率	2,504	1,313	1.9				

図表 7.20　単身タイプのヘドニックモデル[1]と[2]の係数と標準誤差と t 値

中の係数は回帰係数，ここでの SE は「各推定値の標準誤差」（第 4 章 6 節の t 値の分母）である。

この表から次のことが観測される。

1)　両モデルのこの推定結果のすべてのヘドニック係数の符号条件は，経済学的な常識や先験的な知識から見て整合的である。アミかけした 5 つの属性変数（徒歩分，築年数，階建て，坪数，1R ダミー）は，モデル[1]，モデル[2]でもほぼ同じ価値を示していて，これらの変数は，他の変数の組み合せの影響をあまり受けないことが示されている。t 値もすべて有意性を示している。中でも坪数は，t 値は 24.6 と大きく，他の変数の影響を除外した場合の追加的な説明力として重要な役割を果たしている（第 5 章参照）。

2)　モデル[1]でみると，定数項 41,761 円に加算される賃料は，外部構造としてマイナス徒歩分数 × 403 円，内部構造として坪数（床面積）× 4,765 円 ＋ 階建て × 437 円 － 築年数 × 527 円が賃料の基本構成となる。徒歩 7 分，坪数 7 坪，4 階建ての 4 階，築年数 10 年の場合，

$$41{,}761+7\times(-403)+7\times4{,}765+4\times437+10\times(-527)+(4/4)\times2{,}504=71{,}277円$$

となる。

3 横浜市鶴見区鶴見駅周辺エリアの賃料価格分析　　**261**

3)　特に内部構造にかかわる価格属性は，新築プレミアム 7,576 円がついている。当該年における新築の割合が 1.7％ と非常に少ないことから，新築の付加価値が相対的に高いものと推測される。建築後 1 年は空室がなくなることを意味していよう。

4)　階建てをみると，ビルの階数が 10 階建てであると 4,370 円ほど高くなる。これは，質への属性価値となると考えられる。実際，階建てダミーは，建物の規模を表しており，大規模なマンションほど賃料が増加する点も実務と一致している。これは，建物構造が堅固になり，外観上もエントランス部分に高級感を感じさせる空間が確保できることや，管理人が常駐し清掃が行き届く等の建物維持管理の充実が要因と考えられる。第 6 章では，中古マンション分譲価格の分析で，総戸数という変数を利用している事例を見た。総戸数と階建ては共通な役割もあるが，階建ては当該特定な建造物を見ているので，高さが高いビルはその基礎工事や建築上の構造の要求度が大きくなるので，強度などの質が高くなる。一方でコストもかかるので，それに見合う内装等をして，高いプライシングをして高級化する傾向にあろう。

5)　モデル［1］の階建て（係数 437 円）と建物内の住戸の階数比率はセットの概念で，階数・階建て比率は，階数が増加する毎に 2,504 円増加する点については，階数の上昇に合わせて賃料が高くなる実務と整合している。1 階の住戸が -2,349 円減少している理由には，防犯・日照・騒音の問題が挙げられる。したがって，

　　f（階建て，階数）＝ 437 × 階建て ＋ 2,054 ×（階数/階建て）− 2,349D（1 階）

であるから，10 階建ての 1 階の場合，

$$4,370 + 205 − 2,349 = 226 \text{ 円}$$

10 階建ての 5 階では，

$$4,370 + 1,027 = 5,397 \text{ 円}$$

となり，階数の価値の上昇は階建てに依存するので 1 次関係にないことを示す。

6)　築年数をみると，20 年経過していると約 1 万 500 円以上価格が低いことを示す。**図表 7.20** にあるように，平均賃料が約 6 万 8,000 円であること

を考慮すると，陳腐化による減価はかなり大きいことを示す。30年経過だと，5万2,000円程度になることを示し，ほぼ最小値に近くなる。その意味では，投資の意思決定において，この陳腐化リスクを考慮しないと投資コストの回収が困難になることが起きよう。それに対応する方法は，リフォームと設備の刷新であろう。したがって，投資の企画をするときに，一定期間後にリフォームをするコストを計上することを想定して投資分析をすることが必要である。

7) 変数の1R（ワンルーム）は，単身タイプの定義の間取り（1R，1K，1DK）の中で，1Rならば1，そうでない場合は0となる構造属性ダミー変数である。1R（ワンルーム）の場合，1K，1DKに比べて両者ともほぼ3,900円ほど安くなることを示す。ワンルームの減価の理由については後で議論する。

個別設備についての説明

【洗面所が浴室とトイレから独立】している場合は5,012円増加する。この属性は，洗面所が浴室とトイレから独立していれば，洗面台周りにゆとりが生まれ，足が水に濡れることもなく，生活の快適性が求められている結果であろう。t値も正に有意である。

【追い焚き機能】が設置されていれば2,147円増加する。追い焚き機能が設置されていれば，水道代の節約ができる。特に夫婦用とか家族用では，それが顕著に表れよう。

【IHクッキングヒーター】が設置されている場合は1,580円増加する。**図表7.18**から，その設置率は18％である。IHクッキングヒーターについては，地域の特殊性が窺える。同エリアは，前述の通り，バブル期に建築されたマンションが多い地域である。当時のキッチンセットには電熱コンロが設置されている場合が多く，現在においても同設備の物件と，設備の見直しを図りIHクッキングヒーターに変更した物件の属性における価値の差が明確に表れている。電熱コンロに比べて，安全で，電力コストも少なく，清潔で，熱を直接には発生しないので冷房と一緒に使うときには経済的である。安全・安心・快適・経済性。しかし，調理器具に制限が出る（ウィキペディア，電磁調理器具参照）。

ワンルーム（1R）と1Kの違い

　ワンルームという属性の価値は，1Kと1DKの価値と比べて3,900円少ないことを見たが，これは室内の構造が影響していよう。1Kとは，**図表7.21**にあるように，居室部分とキッチンが独立している間取りである。具体的には，居室とキッチンを区別する引き戸もしくは開き戸が必要である。一般的な間取りとしては，玄関の次にキッチンが配置され，キッチンと居室の間に仕切り戸がある間取りである。一方，ワンルームタイプは居室とキッチンが一つの部屋に存在する。なかには，1Kタイプと同じくキッチンと居室を独立させた間取りも存在するが，仕切り戸がない場合は1Kとは表示されない。間取りの違いが生活に与える影響としては，1Kタイプは居室に独立性があり，キッチンのコンロ数も多く調理をしやすい，使った鍋や食器等を居間の外に置くので生活の快適性が増す，臭いや煙等をある程度防ぐなどの利点が挙げられる。

図表7.21　1Kと1Rの違いの一例

防犯設備と防犯3点セット

　モデル[1]によると，防犯設備としてオートロックが付いている場合は2,124円増加し，さらに24Hセキュリティのサービスがあると5,321円増加し，それ

ぞれt値は高く，両方では7,445円になる。これは第3章で述べた安全・安心志向の流れを実証するもので，昨今の犯罪に対する防犯意識の高まりを反映している。特に女性単身者には重要な属性であろう。オートロックはバブル期の通話による訪問者認識から設備機能も向上しており，現代はカラーモニターの映像・動画による認識・録画機能に進化している。24Hセキュリティのシステムが導入されている物件は，単身タイプの物件のうち僅か9%であることから，競合物件との差別化が実現できていると推測できる。築年数が大きな賃貸住宅でもこれを設置するとよいかもしれない。

　モデル[2]の防犯3点セットは，オートロックと24Hセキュリティにモニター付インターホンの3つがそろっているものをいう。建物にこの防犯3点セットが設置されると，賃料は増加する仮説を立てて分析を行った。その結果，t値は4.7と高い数値を示し，賃料増加分は7,002円になり，上記のオートロック，24Hセキュリティの場合より得られる賃料は若干減少するが，t値は4.7と大きくなる。この結果は，追い焚き機能の属性価値とIHクッキングヒーターの価値を増加させている。モデル[1]とモデル[2]の補正決定係数がほぼ同じでモデル[2]の説明変数の数が少ないので，モデル[2]の方が安定している可能性はある。単身者の生活では，安全・安心がファーストで，利便性・経済性がセカンドの順になっているであろう。

(2)　夫婦タイプ賃貸住宅のヘドニック分析

　次に，夫婦（2人）タイプ（1LDK，1SLDK，2K，2DK，2SDK）の賃料分析を行う。標本数は130件である。分析には，以下の単身タイプで利用した定量的な6属性と，以下の26ダミーを合わせて32属性の説明変数を用いる。夫婦タイプとして多いのは，**図表7.15**から再掲した**図表7.22**のように，1LDKタイプと2DKタイプが多い。

夫婦タイプ （130物件）	1LDKクラス	1LDK，1SLDK	44.6%
	2Kクラス	2K	13.9%
	2DKクラス	2DK，2SDK	41.5%

図表7.22　夫婦（2人）のタイプ

属性の分析

まず，**図表7.23** にある6つの定量的属性の基本統計量を見てみよう。単身タイプの場合と比べて，賃料の水準が上がり，平均値が約10万円で，最大値19万円は標準偏差の3倍を超えている。また，徒歩の平均値も6.6分から9.1分へと大きくなり，夫婦タイプの住宅は駅から2.5分ほど離れる。当然のことながら，坪数の平均値は7坪から12.3坪へと大きくなるが，夫婦タイプ住宅の平均経過年数は単身タイプのそれが17.8年であるのであまり変わらない。これは，投資をする供給者の選択として，単身タイプのものが投資として効率的であるとみているのかもしれない。

物件の中に最大階建てが31階のビルがあり，おそらく同じビルに住む賃借人の階数の最大値が26である。すなわち，標本にはタワーマンション（ここでは，57m以上の高さ，ほぼ18階以上のビルとする）が含まれていて，この階数26は平均値プラス標準偏差の3倍より大きく，このようなマンションは数少ないことを意味している。しかし，坪数は平均値プラス3倍以内にあるので，若干広めであるかもしれないが，その高さ（階建て）のビルであることが，建物の質により，賃料価格に影響を与えていよう。

次に，**図表7.24** の内部属性を中心としたダミー変数群を見てみよう。％で表示されていて設置率が高い，収納スペース，都市ガス，エアコンなどは多くの物件に普通にあることを意味し，それがないと価格が下がることを意味している。

建物条件に属する変数には，単身タイプの変数に加えて，床暖房変数，角部

変 数 名	最 小 値	最 大 値	平 均	SD
賃料（円）	63,000	190,000	98,495	22,686
徒歩分	1	15	9.1	3.9
経過年数	1	49	18.6	12.2
階建て	2	31	6.5	5.5
階数	1	26	4.3	4.1
坪数	8.66	17.75	12.3	1.9

図表7.23　夫婦タイプの定量的基本統計量
（SD＝標準偏差）

266 第 7 章 横浜市鶴見区鶴見駅周辺エリアにおける賃料価格分析

	変 数 名	%		変 数 名	%		変 数 名	%
内部構造属性	角部屋	38.5	内部設備属性	床暖房	4.6		リフォーム済み	3.1
	制震構造	2.3		フローリング	61.5		24H セキュリティ	5.4
	エレベータ	21.5		ガスコンロ可	33.8		システムキッチン	38.5
	バイク置場	14.6		宅配 BOX	26.2		収納スペース	92.3
	駐車場あり	49.2		モニターホン	23.1		都市ガス	83.8
内部設備属性	追い焚き機能	47.7		IHクッキングヒーター	5.4	契約属性	温水洗浄便座	31.5
	エアコン	72.3		バリアフリー	0.8		事務所可	3.8
	オートロック	44.6		洗髪洗面化粧台	34.6		ペット相談	17.7
	BS・CS・CATV	33.8		光ファイバー	40.0			

図表7.24 夫婦タイプのダミー変数と各属性の設置率

屋を追加している。夫婦タイプの特徴としては，間取り・設備の多様性が挙げられる。単身タイプと比較すると，専有面積が広い分，間取りと設備の組み合せも多様化している。また，建築された年代により，間取り・設備が大きく変化している点も特徴である。具体的には，物件データを見ると，築年数が15年以上経過している物件には 2K，2DK タイプが多いが，それ以降は 1LDK タイプが多く見られる。以前は居室数を多くとる間取りが主流であったが，最近では居室数を少なくしてリビングを確保する間取りが主流となっている。

　図表7.24 は，夫婦タイプの物件における各ダミー属性の設置率である。**図表7.18** の単身タイプの設置率と比較すると，エアコンの設置率は− 24.2%，駐車場の設置率は +17.3%，追い焚き機能は +36.6%，システムキッチンは +12.5%，洗髪洗面化粧台は +13.4%，温水洗浄便座は +13.4% となっている。

　エアコンの設置率が減少した理由としては，単身タイプでは，室内設備が少なく，物件の成約において必要不可欠の設備であるが，夫婦タイプでは，設備・間取りの多様性から，属性の価値の集合体としての総合的価値が重要として認識されていると推察できる。一定の経済力もあることも多く，仮にエアコンがなくても，それ以外の設備・間取りが充実していれば価値が高いと判断されよう。

　次の駐車場設置率の増加も，単身者と比べ 2 人以上の世帯は自動車を保有する割合が増加するからであろう。追い焚き機能の設置率の増加は，家族数が増

えれば追い焚きは必要になることから経済合理的な選択に供給側が対応した結果であろう。システムキッチンの設置率が12.5%増加しているのは，単身者に比べ調理をする機会が多く，生活を2人で楽しむニーズに対応していよう。洗髪洗面化粧台が13.4%増加している理由は，洗面所の独立性は確保されている中でのさらなるニーズへの対応である。温水洗浄便座が13.4%増加し，31.5%になっているのも間取りに起因している。単身タイプには浴室とトイレが一体となったユニットバスが多く見られるが，夫婦タイプ以上の間取りでは浴室とトイレは別々に設置されているうえで，生活の快適性を求めることからである。

夫婦タイプ賃貸住宅のヘドニック価格モデル

考察している属性から，変数増減法等の第4章，第5章の方法によってモデル選択プロセスによりヘドニック価格モデルを定式化する。その結果をまとめたのが図表7.25である。このモデルの補正決定係数は0.873，標準誤差は8,071円，標本数は130，説明変数の数は定数項を含めて9，残差の自由度は121である。

夫婦タイプのヘドニックモデルは，定数項を除くと，徒歩分，経過年数，階数，坪数，ガスコンロ可，収納スペース，エアコン，宅配BOXの8項目の属性変数で賃料を87%程度説明する（補正決定係数0.873）。徒歩分，経過年数，坪数の量的データは単身者タイプと同様の傾向であるが，階数変数は特徴的で

	係　数	SE	t 値
定数項	35,361	6,919	5.1
徒歩分	-669	216	-3.1
経過年数	-629	88	-7.1
階数	1,732	220	7.9
坪数	5,071	431.2	11.8
ガスコンロ可	7,873	1,722	4.6
収納スペース	3,987	2,732	1.6
エアコン	4,103	1,824	2.3
宅配BOX	6,393	2,463	2.6

図表7.25　夫婦タイプのヘドニックモデル

268　第 7 章　横浜市鶴見区鶴見駅周辺エリアにおける賃料価格分析

ある。その係数は，1 階上昇するごとに成約賃料が 1,621 円増加することを示している。分譲マンションの価格と同様，賃貸マンションも階数が上層階になるほど賃料は増加する。高層階には眺望など，生活の中でのアメニティ効果を持つ。

(3)　家族タイプ賃貸住宅のヘドニック分析

　家族タイプのヘドニックモデルを定式化する。標本数は 76 件と相対的には少ないが，説明変数の数に対して十分な標本数がある。分析には以下の 37 項目の属性を選択の対象にする。

　1 節で述べた，住宅市場の分断化に対応する家族タイプによる近似的な市場と属性の同質化・共通化としては，次の分類を用いている。

家族タイプ （76）	2LDK クラス	2LDK	57.9%
	3K クラス	3K	1.3%
	3DK クラス	3DK	23.7%
	3LDK クラス	3LDK，3SLDK	14.5%
	4LDK クラス	4LDK	2.6%

図表 7.26　家族タイプの間取りクラス

属性の分析

　家族タイプの定量的属性の基本統計量は，**図表 7.27** に要約されている。間取りのタイプは重複していないが，実際の需要者側の選好としては 2 人の場合もあろう。その意味では，夫婦タイプとして同質化をして分析した選好との重複はあるのかもしれない。基本統計量や以下の分析結果は，その結果としての価格と属性の関係である（リビールド・プレファランス）ことに注意する。たとえば，基本統計量の徒歩時間の分布をみると，標本としての物件を選択する方にも関係しているが，ほぼ同じ構造にありそうだ。

　まず床面積坪数をみると，夫婦タイプの場合は 8.66 坪から 17.75 坪であるのに対して，11.03 坪から 31.8 坪と広さの範囲が大きくなっている。31.8 坪は，平均値プラス標準偏差の 3 倍を超えている。これに対して，賃料の範囲は，夫

3　横浜市鶴見区鶴見駅周辺エリアの賃料価格分析　　**269**

変 数 名	最 小 値	最 大 値	平 均	SD
賃料（円）	65,000	200,000	125,197	22,389
徒歩分	3	15	9.4	3.8
経過年数	1	57	18.6	13.1
階建て	3	14	6.7	3.3
階数	1	13	4.3	2.7
坪数	11.03	31.8	17.2	3.1

図表 7.27　家族タイプの定量的基本統計量

婦タイプでは 6 万 3,000 円から 19 万円であるのに対して，家族タイプではその広さの範囲に対して 6 万 5,000 円から 20 万円とその広がりは大きくない。そこには，上に述べた需要者の選好の重複がありそうだし，広さに関しての築年数のビンテージの違いによる減価がありそうだ。実際，夫婦タイプの最大築年数は 49 年であるのに対して，家族タイプは，賃料が床面積と築年数の組み合せに関して非線形である，と予測できる。経過年数の最大値は 57 年である。年数が大きい場合，坪数が大きくても高い賃料は取れないことを示している。そこにはさらに，4LDK などの形式的な区別よりも，実際の構造物と生活の関係もありそうだ。

　賃料の最大値は，平均値プラス標準偏差の 3 倍を超えているので，異常値の判断ができる。もちろん，対数値をとるとその関係は変化するが，本章の視点の価格を利用する立場からは，第 5 章で述べたような折れ線ダミーや多項式を採用することによって説明変数を非線形的に扱うことを推薦したい。

　最大階数は 13 階であるので，家族タイプの分析対象としている物件の集合は，26 階を最大階数とする夫婦タイプの場合の集合とは異なっている。したがって，直接的に比較はできない。

　次に，内部構造属性の選択対象の集合を見てみよう。契約条件に属する変数には，楽器相談ダミー，高齢者相談ダミーを追加している。家族タイプの特徴は，夫婦タイプと同様，設備・間取りに多様性が見られる。特に表に入れていないが，**図表 7.27** の家族タイプの定義に関わる間取りのいくつかをダミーとして変数選択の対象にした。この間取りに関しては，建築された年代により，

270 第7章 横浜市鶴見区鶴見駅周辺エリアにおける賃料価格分析

設備・間取りの取り方や考え方が大きく異なる。具体的には，かつてはDKタイプが主流で，空いたスペースをベッドルーム（独立した部屋）に利用していったが，現代は時間を共有し，家族関係を醸成するリビングを重視して，LDKタイプが主流になる。たとえば，専有面積が60㎡のマンションであれば，以前は3DKであったが，現代は2LDKが主に採用されている。また，水回り設備も時代により大きく異なる。たとえばキッチンであるが，バブル期はガス台がついていない商品が主流であった。しかし現代では，流し台とガス台が一体のシステムキッチンが多く採用されている。また，コンロも手入れのしやすい平面タイプが採用され利便性も向上している。このようなことは，物件の背後にある築年数（ビンテージ）構造に反映されている。

図表7.28は，家族タイプの属性設置率である。設備の設置率については，エレベータ設置率は61.8％で，夫婦タイプの場合と比べて，40.3％増加している。これはビルの階建てとも関係するが，特に子供が小さいときの家族生活では，階数が低くても買い物の量も増えるので，エレベータの価値が大きくなる。また，高齢者にとってもそのニーズは大きい。エレベータの設置は，4階以上の

	変 数 名	％		変 数 名	％
	自転車置場あり	10.5		BS・CS・CATV	44.7
	駐車場あり	55.3		ガスコンロ可	51.3
内部構造属性	角部屋	42.1	内部設備属性	宅配BOX	28.9
	エレベータ	61.8		IHクッキングヒーター	1.3
	オートロック	63.2		洗髪洗面化粧台	34.2
	24Hセキュリティ	11.8		光ファイバー	39.5
	モニタ付インターホン	14.5		システムキッチン	52.6
	リフォーム済み	6.6		収納スペース	84.2
	都市ガス	71.1		温水洗浄便座	43.4
内部設備属性	追い焚き機能	69.7	契約属性	楽器相談	3.9
	エアコン	65.8		事務所使用可	1.3
	フローリング	52.6		高齢者相談	1.3
	床暖房	3.9		ペット相談	21.1

図表7.28 家族タイプの属性ダミー変数

マンションに多くみられることや，生活スタイルが類似していることから，家族層は比較的大規模なマンションを選好する傾向がある。

　家族数が増えるほど追い焚き機能の需要が高くなるので，追い焚き機能が69.7%で，夫婦タイプと比べて22.0%増加する。オートロックの増加からは，家族世帯の防犯意識の高さが推測でき，オートロックが63.2%で18.5%増加する。ガスコンロ可が51.3%で17.5%増加，システムキッチンが52.6%で14.2%増加と続く。ガスコンロ可，システムキッチンダミーの増加は，性能や機能の違いはあるものの，家族生活の基本の一つで家族の価値を楽しむ食生活の利便性を重視している傾向が窺える。

家族タイプ賃貸住宅のヘドニック価格モデル

　家族タイプのヘドニックモデルは，モデル[1]とモデル[2]の2通りの選択をする。**図表7.29**はモデルパフォーマンスである。両モデルに選択された属性変数の数は，ともに定数項を除いて9つであるが，モデル[1]の方が補正決定係数は少し大きいが，属性内容が2つのモデルで多く異なる。なおSEは，モデルの標準誤差で，残差の標準偏差である。その値が，たとえば8,000円であることは，物件価格全体がモデルで導出されるモデル価格（理論価格ともいう）の±2×8,000円の範囲にある割合が約95%となる。

　選択されたモデルは，**図表7.30**にある。まず，表の中の言葉を次のように定義する。

【モニ24H宅配D】：モニター付インターホン，24時間セキュリティ，宅配
　　BOXが全部満たされている場合1，そうでなければ0のダミー変数

【3部屋タイプD】：独立した部屋を3つもつ，すなわち3K，3DK，3LDK，
　　3SLDKのいずれかの場合1，そうでないとき0のダミー変数

家族用	補正 R2	SE	属性数	自由度
モデル[1]	0.872	8008	9	67
モデル[2]	0.862	8326	9	67

図表7.29　家族タイプのモデルのパフォーマンス
(SE はモデルの標準誤差)

272　第 7 章　横浜市鶴見区鶴見駅周辺エリアにおける賃料価格分析

モデル[1]	係　数	SE	t 値	モデル[2]	係　数	SE	t 値
定数項	65,170	6,656	9.8	定数項	64,953	8,283	7.8
				徒歩分	-347	311	-1.1
経過年数	-933	89	-10.5	経過年数	-847	85	-9.9
階建て	1,637	347	4.7	階建て	1,581	388	4.1
坪数	3,305	314	10.5	坪数	3,403	324	10.5
バイク置場	12,870	3,547	3.6	バイク置場	12,253	3,742	3.3
モニ 24H 宅配	15,145	5,008	3.0	モニ 24H 宅配	9,812	4,794	2.0
光ファイバー	6,564	2,500	2.6	光ファイバー	7,071	2,591	2.7
3 部屋タイプ	6,962	2,278	3.1	3 部屋タイプ	7,878	2,342	3.4
システムキッチン	7,380	2,350	3.1	システムキッチン	4,828	2,314	2.1
ペット相談	-8,578	3,315	-2.6				

図表 7.30　家族タイプのヘドニックモデル[1] とモデル[2] の結果
（徒歩分，経過年数，階建て，坪数以外はダミー変数）

と定義する。

　このとき，モデル[1] とモデル[2] に共通な変数は，経過年数，階建て，坪数，バイク置場 D，モニ 24H 宅配 D，光ファイバー D，3 部屋タイプ D，システムキッチン D の 8 属性で構成されている。モデル[1] では，ペット相談があり，徒歩分がなく，モデル[2] では，ペット相談がなく，徒歩分が含まれている。モデル[1] に徒歩分を入れると，符号条件が満たされなくなるのと同時に，他の変数の説明力に影響する。一方，モデル[2] にペット可を追加すると，同じ理由によって，ペット可を除いてある。現在の 2 つのモデルでは，符号条件は満たされている。モデル[2] の徒歩分の t 値は-1.1 でかろうじて 1 を超えている。その意味では，この変数を入れることで補正決定係数は大きくなっている（第 4 章参照）。しかし，$\sqrt{2}$ より小さく，ましてや検定での有意性の 2 よりは小さい。このような変数を入れるべきかどうかの問題が残る。

　モデル[1] の t 値は，バイク置場が 3.6，モニ 24H 宅配が 3.0 と高い値を示している。これらの設備は，比較的大規模なマンションに設置されている設備であることから，前述のエレベータと同様，結果的には大規模なマンションを選好することになる。特に子供が小さいときの買い物や保育園への送り迎えに自

転車が利用されるのにかかわらず設置率が低いが，その属性推計価値は両モデルで大きい。

【ペット相談 D】の回帰係数はマイナスで，その条件が付いていると賃料が8,578 円減少することを示している。これは，集合住宅での生活の快適性に関わる問題で，本当は自分としてはペットは好きであっても，夜間の騒音や汚物・臭いなど集団生活の中ではない方がよいと判断する人も多い。供給過多の状況において，競合物件と比較し立地，建物および賃貸条件の全てあるいはいずれかが劣る場合，建物の価値を向上させる方法，あるいは賃貸条件を緩和させる方法をとろうとする一つとして，入居条件の緩和策のペット相談，楽器相談，高齢者相談，事務所使用可等の方法が採られる。特に中古物件で多い。

一般には，建物の価値を向上させる方法としては，様々な建物設備の属性の価値を向上させる方法と，建物管理の品質を向上させる方法がある。一方，賃貸条件を緩和させる方法としては，賃料等の価格低下・減額もしくは入居条件の緩和が挙げられる。もちろん，新築当初から競合との差別化を図るため，計画的に入居条件を定めている物件もあるが，モデル [1] の回帰係数の結果は負の値を示していることから，入居条件の緩和策として賃料減額とペット相談双方の採択を余儀なくされている可能性が高いと考えられる。他の地域においては異なる符号を示す可能性があり，鶴見駅周辺エリアの結果は，その価値や符号は異なることもある。一般的に属性の価値は，地域性もあり，必ずしも全てのエリアには当てはまらないし，さらに地域ごとにかわる可能性もある。

光ファイバーの回帰係数が 6,564 円増加しているが，インターネットインフラが完備されている現代においてはこの設備は必須であり，t 値も 2.6 と高い値を示している。システムキッチンの回帰係数は 7,380 円の増加を示している。システムキッチンとは，シンクとコンロが一体のキッチンのことである。一方，ガスコンロ可とは，シンクとコンロが独立している設備を指す。近年販売されているキッチンのほとんどはシンクとコンロが一体型のシステムキッチンである。3 部屋タイプのダミーは，居室を 3 部屋確保している間取りの属性価格で6,962 円，t 値は 3.1 と高い値を示す。4LDK を含まない。

モデル [2] の場合の結果に対する見方も基本的には上と同じである。ただ基本属性として，最寄り駅からの徒歩分の属性を入れて，モデル [1] の中にある

274　第7章　横浜市鶴見区鶴見駅周辺エリアにおける賃料価格分析

ペット相談の属性を落としている。その結果として，ほぼ同じような補正決定
係数の値を得ている。問題は，どちらを選択するかであろう。それは，徒歩分
の属性をどのように理解するかにかかっている。この問題は，家族タイプの物
件を成約した需要者の生活スタイルに関係する。多くの地方都市では，第3章
で述べたように相対的に経済がクローズで，そこでの住民は日常的に中心の駅
から外へ通勤するわけでない。

　鶴見区鶴見駅周辺エリアはその発展過程の中で相対的にオープンであろう。
28万の人口を持ち，昼夜人口の移動もある程度大きいが，鶴見区内部で働く
人も少なくない。**図表7.27**の徒歩分の属性の基本統計量を見ると，76物件で，
最小値3分，最大値15分，平均9.4分とある。これに対して夫婦タイプ（130
物件）のその値は，最小値1分，最大値15分，平均9.1分であるのであまり変
わらないが，平均値の差0.3分を見ると，9.1分を超える物件も多そうだ。そ
して，徒歩分の属性のヘドニック係数は -347 円 / 分（t 値 -1.1）であり，夫婦
タイプのその値 -669 円 / 分（t 値 -3.1）と比べても絶対値としてかなり小さい。
少なくとも統計的には，これは実態を表している可能性も大きい。実態調査を
するとわかるかもしれないが，ここでは家族タイプの住宅を賃借している人は，
鶴見駅から外に通勤している人というより，駅から離れても生活が快適にでき
る人たちともいえよう。家族タイプを賃借している人たちのこの選好はさらに
調査が必要であろう。多くの分析を見ると，符号条件が満たされている限り，
その統計的なパフォーマンスにかかわらず入れておくという立場をとるものも
多い。t 値が1より小さい場合は，入れておく理由がきわめて小さくなる。

第8章

東京都国立市国立駅周辺エリアにおける賃料価格分析

1 はじめに

　本章では，もう一つの住宅賃料価格分析の事例として，東京都国立市国立駅周辺エリアの賃料価格形成についてヘドニック分析を行う。

　これまで述べてきたように，分析対象地域の違いは，地域の経済的・社会的・地勢的要因を反映して，そこに住む賃貸住宅の需要者（消費者，賃借人）の構成が異なり，それが集団としての選好の違いをつくり，結果として価格と属性の関係が異なっていくであろうから，属性の価値も異なっていくであろう。たとえば，比較的クローズドな地域での賃貸住宅の需要者には，鉄道駅までの距離・時間という属性は，そうでない地域の需要者と比べて，相対的にあまり価値がない，という議論をした。したがって，多くの地域を広域的に一緒に分析する枠組みでは，異なる地域に共通かつ有効な属性の選択が難しくなる。

　本章の分析対象は，東京都 26 市の一つである国立市の JR 中央線国立駅周辺エリアの物件価格である。また，その分析目的は，前章と同様に，賃貸住宅ビジネスに関わる関係者の意思決定を支援するためのプライシングモデルを構築することとする。その意味では，相対的に外部属性より内部属性を利用する。国立市はオープンな地域で，緑が多く，一橋大学とその美しいキャンパスが街の象徴になっていて，賃貸住宅需要者としては学生やサラリーマンが多い住宅地域であり，供給過剰のきらいがあるにしても，賃貸住宅の価格形成はそのような人たちの選好を表現するものとなろう。

276　第 8 章　東京都国立市国立駅周辺エリアにおける賃料価格分析

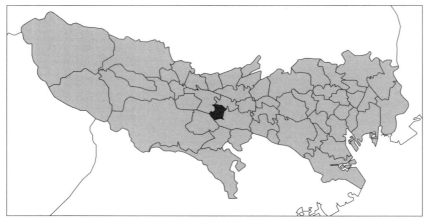

図表 8.1　東京都における国立市の位置関係
(出典：国土地理院の電子地図を基に編集)

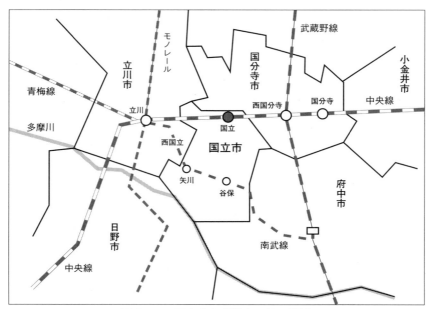

図表 8.2　国立市と隣接市の位置関係

分析の概要と視点

　国立市は，地形的には東京都のほぼ中央に位置し，面積は 8.15㎢ と都内の市では狛江市に次いで 2 番目に小さく，全国でも 4 番目に小さい市である。北部は国分寺市，東部は府中市，西部は立川市，南部は多摩川を挟んで日野市に面している。隣接市へは幹線道路と鉄道が通っており，国分寺市と立川市には都道 145 号線と JR 中央本線，府中市，立川市および日野市までは甲州街道と JR 中央線が通っている。都心部へは甲州街道と JR 中央線に加え，中央自動車道の利用による移動が可能である。また，JR 南武線を利用して，乗り換えをせずに神奈川県川崎市の主要都市に向かうことができる。

賃貸住宅サービス商品の商品性の同質化

　第 7 章の鶴見駅周辺エリアと同様，分析対象地域を限定しエリアを小さくすることで，当該地域における賃貸住宅商品の同質化を図る（地域の限定分析による同質化）。また，間取りの構成も前章と同様，単身タイプ，夫婦タイプ，家族タイプとし，次のように定義する。

- ・単身（1 人）タイプ：1R, 1K, 1DK
- ・夫婦（2 人）タイプ：1LDK, 1SLDK, 2K, 2DK, 2SDK
- ・家族（3 人以上）タイプ：2LDK, 3K, 3DK, 3LDK, 3SLDK, 4LDK

　これは，需要者（消費者，賃借人）の同質化によりモデルを安定させるためである。この同質化により，各グループの間取りの需要者は，価格を属性に帰属する主体としては，ほぼ同じ選好を持つものとみることになる。もちろん，別な分類の可能性もあろう。

【利用するデータ】

　賃貸住宅の価格形成に影響する外部属性および内部属性のデータとして，アットホーム株式会社の『at home Business Base（2013 年 6 月 12 日時点）』に登録されている成約事例を利用する。物件は，駅から徒歩 20 分以内のマンションに限定し，成約期間を 2012 年 6 月 13 日から 2013 年 6 月 12 日までの 1 年間としている。その他の量的データである専有面積（㎡）および築年数や経過年数の範囲を限定しない。被説明変数としての賃料は，毎月の「賃料＋管理費」である（第 3 章 1 節参照）。

278 第 8 章 東京都国立市国立駅周辺エリアにおける賃料価格分析

本章の構成は次の通り。

2 分析地域の特定と市場・地域分析

3 東京都国立市国立駅周辺エリアの賃料価格分析

2 分析地域の特定と市場・地域分析

本節では，分析地域を国立駅周辺エリアとした具体的な市場・地域分析をみていこう。分析地域の北部は国分寺市に入ることから，同市の該当地域についても概観する。国立市は，大別すると，南に向かって4つの地域に分類できる。1つ目は国立駅より南側に伸びる大学通りを中心に構成される学園都市，2つ目は南武線北部に広がる市街地，3つ目は甲州街道（東京都道256号線）周辺の旧谷保村の地域，そして4つ目が多摩川北部に位置する準工業地域である。

1つ目の学園都市地域は，大正時代末に箱根土地株式会社（現プリンスホテル）により開発された。大正12年（1923年）に発生した関東大震災により，当時東京の神田にあった東京商科大学（現一橋大学）も甚大な被害を受ける。当時学長であった佐野善作が，時期を同じくして東京郊外に大学都市を構想していた箱根土地株式会社の堤康次郎に，大学立地に適した移転地探しの申し入れをしたことが開発のきっかけである。四谷にあった東京高等音楽学院（現国立音楽大学）を同時に誘致し，その後は市民や学生を中心に文教地区指定運動が起こり，1950年代には文教地区に指定される。大学通りの桜と銀杏並木に象徴される緑豊かで閑静な街並みは，この特別用途地区の指定により保全されていると言えよう。同地域は，東西を走る中央本線の国立駅を起点として，真南に約2km谷保駅まで伸びる大学通りを中心とした碁盤目状の街区を形成している。地域内の住宅は用途地域と高度地区の制限により密集しないよう計画されており，整然とした街並みと相まって住宅街としての品格を高めている。

2つ目の南武線北部に広がる市街地は，前述の学園都市地域と比べ建築物に対する制限が緩和されている。建物種別も戸建て，アパート等の集合住宅，小規模店舗等様々な形態が見られる。また，富士見台団地が谷保駅の北部と西部に街区を形成している。土地の活用状況に目を転じると，コインパーキングや畑が点在しており，空地も散見される。未利用地の有効活用により戸建分譲住

2 分析地域の特定と市場・地域分析　　279

宅や賃貸住宅が建設されて地域が発展してきた様子が窺える。今後も未利用地の有効活用の余地がある地域と言えよう。

　3つ目の甲州街道周辺の旧谷保村の地域は，宅地造成が部分的には進んでいるものの，雑木林や農地が多く残されている。道路も農道が舗装された道が残されており，幅員の狭い曲道が多く見られる。地勢は，甲州街道の南側は低地が広がる。段丘の下は湧水が豊富であり，当該地域においても例外ではなく，「谷保天満宮の常盤の清水」や「ママ下湧水」などの東京の名湧水57選に選ばれるような湧水地である。

　4つ目の多摩川北部に位置する準工業地域は，国立市谷保のインターチェンジ付近と国立市泉の地域である。中央自動車道の国立府中インターチェンジがあることから，物流倉庫や配送センターが点在している。その他の業種では，泉五丁目にあるヤクルト本社中央研究所が著名な企業として挙げられる。

　最後に，分析地域の北部が入る国分寺市の光町，高木町，西町，内藤，日吉町，富士本について述べる。当該地域には一部幅員の狭い街区も見られるが，地域のほとんどが第一種低層住居専用地域に指定されており，閑静な住宅街が広がっている。また，台地にあるため，相対的に風通しや水はけが良い地域である。

東京都国立市国立駅周辺エリアのマクロ環境

（1）　分析地域と隣接地域の機能的関係

　前述の通り，国分寺市の一部は分析地域となっているが，市全体では隣接地域の特性も併せ持っている。隣接地域は，分析地域に対して代替的機能を持つ競合地域の場合や，補完的機能を持つ地域の場合がある。第7章の鶴見駅周辺エリアの分析では，鶴見区南部にある京浜工業地域が補完的機能を持ち，その地域の趨勢が分析地域の発展に影響を与えた。今回のケースでは，分析地域の国立市と隣接地域の国分寺市はミクロな視点における街区の様相は異なるものの，東京都下にある郊外の住宅地という点では類似しており，都心部への利便性等から代替的機能を持つ競合地域になると考えられる。しかし，一方では，両地域間の特性を活かしてより広範な地域における活性化を促進するような補完的機能を有しているとも考えられるため，それらを踏まえたうえで，国立市

280　第8章　東京都国立市国立駅周辺エリアにおける賃料価格分析

と国分寺市の様々なマクロ環境を検証していく。このプロセスは第1章で述べた「現象の理解と分析視点の設定」の一部であり，分析枠組みをつくるうえで重要なプロセスとなる。

（2）　分析地域と隣接地域におけるマクロ環境の検証

初めに人口の推移を見てみよう。**図表8.3**は，東京都の統計「区市町村別人口の推移」と，国立社会保障・人口問題研究所の将来推計人口をもとに作成したものである。分析地域の国立市と隣接地域の国分寺市を抽出し，5年毎の推移をグラフ化している。2015年までは実際の人口が記載されており，2020年以降は将来推計値である。

それによると，1960年には国立市の人口が3万1,231人，国分寺市の人口が3万5,988人であり，その差は僅か4,757人であったが，1965年には1万7,352人へと差が広がり，それ以降も年々差が広がり続け，2015年の時点では国立市の人口7万5,445人に対し，国分寺市の人口は12万2,256人と差が4万6,811人に広がっている。2020年以降の将来推計値は，国立市の人口は2020年の7万7,188人を境に，国分寺市は2025年の12万3,593人を境に減少に転じ，2040年には国立市が7万2,449人，国分寺市が11万9,482人となる推計である。

次に**図表8.4**の世帯数であるが，こちらも人口と同様の推移を見せている。1985年から2015年までの推移では，1985年の国立市の世帯数が2万4,584世帯，国分寺市の世帯数が35,484世帯と，その差は1万900世帯であったが，2015年では国立市の3万5,771世帯に対し，国分寺市が5万6,960世帯と，差が2万1,189世帯に広がっている。

両市における人口と世帯数の差の広がりにはいくつかの要因が考えられるが，最も大きな要因は市自体の面積の違いである。国立市は8.15㎢なのに対し国分寺市は11.46㎢であり，キャパシティ自体が大きく異なる。また，まちづくり計画や市政も人口の増減に影響を与える要因の一つである。国立市の中心となる学園都市地域は文教地区に指定されているため，市は地区の機能や景観を保全するビジョンの下で建築指導等の具体的な市政を行っているであろう。一方，国分寺市は西国分寺駅の南東部に公社等の大規模集合住宅群を誘致する等，郊外のベッドタウンとしての機能を促進させている。両市の都市計画における方針が異なり，各々の特徴が活かされているため，需要者の選好も異なる

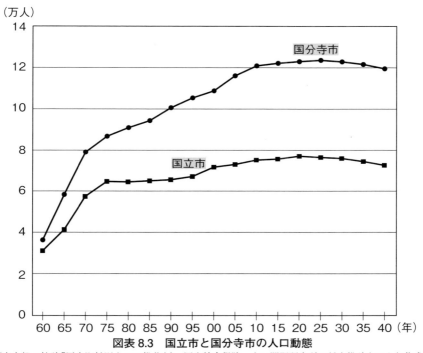

図表 8.3　国立市と国分寺市の人口動態
（東京都の統計「区市町村別人口の推移」と，国立社会保障・人口問題研究所の将来推計人口より作成）

であろう。たとえば，国立市の文教地区特有の景観や雰囲気，ブランドイメージと，国分寺市の交通の利便性を活かしたベッドタウンとしての機能性を重視する需要者とは明らかに選好が異なるであろう。すなわち，一方が繁栄した結果，他方が衰退するような競合関係にはなく，隣接市間の特徴を活かし地域の相乗効果を高める補完的関係にあると考えられる。その視点に立てば，国立市の人口は 2020 年，国分寺市の人口は 2025 年を境に減少に転じるが，より広範な他の地域との差別化が可能と思われる。今後の両市のまちづくりの方針を注視していく必要があろう。

　需要動向をさらに検証し，両市の世帯構成を見てみよう。前述の人口と世帯数の関係は，1985 年の人口および世帯数を 100 とした場合，2015 年の数値は，人口では，国立市が 117，国分寺市が 129 と上昇しているが，世帯数では，国立市が 146，国分寺市が 161 とさらに大きく上昇している。人口の増加率と比

282　第8章　東京都国立市国立駅周辺エリアにおける賃料価格分析

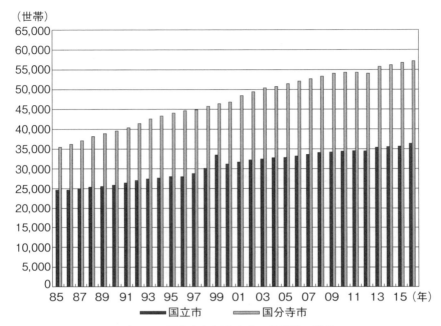

図表 8.4　国立市と国分寺市の世帯数の推移
(住民基本台帳による東京都の世帯と人口より抜粋（各年1月1日現在))

較し，世帯数の増加率が高いことから，核家族化が進展している様子が窺える。**図表 8.5** は，1985年から2015年までの単年ごとの一世帯あたりの人数の変化を示している。これを見ると，両市共に一世帯あたりの人数が減少している様子がわかる。実際，1985年の一世帯あたりの人数は，国立市は2.63人，国分寺市は2.66人，参考値として掲載している東京都全体では2.56人であったのに対し，2015年は国立市が2.11人（20％減），国分寺市が2.15人（19％減），東京都全体が1.97人（23％減）となっている。いずれも一世帯あたりの人数の減少率が大きく，単身化だけでなく，若年層の世帯が増加していると推察される。このように，晩婚化や少子高齢化の進展に伴い，各地域における一世帯あたりの人数は今後も減少すると予想されるので，新規賃貸住宅事業を行う場合には間取りや設備等を考慮すべきであろう。

　次に，昼夜間の人口比率を見てみよう。**図表 8.6** は，2010年から2035年ま

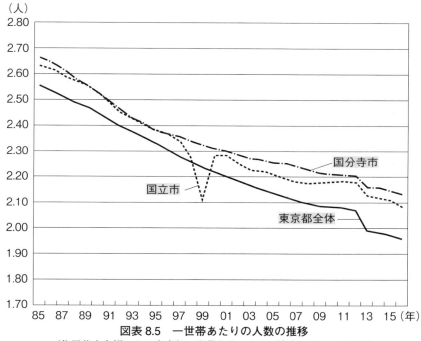

図表 8.5　一世帯あたりの人数の推移
（住民基本台帳による東京都の世帯と人口より（各年1月1日現在））

での国立市と国分寺市，東京都市部の昼夜間の人口比率の推移である。

　昼夜間の人口比率は国立市が最も高く，東京都市部，国分寺市と続く。推移を見ると，国立市は2020年までは2010年97.5％，2015年96.4％と下落が続くが，それ以降は95.8％の横ばいが続く。比率は昼間人口が夜間人口と比べて減少していないほど高い数値となるため，流出人口ほどではないが，昼間の流入人口が多い様子が窺える。2010年から2020年までの推移の下落は，同市の学生数が減少している可能性を示唆しているが，その後は95.8％の高水準を維持していくため，同市の昼間人口の流入の基盤となる学生需要は近年安定している。一方，国分寺市の推移を見ると，相対的に昼夜間の人口比率が低く，昼間は通勤や通学による流出が多いベッドタウンの傾向を顕著に示している。比率が5年毎に上昇している点は，同市の高齢化の進展とともに，昼間人口の流出が減少し，昼間の滞留人口が増加するためと推察される。

284　第8章　東京都国立市国立駅周辺エリアにおける賃料価格分析

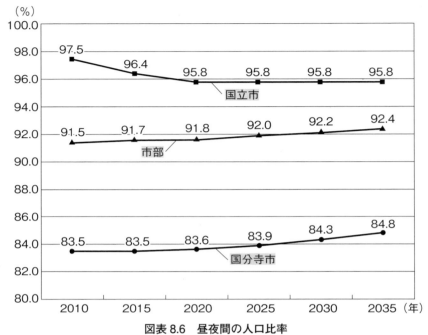

図表 8.6　昼夜間の人口比率
(東京都の統計，東京都昼間人口の予測，区市町村別の昼夜間の人口比率（2015 年 3 月））

　国立市と国分寺市における昼夜間の移動状況を見てみよう。両市の通勤者（15歳以上）および通学者数が多い地域をグラフ化したものが**図表 8.7** と**図表 8.8** である。

　図表 8.7 にあるように，初めに国立市であるが，市内での移動が最も多く 1万 1,962 人であった。これは，移動者総数の 3 万 6,648 人に対し 32.6％を占めている。市外への移動者が最も多かったのは隣接している立川市で 8.1％を占める 2,992 人であり，同じく隣接している府中市の 6.1％の 2,259 人と続く。立川市は，駅周辺の整備が進み官庁街やオフィス，商業施設の集積地となっており，府中市は，東芝やサントリー，キユーピー等の大企業の工場集積地であることから通勤者が多いことが予想される。それ以下の地域を見ると，千代田区，新宿区，八王子市と中央線沿線の都市が続く。また，東京都以外では，神奈川県への移動が 3.5％の 1,286 人であった。これは，川崎街道に近いことや南武線

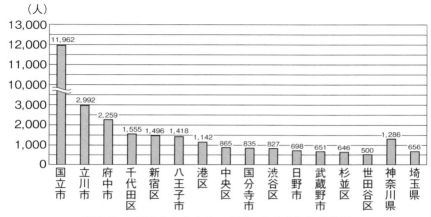

図表 8.7　国立市から市内・市外への昼夜間移動状況
（通勤者（15 歳以上）・通学者：国立市より移動）（出典：東京都の統計（2010 年））

の利便性を活かし，神奈川県の川崎市や横浜市方面に移動しているものと思われる。

次に国分寺市では，市内への通勤・通学が国立市と同様に最も多く，総数 6 万 1,044 人に対し 26.8%の 1 万 6,377 人であり，市外への移動としては，千代田区の 5.6%，3,454 人，新宿区の 5.3%，3,258 人，立川市の 4.9%，3,013 人，府中市の 4.4%，2,715 人と続く（**図表 8.8**）。また，西国分寺駅は埼玉県方面へと向かう武蔵野線の駅でもあり，同じく埼玉方面へと延びる府中街道が隣接していることから，東京都以外では埼玉県への移動者が 1,622 人と 2.6%を占めている。この 2 つの市にみられるように，都心へ通勤・通学する人は，一般に思われているほど多くない。ある特定な場所に住む理由が職もしくは教育と関係した日常的な利便性が強いことが推察される。

このことは，第 6 章でも指摘したが，外部属性としての都心までの距離の属性ウェイトはあまり大きくないことを意味しよう。言い換えれば，需要と供給の関係は，それぞれの地域の職場と学校などに関係してかなり地域性が高いということである。中央線の通勤・通学者のラッシュアワーの混雑は，下り側駅から上り側の駅に向かって，各駅での累積効果であることもわかる。

市内での移動については後述するが，他の地域でも特に移動者が多い近接地

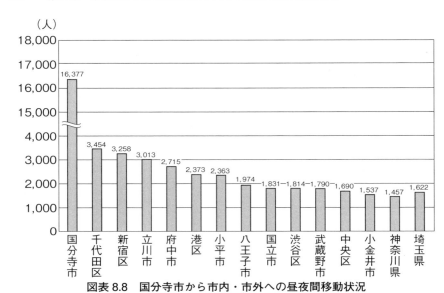

図表 8.8　国分寺市から市内・市外への昼夜間移動状況
(通勤者 (15 歳以上)・通学者：国分寺市より移動)(出典：東京都の統計 (2010 年))

域の発展状況は，隣接地域の1つとして機能し，分析地域の趨勢に影響を与える。たとえば，立川市には1977年に米軍より全面返還された立川基地があるが，敷地には未利用地が多く残されている。返還された土地の一部は，都内最大規模の国営昭和記念公園になり，他の一部には立川広域防災基地が設置され，首都圏の大災害時に備え，内閣府，国土交通省，警視庁，東京消防庁，海上保安庁，陸上自衛隊，日本赤十字社等の施設が集積されている。残りの跡地の一部には立川市役所などの行政機関やオフィス，商業施設が建てられている。一方，未利用地も多く，発展の余地が残されている。2015年12月には，同敷地の一部に「三井ショッピングパーク　ららぽーと立川立飛」が開業した。店舗面積は約6万m²で，店舗数は約240店と地域でも最大規模の商業施設であることから，買い物客だけではなく雇用も創出され，国立駅周辺エリアの趨勢にも影響を与えるであろう。このような近接地域の発展性は分析地域の成長循環サイクルにも影響を及ぼすため，同地域の大規模開発事業や土地区画整理事業等にも関心を向ける必要がある。

　さて，需要調査について，分析地域における中心地の趨勢を見てみよう。図

2 分析地域の特定と市場・地域分析　287

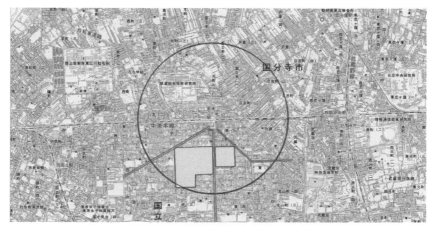

図表 8.9　分析地域の中心地マップ
（国立駅を中心とする半径 1,000m 圏内を表示）（出典：国土地理院の電子地図を基に編集）

表8.9 は対象地域マップ，**図表 8.10**，**図表 8.11** および**図表 8.12** は，国立駅を中心とする半径 1,000m 圏内の中心地の動向を示している。

　初めに，国立駅を中心とする半径 1,000m 圏内の動向を見てみよう。このプロセスを行うことで，賃貸事業の計画地が圏内にある場合は，地域の実態を一層明確に把握することが可能となる。**図表 8.11** は，2005 年および 2010 年の国勢調査データをもとに半径 1,000m 圏内を推計した結果である。各データの推移に着目すると，2005 年に対して 2010 年の増減率は，人口 102.2％，世帯数 107.7.％，配偶者あり人口 100.8％，配偶者なし人口 102.4％，単身世帯数 114.4％，民営借家世帯数 108.8％，持ち家世帯数 106.7％，ファミリー世帯数 102.3％と，いずれもプラスとなっている。**図表 8.5** の一世帯あたりの人数の推移でも見られたように，単身世帯数はプラス 14.4 ポイントと高い伸び率を示している。供給戸数では，民営借家世帯数の数値がプラス 8.8 ポイントの伸び率を示している。

　半径 1,000m 圏内と国立市および東京都の世帯構成の比較を**図表 8.11** に示す。いずれの地域でも夫婦タイプと家族タイプを含むファミリー世帯数の割合が 50％を超えているが，単身者世帯も 40％を超えており，高い比率を占めている。地域別にみると，半径 1,000m 圏内の単身者比率が最も高く約 47％，次いで東

第 8 章 東京都国立市国立駅周辺エリアにおける賃料価格分析

半径 1,000 m 圏内	2005 年	2010 年
人口（人）	33,809	34,544
人口増減伸び率（%）		102.2
世帯数	15,900	17,118
世帯数増減伸び率（%）		107.7
配偶者あり人口（人）	15,880	16,018
配偶者なし人口（人）	12,645	12,953
単身世帯数	7,026	8,038
民営借家世帯数	6,496	7,066
持ち家世帯数	7,791	8,314
ファミリー世帯数	8,874	9,080

図表 8.10 国立駅を中心とする半径 1,000m 圏内の国勢調査データ推計結果

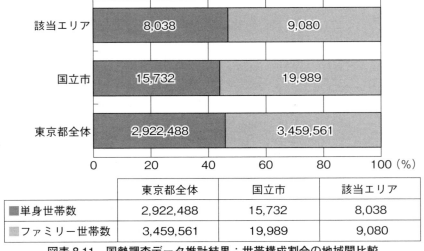

図表 8.11 国勢調査データ推計結果：世帯構成割合の地域間比較

京都全体の約 46%，国立市の約 44%の順となる。国立市全体ではベッドタウンとしての特性もあるためファミリー世帯数の割合が相対的に高いが，駅に近い半径 1,000m 圏内では単身者世帯の比率が高いことがわかる。

また，**図表 8.12** のようにファミリー世帯の構成を細分化してみると，2 人世

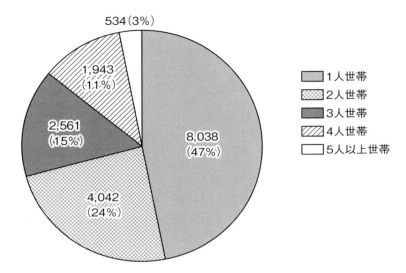

図表 8.12　国勢調査データ推計結果──半径 1,000m 圏内の世帯構成

帯が 24%，3 人世帯が 15%，4 人世帯が 11%，5 人世帯が 3%の順となる。一概に他の地域を含む一般化はできないが，同地域では世帯人数が少ないほど駅に近い物件を選好している様子が見て取れる。

　ここまでは主にマクロデータをもとに需要動向を調査してきた。一方の供給動向を把握するデータは一般的に入手が難しい。国立駅周辺エリアの供給側データも例外ではなく，新設着工件数や賃料相場の推移等の情報は入手できない状況である。このような場合，アットホーム等の不動産検索サイトの募集情報を確認することが有用であろう。需要側データの分析で把握した需要者像に基づきオファー価格や辞書式選好により各属性を含む物件の供給動向を把握することが可能である。また，現地の実査も重要である。ただし，その際には第 1 章でも述べた通り，時間の許す限り事前にインターネットによる情報，マクロデータや地域に関する情報を入手しておくことが肝要である。また，日頃より分析地域以外の地域にも関心を示し，相対的な評価となる基準を設けておくことも重要であろう。それらの日常的な活動が暗黙知となり，優れた実証分析をする上での重要な基礎となるのである。

3 東京都国立市国立駅周辺エリアの賃料価格分析

本節では，国立駅周辺エリアの賃料価格をヘドニック・アプローチによりモデル化する。

利用データ

アットホーム株式会社の『at home Business Base（2013 年 6 月 12 日時点)』に登録されている成約事例を利用する。サンプルは，駅から徒歩 20 分以内のマンションに限定し，成約期間を 2012 年 6 月 13 日から 2013 年 6 月 12 日までの約 1 年間としている。その他の量的データである専有面積（㎡）および築年数や経過年数の範囲を限定しない。被説明変数としての賃料は，毎月の「賃料＋管理費」とする。

上記の条件で抽出した 156 件のデータより，築年数が不明な 2 件を除いた事例を分析データとしている。その後，需要者の同質化とそのニーズに対応した属性の同質化を求め，世帯構成別（単身，夫婦，家族）および対応する説明変数に分類して分析を行っている。成約価格の抽出期間を 1 年間とした理由は，賃貸住宅に典型的な季節要因が成約賃料と属性の価値に影響する可能性が高いからである。

図表 8.13 は，実際に利用する物件のデータが位置する情報を地図の中にプロットした図である。**図表 8.9** の半径 1,000m よりも広範囲となるが，地域の大半は前述の分析により動向を把握している。

需要者のタイプと属性

第 7 章の鶴見駅周辺エリアの分析と同様，非同質的な住宅の商品性の同質化を図り，モデルの中での属性と価格の関係を安定化させるため，間取りの構造区分を基礎に，需要者（賃借人，消費者）のタイプを単身タイプ，夫婦タイプ，家族タイプに分けて分析する。

- 単身（1 人）タイプ：1R，1K，1DK，1SDK
- 夫婦（2 人）タイプ：1LDK，1SLDK，2K，2DK，2SDK
- 家族（3 人以上）タイプ：2LDK，3K，3DK，3LDK，3SLDK，4LDK

3 東京都国立市国立駅周辺エリアの賃料価格分析　291

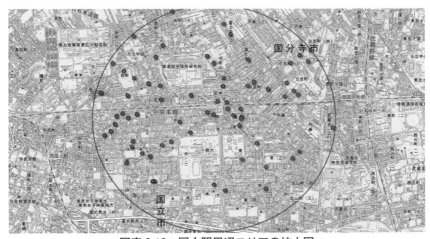

図表 8.13　国立駅周辺エリアの拡大図
(出典：国土地理院の電子地図にサンプルデータを追記して表示)

単身タイプ (69 物件)	1R クラス	1R	24.6%
	1K クラス	1K	71.0%
	1DK クラス	1DK, 1SDK	4.4%
夫婦タイプ (39 物件)	1LDK クラス	1LDK	48.7%
	2K クラス	2K	10.3%
	2DK クラス	2DK	41.0%
家族タイプ (46 物件)	2LDK クラス	2LDK, 2SLDK	39.1%
	3DK クラス	3DK	15.2%
	3LDK クラス	3LDK, 3SLDK	45.7%

図表 8.14　各タイプの間取りによる分類と，データの中での割合
(たとえば，単身用で一番多いのは 1K タイプで 71%。(　) 内の数字は標本数)

　標本 154 物件のうち，単身タイプが 69 物件，夫婦タイプが 39 物件，家族タイプが 46 物件である。単身タイプでは 1K クラスが 70% 以上，夫婦タイプでは 1LDK クラスと 2DK クラスが各 40% を超える。家族タイプでは 2LDK クラスが 40% 弱，3LDK クラスが 45% 強と，リビングを含む間取りが約 85% を占めている。

292　第8章　東京都国立市国立駅周辺エリアにおける賃料価格分析

(1)　単身用物件のヘドニック・モデル

以下では，単身用物件の定量的属性変数，物件の内部属性に関するダミー変数およびヘドニック・モデルについて述べる。被説明変数である月額賃料（含む管理費）（円）に対し，51項目の属性説明変数を考察の対象とする。

定量的属性変数

定量的属性変数の基本統計量が**図表8.15**である。坪数の値が標準偏差の3倍を超えている標本が1物件あるが，推定モデルの変更を必要とする結果は見られず，特異な属性値が特異な価格に対応していることで，モデル推定に大きな影響を与えていないと判断されたため除外していない。

	変数名		最　小	最　大	平　均	SD
	P	月額賃料（円）	35,000	105,000	63,040	18,987
	W	徒歩分	3.0	18.0	10.4	4.3
内部構造属性	T	築年数	2.0	36.0	16.4	10.4
	TU	床坪数	4.5	17.2	7.4	2.1
	ST	階建て	2.0	7.0	3.4	1.4
	FR	階数	1.0	7.0	2.3	1.3
	F/S	階数 / 階建て	0.2	1.0	0.7	0.3

図表8.15　単身タイプの物件の定量的属性の基本統計量
（標本数69。SD は標準偏差を示す。床面積の17.2は，第4章の議論からいうと異常値と判断される）

床面積属性とビンテージと競争力

最大値が異常値を示す床面積属性を考察する。**図表8.16**は，単身タイプの物件のビンテージ構造を示す築年数の分布である。築10年以下の物件が成約件数全体に対し40%以上を占めているが，築25年超30年以下の物件（バブル期建築物件）も成約件数が15件あり，全体の約22%を占めている。

築年数が経過するに従い物件の間取りや設備は陳腐化していくため，築年数が浅い競合物件に対して競争優位を維持するには，リノベーションを行い，競合よりも優れた価値を提供することや，賃料を低く設定して競争力を確保する

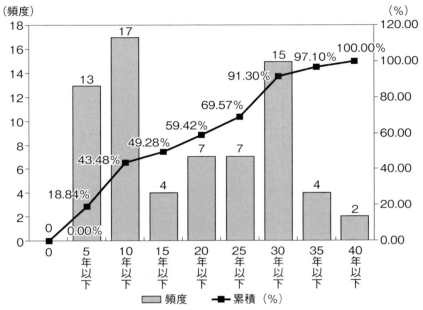

図表 8.16　単身タイプマンションの経過年数の分布

必要がある。上の 15 件の事例を個別に見てみると，15 件全てにエアコンは設置されているものの，リノベーションによる複合的な設備の設置は見られず，低価格設定をしていると考えられる。

　一般的に，床坪数と価格は正の相関が強いので，その 2 つを座標にとり，すべての物件を散布図で可視化したものが**図表 8.17** である。築 25 年超 30 年以下の物件を四角で表示している。これによると，5 坪以上 6 坪未満の物件は他の年代の物件と同様の価格で成約しているが，6 坪以上 8 坪未満の物件ではその他の年代の物件よりも価格が低い状況にあり，低賃料により競争力を確保している。この事象は，20㎡を下回る 6 坪未満の間取りの物件には，築年数の浅いものは少なく，築年数が経過しているバブル期前後の物件が 6 坪未満に多いことを示している。一方，築 10 年くらいまでの比較的近年の物件は，水回りや居室・収納を広く確保する傾向にあることから 6 坪以上の物件が主流である。そのため築 25 年を超える 6 坪以上の物件では，間取りや設備面での劣位

294 第 8 章 東京都国立市国立駅周辺エリアにおける賃料価格分析

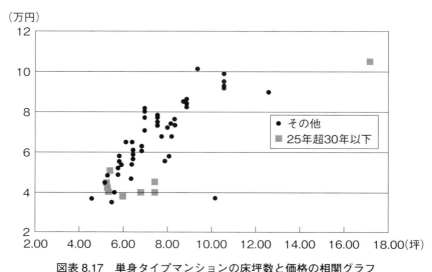

図表 8.17　単身タイプマンションの床坪数と価格の相関グラフ
（右上にある物件は，築年数と床面積の視点から見て異常値として扱うのが良いであろう）

を賃料の低廉化によって解消している様子が窺える。

　バブル期前後の物件は，浴室に洗面とトイレを含むユニットバスが多く，水回り設備が一体となっている分，専有面積が小さい設計となる。また，居室や収納も近年のものと比べて小さく，洗濯機置場も室外に設置したり，小さな冷蔵庫をミニキッチンの下に収めたりすることで省スペース化を図る物件が主流であった。一戸あたりの専有面積を小さくすれば，建物全体の戸数増加を図ることが可能となり，結果的に1棟全体の賃料収入は増加する。また，水回りが一体となっているユニットバスは工事の時間的，金銭的コストも低く抑えることができるため，賃貸住宅事業において重要な指標の還元利回りが良くなるのである。

　当時は，バブル期の経済情勢と流行が相まって，オーナー（貸主，供給者）の収益性を重視した物件が多数建設されたが，近年では需給環境も大きく変わり，借主の利便性を第一に考慮しなければ事業の安定は見込めない。水回りの問題を例に挙げれば，特に女性が入居する場合は，浴室にある洗面台ではスペースが小さく，収納もないため不便であろう。また，温水洗浄便座も浴室内の

設置には対応していない機種がほとんどである。近年の単身用物件は，それらの居住性の向上と設備の技術革新により，専有面積が広くとられているのである。

物件の内部属性に関するダミー変数

　図表 8.18 は，単身タイプの内部属性ダミー変数の表である。パーセントは標本 69 物件の中で当該属性を保有する割合である。

　内部構造属性では，駐輪場が 42%と最も高く，角部屋，駐車場あり，エレベータ，バイク置場と続く。分析地域は，武蔵野段丘上の平地（平面）にある。エレベータは 18.8%の設置率で，鶴見駅周辺エリアの 33.3%と比較すると低い数値であるが，階建ても鶴見の平均 6.7 階に比べ 3.4 階と低く，一般的なエレベータの設置階数が 4 階建て以上であることからも妥当な設置率といえよう。

	変 数 名	％		変 数 名	％
内部構造属性	駐輪場	42.0	内部設備属性	ガスコンロ可	34.8
	角部屋	33.3		洗髪洗面化粧台	30.4
	駐車場あり	21.7		IHクッキングヒーター	27.5
	エレベータ	18.8		光ファイバー	21.7
	バイク置場	13.0		宅配BOX	14.5
内部設備属性	エアコン	95.7		温水洗浄便座	13.0
	収納スペース	89.9		追い焚き機能	11.6
	室内洗濯機置場	89.9		浴室乾燥機	11.6
	都市ガス	79.7		冷蔵庫	8.7
	バス・トイレ別	66.7		リフォーム済み	5.8
	フローリング	58.0		オール電化	4.3
	BS/CS/CATV	56.5		24Hセキュリティ	2.9
	システムキッチン	49.3	契約属性	事務所使用可	8.7
	オートロック	44.9		楽器相談	4.3
	モニターホン	36.2		二人入居可	4.3
	洗面所独立	34.8		ペット相談	2.9

図表 8.18　単身タイプの属性ダミー変数群と各タイプごとの平均比率（設置率）
（たとえば単身タイプでは，エアコンは平均 95.7%が設置）

296　第8章　東京都国立市国立駅周辺エリアにおける賃料価格分析

内部設備属性では，エアコン 95.7%が最も高い設置率であり，もはや必須の設備であることが窺える。このエリアの単身用のマンションの特徴として，システムキッチン，洗髪洗面化粧台，追い焚き機能，浴室乾燥機等については，築年数の浅い物件でも設置されていない物件が多い。築年数が浅い物件の中でも競合し，高付加価値の設備が設置されている物件が選好されている様子が窺える。

単身用賃料モデルの推定

前述の定量的変数とダミー変数をもとに，重共線性の問題を避けながら変数増減法によりヘドニック・モデルを推定した。説明変数の数が9で，補正決定係数が 0.95 の相対的に高い推定結果が得られている。SE はモデルの標準誤差で，成約価格が理論価格 ± 2.5SE の外にあるものは異常値として扱って，それを分析から外すと，より安定的な結果が得られよう。

単身者	補正 R2	SE	属性数	自由度
モデル	0.950	4,235	9	60

図表 8.19　単身タイプのモデルパフォーマンス

モデルの推定結果を**図表 8.20** に掲載する。表の中の係数は回帰係数，SE は各推定値の標準誤差である。以下，属性ごとに結果を見ていく。

1)　最寄り駅からの徒歩分数の説明変数の係数は -617 円で，距離が1分増えるごとに賃料は 617 円下がる。$|t|$ 値も $|-3.4|$ と高い結果となっている。

2)　階数は物件の所在階を示す属性で，1階上昇するごとに賃料は 1,948 円上昇する。国立駅周辺の階数の価値は，他と比べて高い値となっている。

3)　築年数属性の価値は，マクロ環境の変化や建物のリノベーションによる資産価値の向上等の変動要因がなければ，賃料は築年数の上昇とともに下落していく。推定結果は，築年数1年ごとに 883 円下落し，$|t|$ 値は $|-9.9|$ で最大となっている。

4)　坪数は，賃料と最も相関の高い属性である。賃料は1坪専有面積が増加するごとに 3,259 円増加する。t 値も 7.9 と賃料に対し高い影響を示す。

5) 楽器相談は属性ダミーで，楽器が演奏可能な物件であれば賃料が7,018円高くなる。第3章で議論した国立音楽大学関連の学生などの選択対象の地域であろうし，また文教地区であり，学生の一人暮らし需要と何らかの関係があるのかもしれない。

6) 以下に続く，追い焚き機能，バス・トイレ別，洗面所独立は，前述の通り築年数が10年以内の物件に多く見られる設備である。なかでも，追い焚き機能は設置すれば建築費用が上昇し収益還元利回りが悪化することから，単身用物件には少なく，事業主は入居者のニーズや居住性を重視し差別化を図ったものと推測される。追い焚き機能がある物件では賃料も7,881円（t値は3.2）上昇する。バス・トイレ別や洗面所独立の属性も，その機能があることで賃料が増加する。

7) 徒歩分×南ダミーは，国立駅南側に位置している物件の1分ごとの賃料の価値の追加的減少額620円を示す（非線形ダミー，t値 –5.5）。具体的には，国立駅南側の徒歩3分の距離にある物件の賃料は，$(-617) \times 3 + (-620) \times 3 = -3{,}711$円となるのに対して，北口にある物件では，$(-617) \times 3 = -1{,}851$円だけとなり，徒歩属性の南口の価値は約2倍である。この理由

モ デ ル 属 性	係　数	SE	t 値
定数項	55,254	3,354	16.5
最寄り駅徒歩分	–617	182	–3.4
階数	1,948	470	4.1
築年数	–883	89	–9.9
坪数	3,259	413	7.9
楽器相談	7,018	2,953	2.4
追い焚き機能	7,881	2,428	3.2
バス・トイレ別	3,246	1,860	1.7
洗面所独立	2,982	1,516	2.0
徒歩分×南	–620	113	–5.5

図表 8.20　単身タイプのヘドニックモデルにおける係数と推定値の標準誤差SE および t 値

298　第8章　東京都国立市国立駅周辺エリアにおける賃料価格分析

としては，国立駅周辺エリアの特徴に，JR中央線による南北地域間の分断要素の強さと，南側の学園都市地域の整然とした街並みが挙げられる。分断要素の強さは，特に自動車による移動では南北間の移動は数ヵ所の道路に限られていることであろう。また，北口東の方向（国分寺方向）は急な上り坂になっているので，徒歩で通勤・通学する場合，負担になる。南側の学園都市地域は，大学通りに象徴されるような緑豊かで閑静な街並みが広がる。国立駅の北側も閑静な住宅街であるが，おそらく学園都市地域の碁盤目状の街区が南北間の違いを印象付けているのであろう。賃料価格分析における属性ダミーに徒歩分×南ダミーを追加した結果，補正決定係数の上昇に大きく貢献している。

(2)　夫婦用賃貸住宅の賃料分析

次に，夫婦（2人）タイプ（1LDK，2K，2DK）の賃料分析を行う。標本数は39件である。分析には単身タイプと同じ6種類の量的変数と，以下の34ダミーを合わせた40属性の説明変数を用いる。夫婦タイプとしては，**図表8.14**から再掲した**図表8.21**のように1LDKタイプと2DKタイプが多い。

夫婦タイプ (39 物件)	1LDK クラス	1LDK (19 物件)	48.7%
	2K クラス	2K (4 物件)	10.3%
	2DK クラス	2DK (16 物件)	41.0%

図表8.21　夫婦（2人）のタイプ

初めに**図表8.22**にある6種類の量的変数の基本統計量を見てみよう。単身用と比較すると，平均賃料の水準が上がり約9万1,500円となる。また，徒歩分の平均値も10.4分から11.5分へと1分ほど最寄り駅から離れる結果となっている。一般的に単身者は夫婦世帯や家族世帯と比べ通勤や通学の利便性を重視する傾向にあることを示していよう。築年数の平均は，単身用の16.4年に対し夫婦用は21.0年と古くなる。坪数の平均値では，単身用の7.4坪から夫婦用の12.5坪へと5坪以上広くなる。これは前章でみた，鶴見駅周辺エリアの夫婦用の平均値12.3坪とほぼ同じ面積である。単身用も鶴見駅周辺エリアの

3　東京都国立市国立駅周辺エリアの賃料価格分析　　**299**

	変数名		最小	最大	平均	SD
	P	月額賃料(円)	37,000	136,000	91,441	21,486
外	*W*	徒歩分	3.0	20.0	11.5	3.9
内部構造属性	*T*	築年数	2.0	41.0	21.0	12.7
	TU	床坪数	8.5	15.9	12.5	1.6
	ST	階建て	2.0	5.0	3.3	0.7
	FR	階数	1.0	4.0	2.4	0.8
	F/S	階数 / 階建て	0.3	1.0	0.7	0.2

図表 8.22　夫婦タイプの定量的基本統計量
（SD は標準偏差）

6.9 坪に対し国立は 7.4 坪と広く，後述の家族用の床坪数も鶴見と比べ 2 坪以上広いことから，国立駅周辺エリアでは専有面積の広い物件が選好されている様子が窺える。

　その他の階建て，階数および階数 / 階建ての平均値は，単身用と大きな変化はない結果である。

　次に，**図表 8.23** の内部属性を中心としたダミー変数群を見てみよう。内部構造属性では，駐輪場，駐車場やバイク置場の設置率が単身用と比較して大幅に上昇している。居住地が最寄り駅からの距離が離れる傾向にあることや，買い物等の利便性などから，その設置率が高くなっていよう。

　内部設備属性のエアコン，バス・トイレ別，室内洗濯機置場，都市ガスおよび収納スペースは，フローリング以下の設置率と比較しても 80%以上と設置率が高く，これらは必須の設備であり，それがないと価格が下がることを意味している。

　契約属性では，二人入居可を除くと，ペット相談が 12.8%と高い。夫婦用では子供はさしあたっていない，共働きで子供を意識的につくらない（DINKs（Double Income No Kids））などの家族では，生活の中の豊かさを求めて，ペットを飼育する余裕もあることから，これらの物件の成約率が高いのかもしれない。

300 第 8 章 東京都国立市国立駅周辺エリアにおける賃料価格分析

	変 数 名	%		変 数 名	%
内部構造属性	駐輪場	69.2	内部設備属性	温水洗浄便座	43.6
	駐車場あり	61.5		モニターホン	43.6
	バイク置場	43.6		洗面所独立	38.5
	角部屋	38.5		オートロック	38.5
	最上階	35.9		追い焚き機能	35.9
	エレベータ	33.3		洗髪洗面化粧台	25.6
	1 階	12.8		宅配 BOX	20.5
内部設備属性	エアコン	97.4		バリアフリー	12.8
	バス・トイレ別	87.2		24H セキュリティ	10.3
	室内洗濯機置場	87.2		ウォークイン CL	7.7
	都市ガス	84.6		床暖房	5.1
	収納スペース	82.1		防犯	5.1
	フローリング	59.0		モニタ・24・宅配	5.1
	ガスコンロ可	51.3	契約属性	二人入居可	43.6
	BS/CS/CATV	51.3		ペット相談	12.8
	システムキッチン	48.7		事務所使用可	5.1
	光ファイバー	48.7		高齢者相談	5.1

図表 8.23　夫婦タイプのダミー変数と各属性の設置率

夫婦タイプにおける賃料導出モデルの推計

　前述の考察している属性をもとに，変数増減法等の方法によりヘドニック価格モデルを定式化したものが**図表 8.24** である。モデル[1]の補正決定係数 0.881 に比べ，モデル[2]は 0.960 と高く，標準誤差もモデル[1]の 7,424 円がモデル[2]では 3,979 円に抑えられている。この違いは，後に見るように，モデル[1]の中にある 3 つの異常値によるもので，それを除いてオートロックダミーを追加したものがモデル[2]である。このように，異常値の存在はモデル全体に対して大きな影響を与える。

3 東京都国立市国立駅周辺エリアの賃料価格分析　　301

夫　　婦	標本数	補正 R2	SE	属性数	自由度
モデル[1]	39	0.881	7,424	6	33
モデル[2]	36	0.960	3,979	7	29

図表 8.24　夫婦タイプのモデルパフォーマンス

　モデル[1]の推定結果は**図表 8.25**の通りである。回帰係数の符号は経済学的な常識と整合的である。徒歩分，築年数は，一般的に数値が増加するごとに価格が減少するため符号がマイナスであり，その他の坪数，追い焚き機能，温水洗浄便座およびエアコンといった属性は，専有面積の増加や設備の設置により価値が上昇するためプラスの符号である。また，各属性の t 値の絶対値は，いずれも高く有意水準の 2 を超えている。

　次に，属性ごとに結果を見ていくと，床坪数の t 値が最も高く 7.6 で，回帰係数は 6,902 円である。追い焚き機能や温水洗浄便座といった設備の回帰係数も高く，追い焚き機能は設置されていれば 8,195 円増加し，同じく温水洗浄便座は設置されていれば成約賃料が 6,648 円増加する。エアコンの回帰係数は 1 万 9,124 円となっているが，前述の設備の設置率が 97.4% と最も高く必須の設備であることから，設置されていない物件の賃料が 1 万 9,124 円減額すると解釈するほうが妥当であろう。

属　　性	係　　数	SE	t 値
定数項	4,555	14,889	0.3
徒歩分	-1,180	335	-3.5
築年数	-487	130	-3.7
床坪数	6,902	907	7.6
追い焚き機能	8,195	3,121	2.6
温水洗浄便座	6,648	2,748	2.4
エアコン	19,124	8,018	2.4

図表 8.25　夫婦タイプのヘドニックモデル[1]

　なお，モデル[1]の推定結果における成約賃料価格とモデル（理論）価格との残差および標準残差を調べたところ，**図表 8.26**のように，モデルの標準誤

302　第8章　東京都国立市国立駅周辺エリアにおける賃料価格分析

標本番号	理論価格	乖　離	標準誤差
17	117,593	-14,593	-2.1
23	112,918	23,082	3.4
28	112,742	17,258	2.5

図表 8.26　理論（モデル）価格との乖離が大きく見られた 3 件の標本

属　　性	係　　数	SE	t 値
定数項	12,510	8,703	1.4
徒歩分	-1,034	249	-4.2
経過年	-369	96	-3.9
坪数	5,454	651	8.4
温水洗浄便座	4,334	1,573	2.8
追い焚き機能	5,726	2,228	2.6
エアコン	22,648	4,411	5.1
オートロック	9,319	2,829	3.3

図表 8.27　夫婦タイプのヘドニックモデル [2]

差（残差の標準偏差）が 2 倍を超える標本が 3 件（第 17，23，28 番目）あった。たとえば標本 17 では，成約賃料のモデル価格が 11 万 7,593 円であったのに対し，実際の取引価格は 10 万 3,000 円で，その乖離（-1 万 4,593 円）は大きい。同様に，標本番号 23 および 28 でも，その乖離は非常に大きい。これら 3 つは，それぞれ物件ごとに理由がありそうだが，第 4 章の議論から見ると，異常値となる。

　モデルの推定精度を向上させるため，3 件の異常値と考えられる標本を除外して再分析を行い，オートロックダミーを追加した結果が，**図表 8.27** のモデル [2] の推定結果である。補正決定係数は 0.881 が 0.960 と大幅に改善し，モデルの標準誤差も 7,424 円が 3,979 円と小さくなっている。このモデルが有効なモデルであろう。

(3)　家族タイプのヘドニック価格モデル

　家族タイプのヘドニックモデルを定式化する。住宅市場の分断化に対応する近似的な市場と属性の同質化・共通化としては，**図表 8.28** の分類を用いる。

3　東京都国立市国立駅周辺エリアの賃料価格分析　303

図表の結果を見ると，リビングのある間取りの割合が高いことがわかる。

家族タイプ （46 物件）	2LDK クラス	2LDK, 2SLDK	39.1%
	3DK クラス	3DK	15.2%
	3LDK クラス	3LDK, 3SLDK	45.7%

図表 8.28　家族タイプの間取りクラス

　家族タイプの定量的属性の基本統計量を図表 8.29 に示す。

　初めに月額賃料をみると，夫婦タイプの平均が 9 万 1,441 円であるのに対し，家族タイプの平均は 13 万 5,109 円と 4 万 3,668 円ほど高い結果である。次に月額賃料に対応する各定量的属性をみると，徒歩分と築年数の数値にはあまり大きな差異は見られないが，床坪数は夫婦タイプの平均 12.5 坪に対し，家族タイプの平均は 19.5 坪と 7 坪もの差が見られた。標準偏差は，夫婦タイプが 1.6 坪に対し家族タイプは 5.2 坪と大きいことから，面積の広い物件の影響を強く受けている可能性がある。最大値に着目すると，標準偏差の 3 倍にあたる 35.1 坪の物件があり，月額賃料の平均もこの物件の影響を大きく受けているのかもしれない。標本を個別に検証し，明らかに市場と乖離した物件であれば除外する必要があろう。階建て属性では最大値が夫婦タイプと大きく異なり，夫婦タイプの 5.0 階建てに対し家族タイプは 14.0 階建てである。また，階数属性も同様の傾向を示し，最大値が夫婦タイプの 4.0 階に対し家族タイプは 12.0 階である。坪数と同じく標準偏差の 3 倍を超えており，一部の高層マンションの影響

	変 数 名		最 小	最 大	平 均	SD
	P	月額賃料（円）	83,000	245,000	135,109	42,229
外	W	徒歩分	1.0	20.0	10.6	5.5
内部構造属性	T	築年数	2.0	44.0	20.3	9.1
	TU	床坪数	6.2	35.1	19.5	5.2
	ST	階建て	2.0	14.0	5.2	3.4
	FR	階数	1.0	12.0	3.1	2.8
	F/S	階数 / 階建て	0.1	1.0	0.6	0.3

図表 8.29　家族タイプの定量的基本統計量

304　第8章　東京都国立市国立駅周辺エリアにおける賃料価格分析

を受けている可能性がある。

　続いて，家族タイプにおける内部属性ダミーの特徴を見てみよう。**図表 8.30**
の 38 項目が分析における選択対象となる。夫婦タイプと比較し，設置率の割
合が全体的に高くなっている。

　内部構造属性の特徴的な設備として，角部屋，1 階，制震構造，免震構造ダ
ミーが挙げられる。角部屋は夫婦タイプでは 38.5%であったが，家族タイプで
は 45.7%であり，家族タイプには陽当たり・風通りの良さや防音性が求められ
ていることを示唆している。また，1 階ダミーは，夫婦タイプの 12.8%から家
族タイプは 26.1%と 2 倍以上も高い結果となっている。これは，特に幼児を持
つ世帯では，子供が遊んだ際の振動が下層階に伝わり迷惑を及ぼす可能性があ

	変 数 名	%		変 数 名	%
内部構造属性	駐車場あり	58.7	内部設備属性	温水洗浄便座	50.0
	エレベータ	58.7		ガスコンロ可	47.8
	駐輪場	52.2		都市ガス	47.8
	角部屋	45.7		モニターホン	47.8
	1 階	26.1		オートロック	45.7
	最上階	26.1		洗髪洗面化粧台	32.6
	バイク置場	8.7		宅配 BOX	23.9
	制震構造	4.3		床暖房	21.7
	免震構造	2.2		リフォーム済み	13.0
内部設備属性	バス・トイレ別	97.8		トランクルーム	13.0
	室内洗濯機置場	95.7		ウォークイン CL	10.9
	収納スペース	84.8		24H セキュリティ	6.5
	フローリング	84.8		防犯	6.5
	エアコン	84.8		バリアフリー	4.3
	BS/CS/CATV	71.7		モニタ・24・宅配	4.3
	洗面所独立	69.6		IHクッキングヒーター	2.2
	システムキッチン	69.6	契約属性	二人入居可	39.1
	追い焚き機能	60.9		ペット相談	26.1
	光ファイバー	52.2		楽器相談	10.9

図表 8.30　家族タイプの属性ダミー変数

ることから，あえて1階を選好しているとも考えられるが，分析期間に対して空室数と価格の関係も考えられる。防犯上の観点からすると，1階は不法侵入がたやすいことから全般に避けられる傾向にある。制震構造および免震構造は，賃貸住宅用として建設されたマンションにはあまり採用されていないことから，分譲マンションの1室が賃貸に出されている可能性がある。設置率を見ると，制震構造4.3%，免震構造2.2%と低い設置率であることからも，転勤等により一部の分譲マンション所有者が部屋を賃貸しているのかもしれない。

　次に内部設備では，フローリング，BS/CS/CATV，システムキッチン，追い焚き機能，床暖房等が特徴的な設備として挙げられる。フローリングは夫婦タイプでは59.0%であったが，家族タイプでは84.8%と高い設置率となっている。これは，前述のように，家族タイプの間取りにはリビングが多いことが関係していよう。約15年以上前にはリビングの床材にカーペットを使用している物件が数多く存在したが，入居者が退去した後の新しい入居者からは衛生上の問題で敬遠される等の課題があり，その後は，フローリングや代替品として設置コストの低いクッションフロアーが床材の主流となっていった。クッションフロアーはフローリングに似てはいるものの，フローリングの廉価版の位置付けの商品であり，その質感はやはりフローリングよりも劣ることから，国立駅周辺エリアの家族タイプでは質感の高いフローリングの床材が選好されているのであろう。BS/CS/CATVの設置率が71.7%と高く，また床暖房の設置率が21.7%と相対的に高いことも，同エリアにおける家族タイプのリビングの快適性を反映しているようである。システムキッチンや追い焚き機能の設置率も60%以上と高く，入居者は水回りの快適性や水光熱費を考慮して物件を選好していよう。

　契約属性では，ペット相談が26.1%，楽器相談が10.9%であった。契約属性は，競合と比較して劣位にある物件が早期成約の手段として追加的に設定する場合もあるが，標本を個別にみると，そのケースではなく，家族タイプとしての利便性を追求した計画的な設置のようである。

家族タイプにおけるヘドニック賃料価格モデル

　家族タイプのヘドニック・モデルを図表8.31に2通り示す。両モデルに選

306 第8章 東京都国立市国立駅周辺エリアにおける賃料価格分析

択された属性変数の数は，モデル[1]が6，モデル[2]が9である。補正決定係数はモデル[2]が高いが，モデル構造はできるだけ少ない属性変数で高い補正決定係数を示すモデルが望ましいためモデル[1]も採択している。

家族用	標本数	補正 R2	SE	属性数	自由度
モデル[1]	46	0.933	11,068	6	39
モデル[2]	46	0.960	9,457	9	36

図表 8.31　家族タイプのモデルのパフォーマンス
(SE はモデルの標準誤差)

図表 8.32 のモデル[1]は，徒歩分，築年数，坪数，階建て，免震構造，1階の定量的属性と内部構造属性により構成された導出モデルである。t 値では，免震構造は $\sqrt{2}$ を上回る数値であるが，その他の属性はいずれも2を超えている。坪数の t 値が最も高く12.7であり，それ以下は階建ての7.9，築年数の|-5.8|，1階の|-2.4|，徒歩の|-2.3|，免震構造の|1.6|と続く。符号を見ると，徒歩分と築年数がマイナスで，他タイプと同様に整合的である。また，1階の符号もマイナスを示しているが，これは他の階数における成約との相対的な結果である。新築の賃料を査定する際は当該マンションの全住戸を個別に査定するが，一般に1階は前述の防犯上等の問題から募集賃料を低く設定するため，モデルの符号は不動産実務上の観点からも整合的な結果と言えよう。

回帰係数をみると，免震構造が最も高く19,742円である。同じ構造を持つ分譲マンションを選好した場合は，モデルにはないが，賃料を向上させる様々な付加価値，たとえばエントランスが広くロビーがある等により，成約賃料も通常の賃貸マンションと比較すると高くなるであろう。それ以下は，1階の-9,616円，坪数の5,193円，階建ての4,540円，築年数の-1,162円，徒歩分の-760円と続く。

モデル[2]は，徒歩分，築年数，坪数，階建て，免震構造，最上階，角部屋，洗髪洗面化粧台，楽器相談の各属性により構成されている。モデル[1]と同じように定量的属性と内部構造属性が中心の導出モデルであり，内部設備属性は洗髪洗面化粧台，契約属性は楽器相談のみである。t 値はモデル[1]と同じく坪数が最も高く13.4である。次に，階建ての8.7，楽器相談の2.9，築年数の

モデル[1]	係　数	SE	t　値	モデル[2]	係　数	SE	t　値
定数項	42,578	11,327	3.8	定数項	17,592	10,315	1.7
徒歩分	-760	330	-2.3	徒歩分	-458	312	-1.5
築年数	-1,162	201	-5.8	築年数	-619	236	-2.6
坪数	5,193	407	12.7	坪数	4,911	367	13.4
階建て	4,540	577	7.9	階建て	5,457	628	8.7
免震構造	19,742	12,525	1.6	免震構造	18,337	10,828	1.7
1 階	-9,616	3,946	-2.4	最上階	7,532	4,104	1.8
				角部屋	5,134	3,268	1.6
				洗髪洗面化粧台	9,869	5,119	1.9
				楽器相談	13,724	4,764	2.9

図表 8.32　家族タイプのヘドニックモデル[1]とモデル[2]の結果

|-2.6| と続く。洗面化粧台以下の最上階，免震構造，角部屋，徒歩分の t 値は 2 を下回っているが，$\sqrt{2}$ を超える数値のため採択している。符号はいずれも整合的な結果である。回帰係数ではモデル[1]と同じく免震構造が 1 万 8,337 円と高く，楽器相談の 1 万 3,724 円が続く。楽器相談の符号はプラスであることから，空室の長期化が予想される中古物件の早期成約のための追加的な設定ではなく，国立駅周辺エリアでは高付加価値物件として選好されていることがわかる。

第9章

住宅価格・賃料分析への展望：
需要者属性とアメニティ属性

1　はじめに

　本書では，住宅賃貸・分譲価格形成についてのヘドニック分析を，次の基本的な視点から議論してきた。

1）　需要者は，その非同質的な選好をもとに，非同質的な不動産商品を求め，供給者も非同質的であって，多様な需要者の非同質性を前提に需要に沿うように商品が供給されている。

2）　そこでの価格形成は，経済学が前提にする静学的な需要と供給の均衡による価格形成の関係ではない。それゆえ，成約価格も均衡価格ではない。

　この視点からのヘドニック価格分析法は，市場で住宅ごとに個別に成立する価格を属性の価値に分解して理解する実際的な分析法であって，そこでは分析目的に沿った属性の選択プロセスとモデル選択プロセスの整合性・合理性が求められ，分析結果としては，意思決定に十分資する有効なモデル・パフォーマンスが求められる。これまで本書では，そのことを実践する考え方と分析プロセスについて実践的な事例とともに説明してきた。

　このような視点から，第2章では住宅価格分析において，その理論的基礎として利用されている，Rosen の理論によるヘドニック法の均衡理論構成を明らかにし，需要者と供給者の同質性を仮定したその理論は，住宅不動産市場における価格分析の理論的な基盤にはならないと，結論付けた。実際，需要者の選好の異質性に関わる問題は，ヘドニック住宅価格分析にとって本質的であろう。

310　第 9 章　住宅価格・賃料分析への展望：需要者属性とアメニティ属性

　需要者は，ライフスタイルや価値観，職業や家族構成に加えて，所得や資産などの状態によって選好（効用関数）が異なるので，価格と属性価値の関係は異なる。また，不動産市場では，仮に 1 年間の取引を集めても，市場で需要と供給が均衡するという，静学的経済分析の枠組みも成立していない。したがって，成約価格は均衡価格ではない。

　その中で，有効なモデル・パフォーマンスを持つ実証分析をするためには，何らかの同質化が必要であり，第 7 章，第 8 章のヘドニック賃貸価格分析では，需要者を単身者，夫婦世帯，3 人以上の家族世帯などと，便宜的な同質的な区分を設定して，対応する間取りを分類することによって，分析目的に応じて利用可能な価格を属性の価値に分解する実践的な分析法を議論してきた。もちろん，その分解において，たとえば分譲住宅の場合，成約価格と一緒にその「需要者（購入者）属性」の情報があれば，少なくとも統計的な視点から価格と住宅属性と需要者属性の関係を分析できることになる。

本章の狙い

　本章では 2 節で，この需要者属性の情報が与えられている場合の分析事例として，Fuerst and Shimizu（2014）を利用して，次の分析を要約的に紹介する。

　➤物件の属性（外部属性，内部属性）と需要者（購入者）の属性と成約価格との関係

　➤住宅の内部属性としての環境性能属性への選好について，購入者の所得属性との関係

　また 3 節では，住宅に関するアメニティ・快適性に関する属性について議論する。いずれも本書の視点からの議論・紹介である。

　需要者の属性を利用するということは，何らかの形で価格データに対して同質化を図ることに対応することになるが，それは需要者の非同質性に対応した市場の分断化や重複化を前提にした分析をすることになり，Rosen の議論する価格を商品の属性の価値に帰属させる理論からさらに離れることになる。事例では，需要者の非同質性（異質性）は，需要者（＝購入者）属性としては家計の所得水準により価格データをグループ化し，それぞれのグループに対して購入者属性（年齢，世帯人数，勤務形態など）をさらに説明変数として導入し，そ

の違いにより購入者の同質化を図っている。

　一方，住宅のアメニティにも関係するが，購入者所得属性と環境への選好問題を一緒に考察する。住宅環境の外部属性としては，大気汚染などの外部環境（第5章の河合の例）もきわめて重要で，高速道路の近くや工場の近くの住宅は概して避けようとする。これに対して，内部属性としては，近年における住宅の技術進歩は大きく，健康配慮型の構造を持つ住宅が多く供給されてきている。実際，時代の要請とともに，二酸化炭素 CO_2 排出抑制型の住宅や健康に配慮した住宅属性を前面に出した住宅も供給されている。行政も，地球温暖化に伴う炭素の排出の制限を受けて，環境配慮型建築物の建設を促進させようとする政策をすすめてきて，社会としても住宅の環境性能が重視されるようになってきている。さらには，環境だけでなく，その内部に住む家族の健康へも配慮した「ウェルネス住宅」なども注目されようとしている。このような新しい「環境・健康性能属性」を持った住宅は，新製品として市場に出現し始めている。このような新しい住宅は，過去に提供された住宅を相対的に陳腐化していく。すなわち，住宅は時間経過の中での「質」の劣化・陳腐化を免れないという，ビンテージ問題である（第3章）。

　環境・健康性能が高い住宅は，日々の生活の中でのアメニティを高めるものと認識されるようになっている。そこで2節では，特に最近進展している，住宅内部属性として環境性能属性に注目し，「東京都マンション環境性能表示制度」に基づきマンション建設にあたり開発者が申請して得られる評価指標の属性への購入者の選好が，所得水準の違いによって異なることを紹介する。環境性能属性は，複合的な属性であることに注意する。そこでは，この指標によって示される環境性能属性への選好の非同質性を，需要者の所得の非同質性と関係づけて分析する。ここで利用するモデルは，4つの所得区分ごとに，取引（成約）価格を説明する属性として，住宅不動産の商品属性（外部・内部属性）に加えて購入者（需要者）属性を説明変数に加えて回帰分析をしている。この視点は，商品属性と購入者属性の関係を価格を通してみようという立場と考えることができ，商品はその属性と購入者属性に対応した分断化市場をつくっていることを見ることにもなろう。その分析の前提は，商品価格と購入者属性データがセットで観察されていることが前提となる。しかし，この分析視点は，い

わゆる伝統的なヘドニック価格分析とは異なるもので，今後さらなる実証分析を通して，住宅不動産属性と購入者属性の関係に関する研究が必要となる。

アメニティ

2節の建築物の環境性能属性はアメニティの概念に大きく関係している。3節では，属性の識別として，コンセプトアプローチから地域アメニティを設定して，属性を収集・分類したShimizu, Yasumoto, Asami and Clark（2014）のヘドニック賃貸価格分析事例をもとに，アメニティという属性についての考え方とかれらのその属性変数の選択事例を材料として議論する。その先行研究としてのClark（2004）では，アメニティの集積と人口の集積と都市の成長の関係を実証的に明らかにしようとしているが，都市を平均的にみる立場と，個別の住宅価格形成をその属性立場から説明する立場は異なっている。後者の立場からヘドニック価格分析をする場合，アメニティに関しても需要者の選好の異質性が大きな問題となる。

実際，アメニティを辞書でみてみると，人間が建物・場所・気候・風土などの環境の質に対して感じる，快適さや好ましさに関する総合的概念と述べている。特に住宅の居住性のよさをさすことが多いと，説明している。その基本は，生活の中での「快適さ」を意味するもので，広義の意味では，「心地よさ，快適さ，快適性，楽に暮らすために必要なものが整い，整備されていること」，「生活を便利で，楽しくするもの」，「恩恵・特典を追加しうるもの」であり，そうした設備，快適もしくは適度なその環境（自然環境・社会環境）を意味する（ウィッキペディア）。ホテルでのアメニティ・グッズも含まれていく。しかし，以下では住宅の居住性に関わる快適性を中心に議論し，Shimizu等の挑戦的な分析事例の属性選択とアプローチを材料として議論・紹介することで，今後のこの分野の発展に寄与することをのぞむ。

本章の流れは次の通り。

2　需要者属性を利用したヘドニック関数

3　アメニティ概念とヘドニック分析

2 需要者属性を利用したヘドニック関数

本節では，政策的にも配慮されてきている環境配慮型建築物，いわゆるグリーン住宅が，新築マンション価格に与える影響を分析した Fuerst and Shimizu (2014) に基づいて，需要者（購入者）属性の異質性を考慮したヘドニック住宅価格分析についての考え方と分析を，次の2つの視点から議論する。

① 購入者属性に配慮したヘドニックモデル構築の考え方

② グリーン住宅といった環境性能をもつ新商品の価値と購入者属性の関係

これまですでにみてきたように，住宅は，部屋数，バルコニーの広さ，トイレ・台所・風呂などの水まわり設備，耐震に対する建築構造などの内部属性によってその価値は異なる。

その中でも，低炭素社会に向けての世界的な取組みに対応して，不動産市場では，様々な不動産の環境性能を示す環境認証制度が内外で開発され，不動産商品に付与されるようになってきている。その結果，従来では考慮されていなかった「環境配慮型住宅」，「グリーン住宅」といった新商品が認証制度のもとに登場している。実際，東京都では，大規模な新築等のマンションの建築主は，都に建築物環境計画書を提出することが義務付けられている。同制度は，2002年に開始された建築物環境計画書制度の仕組みにもとづいて，2005年10月から延べ面積1万㎡を超える新築・増築を行う建築物に対して，東京都が定める4つの評価項目に基づき情報を整備し，公開することを義務付けるものである。4つの評価項目とは，1)建築の断熱性，2)設備の省エネ性，3)建物の長寿命化，4)緑化，である。この指標は，建造物の環境との親和性を示す総合的な属性指標である。

このような環境性能について認証を受けた新商品は，市場の中で将来においても差別化された価値の違いを持つのか，あるいはそのような属性を持たない現在・過去において供給された住宅の相対価値は劣化するのかといったことは，住宅価値の資産性の視点からは住宅購入者にとっては大きな関心事となる。

住宅市場においては，このようなグリーンまたは環境性能属性に関する価値は，家計毎の効用関数の状態に応じて差別化されることが予想される。とりわけ，環境性能属性へのプライシングは，所得水準などの需要者属性に応じて変

314 第9章 住宅価格・賃料分析への展望：需要者属性とアメニティ属性

化すると考えられる。しかし，これまでは技術が十分でないことと，このような環境志向への考え方が共有されていなかったため，住宅価格分析では，データの制約などもあり，需要者（家計）属性を含めた分析は考慮されてこなかった。本書のこれまでの章では，このような需要者属性の入手可能性が難しいため，特に住宅購入者の購入者属性の入手可能性が難しいため，その点を考慮した外部・内部属性と価格の関係についての分析法を議論してこなかった。

需要者属性を考慮した環境性能属性モデル

ここで，購入者属性を成約価格の説明変数として導入するモデルを考察する。この考え方は，商品の属性を商品の価格の決定要素と考えるヘドニック・プライシングのモデリングの考え方と異なるものである。ここでは，東京都の新築マンション市場を対象として考えて，次のようなモデルを考えよう。

$$p_{ij} = f(g_i, \{x_{ij}\}, \{w_i\}, \{h_{ij}\})$$

p_{ij}：マンション i，住戸 j の新築マンション価格（取引価格＝成約価格）

g_i：マンション i の環境性能ラベル

x_{ij}：マンション i，住戸 j の建物（内部）属性

w_i：マンション i の立地（外部）属性

h_{ij}：マンション i，住戸 j の購入者属性

このモデルの特徴は，住宅商品の価格が，購入者（需要者）属性に依存する点で，たとえば，価格は需要者属性に応じて，商品属性への評価が異なるとみることになり，需要者属性が市場を分断化するとみることになる。価格をつける主体の購入者属性と商品属性の関係を価格を通してみる立場のモデルである。この点は，Rosen のヘドニック価格理論からさらに離れるモデルとなろう。なお論文では，募集価格と取引価格の違いの問題を扱っているが，ここでは取り扱わない。

ここで価格データに注目してみよう。一般に，新築マンション市場で入手可能なマイクロデータは，供給者が売り出すときの「募集価格」であることがほとんどである。しかし，そのような募集価格は供給者のオファー価格であり，

実際の取引（成約）価格ではない。論文では，募集価格と実際の取引価格がペアで収集されている。以下の分析では，取引価格による分析のみを紹介する。

モデルの説明変数

以下，説明変数としての属性を見る。

(1) 環境性能属性 G としては，「東京都マンション環境性能表示制度」に基づき公開されている評価指標を説明変数とする。このような情報は，買い手においても認知されなければ市場で評価されることはない。しかし，このケースでは，消費者に対する認知性を高めるために，建築物環境計画書の提出を行った分譲マンションについては，間取り図のある広告（新聞折込み・ダイレクトメール・インターネットを含む）にすべて表示することが義務付けられている。その意味で，買い手も認知するとともに，その行動に対しても影響を与えていると考えてよい。

(2) マンションの持つ建物属性 x では，部屋単位での内部属性として，「専有面積」，「建物の構造」，「総建物面積」を考慮した。加えて，典型的な外部属性としての「最寄り駅までの所要時間」，「最寄り駅までの交通手段」も x に含めることにする。

多くの実証研究においては，データの制約から，本来取り入れるべき内部・外部属性が考慮されていない。このような場合，モデルの構築では，需要者が選好の対象としている重要な属性を無視することになるので，「真のモデル」を想定する計量経済学の立場からは，「過少属性によるバイアス」の問題に直面する可能性がある。本書では，そのような立場に立っているのではなく，実践的な有効なモデルの定式化を求める立場でみると，重要な属性を扱っていない可能性があることになる。

(3) 外部・立地属性 w として，第 1 章で議論した外部環境・市場要因である次の属性を考察している。

① 最寄り駅から東京駅などの主要なターミナル駅までの時間

② 地域の近隣効果として，公法上の制限としての法定容積率，建蔽率

③ 都市計画用途地域とともに，500m×500m メッシュ単位での非木造建築物比率

316   第9章　住宅価格・賃料分析への展望：需要者属性とアメニティ属性

④　国勢調査からは借家率

⑤　高齢者（65歳以上人口）比率

⑥　オフィスワーカー比率（専門的・技術的職業従事者）

　属性①の導入についての妥当性は第6章で議論した。そこでは，生活の快適性・利便性から見て，それぞれの需要者には，それぞれ特定な場所に住む理由があることを見た。ここで，オフィスワーカー比率⑥を見ているのは，いわゆるホワイトカラーの職業人の比率であり，そのような職種は，一般的に，ブルーカラーの職業人と比較して所得水準が高いため，地域の「地ぐらい」を代理しているものと考えている。

(4)　購入者属性 h は，一般には入手可能ではないことが多い。ここでは，リクルートすまいカンパニーによるアンケート調査を利用する。そこでは，契約書（取引価格）と合わせて，世帯の特性や購入目的を調べている。世帯の年収，人員数，子供の有無，購入経験（始めて，または何回目か），自己利用か，投資目的か，職業は正規雇用か，非正規雇用か，またはどのような職種で，どのような役職についているかなどを調査している。それらを変数化してモデルに導入している。

G：環境ラベル	定期借地権ダミー	月間管理費
G×T	借地権ダミー	h1 世帯主・年齢
T：取引価格ダミー	角部屋ダミー	h2 世帯人数
S：専有面積	構造：SRC ダミー	h3 世帯：子供ありダミー
S 2乗	初月成約率	h4 初めての購入ダミー
TS：最寄り駅までの時間	最寄りターミナル駅への時間	h5 投資目的購入ダミー
BUS：バスダミー	指定容積率	h6 勤務形態ダミー1
TS × BUS	用途地域：商業	h7 勤務形態ダミー2
総建築面積	用途地域：工業	h8 職種ダミー1
住宅性能評価書 Aダミー	メッシュ：借家比率	h9 職種ダミー2
住宅性能評価書 Bダミー	メッシュ：高齢者比率	h10 職種ダミー3
管理タイプダミー：常駐	メッシュ：非木造比率	h11 役職ダミー（管理職）
管理タイプダミー：日勤	メッシュ：オフィスワーカー比率	

図表9.1　需要者属性（h1 〜 h10）を考慮したモデルでの説明変数
（いくつかの変数は対数変換）

実際に導入した属性変数は，**図表** 9.1 に与えてある。

モデルは，対数価格モデルで，説明変数のいくつかのものは対数変換をしている。分析結果の詳細は論文を参照してもらうことにして，ここでは説明変数との関係に焦点を置いて分析結果を要約しておく。**図表** 9.1 の世帯がついている属性は，購入者属性（＝家計属性）である。

上の説明変数のもとにモデルとして次のものを対象とする。

M1　家計属性 h1 〜 h11 を導入しない標本全体のモデル

M2　家計属性 h1 〜 h11 を導入した標本全体のモデル

さらに，標本を所得水準に従って，4 つのクラス（所得低，所得中低，所得中高，所得高）に分類して，それぞれに対して**図表** 9.1 の属性をすべて利用した次のモデルを考察する。

F1　所得低モデル

F2　所得中低モデル

F3　所得中高モデル

F4　所得高モデル

これらのモデルの統計的モデル・パフォーマンスは次のとおりである。

	M1	M2	F1	F2	F3	F4
標本数	23922	23922	6038	6982	6012	4568
決定係数	0.810	0.814	0.793	0.803	0.846	0.855
補正決定係数	0.809	0.813	0.788	0.799	0.842	0.850

図表 9.2　モデル・パフォーマンス

このパフォーマンス結果を見ると，次のことが観察される。

1)　標本全体で家計属性を導入しない M1 モデルから標本全体で家計属性を導入した M2 モデルに移行すると補正決定係数は上昇している。個別の家計属性の t 値を見ると有意でないものがあるが，全体としては家計属性がある程度説明力をあげている（第 5 章の F 比 1 の基準参照）。

2)　家計属性をみると，世帯主の年齢や世帯規模が大きくなると，より高い価格のマンションを購入していることがわかる。職種や役職なども統計的

318　第9章　住宅価格・賃料分析への展望：需要者属性とアメニティ属性

に有意に効いていることを考えると，家計属性は有効な価格分析において
きわめて重要である。この結果は，価格形成における需要者の非同質性と
住宅市場の分断性の問題が浮き彫りにされている。

3)　世帯主の年齢や世帯規模が家計の所得水準と関係していることを想定
し，年収区分でのモデルF1からF4モデルのパフォーマンスを比較して
みよう。F1とF2の補正決定係数は，M1，M2の補正決定係数よりも小
さいので，家計属性が十分効いていないのと同時に，これらの層に必要な
説明変数が入っていないことを窺わせる。一方，F3，F4の補正決定係数
はM1，M2のそれらよりかなり大きく，所得水準が高い層では高価格物
件に関係して価格形成と属性の関係が強くなっていることが重要になって
いる。言い換えれば，市場分断が観測されている。

4)　モデルF1〜F4の間の環境認証評価属性の効果に注目してみよう。**図
表9.3**に環境性能属性変数gを表示した新商品は，どのモデルにおいても，
t値は非常に有意である。このことは，家計すべてに建造物の環境性能に
大きな選好順位を示しているといえよう。所得水準で区分すると，所得が
大きくなると，その性向が強い（係数の値が大きい）。M1，M2モデルの分
析は，F1〜F4モデル分析の平均的な結果を示している。F1〜F4モデ
ルで利用している標本数は異なることに注意せよ。

	M1	M2	F1	F2	F3	F4
G：環境プレミアム	0.0482 (14.43)	0.0475 (14.38)	0.0368 (6.00)	0.0389 (6.82)	0.0511 (7.82)	0.0589 (7.13)

図表9.3　環境認証属性の効果
（カッコの中の数字は t 値）

　以上，概略であるが，所得区分やその区分の中での需要者属性による選好の
同質化により，さらに有効なプライシング・モデルが得られることを見た。第
1章で強調したことが，実証されたことにもなる。今後とも，建築やICTの
技術革新により，さらに進化した環境・健康・アメニティ機能性に関わる属性
を持つ新商品の登場が促進されていくのと同時に，それにより既存の住宅に関

3　アメニティ概念とヘドニック分析　　**319**

するビンテージ問題が大きくなっていくであろう。人々の選好も進化し，グリーン住宅，環境機能性住宅，ウェルネス住宅など，人間が潜在的に生活の中で求める価値を実現していく住宅へのシフトが進むであろう。

3　アメニティ概念とヘドニック分析

　本節では，第3章で述べた属性認識におけるコンセプトアプローチとして，Shimizu, Yasumoto, Asami and Clark（2014）の論文に基づいて，アメニティ概念によるその集積と住宅家賃との関係の分析の考え方を紹介する。問題は，1節で述べたように，アメニティの概念をどのように設定して分析をするかである。このことを明確にしないと，アメニティにプラスの影響を与える属性とマイナスの影響を与える属性を比べられないし，符号条件を議論できない。彼らの論文では，この点は曖昧である。むしろ後に見るように，生活関連，休日エンターテイメント関連，通勤・通学関連，趣味・教育関連など，包括的な属性を電話帳に基づいてとり，500m×500m メッシュ単位の中でそれら多くの属性ファシリティ（例：レストラン）の数を数えて，あたかもそれらが多い方がアメニティの集積度が高いかのような印象を与える分析をしている。そこでの属性変数としては，1節で述べた「人間が建物・場所・気候・風土などの環境の質に対して感じる，快適さや好ましさに関する総合的概念」を把握する属性の組み合せや，電話帳に載っていない属性を考慮していない。このような問題点があるものの，アメニティをヘドニック価格分析でどのように表現しうるかの問題は，人々の選好を理解し，きわめて重要であるので，今後のこの分野の発展のためにここで議論することにした。

　アメニティが都市の成長に影響を与えうることを実証した研究報告が増えているが，ある意味で，それはアメニティの意味からいって当然のことであろう。都市の成長には，人間の生存の基盤がまずもって重要であり，都市のインフラの充実が都市での生活の質の基礎となる。それゆえ，職を提供する産業経済基盤が都市を形成・発展する上で重要である。人々がある特定な都市あるいは地域に居住するには，その地域が豊かな生活を可能にする多様な就業の機会があり，人口集積が起こり，子供たちが将来成長できる優れた教育の機会があり，

320 第9章 住宅価格・賃料分析への展望：需要者属性とアメニティ属性

行政がしっかりしていて保育や老人医療等の福祉が期待されるような地域であろう。そのような地域では，集積効果として規模の経済が働き，派生的効果として芸術や音楽などの文化的な産業も発展していく。たとえば，世界的オペラのＡ席ティケットが５万円をとっても人が集まる地域は，日本では東京以外少数の大都市以外にないであろう。このような都市になることができるには，まずもって多様な産業基盤とその本社を抱えていき，富裕層が多く，芸術ホールなどに投資してもペイすることができる必要があろう。それは都市の質の問題と関係している。都市の質がそのままアメニティとはならないことも重要である。

都市の選択に関わる質的要因として，
　・自然環境（大気，水質，土壌，気象），地域的な環境（日照，騒音，振動）
　・歴史的文化的環境（文化財，建造物），人口動態（密度，第2，3次就業人口）
　・都市的機能（街区の区分，工場規制，住宅，商店，オフィス，事業所，工場，
　　学校などの立地，交通インフラ，下水道，道路）
　・情報機能（商業機能，会合の機能，文化娯楽機能）
　・社会的要因（貧困・犯罪・失業・高齢化・商業衰退への対策）
などがある。

　これらは都市間競争においては重要な要素であるが，一つの都市の中の地域のアメニティを議論する上でも重要である。第3章で述べた，公園や緑地，医療施設，小学校などが他の地域と比べて優れていれば，それはその地域の居住性を高めるであろうが，子供が成長した家計とまだ子供が小さい家計では，アメニティのニーズは異なっているであろう。また，1節で述べたように，アメニティは居住性に関するもので，その自然な意味として日常性の中での快適性であって，住宅そのものの快適性に加えて，緑が生活環境の中にあるとか，街並みが心地よいとかであって，音楽や絵画など文化的なものへのアクセシビリティは，非日常的な楽しみなどで，それもクォリティ・オブ・ライフを求める上で重要であるが，いわゆるアメニティではないであろう。したがって，都市全体のアメニティの違いによる都市間の比較の問題と，一つの都市（たとえば東京近辺）の中での居住環境の選択の問題は異なることに注意する。

　第1章で述べたように，本書が対象にしようとしている住宅価格のヘドニッ

ク分析では，たとえば東京都の中での特定地域の住宅価格形成を，その地域属性，立地（外部）属性，物件（内部）属性等により実証的に説明できる有効な価格モデルを求めるのであり，そのモデル構築に関する考え方と分析法を理解することである。その中で，成城や田園調布，吉祥寺などブランド価値を持つ住宅地域には何らかのアメニティに関わる要素があると想定され，そこではそのブランド価値に根差した価格形成がなされている。そのようなブランド化された地域では，需要者属性（たとえば所得水準や学歴など）に関わる居住地の選好と価格による緩い居住者の選別が結果として行われている。すなわち，地域のアメニティへのアクセシビリティと周辺住民の社会的属性の間に関連性が認められており，それだけでなく，アメニティの中には，立地に根差したアメニティへのアクセシビリティには，所得・資産水準が関係していることも多い（Yasumoto et al. 2014）。米国の場合，このような現象は顕著であり，昔から多くの実証研究がある。

　ヘドニック分析対象地域の視点からは，第 3 章で議論したように，蓑原・河合・今枝（2000）は中心市街地再生の 4 つの A として次の点を挙げていた。

　Attraction：魅力度として商店街，歴史文化遺産

　Accessibility：アクセスの容易性，駐車場の整備，市街地の交通の便

　Amenity：安全・快適性，商店街のモール化，植樹，ストリートスケープ，
　　　　　眺望

　Action：住民，自治体，企業，商店街などが協力連携して，相乗効果を高める

　市街地再生は，日本の多くの市町村で起きている問題で，その地域や都市の経済基盤が弱くなっていくときに起こる。その結果としての人口減少を防ぐことができず，文化基盤を維持していく余裕がなくなり，駅前もシャッター通り化していく。このような衰退の原因を見ると，まずもって産業経済基盤の脆弱化が指摘される。このような都市では，かつて住宅地としてアメニティがあっても，行政の財政問題でそのメインテナンスも十分できなくなり，社会福祉のコストも増加していくので，歴史的遺産なども時代にあった資産化をしていくことができなくなっている。

　一般住宅価格や賃料を分析する場合，第 1 章で述べたように，地域・市場分析の重要性と，人々の選好を把握する属性変数が重要である。属性変数の選択

322　第9章　住宅価格・賃料分析への展望：需要者属性とアメニティ属性

としては，たとえば第3章での分析例では，外部属性としては，小売店数/1万人，飲食店数/1万人，年平均窒素化合物/㎡，保育所待機児童比率（％），都市公園面積/1人，医師の数/1人，火災件数/1年間・1万人，交通事故/1年間・1万人，などを利用した河合の例を述べた。このような変数は，家計が住宅地を選択する上で重要な要素であるが，生活の質あるいは場合によってアメニティの基礎になるが，これ自体がアメニティとはならない。実際の住宅選択においては，さらにより詳細な地域単位での選択行動がより重要になることが考えられる。以下の議論は，都市の生活で利便性を与えるものも含めてアメニティ関連属性ということにする。

アメニティ関連属性

　Clark（2004）は，アメニティの集積と人口の集積との関係を実証的に明らかにしようとしている。ここでいうアメニティは，後に見るように，アメニティ関連属性である。そこでは，そのような関係の国際比較分析を意識して，各国で共通に入手可能な情報源を利用することを考えた。そのような中で彼らの研究チームが注目したのが，電話帳を基にしたイエローページのデータである。

　図表9.4では，彼らが定義した24分類を整理している。彼らの研究では，そのカテゴリーが「生活シーン」を表現していると考えているため，「シーン」という単位でよんでいる。また，イエローページのデータには，住所が含まれていることから，その住所から空間座標に変換することができる。日本の場合，町丁目またはメッシュといった地域詳細単位への集計が可能となる。しかし市町村合併や境界変更などがあるために，時間的な変化を見ることが困難となる。そこで，Shimizu, Yasumoto, Asami and Clark（2014）では，500m単位でのメッシュに注目している。これら24種類のアメニティを500mメッシュ単位で集計し，その集積と住宅家賃との関係を見ている。

　アメニティ関連属性について属性分類項目ごとの集積を，各メッシュの中での属性項目に記述された数（たとえばレストランの数）とみる。属性項目ごとの集積の程度を個別に見てみると，飲食店（レストラン/食べ物）ではほとんどの地域にまんべんなく存在しているが，中でもバーや居酒屋（バー/ナイトライフ）などに限定すると，特定の地域に固まっていることがわかる。また，ア

No.	分　　類	イエローページ
1	アート／ギャラリー	博物館，美術館，科学館
2	芸術家・アーティスト	著述・芸術家
3	芸術・アートの指導・教育	専修・各種学校，教養・技能・趣味教室
4	協会，組合，団体	事業協同組合，政治団体
5	バー／ナイトライフ	カラオケ，ナイトクラブ，スナック，キャバレー
6	衣類／ファッション	デパート，婦人・子供服，宝石，衣料品店
7	地域社会／政府によるサービス	保育所・託児所，社会保険・福祉・介護事業
8	教育／健康	各種医療業，小中高学校，大学，学習塾，外国語学校
9	海外の政府機関サービス	外国公館・国連
10	文字・文学関連のカルチャー	出版社，書簡，書店，古本屋，新聞店，図書館
11	メディアサービス	放送業（全般，有線），広告関係，映像・音声制作
12	博物館／水族館／動物園／史跡	プラネタリウム，植物園，水族館，天文台，動物園
13	音楽／楽器の店	楽器，レコード・CD・DVD販売（全般）
14	その他	駐車場・墓地
15	その他のエンターテイメント	映画館，テーマパーク・遊園地，ゲームセンター
16	公園と自然	キャンプ場，公園，スポーツ・娯楽，つり堀
17	パフォーマンス系統のアート	劇団，劇場・寄席，楽団，舞踊団，ライブハウス
18	宗教	キリスト教教会，修道院，宗教団体
19	レストラン／食べ物	喫茶店，日本・中華・仏料理等，ケーキ・パン等
20	特殊な・専門的なサービス	CD制作，通訳，自動車整備，情報サービス，法律事務所，美容店
21	特殊な・専門的な店	医薬品・化粧品，家具，玩具，ベビー用品，自動車販売，花・植木，レンタルビデオ
22	スポーツとレクリエーション	ゴルフ，スキー，テニスコート，ボーリング場，競輪・競馬等
23	ツーリズム	旅館・ホテル，旅行業・旅行代理店
24	映像・ビジュアル系統のアート	印刷，写真，デザイン

図表 9.4　アメニティ概念に関わる属性群

ート／ギャラリーのように，都心部の特定地域に集積していたり，そもそも施設数が限定されていたりしており，数キロに一つの空間単位でしか存在しないようなものもある。

324 第9章 住宅価格・賃料分析への展望：需要者属性とアメニティ属性

図表9.4の24分類項目があるから，各メッシュに対して24の集積度数を得る。また，これらの項目に関しては，住宅立地や住宅のサービス価格に対して，正に作用するものと負に作用するものとが混在している。また，その作用は，単身者と家族の場合とでは生活スタイルが異なるので，単身者であれば正に作用するものであっても，家族にとっては負になるものがある。その意味で，需要者選好に関わる非同質性がある。また，集積度数がある程度までは正であっても，ある数を超えると負の影響が顕著になるものもあろう。また，項目24の水族館や美術館のようなものは，500mといった徒歩圏にあるほうが珍しいし，多くの人の居住地域の選好としては，このような特殊な施設を求めていないであろうから，賃料価格の形成においても影響は小さいであろう。加えて，都市公園面積には，緑地・空地・河川敷の面積などが含まれるために，各指標の作成方法，データの発生プロセスには十分に注意しないといけない。

各メッシュ単位で，項目1から項目24のすべてにおいて，属性の度数はばらつきが大きい。多くの場合で最小値が0であるが，最大値は6から1,293までと大きなかい離がある。各項目の度数分布は歪みが大きい。そこで，論文では，各項目の度数を基準化して，各メッシュごとに，第4章で述べた平均が0，標準偏差が1となる基準化変数を使い，ヘドニック関数の説明変数として利用している。分析結果は，さらなる考察を必要とするので，その詳解は省略する。

以上の属性項目の選択と他の属性と一緒に，論文では家賃をヘドニック分析している。ここでは，その結果を紹介するのでなく，以下，このような考え方とアプローチについての課題を議論する。

(1) ここで，24種類の属性項目のうち，多くの施設は都心に集中している。そのことは，施設が少ないメッシュのアメニティが悪いわけではない。施設の集中と居住性や快適性とは同じではないし，集中している方がアメニティとして悪い場合もあろう。需要者の選好にも依存する。成城や田園調布や吉祥寺は比較的郊外にあり静かな場所が多い。この静かさは，集中とは相いれないであろう。東京近辺の特定地域の賃料分析の立場は，都市間の比較の問題でない。集中は，とりわけ第6章の東京第1次環状区，第2次環状区など，都心部ほど多様な種類の属性項目が密集し，それを享受す

ることができることは理解できるが，そこに住みたいかは別な議論である。

(2)　住宅賃料価格の分析としてのアメニティの理解の仕方として，もう少し居住性や生活の快適性とか，街の雰囲気やストリートビューなどのように，電話帳では把握できない視点が必要であろう。少なくとも，アメニティの定義をもう少し明確にする必要があろう。ここでは，電話帳による施設やショップ店舗の数でアメニティが表現可能とみている節があるが，そうではないであろう。日々の生活の中での問題と少し離れて存在してもらいたい施設などもある。

(3)　その意味では，メッシュの中で0であってほしい項目もあろう。さらに，メッシュの形式的な分割では，地勢的構造や高速道路などの交通構造との関係などが無視されている。メッシュの問題としては，隣接するメッシュの間で境界近くにある地域が隣のメッシュに関して施設の有無の関係も，このようなアプローチとしては無視される。

(4)　仮に上の24項目の属性がアメニティ関連属性として重要であるとしても，実際にアメニティに関係するものとしては，そのいくつかの組み合せが意味を持つこともあるが，個別に分解しても回帰分析としてはその組み合せを表現するものではないであろう。

(5)　さらにいえば，第4章，第7章で述べた24分類属性項目の識別可能性の問題を内包していよう。それは，ここで利用されている各メッシュで数えた数を基準化した変数が，需要者に十分認識されているわけでなく，ここでの無名数が実際何を表すか，どのような変数として役割を果たしているかは統計的に識別しにくいことを意味している。実際，ここで利用している点は，都心に集積する変数の場合，その相関は強く，似たような数値となる変数が多い。また属性項目によって，居住性から見て適度に存在してもらいたい項目もあろう。さらに，2節で考慮した需要者の非同質性を考慮していないため，各地区の人々の選好が同じで，共通の属性項目に依存して価格が決まるとみている。

かれらは，アメニティ関連属性項目を導入したモデルでは，

1)　専修学校や趣味の教室など（カテゴリー3：芸術・アートの指導，教室）

が集積しているところでは，住宅家賃が高い。このような指標は，地域の文化水準を示す代理指標となっている可能性がある。

2) 小中学校や大学，学習塾などの教育施設が集積する地域（カテゴリー 8：教育 / 健康，t 値 0.8），国際関連施設（カテゴリー 9：海外の政府機関サービス），公園が集積する地域（カテゴリー 16：公園と自然），レストラン等（カテゴリー 19：レストラン / 食べ物）が集積する地域では住宅家賃が高い。

3) 墓地・駐車場等（カテゴリー 14：その他施設）や映画館，ゲームセンター（カテゴリー 15：その他のエンターテイメント）が集積する地域では家賃を押し下げている。

などの結果を得ている。しかし，このような結論もきわめて暫定的である，と判断される。

〈参考文献〉

Clark T.N.（2004）The City as an Entertainment Machine, Research in Urban Policy 9 Elesevier

Fuerst, F. and C. Shimizu（2014）The Rise of Eco-Labels in the Japanese Housing Market, RERC（Real Estate Research Center）Working Papers, No. 04/2014, Department of Land Economy, Environment, Law & Economics, Cambridge University, *Journal of Japanese and International Economy*, forthcoming

C. Shimizu, S. Yasumoto, Y. Asami and T. N. Clark（2014）Do Urban Amenities drive Housing Rent?, CSIS Discussion Paper（The University of Tokyo），No.131

S. Yasumoto, A. Jones and C. Shimizu（2014）Longitudinal trends in equity of park accessibility in Yokohama, Japan: An investigation of the role of causal mechanisms, *Environment and Planning A*, 46, 682-699

蓑原・河合・今枝（2000）『街は，要る！　中心市街地活性化とは何か』学芸出版社

《付録》

(4.26) の証明

　以下では，第4章，第5章で展開した，モデル選択プロセスに関する t 統計量に関わる数学的結果について，証明を与えておく。行列とベクトル表現を利用する。

　[0]　正則対称行列の逆行列の結果

$$\begin{pmatrix} A & B \\ B' & D \end{pmatrix}^{-1} = \begin{pmatrix} A^{-1}+FE^{-1}F' & -FE^{-1} \\ -E^{-1}F' & E^{-1} \end{pmatrix}, \ F = A^{-1}B, \ E = D - B'A^{-1}B$$

　[1]　定数項を含む回帰モデル $y_n = \beta_0 + \beta_1 x_{1n} + \cdots + \beta_{K-1} x_{K-1n} + u_n$ を考察する。誤差項は標準的仮定を満たすものとする。この行列・ベクトル表現

$$y = X\beta + u, X = (Z, x) : N \times K \quad \text{with} \quad Z : N \times (K-1), \ x \equiv x_{K-1} : N \times 1$$

$$\beta = (\beta_0, \ \beta_1, \cdots, \ \beta_{K-1})' : K \times 1, \ x = (x_{K-1, 1}, x_{K-1, 2}, \cdots, x_{K-1, N})' N \times 1$$

の最小2乗推定値を $\hat{\beta} = (X'X)^{-1}X'y$ とおく。定数項 β_0 に対応する係数として Z の第1列は $e = (1, 1, \cdots, 1)'$ である。まず，[0] より逆行列

$$C = (X'X)^{-1} = \begin{pmatrix} Z'Z & Z'x \\ x'Z & x'x \end{pmatrix}^{-1} = \begin{pmatrix} A & B \\ B' & D \end{pmatrix}^{-1} = \begin{pmatrix} C_{11} & C_{12} \\ C_{21} & C_{22} \end{pmatrix}$$

を評価すると，次のようになる。

$$C_{11} = (Z'Z)^{-1} + (Z'Z)^{-1}Z'x(x'x)^{-1}x'Z(Z'Z)^{-1}, \ C_{21} = -(x'x)^{-1}x'Z(Z'Z)^{-1} = C_{12}'$$

$$C_{22} = [x'x - x'Z(Z'Z)^{-1}Z'x]^{-1} = [x'(I-M_Z)x]^{-1}, \ M_Z = Z(Z'Z)^{-1}Z'$$

第 k 回帰パラメータの推定値 $\hat{\beta}_{K-1}$ をこれらの式で表現すると，

$$\hat{\beta}_{K-1} = C_{21}Z'y + C_{22}x'y = -[x'(I-M_Z)x]^{-1}x'Z(Z'Z)^{-1}Z'y + [x'(I-M_Z)x]^{-1}x'y$$

$$= \frac{x'(I-M_Z)y}{x'(I-M_Z)x}$$

$$\hat{\beta}_{K\text{-}1} = \frac{x'(I-M_Z)(X\beta+u)}{x'(I-M_Z)x} = \beta_{K\text{-}1} + \frac{x'(I-M_Z)u}{x'(I-M_Z)x}$$

に注意すると，$E(\hat{\beta}_{K\text{-}1}) = \beta_{K\text{-}1}$, $\mathrm{Var}(\hat{\beta}_{K\text{-}1}) = \sigma^2/x'(I-M_Z)x$

[2]　一方，第 k 説明変数を Z で説明する回帰モデル $x = Z\gamma + v$ の最小2乗残差は $\hat{v} = x - Z\hat{\gamma} = (I-M_Z)x$ となる。

[3]　他方，帰無仮説 $\beta_{K\text{-}1} = 0$ としたときの回帰モデル $y = Z\delta + u^0$ の最小2乗残差は，$\hat{u}^0 = y - Z\hat{\delta} = (I-M_Z)y$ となる。

[4]　2つの残差を用いて，$\hat{u}^0$ を $\hat{v}$ に回帰するモデル
$$\hat{u}^0 = Ga + w, \quad G = [e, \hat{v}], \quad e = (1, 1, \cdots, 1)', \quad a = (a_1, a_2)'$$
で，a_2 の最小2乗推定値を求める。$M_e = e(e'e)^{-1}e'$ とおく。このとき，
$$\hat{a} = (G'G)^{-1}G'\hat{u}^0 = \begin{pmatrix} n & 0 \\ 0 & \hat{v}'\hat{v} \end{pmatrix}^{-1} \begin{pmatrix} e'\hat{u}^0 \\ \hat{v}'\hat{u}^0 \end{pmatrix} = \begin{pmatrix} e'\hat{u}^0/n \\ \hat{v}'\hat{u}^0/\hat{v}'\hat{v} \end{pmatrix}$$
となる。ここで，$e'\hat{v} = e'(I-M_Z)x = 0$ を用いている。それゆえ，$\hat{\beta}_{K\text{-}1} = \hat{a}_2$ が成立する。

[5]　$\hat{a}_2$ の t 値を求めよう。[1] と [4] から次の表現を得る。
$$t = \frac{\hat{\beta}_K}{\sqrt{\hat{\mathrm{V}}\mathrm{ar}(\hat{\beta}_K)}} = \frac{\hat{a}_2}{\sqrt{\hat{\mathrm{V}}\mathrm{ar}(\hat{a}_2)}} = \frac{\hat{a}_2}{\hat{\sigma}}\sqrt{x'(I-M_Z)x}$$
ここで，$\hat{\sigma}^2$ の推定値は [4] のモデルのもとで次の結果をえる。
$$\hat{\sigma}^2 = \hat{w}'\hat{w}/d = (\hat{u}^0 - G\hat{a})'(\hat{u}^0 - G\hat{a})/d = \hat{u}^{0'}(I-M_G)\hat{u}^0/d$$
ここで，$e'\hat{v} = e'(I-M_Z)x = 0$ より，$M_G = M_e + M_{\hat{v}}$, $M_{\hat{v}} = \hat{v}(\hat{v}'\hat{v})^{-1}\hat{v}'$ となる。このとき，[4] のモデルの残差は，
$$\hat{w} = \hat{u}^0 - G\hat{a} = (I-M_G)\hat{u}^0 = (I-M_e-M_{\hat{v}})\hat{u}^0$$
となる。さらに，
$$\hat{u}^0 = (I-M_Z)y = (I-M_Z)(X\beta+u)$$
$$= (I-M_Z)x\beta_{K\text{-}1} + (I-M_Z)u = \hat{v}\beta_{K\text{-}1} + (I-M_Z)u$$
であるから，$M_G = M_e + M_{\hat{v}}$ と $M_e\hat{v} = 0$ と $(I-M_G)\hat{v} = (I-M_{\hat{v}})\hat{v} = 0$ から，

$$\hat{\sigma}^2 = u'(I - M_Z)(I - M_G)(I - M_Z)u/d$$

ここで，$(I - M_Z)(I - M_G)(I - M_Z) = I - M_Z - M_{\hat{v}}$ が成立し，この行列はべき等（2乗しても同じものになる）であるので，結果として，$E(\hat{\sigma}^2) = \sigma^2$ となる d は $d = tr(I - M_Z - M_{\hat{v}}) = N - K$ となる。さらに，

$$M_X = X(X'X)^{-1}X', \quad M_X = M_Z + M_{\hat{v}}$$

となるので，［5］の t 値は元のモデルの $\hat{\beta}_{K-1}$ の t 値と同じになる。実際，

$$\hat{\sigma}^2 = u'(I - M_Z - M_{\hat{v}})u/(N-K) = u'(I - M_X)u/(N-K) = \hat{u}'\hat{u}/(N-K)$$

［6］　最後に，t 値において，

$$t = \frac{\hat{\beta}_K}{\sqrt{\text{Vâr}(\hat{\beta}_K)}} = \frac{\hat{a}_2}{\sqrt{\text{Vâr}(\hat{a}_2)}} = \frac{\hat{a}_2}{\hat{\sigma}}\sqrt{x'(I - M_Z)x}$$

において，$x'(I - M_Z)x = Ns_x^2(1 - R_{K-1}^2)$ を示せばよい。R_{K-1}^2 は，$x = Z\gamma + v$ における決定係数であるから，本文から明らかである。

［7］　(4.26) の証明：$(I - M_X)(I - M_Z) = I - M_X$ より，$\hat{v}'\hat{v} = x'(I - M_Z)x$ となる。一方，

$$\hat{u}'\hat{u} = u'(I - M_X)u = \hat{u}^{0\prime}(I - M_X)\hat{u}^0 = \hat{u}^{0\prime}\hat{u}^0 - \hat{u}^{0\prime}M_{\hat{v}}\hat{u}^0 = \hat{u}^{0\prime}\hat{u}^0 - (\hat{u}^{0\prime}\hat{v})^2/\hat{v}'\hat{v}$$

より，

$$t = \frac{\hat{a}_2}{\hat{\sigma}}\sqrt{x'(I - M_Z)x} = \frac{r\hat{u}^{0\prime}\hat{u}^0\sqrt{N-K}}{[\hat{u}'\hat{u}]^{1/2}} = \frac{r\hat{u}^{0\prime}\hat{u}^0\sqrt{N-K}}{[\hat{u}^{0\prime}(I - M_Z)\hat{u}^0]^{1/2}}$$

$$= \frac{r\sqrt{N-K}}{[1 - (\hat{u}^{0\prime}M_X\hat{u}^0/\hat{u}^{0\prime}\hat{u}^0)]^{1/2}} = \frac{r\sqrt{N-K}}{[1 - r^2]^{1/2}}$$

■索 引

【ア 行】

アットホーム　236, 277
アメニティ　7, 91, 310, 312, 319
アメニティ概念に関わる属性　323
浅見・高　89, 107
イエローページ　322
意思決定のタイムラグ　44
医師の数　132
異常値　127, 132
一般化最小2乗法　141, 191, 194
移動・移転性に関するオプション　12
ウェルネス住宅　311
沿線ダミー　214
オープン・クローズド概念　93
オッファーの価格関数　72
オッファー価格　111
オッファー価格（提示価格）　24
追い焚き機能　262
折れ線ダミー非線形表現　123

【カ 行】

ガウス・マルコフの定理　137

回帰モデル　13
回帰分析の標準的仮定　136
街区　180
外部属性　98
崖の上の眺望の属性価値　89
火災件数　111, 131
可視的（外部環境）要因　35
仮説検定問題　141
家族タイプ　236, 302
　　――のヘドニックモデル　272, 307
家族タイプ賃貸住宅　268
傾きダミー　203, 225
傾き属性ダミー　181
刈屋　89, 164
刈屋・勝浦　153
河合　107, 130, 158
環境性能属性　310
環境性能属性モデル　314
環境的陳腐化　102
環境配慮住宅　313
環境要因　109
技術革新　48
基準化した平均2乗誤差　163, 169
機能的陳腐化　101
基本モデル　213

供給の需要に対する遅行性　43

供給の遅行性　59

行政サービス　109

行政区　97

行政的区画と分析地域　23

行政的ソフト属性　99

行政的属性　41

行政的要因　36

競争環境の変化　50

クォリティ・オブ・ライフ　320

グリーン住宅　313

クロスセクション分析　18, 119

空間相関モデル　194

空間相関構造　196

空間的な立地競争　202

国立音楽大学　42, 278, 297

国立市　24, 82, 94, 196, 275

　　——の住宅賃料価格　42

国立市から市内・市外へ昼夜間移動
　285

国立市と国分寺市の人口動態　281

蜘蛛の巣理論　60

経営的属性　41, 99

経済・社会構造の変化　47

経済的属性　41, 99

経済的陳腐化　103

経済的要因　35

経済的立地　82

係数ダミー非線形表現　123

京浜臨海部立地企業動向調査　242

決定係数　128

嫌悪属性　204

限界代替率　63

現象の理解　22

建築後年数　203

コンセプト・アプローチ　84

コンパクトシティ　29, 94

広義のヘドニック・アプローチ　13

公共交通インフラ　35

合成財　67

構造的属性　99

購入者属性　316

効用関数　3, 62

効用最大化行動　20, 68

効用最大行動仮説　57

国分寺市から市内・市外への昼夜間移動
　286

固定資産税　90

【サ　行】

最小2乗推定値の表現　149

最小2乗推定量　136

　　——の性質　124

　　——の分散　144

最良線形不偏推定量（BLUE）　137

残差　125

　　——の自由度　125

　　——の分布　126

システムキッチン　49, 105, 237, 305

システムバス　104

シフトダミー　203, 225

シフトダミー変数　179
閾値　226, 228
時系列分析　18
事後の誤差項　125
事後的モデル　124
市場滞留期間　204, 221
市場・地域分析　22, 278
　　──の調査項目　34
辞書式選好　16, 41, 64
事前的モデル　124, 134
自然的立地　82
清水・唐渡　37, 54, 82, 122, 183, 195,
　201
社会的属性　41
社会的陳腐化　102
社会の要因　36
社会的立地　82
週刊住宅情報　203
重共線性　7, 142, 154
重共線度　118
住宅の資産性　12, 202
住宅の商品の財の非同質性　2, 16
住宅商品の属性　2
住宅地域の環境を脅かす属性　87
需給均衡価格理論　3
需要の構造的変化　46
需要者タイプの違い　85
需要者と供給者の非同質性　15
需要者の高齢化　49
需要者の選好の非同質性　16
需要者のタイプ　290

需要者の非同質性　187
需要者属性　7, 314
消費者のビッド関数　69
商品の供給者（リスクテイカー）　45
商品の非同質性　37
商品の非同質性と選好　41
進化リスク　83
人口の年齢構造　246
人口動態　244
住みよさランキング　31
セキュリティ　104
セキュリティシステム　49
正規分布　172
静学的均衡分析　15, 56
静学的分析　58
正規分布　174
政治的立地　82
西武池袋線・東武東上線・田園都市線沿
　線の賃貸住宅　109
成約賃料価格　25
政令指定都市　94
世田谷区　210
　　──の戸建ての住宅価格　108
説明変数の定式化　122
線形モデル　120
尖度　127
洗面所が浴室とトイレから独立　262
専有面積　202
総戸数の属性の説明力　221
相続税の改正　43
相続税制　29

相対貧困率　48

属性の帰属価値　12

属性の識別可能性　183

属性の識別とその選択　77

属性識別問題　6

属性非線形化モデルによる推定結果
　190

属性変数のタイプ　86

属性変数の非線形化　225

属性変数の非線形性　122

属性変数への多項式近似　185

組織化されていない不動産市場　37

【タ　行】

ダミー変数　85, 86, 127, 179

代表的主体の設定　58

多項式近似表現　123

建物の階数　187

単身タイプ　236

　──のヘドニックモデル　260, 297

単身タイプ賃貸住宅　255

単身タイプマンションの経過年数の分
　布　293

地域の陳腐化・劣化　100

築年数　187

　──のビンテージ属性構造　17

築年数と品質　99

窒素化合物の量　131

中央大学　30

中核都市　94

中古マンション分譲市場分析　201

昼夜間の人口　97

昼夜間人口移動　248

賃貸価格と季節性　33

賃貸住宅の供給動向　249

賃貸住宅の需要者の選好　12

賃貸住宅サービス商品の特徴　37

賃貸住宅市場の重複性　37

賃貸住宅商品　11

陳腐化リスク　4, 101

鶴見駅周辺エリアの就業構造　243

鶴見区の生産年齢人口　246

鶴見区の地勢構造　235

鶴見区の賃貸マンション取引動向
　251

鶴見地区のマクロ環境　240

ディベロッパー　3, 39, 79

データの時間的同質性　19

定数項の回帰係数の分散　158

適応的供給調整プロセス　60

田園都市線沿線　131

東京を中心とした重複市場　39

東京 23 区の中古マンション　183, 201

東京 23 区の市場・環境分析　205

東京 23 区の人口動態　209

東京 23 区の地域特性　206

東京 23 区の昼夜間の人口動態　210

東京 23 区ダミー　110

東京 23 区個別地区分析　222

東京 23 区全体の分析　217

東京都マンション環境性能表示制度

311

投資家　43

都市のインフラ　319

都市の質の問題　320

都市の選択に関わる質的要因　88

都心までの時間　202

【ナ・ハ行】

内部の設備のビンテージ　104

内部属性に関するダミー変数　258

内部属性のビンテージの検証　105

二酸化炭素 CO_2 排出　311

年平均窒素化合物　111

八王子市　46, 96

八王子市への大学の移転　30

浜松市　46, 96

ビルの階建て属性　91

ビンテージ　216, 234

ビンテージ（築年数）構造　45

ビンテージ問題　48, 83, 99

ビッド価格　25

ビッド価格関数　65

非線形ダミー　202

非線形ダミー閾値　203

非線形モデル　120

非線形属性変数　179

非線形推定量　167

肥田野　54, 89

美的陳腐化　102

一世帯あたりの人数の推移　283

一橋大学　278

標準化回帰係数　133, 144

ブランド的価値　81

プレファランス（選好関係）　63

フローリング　49, 305

フィッシャー＝マーティン　26, 59

夫婦タイプ　236

　　　——のヘドニックモデル　267, 301

夫婦タイプ賃貸住宅　264

夫婦用賃貸住宅　298

不確実リスク　4

符号条件　223

　　　——の問題　121

物件の階数　187

物件の階数属性　91

不動産の外的属性　41

不動産の構造的属性　41

不動産の商品の特徴　25

不動産の不動性　11, 15, 26, 38, 59

不動産景気循環　59

不動産市場の成長衰退循環サイクル　28

不動産投資の非可逆性　47

不等分散性の検定　191

不等分散モデル　139, 140

分割・分断化された市場　38

分散拡大ファクタ　118, 133, 145

分散拡大ファクタ VIF　7, 154

分譲住宅商品　11

分析視点　22

分析対象地域　12

——の範囲　　27

分析地域の特定　　27

分析目的に対応するコンセプト　　33

分析目的の設定　　21

ペット相談 D　　273

ヘドニック・アプローチ　　1, 11, 77

ヘドニック価格分析法　　11

ヘドニック均衡理論　　54

変数増減方法　　142

法的陳腐化　　102

防犯設備と防犯 3 点セット　　264

補正決定係数　　130, 153, 162, 172

香港の眺望の価値　　90

本質的な非同質的問題　　11

【マ　行】

マクロ的な分析視点　　79

マクロ的経済・社会的構造　　29

ミクロ的な市場調査的視点　　79

蓑原・河合・今枝　　88, 326

無差別曲線　　63

モデル・スペシフィケーション　　119

モデルの確立的前提　　112

モデルの定式化　　119

モデルの標準誤差　　126

モデル診断　　138

モデル選択　　117

モデル選択基準　　178

最寄り駅までの距離・時間　　95

最寄り駅までの時間　　202

【ヤ・ラ・ワ行】

有効な実証分析のプロセス　　20

尤度関数　　163

横浜市鶴見区　　82, 94, 185, 233

予備検定推定量　　141, 164

ライフスタイルの変化　　49

リスクマネジメント　　44

リノベーション　　17

リフォーム　　84

利益最大行動仮説　　57

劣化・陳腐化　　83

六本木　　58

六本木地区　　40

論理実証主義　　22

ワンルーム（1R）と 1K の違い　　263

歪度　　126

$|t|$値$\sqrt{2}$の基準　　173

20％通勤圏　　94

AIC　　162, 168, 173

Fuerst and Shimizu　　310

F値　　117

F検定　　228

F検定法　　151

F比　　151

F比 1　　162

——の基準　　154

F比 2　　162, 168

――の基準　　171

F 比 4　　162

IH クッキングヒーター　　262

p 値　　147

RHPT　　16, 54, 62, 203

Rosen の価格理論　　5, 15, 54, 62

Salway　　101

T 統計量　　144

t 検定　　146

t 値　　91, 117, 141

t 値 $\sqrt{2}$　　162, 168

t 値 1　　162

t 値 2　　162

t 値が大きくなる条件　　145

t 値が小さくなる理由　　150

t 値についての統計的判断　　118

■著者紹介

刈屋　武昭（かりや　たけあき）　thekariya70@gmail.com

一橋大学経済研究所教授，みずほ DL・FT 理事，京都大学金融工学研究センター長，明治大学ビジネススクール教授，シカゴ大学ビジネススクール客員教授などを経て現職。ミネソタ大学 PhD，九州大学理学博士，一橋大学名誉教授。日本金融・証券計量・工学学会，日本不動産金融工学学会，日本保険・年金リスク学会，日本価値創造 ERM 学会の設立会長。著書に『金融工学とは何か─リスクから考える』（岩波新書），『不動産金融工学とは何か─リアルオプション経営と日本再生』（東洋経済新報社），監訳書フィッシャー，J.D.・マーティン，R.D.（2006）『収益不動産評価の理論と実務』（刈屋武昭監訳・（財）日本不動産研究所訳）（東洋経済新報社），刈屋・山村編著『商業用不動産施設の戦略的経営』（プログレス），など多数。

小林　裕樹（こばやし　ゆうき）

明治大学専門職大学院グローバル・ビジネス研究科修了（MBA）。グローバル・マネジメント領域におけるリスクマネジメント，統計学を専攻。研究テーマは，「ヘドニック・アプローチによる住宅成約賃料モデルの推定」。不動産実務は，土地区画整理事業，分譲マンション開発，賃貸不動産の運営管理，商業施設の開発等を経て，現職では主に賃貸住宅の開発に携わる。三井ホームエステート株式会社勤務。

清水　千弘（しみず　ちひろ）

日本大学スポーツ科学部教授。マサチューセッツ工科大学不動産研究センター研究員，株式会社リクルート AI 研究所（Recruit Institute of Technology）フェロー等を兼務する。東京大学博士（環境学）。シンガポール国立大学不動産研究センター，麗澤大学経済学部　元・教授。専門は，指数理論・ビッグデータ解析・不動産経済学。主な著者に，『市場分析のための統計学入門』朝倉書店（2016），『不動産市場の計量経済分析』朝倉書店（唐渡広志との共著（2007）），『不動産市場分析』住宅新報社（2014），など多数。

＊第 1 章～第 5 章は，刈屋武昭が書いたものである。ただし，33 頁の部分は小林による。第 6 章は，清水千弘の出版物（序章参照）に基づいて刈屋が本書の視点から独自に書いたものをさらに清水がコメントしたもの，第 7 章，第 8 章は，明治大学ビジネススクールで刈屋と山村能郎教授の指導のもとで小林裕樹が書いた修士論文を基礎に刈屋が加筆したものである。第 9 章は，清水が他の著者との共著論文をまとめたものを刈屋が加筆したものである。山村教授には感謝する。

賃貸・分譲住宅の価格分析法の考え方と実際
——ヘドニック・アプローチと市場ビンテージ分析　　　　　ISBN978-4-905366-60-7　C3033

2016 年 12 月 10 日　　印刷
2016 年 12 月 25 日　　発行

著　者　刈屋　武昭 / 小林　裕樹 / 清水　千弘 ©

発行者　野々内邦夫

発行所　**株式会社プログレス**　　〒160-0022　東京都新宿区新宿 1-12-12
　　　　　　　　　　　　　　　　　電話 03（3341）6573　FAX03（3341）6937
　　　　　　　　　　　　　　　　　http://www.progres-net.co.jp
　　　　　　　　　　　　　　　　　e-mail: info@progres-net.co.jp

■落丁本・乱丁本はお取り替えいたします。　　　　　　　　　　モリモト印刷株式会社

本書のコピー，スキャン，デジタル化等の無断複製は著作権法上での例外を除き禁じられています。本書を
代行業者等の第三者に依頼してスキャンやデジタル化することは，たとえ個人や会社内での利用でも著作権
法違反です。

http://www.progres-net.co.jp

商業用不動産施設の戦略的経営

価値創造エンタープライズ・リスクマネジメント（ERM）によるリスク・リターンの最適化戦略

刈屋武昭（城西国際大学特任教授・一橋大学名誉教授）
山村能郎（明治大学専門職大学院グローバル・ビジネス研究科教授）

■A5判・240頁
■本体3,000円+税

（主要目次）
第1章　商業用不動産施設の経営と開発－展望
第2章　商業用不動産施設経営の不確実性に対する思考法
第3章　商業用不動産施設の価値創造ERM経営とリアルオプション
第4章　固定賃料と変動賃料とテナント入替ルールの分析枠組み
第5章　最適変動・固定ミックス賃料と最適テナント入替ルール
第6章　テナント・ポートフォリオの効果

新版

不動産【賃貸】事業のためのマネジメント・ハンドブック

有限責任監査法人トーマツ　建設・不動産インダストリー編

■A5判・276頁　■本体3,000円+税

浅見 泰司（東京大学大学院教授）**編著**

都市の空閑地・空き家を考える

☆2014年度日本不動産学会著作賞（学術部門）受賞　　■A5判・276頁／本体2,700円+税